心有梦想不觉寒

——信托展望与回眸

陈赤 著

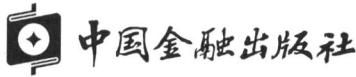

责任编辑：黄海清
责任校对：潘　洁
责任印制：丁淮宾

图书在版编目（CIP）数据

心有梦想不觉寒——信托展望与回眸（Xinyou Mengxiang Bujuehan）/陈赤著．—北京：中国金融出版社，2016.3
ISBN 978 - 7 - 5049 - 8441 - 8

Ⅰ．①心… Ⅱ．①陈… Ⅲ．①信托—文集 Ⅳ．①F830.8 - 53

中国版本图书馆 CIP 数据核字（2016）第 049930 号

出版　中国金融出版社
发行
社址　北京市丰台区益泽路 2 号
市场开发部　（010）63266347，63805472，63439533（传真）
网上书店　http://www.chinafph.com
　　　　　（010）63286832，63365686（传真）
读者服务部　（010）66070833，62568380
邮编　100071
经销　新华书店
印刷　保利达印务有限公司
尺寸　169 毫米 × 239 毫米
印张　27
字数　440 千
版次　2016 年 3 月第 1 版
印次　2016 年 3 月第 1 次印刷
定价　48.00 元
ISBN 978 - 7 - 5049 - 8441 - 8/F.8001
如出现印装错误本社负责调换　联系电话（010）63263947

目　　录

上篇　信托热点时论

1. 心有梦想不觉寒——回眸信托业2015 …………………………………… 3
2. 我国信托发展的三阶段论构想 ……………………………………………… 8
3. 培育新动力　拓展新空间　在"十三五"期间实现信托转型升级 …… 15
4. 政信合作谋求转型 ………………………………………………………… 19
5. 信托业应拥抱互联网 ……………………………………………………… 24
6. 信托业的转型与改革 ……………………………………………………… 30
7. 以资管业务驱动信托业步入"中级阶段" ……………………………… 35
8. 专访陈赤：信托业曲折突围　资管、财富管理双轮驱动 …………… 38
9. 读懂信托业保障基金出台的逻辑 ………………………………………… 52
10. 信托支持混合所有制改革的五种方式 …………………………………… 56
11. 《论语》：继受信托制度的中国文化土壤 ……………………………… 59
12. 市场化改革让信托业扬帆远航 …………………………………………… 72
13. 后十万亿时代的信托突围 ………………………………………………… 74
14. 信托业应积极拓展股权投资业务 ………………………………………… 79
15. 构建信托"新常态"下的风险管理长效机制 …………………………… 81
16. 为信托业发展注入新动力 ………………………………………………… 86
17. 探寻信托公司创新转型路径 ……………………………………………… 88
18. 信托产品投资门槛应降低 ………………………………………………… 97
19. 信托"刚性兑付"的化解之道 …………………………………………… 101
20. "附信托（私募）企业债" ………………………………………………… 106

21. 三路径分流化解信托刚兑压力 ………………………………… 128
22. 对话陈赤：后10万亿时代信托如何突围 ……………………… 131
23. 信托受益权流通：市场化改革的新目标 ………………………… 134
24. 信托五题 …………………………………………………………… 138

下篇　信托创新回顾

1 信托制度变迁与功能演进：文献综述与国外历程考察 ………… 147
  1.1 现代信托制度的起源 …………………………………… 147
  1.2 信托的主要功能与价值取向 …………………………… 149
    1.2.1 信托的基本功能 …………………………………… 149
    1.2.2 信托的拓展功能 …………………………………… 151
    1.2.3 信托制度的优越性 ………………………………… 152
    1.2.4 信托的价值取向 …………………………………… 156
  1.3 信托的现代发展与制度创新 …………………………… 160
    1.3.1 从消极信托演进到积极信托 ……………………… 160
    1.3.2 从民事信托演进到营业信托 ……………………… 161
    1.3.3 从个人信托演进到法人信托 ……………………… 162
  1.4 英、美、日信托制度和信托业的演变及其启示 ……… 163
    1.4.1 英国信托制度和信托业的演变 …………………… 163
    1.4.2 美国信托制度和信托业的演变 …………………… 165
    1.4.3 日本信托制度和信托业的演变 …………………… 167
    1.4.4 发达国家信托制度和信托业的演变对我国信托创新的启示 … 169

2 中国信托业：功能错位与功能回归 ……………………………… 176
  2.1 中国信托业恢复时的制度禀赋 ………………………… 176
    2.1.1 经济体制改革拉开序幕 …………………………… 177
    2.1.2 金融体制改革渐次开展 …………………………… 179
  2.2 改革初期我国恢复发展信托业的动因 ………………… 180
    2.2.1 引进外资 …………………………………………… 181

	2.2.2	突破传统金融体制 ······	181
	2.2.3	地方政府增加经济竞争力 ······	183
	2.2.4	信托业的供给引导型发展与工具性政策导向 ·····	184
2.3	信托业初始功能定位与错位 ·····························	186
	2.3.1	从存款业务到贷款业务：强烈的银行色彩 ·······	186
	2.3.2	改革的试验田：全能金融与混业经营模式 ·······	189
	2.3.3	信托业的功能错位：偏离信托本源业务 ·········	190
2.4	信托业的功能错位与清理整顿 ·······················	193
	2.4.1	信托业作为改革工具的作用及其弱化 ···········	193
	2.4.2	信托业作为融资工具的功能受局限 ·············	195
	2.4.3	功能错位、矛盾累积与信托业清理整顿 ·········	197
	2.4.4	四次清理整顿未能打破信托业的路径依赖 ·······	200
2.5	强制性制度变迁与信托功能回归 ····················	203
	2.5.1	信托业的强制性制度变迁——"一法两规"颁布实施 ·····	203
	2.5.2	信托法构建信托制度的整体价值功能 ···········	207
	2.5.3	"两规"实现信托功能回归 ······················	210

3 信托创新：理论分析 ·· 214

3.1 信托创新的制度供给 ····································· 214

  3.1.1 信托制度为创新提供了广袤空间 ················· 214

  3.1.2 信托业监管的市场化取向为创新营造了宽松环境 ······ 216

  3.1.3 第五次清理整顿后重新登记的信托公司具有较强的创新能力 ····· 217

3.2 信托创新的经济需求：居民财富积累与资产管理的需要 ······ 218

  3.2.1 金融资产结构发生巨大变化 ······················ 218

  3.2.2 金融资产及其结构的变化促进资产管理市场兴起 ······ 224

  3.2.3 金融成熟度提高——金融产品的结构升级拉动资产管理需求 ····· 230

3.3 信托创新的内涵、结构与动因 ························· 233

  3.3.1 信托创新的内涵 ································ 233

3.3.2　信托创新的动因 …………………………………… 234
　　　3.3.3　信托创新的结构 …………………………………… 239

4　信托产品创新：快速响应市场的需求 ………………………… 242
　4.1　信托产品创新的分析框架 …………………………………… 242
　　　4.1.1　信托产品的基本特征 ………………………………… 242
　　　4.1.2　信托产品创新的基本分析框架 ……………………… 245
　4.2　响应市场需求的信托产品创新 ……………………………… 247
　　　4.2.1　基于安全性考虑的信托产品创新 …………………… 248
　　　4.2.2　基于收益性考虑的信托产品创新 …………………… 250
　　　4.2.3　基于期限考虑的信托产品创新 ……………………… 259
　　　4.2.4　基于流动性考虑的信托产品创新 …………………… 261
　　　4.2.5　基于价格考虑的信托产品创新 ……………………… 263
　4.3　规避监管的信托产品创新 …………………………………… 267
　　　4.3.1　监管与创新的辩证法 ………………………………… 267
　　　4.3.2　规避监管的信托产品创新 …………………………… 270
　4.4　信托产品创新扩散的实证分析 ……………………………… 278
　　　4.4.1　金融创新扩散理论 …………………………………… 278
　　　4.4.2　信托创新扩散的实证分析 …………………………… 280

5　信托业务创新：制度非均衡下创造新的金融路径 …………… 289
　5.1　金融制度的非均衡性 ………………………………………… 289
　　　5.1.1　制度均衡与非均衡 …………………………………… 289
　　　5.1.2　制度不均衡原因的一般分析 ………………………… 290
　　　5.1.3　在非均衡的金融制度下探寻新的金融路径 ………… 292
　5.2　银信连结理财产品创新——创造综合经营新路径 ………… 294
　　　5.2.1　银信连结理财产品兴起的原因 ……………………… 294
　　　5.2.2　银信连结理财产品的发展方兴未艾 ………………… 299
　　　5.2.3　银信连结理财产品的创新意义 ……………………… 303
　5.3　私募基金信托阳光化——创造民间金融正规化新路径 …… 304

5.3.1　民间私募证券投资基金的兴起 ················· 304
　　5.3.2　民间私募基金阳光化的方式 ··················· 307
　　5.3.3　民间私募基金通过信托"阳光化"的积极意义 ····· 311
5.4　基础设施建设信托融资——创造市政融资新路径 ······ 314
　　5.4.1　我国基础设施建设资金供求矛盾突出 ·········· 314
　　5.4.2　国外基础设施建设融资的方法 ················· 318
　　5.4.3　中国市政债券受到各种因素制约 ··············· 322
　　5.4.4　信托融资开辟市政基础设施融资新路径 ········ 324

6　信托组织创新：信托公司与银行的融合 ··············· 331
6.1　发达国家金融业从分业经营走向混业经营 ············ 331
　　6.1.1　发达国家金融业混业经营现状 ················· 331
　　6.1.2　我国现有分业经营模式出现的缺陷与弊端 ······ 332
　　6.1.3　混业经营模式将成为我国金融业发展的趋势 ···· 333
6.2　信托公司与商业银行融合的必要性 ·················· 334
　　6.2.1　在混业经营趋势下，信托公司与银行需要融合 ·· 334
　　6.2.2　从发展来看，信托公司需要与银行融合 ········ 335
　　6.2.3　从发展来看，商业银行也需要与信托公司融合 ·· 337
6.3　信托公司与银行融合的可能性 ······················ 339
　　6.3.1　当前我国分业监管有所松动，分业经营有所突破 ·· 339
　　6.3.2　信托公司与银行融合的可能性 ················· 340
6.4　信托公司与银行融合的优势 ························ 342
　　6.4.1　突破间接融资界限，向直接融资渗透 ·········· 342
　　6.4.2　共享销售渠道 ······························· 343
　　6.4.3　共享品牌和商誉 ····························· 342
　　6.4.4　共享信息系统 ······························· 344
6.5　信托公司与银行融合的路径选择 ···················· 344
　　6.5.1　发达国家信托与银行融合的借鉴 ··············· 344
　　6.5.2　发达国家信托与银行融合模式的启示 ·········· 345
　　6.5.3　信托公司与银行融合的路径 ··················· 346

7 信托制度创新：未来信托创新的主方向 ·········· 350
7.1 信托创新的未来方向 ·········· 350
7.2 资产证券化 ·········· 352
7.2.1 资产证券化是20世纪最重要的金融创新 ·········· 352
7.2.2 信托创新与资产证券化 ·········· 352
7.2.3 我国发展资产证券化的必要性 ·········· 361
7.2.4 我国信贷资产证券化试点概况与成果 ·········· 364
7.3 私募股权投资 ·········· 368
7.3.1 私募股权投资在世界范围内蓬勃发展 ·········· 368
7.3.2 私募股权投资在我国的现状与需求 ·········· 372
7.3.3 PE信托——我国发展私募股权投资基金的合理选择 ·········· 374
7.4 房地产投资信托基金 ·········· 383
7.4.1 房地产投资信托基金发展概况 ·········· 384
7.4.2 国外REITs的模式与特点 ·········· 387
7.4.3 我国发展REITs的现实需求 ·········· 391
7.4.4 运用信托制度创新发展信托型REITs ·········· 394

8 结论与建议 ·········· 401
8.1 主要研究结论 ·········· 401
8.2 主要政策建议 ·········· 405

参考文献 ·········· 410

后记 ·········· 423

心有梦想不觉寒

上篇

信托热点时论

1. 心有梦想不觉寒[1]

——回眸信托业 2015

铜头铁尾　监管之弦未许放松

2015 年伊始，信托公司即面临一个新的监管环境——缴纳信托业保障基金。为建立市场化风险处置机制，促进信托业持续健康发展，银监会、财政部联合制定并发布实施了《信托业保障基金管理办法》。这一项新的基础性制度，在提升信托业自我消化风险的能力、防范行业风险外溢的同时，对安全和效率之间的关系做了一次新的平衡，必然对信托公司的运营和展业产生直接的影响。信托公司认购保障基金的义务：一是按其净资产余额的 1% 认购，这使信托公司自身的流动性和收益有所降低；二是发行购买标准化产品的投资性资金信托时，由信托公司按新发行金额的 1% 认购，这使信托公司的资本需求和运营成本有所增加；三是发行融资性资金信托时，由融资者按新发行金额的 1% 认购，这使信托公司的竞争力有所削弱；四是新设立财产信托时，由信托公司按其收取报酬的 5% 认购，这使信托公司运用该收入的效率有所降低。客观而言，为提高行业总体的安全等级，广大信托公司为此付出了必要的成本，但不会获得直接的收益。

而在 2015 年岁末，在银监会的指导下，信托业协会推出了《信托公司行业评级指引（试行）》，这对信托公司的影响包括两个层面。首先，评级内容

---

[1] 本文发表于《金融博览（财富）》，2016 年第 1 期。

包括信托公司资本实力、风险管理能力、增值能力和社会责任四个部分；从指标体系设置来看，体现了协会鼓励信托公司做大做强的导向，如其中净资本、净资本/风险资本、纳税额、运用至注册地的信托资产金额、向受益人分配的信托收益、缴纳的信托业保障基金余额等指标，规模大的信托公司具有明显优势；净资本/加权信托风险项目规模、信托项目正常清算率、信托项目风险化解率、固有信用风险资产不良率、净资产收益率、营业费用收入比、人均信托净收益等指标，管理强的信托公司领先一筹。相反，一些资本实力小、管理能力弱的信托公司，则只能排名殿后。其次，行业评级结果的运用，一是作为监管评级的重要参考，二是将对外公布。评级情况一旦对外公布，很可能形成强者恒强、弱者愈弱的格局，获得较高评级等级的信托公司将获得可观的品牌溢价，有助于它们降低筹资成本、吸引优质客户、争取业务合作；反过来，评级等级较低的信托公司，则有陷入恶性循环之中的危险。

好景难永　传统业务盛极转衰

在监管持续从严的政策环境和经济增速减慢的新常态背景下，信托公司经历着转型的阵痛，这集中表现在，传统融资类信托业务在经历了2012年和2013年鼎盛时期后，从2014年到2015年，开始逐渐转淡。

前些年，房地产属于高利润行业，基本上是只要拿到地，就稳赚不赔。由于房地产开发商既能够承担较高的融资成本，又能够提供变现力强的抵押物——土地和房产，加上房地产项目的开发周期一般不太长，大致为两三年，相关风险因素比较容易识别，这些原因加在一起，成就了房地产信托业务作为融资类信托的重要组成部分。但是，由于对土地财政的依赖日益加深，地方政府作为土地的唯一供应方，有动力持续推高土地价格；另外，出于对控制房价的社会目标的考虑，中央政府持续运用限购等政策，显著抑制了大部分以投资为动机的购房需求，延迟了一部分以消费为目的的购房需求，这两方面因素叠加，造成房地产市场的萧条，库存积压严重，去库存速度缓慢，许多开发商的流动性出现严重问题。基于控制风险的考虑，前几年收入较高的中小开发商的或三四线城市的房地产信托业务，目前信托公司已不愿更多涉足；而信用等级较高的少数大型房企，则成为信托公司彼此之间、信托公司与银行之间比拼价格的硝烟战场。房地产信托业务的收入日渐稀薄。

信托公司的另一个重要业务领域是政信合作业务。2008年国际金融危机爆发后，我国为应对危机造成的消极影响，容忍、默许甚至鼓励地方融资平台通过负债融资，加大公共基础设施建设的投资力度。信托公司抓住这一契机，为地方融资平台提供了资金支持，也为投资者找到了一个比较安全的资产运用领域。但2014年以来，中央政府出于对庞大的地方政府负债总额的担忧和宏观经济安全的考虑，开始严格限制地方融资平台的融资行为；作为替代，大力推行PPP模式。这样一来，传统的政信合作业务也受到了很大限制。

受限于较高的筹资成本，信托资金的运用领域始终不够宽广；当房地产信托和政信合作信托的道路越来越窄时，不得不令人担忧信托的增长前景。笔者曾著文预言，债权融资类信托业务快速增长的基础不再，可能会逐步从正增长变为负增长。这一预言不幸被2015年第三季度的数据首度证实。2015年第三季度末，信托全行业管理的信托资产规模为15.62万亿元，较2014年第三季度的12.95万亿元，同比增长20.62%；较2015年第二季度的15.87万亿元，季度环比下降1.58%，这是自2010年第一季度以来，信托资产首次出现环比负增长。其中，融资类信托的规模和占比均有所降低，2015年第三季度的规模是4.11万亿元，较第二季度减少了1000亿元；在全部信托资产中的占比也从第二季度的26.55%下降到第三季度的26.31%。

新项目拓展已够费劲，信托公司还得要腾出精力化解流动性风险，消化前期快速扩张积聚下来的梗阻。2015年第三季度末，信托行业风险项目有506个，比上季度末增加56个，规模为1083亿元，比2014年同期增长31.51%，较上季度末环比增长4.74%。不过令人欣慰的是，就全行业管理的信托资产总规模15.62万亿元而言，0.69%的不良率仍处于可以接受的范围之内；并且，由于信托公司一贯的谨慎作风，融资项目一般设置了评估价值较为充足的抵（质）押物，从而使终极风险大为减小。

信托初级阶段以债权融资类业务为单一主营业务的模式，虽然曾经给信托业带来了跃升为第二大金融子行业的欢笑和荣耀，给金融市场带来了效率和动力，却始终有监管套利的诟病如影随形，挥之不去。如今时势异也，躺着挣钱的好时光已不再，温水煮蛙似的路径依赖难持续，行业周期似已由春入夏，转秋近冬。

剥极而复　明辨趋势勤修内功

当一扇窗半掩时，另一扇门却开了。2015年，一些信托公司敏锐地抓住资本市场大发展的契机，坚定地进行业务转型，大力发展信托中级阶段的新的支柱业务——收费型资产管理类业务，由卖方业务转向买方业务。对于信托公司来说，资产管理是前程远大的业务类别，其产品构架既有管理型也有结构化；管理方法包括外聘投资顾问、FOF（基金中的基金）、MOM（多管理人基金）；资产标的包括二级市场的股票、基金和新三板股票，一级市场的定增，Pre－IPO的VC、PE；更高级的是参与上市公司并购……虽然经历了如过山车般的股市波动和证券监管政策巨幅调整和收紧，但信托公司并没有因此伤筋动骨；单位管理资产的收费率虽然不及融资业务，但风险较小且更易于管控，流动性更强。不仅获取了可观的收入，更重要的是曾一度远离资本市场的信托公司，重又与之亲近，为信托资产管理业务找到了一个跳舞的大平台，并且集聚了新的一批熟悉资本市场的业务人才。

随着从金融抑制走向金融自由，信托业的竞争力，必将由监管差别化优势转向金融功能优势，并最终转向信托制度优势。对于信托公司而言，一方面必须审时度势，明察这一变革的趋势；另一方面必须沉下心来，着眼于长远的未来，打造自己独特的专业能力，构建专属于自己的能力圈，使之能够对某些领域、某些行业拥有比其他任何人更深的理解和更准确的判断。

为了在管理资产规模15万亿元时代有效突围，笑对取经路上的八十一难，市场触觉敏感、勇于创新的信托公司，正在苦练七十二变、玩转十八般兵器：兴业信托和建信信托的产业投资基金，杭州工商信托的房地产投资信托，四川信托和中建投信托的新三板信托，五矿信托和四川信托的证券投资信托，中融信托和平安信托的并购业务，交银信托和紫金信托的PPP信托，中诚信托和上海信托的资产证券化，外贸信托和中航信托的家族信托，华宝信托和兴业信托的国际业务，中建投信托和西藏信托的消费信托，中信信托和北京信托的土地流转信托和互联网金融，中铁信托和百瑞信托的博士后创新实践基地……不一而足。这些充满活力的业务尝试，有的主动顺应了业已发生的变化，有的努力对接着业已出现的未来，恰如冬天里的一抹抹绿意，让人看到了春天的希望。这一批先知先觉的信托公司顺势而为,敢为天下先,为迎接信托中级阶段的到来,苦练内功,广聚资源,持之以恒,假以时日,一定会结出丰硕的果实。

心有梦想不觉寒。冬天来了,信托业的春天还会远吗?

2. 我国信托发展的三阶段论构想[①]

自 1979 年中国国际信托投资公司设立到现在，信托在我国的恢复发展走过了 35 年的历程。站在信托发展的历史坐标上，审视过往的发展历程，检视目前面临的问题和机遇，环视信托在发达国家和地区的成长轨迹，瞻视未来可以争取的灿烂前景，信托在我国的阶段化发展图景渐渐清晰。

信托发展的初级阶段

改革开放后，信托在我国重新出现，不是因为社会对信托作为一项优良的财产转移和财产管理制度产生了现实需求，而是国家出于改革高度集中的传统金融体制的需要，将信托机构作为国家银行的补充机构，引入金融体系中。由于信托制度供给所对应的制度需求具有脆弱性和短期性的特点，因此，从 1979 年到 2013 年之间，信托业长期处于发展的初级阶段，其特征包括：信托一般由受托人发起，而不是由委托人主动创设；受托人比较单一，现有的信托事务几乎全部由信托公司包揽；信托业务品种比较单一，以债权融资类业务为主营业务；信托财产形式比较单一，主要为货币资金；信托业务驱动力比较单向，主要来自于企业的融资需求。在这种场景下，信托担当的角色，是正规金融体系中的融资工具，其竞争力源于所具有的高度市场化的灵活、便捷的融资功能。

初级阶段的信托，其发展又可分为三期。

初级阶段第一期，是信托的探索时期，时间跨度为从 1979 年信托业恢复

[①] 本文发表于《中国金融》，2015 年第 24 期。

到2001年（信托"一法两规"颁布实施前）的二十余年。在探索时期，信托机构的主要功能定位是类同于银行的融资功能，不同于发达国家和地区对信托机构的基于财产管理的投资型金融机构的功能定位。在这一时期，从指导思想、行业管理和实务经营上，都使用了办银行的方法办信托机构，用管信贷的方法管信托业务，从而使信托机构具有强烈的银行色彩。此时信托机构在金融体制改革中扮演的角色，是在传统僵化的国家银行系统之外的、较少受到计划约束的、更具灵活性和弹性的新型银行类机构，以满足社会各方对资金的渴求。

在探索时期，信托机构还成为了金融混业经营的改革试验田。各种历史因素汇集到一起，客观上要求当时新成立的信托机构应当是全能型的，既要有银行的功能，可以从事存贷款业务；又要有实业投资的功能，这样才能实际地参与项目的建设；还要具备在国外发行债券的资格。由此强化了信托机构"金融百货公司"的倾向，逐步确立了信托业以经营银行业务为主的混业经营模式的合法性。

回过头来看，一方面，信托作为改革工具和融资工具的政策取向，使之难以定位于财产管理和财产转移的信托本源业务；另一方面，当时居民收入水平低下，资产积累薄弱，也难以支撑信托本源业务开展，这些因素导致探索时期的信托业出现了功能错位。

在这一背景下，由于种种矛盾困境，信托业发生了较多的合规风险，信托机构常常成为一股无序的冲击力量，潜藏着不小的风险，导致了在1982年至1999年期间，监管机构多次对全行业进行清理整顿，其中以从1999年开始的第五次清理整顿工作最为彻底和有效。这一次根本性改革的历史意义在于，国家以在制度层面上重新定位信托的基本功能、促使信托公司回归财产管理的本业为主要目标，力图通过强制性制度变迁，打破信托业发展的路径依赖，解决信托业无序经营、缺乏自己独特功能和独特业务的问题，从而重塑信托业，使之真正成为我国金融业的支柱之一。而强制性制度变迁的主要内容，就是颁布实施信托的"一法两规"。

"一法两规"的出台，标志着我国信托从探索时期进入了初级阶段第二期，即规范发展时期，起止时间是自2002年至2006年。我国《信托法》和2002年中国人民银行《信托投资公司管理办法》《信托投资公司资金信托管理暂行办法》合在一起，被称为信托的"一法两规"。在"一法两规"的框架中，信托制度的基础是信托基本关系，《信托法》对这些基本关系进行了规范；利用信托制度进行营业活动的主体是信托公司，《信托投资公司管理办法》对信托公司经营活动进行了规范；资金信托是信托公司的主营业务，《信托投资公司资金信托管理暂行办法》对这项业务进行了规范。因此，"一法两规"颁布实施，是为了打破信托业的路径依赖所作的强制性制度变迁，对于实现信托回归本业，促进信托机构按照需求尾随型的金融发展模式走市场化道路，大力进行信托创新，发挥了基础性的规范和引导作用。

初级阶段第三期，起止时间自2007年到2013年，是信托的高速增长时期。2007年3月1日，中国银监会重新制定并颁发实施了《信托公司管理办法》和《集合资金信托计划管理办法》（简称"新两规"），取代了原有的《信托投资公司管理办法》和《信托投资公司资金信托管理暂行办法》。从2008年到2013年，由于中国经济处于上行周期和人均GDP提高所带来的人们理财意识的觉醒，加上"新两规"一系列市场化改革措施的推行，有力地促进了信托业爆发式增长，信托业管理资产规模超过了保险业、证券业和基金业，在2013年一跃成为中国金融体系中第二大子行业。

"新两规"在支持信托高速增长方面发挥了重要作用，一是确立了市场化监管的原则，解放了信托公司的生产力，使信托公司焕发了极大的活力；二是推动了信托公司以信托业务取代固有业务成为主营业务；三是放行了信托公司在全国展业，促成了信托公司由原来的区域性公司扩展为全国性的金融机构，有利于国内统一的信托融资市场的形成。

总体来看，"一法两规"实施以来，信托业在金融体系中扮演了积极有益的角色。信托公司的主营业务是信托融资，而信托融资在金融市场中发挥了两个重要的作用：一是作为比较僵化的国有银行体制的补充，通过高度市场化的运营方式，既为社会增加了新的融资渠道，帮助众多民营企业、中小企业获得信托资金支持，促进了融资难问题的解决；又为社会增加了新的便利的投资渠道，大幅度提升了投资者的收益，促进了利率市场化改革；二是作为民间金融正规化的一个行之有效的替代路径，一方面，与鱼龙混杂的民间金融活动相比，信托以其专业的风险管理能力和尽职履责的态度，极大地降低了投资者的风险；另一方面，信托的收费标准接近于股份制银行的综合融资成本，大大地降低了一批企业的融资成本。因此，信托融资的存在和壮大，在我国非均衡的金融制度下探寻出来一条新的金融路径，提高了金融体系的效率，在一定程度上起到了宏观调控的减震器和润滑剂的作用，成为稳增长、惠民生的积极力量。

但是，信托存在的问题也必须面对。首先，由于信托以债权融资为主，与银行贷款仍然具有很大的相似性，并且相当大的一部分单一信托来自于银行资产的转换，因此信托业尚未取得与其资产规模相称的独立性。其次，信托产品存在"刚性兑付"的痼疾。"刚性兑付"似乎成为了债权融资类集合资金信托计划的一个隐性承诺，无论信托到期时信托财产的收益状况如何，信托公司均要保证给投资者足额兑付本金和收益，这在客观上使债权融资类信托计划从直接融资工具异化为间接融资工具，让信托公司成为信托计划到期兑付义务的承担者，阻隔了信托投资者与借款人之间本应存在的市场关系，信托计划从"类企业债"异化为"类金融债"。

可是，债权融资类信托计划本身的运行并不能保证足额兑付。理性地分析，随着业务规模扩大，难免会发生因企业违约而导致信托计划不能按期足额兑付的事件。这一矛盾既令许多人对信托风险产生了质疑和担忧，从长期来说也构成了影响信托融资业务健康可持续发展的障碍。

迈向信托中级阶段

在整个初级阶段，无论是哪一个时期，总体而言，信托的主营业务模式均为债权融资类业务，信托就像是一辆"独轮车"。未来可行的路线图是，债权融资类业务占比下降，资产管理业务比重逐渐提高，从而形成这两大类业务并行的格局，进入到信托发展的中级阶段。从2014年以来，信托处于一个化解存量风险，突破原有路径依赖，跳出以债权融资业务为单一主营业务的"信托初级阶段陷阱"，从初级阶段向中级阶段过渡的关键期。

首先，债权融资类信托业务快速增长的基础不再，可能会逐步从正增长变为负增长。随着中国经济进入新常态，传统的债权融资类信托业务面临着空前的挑战。一方面，优质企业、优质项目的融资业务，成为众多商业银行、券商资管、基金子公司竞相追逐的对象，竞争加剧。激烈竞争的结果使信托公司收窄收益率，业务量被挤压。另一方面，经济下行、行业危机、地方经济塌陷、腐败案件等带来的企业信用风险，使信托公司付出很多精力应对"刚性兑付"的压力。为适应新常态下的新场景，信托公司通过反思认识到，依赖原有的路径，以企业融资需求为主要驱动力，一味扩大风险型债权融资类业务，单向地从事卖方业务，无论从盈利空间考虑，还是从风险管理的角度着眼，已经不可行了。不过，虽然债权融资类信托业务增长乏力，但由于需求在短期内不会马上消失，此类业务在进行创新升级之后，在相当长的时期内仍然是信托主营业务的一部分。

与此同时，在居民收入不断增长、居民不断积累的时代背景下，家庭资产管理的巨大需求，有望成为支撑信托业发展的新的驱动力，支持收费型的资产管理等买方业务的开展。从域外经验来看，当人均 GDP 超过 7 000 美元时，资产管理需求将处于快速成长时期。中国的人均 GDP 在 2014 年约为 7 485 美元，国民财富快速增长将带来资产管理业务的快速成长。资产管理业务所对应的资产运用，主要是对股权、证券等的投资活动。这正好发挥了现有金融体制赋予信托公司的比较优势——股权投资功能，而经济中蕴含着巨大的股权投资需求，包括项目股权投资、私募股权投资（PE）、并购投资等。

信托公司开展上述多样化的股权投资业务后，一方面，由于此类产品将不再设立预期收益率，并将设立可根据实际情况加以延长的弹性期限，有利于促进信托投资者行为模式转变为真正的自担风险的投资行为；另一方面，有利于改变信托业务较为集中于房地产和信政合作业务领域的现状，扩展进入更广阔的实体经济、战略性新兴行业的渠道。此外，信托公司在证券投资信托业务方面已经具有丰富的实践经验，不必赘述。

以信托基金为主要产品形态的资产管理业务与传统的债权融资信托业务相比，具有明显不同的特征：其一，债权融资业务属于卖方业务，出发点是满足各类企业的融资需求；资产管理业务虽然仍然由信托公司发起，但它属于买方业务，出发点是满足各类投资者的投资理财需求。其二，债权融资业务无论以怎样的具体形式出现，皆难逃出银行信贷类业务的窠臼；而资产管理业务虽然也需要将资金投入到实体经济中，但其业务展开的方式，无论是项目投资、PE 投资、并购投资或是资产投资，皆为真正的投资类业务，与银行业务相比有清晰的界限。其三，债权融资类信托产品设有预期收益率和固定明确的期限,这无疑强化了投资者的"刚性兑付"预期;而资产管理类信托产品不再设预期收益率,其存续的期限亦颇有弹性,从而有利于将投资者的行为模式转换为风险自担的投资行为。其四,债权融资业务的收入来源于分配给投资者的信托收益与借款给企业所收取的资金费用之间的"利差",同时因其在目前承担着"刚性兑付"的压力,因此属于风险型业务,业务收入固然高,但风险也大;资产管理业务的收入来源于固定费率的佣金和针对超额收益的分成,不必"刚性兑付",属于收费型业务,信托公司从事此类业务的收入一般不会太高,但自身风险也较小。其五,债权融资类信托产品多为针对某一个融资主体甚至某一特定项目的"一对一"模式,投向过度集中,无法分散风险;资产管理类信托产品则采取基金形态,资金分别投向多个不同的主体,有利于分散风险。

信托业从初级阶段发展到中级阶段,除了需要信托公司自身努力外,还需要有外在的良好制度环境:一是需要加快信托财产登记制度等信托市场基础设施制度建设,二是需要加快建设公平的市场规则,三是需要加快构建信托产品的流通市场,四是需要着手构建信托直接融资工具的发行市场。

信托从初级阶段升级到中级阶段,2014年是信托业统一思想认识的准备期,顺利的话,2015年、2016年可成为过渡期,2017年到2019年则成为稳定期,中级阶段的发展过程大致需要五六年的时间。

展望信托高级阶段

到2020年以后,信托有望开始从中级阶段向高级阶段过渡。支撑这一判断的依据是,随着利率市场化和多层次资本市场的建立,企业部门的融资渠道将趋于多元和通畅,对于信托债权融资的需求会持续减少;而与此同时,家庭部门、社会事业对信托的需求则将日益扩展,成为支持信托发展的新的强大驱动力。其中,以家族信托为代表的财富管理业务,在信托中级阶段的前半期将处于引入期和成长期,在中级阶段的后半期则将成为成熟业务。

这样,预计在2020年以后,一方面,信托债权融资类业务将逐渐减少,占比持续下降;另一方面,那时我国人均GDP将超过10000美元,达到中等发达国家收入水平时,根据发达国家和地区的成熟经验,财富管理需求将迎来爆发式增长，由于家族信托能够为人们营造安全的财富保管空间，能够很好地帮助人们实现其自由传承的意志，能够给人们带来财产管理和保障的高效率，因此有理由相信，财富管理的信托业务将蓬勃发展，推动信托进入第三个阶段，也就是信托高级阶段。其基本特征是，资产管理业务继续作为支柱业务，财富管理业务则取代债权融资类业务而普遍开展，信托业新的双轮转换为资产管理业务和财富管理业务，债权融资类业务退出主流，成为一种附属业务。

3. 培育新动力 拓展新空间
在"十三五"期间实现信托转型升级[①]

党的十八届五中全会通过了《中共中央关于制定国民经济和社会发展第十三个五年规划的建议》（以下简称《建议》），描绘了社会经济发展的美好蓝图。在新的历史坐标上，信托业应科学分析目前面临的问题和机遇，借鉴信托在发达国家和地区的成长轨迹，按照《建议》的指引，着力培育新动力，努力拓展新空间，在"十三五"期间，实现信托从初级阶段向中级阶段的升级，同时积累向高级阶段过渡的有利条件，全力争取未来发展的灿烂前景。

"十二五"：信托高速发展，动力出现衰减

长期以来，信托处于发展的初级阶段，其特征主要是：信托业务品种单一，以债权融资类业务为主营业务；信托财产形式单一，主要是货币资金；信托业务驱动力单一，主要来自于企业的债权融资需求。在初级阶段，信托的功能定位于正规金融体系中的债权融资工具，其竞争力源于所提供的高度市场化的灵活、便捷的融资服务。

在"十二五"期间，由于信托"新两规"一系列市场化改革措施的推行，加上中国经济处于上行周期和人均 GDP 提高所带来的人们理财意识的觉醒，促成了信托爆发式增长，信托资产规模超过了保险业、证券业和基金业，一跃而成为第二大金融子行业。

[①] 本文发表于《金融时报》，2015 年 11 月 16 日。

客观而论，信托业在现有金融体系中扮演了积极有益的角色，在金融市场中发挥了重要的作用：其一，作为国有银行体制的补充，通过市场化的运营方式，既为社会增加了新的融资渠道，帮助众多民营企业、中小企业获得信托资金支持，为融资难问题的解决作出了贡献，也为社会增加了新的投资渠道，显著提升了投资者的收益，促进了利率市场化改革；其二，作为民间金融正规化的有效路径，信托业一方面极大地降低了投资者的民间投资风险；另一方面极大地降低了企业的民间融资成本。因此，信托在我国非均衡的金融制度下探寻出一条新的金融路径，提高了金融体系的效率，成为稳增长、惠民生的积极力量。

但是，在整个初级阶段，信托的主营业务为债权融资类业务，信托就像是一辆独轮车。认真审视，债权融资类信托业务快速增长的基础已经不再，很可能会逐步从正增长变为负增长。随着中国经济进入新常态，传统的债权融资类信托业务面临着空前的挑战。一方面，优质企业、优质项目的融资业务，成为众多商业银行、券商资管、基金子公司、互联网金融竞相追逐的对象，竞争加剧。激烈竞争的结果使信托公司收窄收益率，业务量被挤压。另一方面，经济下行、行业危机、地方经济塌陷、腐败案件等带来的企业信用风险，使信托公司付出很多精力去应对。为适应新常态下的新场景，信托业反思到，依赖原有的路径，以企业融资需求为主要驱动力，一味扩大风险型债权融资类业务，单向地从事卖方业务，无论从竞争态势和盈利空间考虑，还是从风险管理的角度着眼，从长远来说，已经不太可行了。

"十三五"：培育新动力，迈向信托中级阶段

《建议》在"构建发展新体制"中提出，"开发符合创新需求的金融服务，推进高收益债券及股债相结合的融资方式。"循着这一思路，信托在"十三五"期间发展的可行的路线图，是突破原有路径依赖，跳出以债权融资业务为单一主营业务的"信托初级阶段陷阱"，对债权融资类业务进行创新升级并降低其占比，显著提高以股权投资为主要资产运用方式的资产管理业务的占比，逐步形成这两大类业务并行的格局，从而迈入信托发展的中级阶段。

首先，对债权融资类信托业务进行大力创新。一是创设"附信托私募企

业债"。所谓附信托私募企业债,属于高收益债券的一种,是指企业以非公开方式发行和转让,约定在一定期限还本付息的债券;在债券发行前,企业与受托人即信托公司签订信托合同,将担保物权设定给受托人,使受托人为全体企业债债权人的利益进行保管并行使担保物权,同时为债权人的利益履行其他法定义务和约定义务。在这一创新金融品种的设计中,信托公司所扮演的角色从信托计划的发行主体,转化为"投资银行+信托受托人"。这将还信托融资作为直接融资工具的本来面目,将信托制度优势与债券发行制度结合起来,改变目前由信托公司发行信托产品的业务模式,转换为由信托公司协助企业发行"附信托私募企业债"。

二是按照互联网信托的思维模式,借鉴众筹的做法,改变现有监管政策,针对投资者单笔投资信托产品,由下限管理改为上限管理,大幅度降低投资者对单一信托产品的投资额和集中度,分散其风险,这将有助于打破刚性兑付,也有利于信托公司降低筹资成本,促进信托资金进入更广泛的实体经济、新兴经济领域。

其次,在居民收入不断增长、财产持续积累的时代背景下,家庭部门资产管理的巨大需求,有望成为支撑信托发展的新的驱动力,支持收费型的资产管理等买方业务的开展。从域外经验来看,当人均GDP超过7000美元时,资产管理需求将处于快速成长时期。中国的人均GDP在2014年约为7485美元,国民财富快速增长将带来资产管理业务的快速成长。资产管理业务所对应的资产运用,主要是对股权、证券等的直接融资活动。这正好发挥信托公司的比较优势——股权投资功能,而目前经济中蕴含着巨大的股权投融资需求,包括项目股权投资、私募股权投资(PE)、新三板投资、并购投资等。信托资产管理业务将有利于促进我国的资本形成,改善企业资本实力偏弱、杠杆率居高不下、缺乏财务稳健性的不利局面。

以信托基金为主要产品形态的资产管理业务区别于传统的债权融资信托业务,具有明显不同的特征:资产管理业务虽仍由信托公司发起,但它属于买方业务,出发点是满足各类投资者的理财投资需求;资产管理业务虽也需要将资金投入到实体经济中,但其业务展开的方式是真正的投资类业务,与银行业务相比有清晰的界限;资产管理类信托产品不再设预期收益率,其存续的期限亦颇有弹性,从而有利于将投资者的行为模式转换为风险自担的投资行为;资产管理业务的收入来源于固定费率的佣金和针对超额收益的分成，不必"刚性兑付"，属于收费型业务；资产管理类信托产品采取基金形态，资金分别投向多个不同的主体，有利于分散风险。

最后，在"十三五"期间，来自家庭部门、社会事业对信托的需求则将日益扩展，成为支持信托进一步发展的新的强大驱动力。其中，尤其值得期待的是公益信托和以家族信托为代表的财富管理业务，有望在信托的中级阶段中，从蹒跚学步开始不断成长，终成大树，为过渡到以资产管理业务和财富管理业务新的双轮驱动的信托高级阶段积聚条件。

4. 政信合作谋求转型[①]

——信托参与 PPP 模式的挑战与对策

在城市化进程中，地方政府面临基础设施建设资金需求巨大与资金筹集能力不足之间的矛盾，这催生了传统的政信合作业务蓬勃发展。

通过信托路径，由信托公司发行信托计划向社会募集资金，提供给地方政府的平台公司运用于基础设施建设或直接投资于基础设施项目，如果平台公司到期无法清偿债务，地方政府承诺以补贴的方式或未来预算资金偿付的方式实现还款。这样，社会投资者获得兼顾安全性和收益性的投资基础设施领域的渠道，地方政府获得了急需的建设资金。

可见，在市政债券的制度供给不足和配套环境不成熟的情况下，信政合作业务事实上成为在一定程度上替代市政债券的市政融资工具，其得以成立的基础，在于地方政府的信用支持。

目前信托公司开展基础设施信托业务有两类：一种以基础设施项目的未来现金流或资产处置收益作为投资回收的来源，如水务、电力、供热、污水处理设施、土地开发等，在风险控制上注重抵押物的价值变化，一般引入大型企业集团或银行的担保，具有国外"市政收益债券"的特征；另一种则是不产生现金收入或现金流无法弥补投入的市政基础设施的投资建设，如市政道路、桥梁、轨道交通、隧道、城市绿化等，收入来源基本由政府支出，在风险控制上主要体现政府信用，此类信托产品类似于"一般责任市政债券"。

政信合作信托产品在信托公司业务体系中一直稳定地占据重要地位，为地

[①] 本文发表于《金融博览（财富）》，2015 年 8 月（下半月）。

方基础设施建设和经济发展发挥了积极作用。但是，由于一些地方政府存在盲目投资的冲动，缺乏预算的自我约束机制，导致财政可持续发展面临严重挑战。

基于此，2014年颁布的《国务院关于加强地方政府性债务管理的意见》规定，剥离融资平台公司政府融资职能，政府债务只能通过政府及其部门举借，不得通过企事业单位等举借。同时推广使用政府与社会资本合作模式，鼓励社会资本通过特许经营等方式参与城市基础设施等有一定收益的公益性事业投资和运营。

这意味着，传统模式的政信合作面临转型，信托需要大力探索参与PPP模式的路径。

PPP模式与信托"联姻"非一日之功

政府和社会资本合作模式（Public－Private Partnership，PPP）作为国家确定的重大经济改革任务，目前正为各级政府大力推广运用。财政部出台了《关于推广运用政府和社会资本合作模式有关问题的通知》《关于印发政府和社会资本合作模式操作指南（试行）的通知》等多项支持和规范政策；国家发改委在官方网站上开辟了PPP项目库专栏，以各地已公布的项目为基础，公开发布PPP推介项目，现已发布的PPP项目达1043个，总投资1.97万亿元，涉及水利设施、交通设施、市政设施、公共服务、生态环境等多个领域。

在此之际，一些市场触觉敏锐的信托公司，嗅到其中蕴藏的商机，积极开展前期研究和探索，目前已逐渐进入实际操作阶段。

据媒体报道，唐山市首个PPP典型示范项目——2016唐山世界园艺博览会基础设施及配套项目的建设和运营，由专门项目公司唐山世园投资管理有限公司负责，该项目公司由政府和社会资本按照股权比例注资，其中，中信信托作为社会资本，拟投入资本金6.08亿元，股权占比为60％。另据报道，建信信托与上海建工集团、绿地集团合作，将牵头发起一只千亿元规模的中国城市轨道交通PPP产业基金，主要投向我国城市轨道交通项目。

PPP信托项目虽然同属于信托与地方政府的合作，但与传统的政信合作业务模式相比，二者之间存在着显著的差异。

PPP模式是在基础设施及公共服务领域建立的一种长期合作关系，由社会资本承担设计、建设、运营、维护基础设施的大部分工作，并通过"使用者付费"及必要的"政府付费"获得合理投资回报；政府部门负责基础设施及公共服务价格和质量监管，以保证公共利益最大化。在这一模式中，PPP项目公司自身的现金流（来自于使用者付费和政府付费）成为唯一的偿债资金来源，政府不再承担对投资者或项目公司的偿债责任。

鉴于以上特点，虽然在PPP模式中存在着巨大的信托投融资机会，但这些机会转化为现实的业务，既有待于相对成熟的客观环境形成，也需要信托公司培养相应的业务运作能力。

就PPP的主导方——地方政府而言，相关的专业人才和专业知识都很匮乏，操作流程和操作要点需要从头构建；政府参与PPP的形式、程序、渠道、范围与程度的标准需要详细制定；在PPP项目运营的长周期中，政府对契约精神是否能够坚守，政府换届对PPP合同有效性是否存在影响，社会资本和政府部门进行磨合能否有效消除彼此间的疑虑，这些都需要较长的时间来完成。

就信托公司而言，对PPP项目所处区域、还款来源、资产负债率、实收资本、现金流等风险因素进行调研和判断，需要较长的准备周期。其中最重要的考察因素就是项目的现金流。按照PPP的架构，项目未来现金流来自使用者付费和政府付费两个部分。前者一方面涉及价格体制的理顺，有关价格听证能否得以顺利通过；另一方面涉及建成后项目的实际使用情况是否与预期相符。后者一方面涉及对地方政府未来财力的预测，另一方面涉及对地方政府诚信度的信心。信托公司收集、消化、分析这些情况，判断其中的风险，设计交易结构，然后进行决策，所需要的时间也不会短。

由于PPP项目具有较强的创新性、试验性、复杂性和不确定性，与PPP相关的信托项目要真正落地，当非一日之功。

信托公司参与PPP模式面临新挑战

传统的政信合作项目，其特征是项目交易结构简单，主要是把握地方政府的近期财力和合作精神；还款来源明确，要么是作为融资主体的政府平台公司自筹资金，要么是政府财政部门统筹资金；单个项目的规模不大，一般在2亿元以下，以避免大额还款集中造成流动性压力；项目周期较短，一般为2~3年，还旧借新，循环往复；信托融资的年收益率不低，一般在10%以上。

据初步观察，目前各地政府推出的PPP项目有以下几个特征：一是项目实施的前期沟通环节多、涉及政府部门广、合同系统复杂；二是单个项目投资额比较大，一般为数亿元、数十亿元，有的超过百亿元之巨；三是项目运行周期长，一般在10年以上，有的长达30年，个别的甚至可能超过30年，不确定因素多；四是项目回报率不高，如据报道，有的PPP项目的年回报率仅为8.5%。PPP项目的上述特点，与信托公司惯常操作的传统政信合作项目有巨大的差异。

从两种模式的对比可以清楚地看到，信托公司参与PPP模式面临不小的挑战：信托融资倾向于对接交易结构简单清晰的项目，PPP项目则十分复杂；信托融资倾向于中短期，PPP项目的运行则是长期和超长期；信托融资倾向于额度灵活，PPP项目的投资额则往往需要达到较大规模；信托融资需要收益率达到一定高度以支付投资者的信托收益，从而募集资金，PPP项目能够给出的回报率则比较有限；信托融资偏爱还款来源确切的项目，PPP项目的现金流作为还款来源，则存在不确定性。

参与PPP模式的可行之道

信托公司参与PPP模式有两种不同的路径，一种是直接参与，一种间接参与。首先来看信托直接参与的模式。在信托直接参与的方式上，信托既可以自己独立参与，如前述的中信信托的案例；也可以联合拥有丰富运作经验的产业资本共同参与，如建信信托的案例。在信托直接参与的环节上，信托既可以在PPP项目公司设立之初，以资本金方式投入，也可以为运行后的项目公司提供债权融资。其次，信托亦可通过给具备融资条件的、有较强实力的参与PPP项目的营运主体提供融资支持，间接参与到PPP模式中去。

而无论以哪一种方式参与，信托都必须解决好资金的规模（较大）、期限（较长）、成本（较低）三个主要问题。如果不能有效解决这些问题，信托参与PPP模式就只能是纸上谈兵。事实上，因循固守传统业务方式，必然使信托公司在参与PPP模式的过程中难免会左支右绌，无法从容应对各种挑战。信托公司解决前述问题的可行之道，有赖于大力开展三个层面的创新：产品创新，业务创新，以及制度创新。

在产品创新方面，信托公司应将现行的"一对一"的信托产品升级为信托基金，并大力吸引社保资金、保险资金、企业年金等机构投资者参与，使之具有规模化、长期化、组合运用等特点，与PPP项目的特征相契合，并有利于在空间和时间分布上分散信托风险。

在业务创新方面，信托公司一是借助于长期从事信贷资产证券化所积累的经验，以优质PPP项目未来稳定的现金流为基础，设计出相关的资产证券化产品，在银行间市场和证券交易所市场上发行，为PPP项目公司融通资金；二是可将信托制度优势与债券发行制度结合起来，探索在多层次资本市场有机组成部分——区域性股权交易中心内，为PPP项目公司或项目运营主体发行"附信托企业债"，为其募集低成本、长期化的资金。

在制度创新方面，一是信托业应加快构建信托产品流通市场，提高信托产品的流动性，从而有助于参与PPP模式的期限较长的信托基金的开发和发行，有助于形成风险分担机制，从而通过市场释放信托基金的风险；有助于发挥市场监督的力量，提高信托基金的安全性；二是监管层可按照国家关于"金融机构应创新符合政府和社会资本合作模式特点的金融服务"的总体要求，针对参与PPP模式的信托产品制定专门的监管政策，适当降低该类信托产品投资门槛、放宽参与的投资者人数限制，吸引更广泛的社会资金参与PPP项目建设。

如果这些创新活动得以实施，那么，信托公司不仅有能力广泛深入地介入PPP模式，而且更可以带动自身的业务转型，并可进一步以此推动信托业从以单一的债权融资业务为主营业务的初级阶段，向债权融资业务与投资驱动的资产管理业务双翼齐飞的中级阶段过渡。

5. 信托业应拥抱互联网[①]

随着移动互联网和物联网的兴起,社会生活发生了深刻变化,传统行业面临被重塑,新兴行业不断被催生。有人说,以实现万物互联为己任的互联网,就像蒸汽机和电能发明发现一样,将会发挥划时代的巨大作用,无论你是否情愿,都将被以开放、平等、互动、低价、高效、信息透明、客户需求导向、重视用户体验、随时随地享用服务为主要特征的互联网大潮所包围和改变。面对席卷而来的"互联网+"的浪潮,相比银行、证券公司、保险公司等金融机构积极尝试的态度,素以触觉灵敏、决策果断、行动迅速著称的信托业,虽然有少数几家公司勇于探索,大多数公司的表现却显得过于持重。这固然与信托产品的高端私募定位和客户群体年龄结构偏大有关,但互联网思维尚未真正进入很多信托公司决策者的视野和头脑中,也是重要的原因。奋起直追,时犹未晚,信托业应审时度势,燃起热情,主动拥抱互联网。

一、信托公司层面:积极推进"信托+互联网"

近年来,随着信托业的迅猛发展,尤其是证券信托业务的促进,一批信托公司的IT建设大有可观。但是,由于缺乏对互联网认知程度较高的高级管理人员和关键人才,在与互联网深度融合的进程上,信托公司相对保守。目前,只有少数几家信托有实质性动作,如长安信托、四川信托、中江信托、平安信托开始发布互联网金融岗位的招聘信息,招募管理岗位、技术岗位和推广岗位的人才。在这种情况下,在初期阶段,信托公司不妨以现有业务和产品为基础

---

① 本文发表于《中国金融》,2015年第13期。

"+互联网",第一步先接触互联网、了解互联网,然后熟悉互联网、掌握互联网,借助互联网的工具和技术,使信托公司的运营效率和服务品质得到显著提升。

首先,信托公司可以采用互联网进行品牌传播。目前,由于信托公司不能在各地设立分公司等分支机构,知道信托公司、了解信托业务、购买信托产品的,主要是直辖市和省会城市等信托公司注册地的居民和企业。互联网的一大特征是能够极大地突破地域的限制,信托公司运用微信平台的推广功能,建立自己的微信订阅号,将行业新闻、公司新闻、业务内容、产品信息推送给订户,有助于让更多的人了解信托业和信托公司,发现其感兴趣的业务和产品。比如中航信托推出了包括中航财富、中航资管、中航研究在内的多个微信公众号,构建中航信托的线上品牌。但是,普遍而言,信托公司的微信订阅号存在庄重有余,活泼不足,缺乏策划和创新,内容千篇一律,转发别人文章较多等毛病,对受众的吸引力不强,阅读量也不够高。若要在汗牛充栋的微信订阅号中脱颖而出,赢得人们的注意和青睐,信托公司尚需下更大的工夫。

其次,信托公司可以采用互联网组织精准营销。利用互联网与客户进行互动,进行大数据的采集和挖掘,掌握投资者的风险收益特征后,一方面,信托公司可将成熟的信托产品主动推送给事先认定为有潜在需求的投资者,做到精准营销;另一方面,在研发出新产品(尤其是收费型投资类产品)后,在现有客户中识别出有投资意向的群体,面向他们进行有选择地推广,避免营销资源的浪费和无效营销。

再次,信托公司可以运用互联网提升客户服务、增进客户体验。例如,信托公司可以为客户(可细分为不同等级的客户)提供信托产品预订服务,帮助他们预先锁定投资机会;可以为客户提供网上支付服务,帮助他们随时随地使用移动终端划付信托资金,省去现场刷卡之劳;可以为客户提供网上信息查询服务,帮助他们随时随地了解所购买产品的信息和信托项目的运行情况;可以快捷地处理客户通过网络提出的意见、建议和投诉,迅速响应客户的诉求。这些高效的沟通方式和符合现代人使用习惯的业务办理方式,将给客户带来良好的客户体验,显著增强客户的黏性,提高客户的忠诚度。

最后,信托公司可以运用大数据服务提高风险管理水平。例如,信托公司面对的融资客户来自全国各地和各行各业，既有企业也有个人，常规的尽职调查手段比较单薄，很难透彻地掌握交易对手的各方面情况。现在已经有互联网企业利用公开信息，搜集海量的企业和个人数据，包括公司法人、市场主体、招中标数据、行业平均财务指标、产业政策和法律法规、商标数据（涵盖权利人、商标名称、商标品类）、专利数据（涵盖权利人、专利名称、登记日期、专利种类）等，以此为基础提供大数据服务，挖掘目标公司的完整关联方，并以友好的图形方式展示目标企业族谱，帮助信托公司全面深入地获取企业和个人信息，勾勒出交易对手的全貌，发现隐蔽的风险点，避开埋在其间的"地雷"。

二、子公司层面：大胆探索"互联网+信托"

在逐步了解、熟悉互联网后，信托公司可与互联网公司开展战略合作，构建信托子公司，在互联网的平台上运营业务，运用互联网思维开发产品，利用互联网工具提供金融服务，使用大数据技术进行风险管理，实现"互联网+信托"。在这方面，中信信托走在业内的最前沿。在以消费信托试水互联网金融之后，2015年5月初，中信信托与网易、顺丰三方合作，率先成立了互联网金融业务运作平台——深圳中顺易金融服务有限公司，中信信托全资子公司中信聚信为第一大股东。据了解，中顺易将致力于互联网金融，同时还将构建产业、金融紧密结合的互联网经济，并开展网上商城相关业务。

虽然信托子公司在"互联网+"方面的探索才刚刚开始，尚未产生出丰富的实践案例，但结合信托与互联网的特点，我们仍可以展望业已出现的未来，描摹出"互联网+信托"的诱人前景。

一是成为P2P、众筹等互联网金融正规化的路径。从"一法两规"出台后信托业的发展历程来看，它在客观上起到了民间金融正规化的良好作用。社会上有很大部分原本打算参与民间金融活动中的资金转向投入信托，由于信托业的严格监管、信托公司的尽责履职，人们不仅享受了较高投资收益，还获得了很高的安全性，从而大大减少了我国整体金融市场的风险；而一些原本需要支付高额贷款利息的民营企业，取得了成本合理的信托融资，也大大减轻了经营负担，实体经济发展由此得到了有力支持。目前，P2P（网络借贷）、众筹等互联网金融，经过一段时期的自由生长后，陆续暴露出了一些违约风险，其原因是缺少监管约束和行业标准，信用体系尚不健全，不少互联网金融的创业企业缺乏风险意识和风险管理的技术手段。信托子公司大力开展P2P、众筹等互联网金融业务，以其规范的内控体系、严格的风控标准、丰富的风控手段、自觉的责任意识，既可以为互联网金融行业树立起较高的展业标准，提升行业形象；又有利于推广以切实履行忠实义务和谨慎义务为核心的信托文化，建设和谐有序的互联网金融生态。

二是构建信托产品以及其他金融产品的网上流动性平台。信托产品的长项是高安全性和高收益性，短板是流动性差，这是制约机构投资和发行较长期限信托产品的主要因素。信托子公司利用互联网技术构建网上交易平台，协助投资者相互转让信托产品，或者进行受益权质押回购融资（这可以对接P2P业务），既有利于期限较长的投资类产品的发行，也有利于信托产品的风险在不同的投资者之间进行分散和分担，增强信托产品的市场竞争力。

三是强化风险控制的深度、拓宽风险控制的广度。例如，针对信托公司融资客户分布较广、缺少业务人员驻守现场的现状，信托子公司可以开发一套经营管理软件提供给融资企业使用，并将该软件通过互联网接入到信托子公司的监测平台，从而运用大数据技术实时汇集、分析、预警企业经营状况，一旦发现有异常变化，便可及时采取措施。又如，对异地企业的抵押物（特别是流动资产），可以运用物联网技术不间断地实时监控，如果发生异常情况，便可及时发现，予以制止。

四是运用O2O（offline to online，线下线上电子商务模式）开发消费信托产品。消费信托的目的是消费服务权益增值而非资金增值。据了解，中信信托与不同机构合作，已推出酒店居住类消费信托产品——"一千零一夜"，电影类消费信托产品——"黄金时代"，以及养老类、黄金饰品类消费信托产品，近期还将推出家电、教育、图书、通讯等多款消费信托产品。

五是运用互联网金融支付的灵活便利性开发公益信托和现金管理类信托产品。随着社会进步，人们参与公益事业的热情不断提高。但是，当前各类基金会运作的公益项目存在参与不够便捷、信息不够透明、可信度不足、运营成本高等弊端，而公益信托本身具有制度严明、监管严格、管理规范、信息透明、成本低廉（信托公司出于履行社会责任和提高自身形象的考虑，初期还可提供免费服务）等优点，配以互联网技术，一方面可以方便人们随时随地地捐赠公益信托项目，另一方面可以方便捐赠者实时了解公益项目的实施进度和效果，并可与受益对象建立在线联系，使人们能够更好地全程参与公益项目，而不仅限于捐款的一刻，这将极大地提高人们参与公益项目的兴趣和积极性。此外，现金管理类信托产品也非常契合互联网金融的特点，在互联网平台上大有用武之地。

三、监管层面：制度创新促进"互联网＋信托"

与国家鼓励互联网金融发展的态度相一致，对于信托公司开展互联网信托业务，监管机构应该是乐见其成。但是，由于现有法规将信托公司的主要产品——集合资金信托计划定位为为少数合格投资者（高净值人士）服务的高端私募金融产品，无形中在互联网信托的发展之路上竖起了一道很高的壁垒。在互联网思维下，是时候进行监管制度创新，适当改变过去曾经行之有效的规则了。

实事求是地看，过高的信托投资门槛、过小的合格投资者范围，的确与平等、共享、分散、小额参与的互联网精神相去较远。事实上，当初确定只允许家庭资产或年收入达到一定标准的少数人士成为享受信托服务的合格投资者，本意是为了控制风险，杜绝那些因资产不足而无力承担风险的群体涉入风险高于银行存款的信托领域。但是，在实践中，却时常出现一些家庭倾全家之力甚至数家之力，汇集到足够的金额参与信托投资的情况，导致该类投资者投资风险过于集中，同时也使信托公司承担了不能承受之重，难以按照市场规律和合同约定打破刚性兑付，并且还因吸纳的单笔资金规模要求较大，不得不支付给投资者较高的收益率。这样做，实际上是增大了信托领域的风险。如果我们换一种思路，借鉴众筹的做法，针对单个产品，规定投资者单笔投资的上限（例如1万元、5万元或者10万元）而不是下限，大大降低投资者对单一产品的投资集中度，无疑也将分散其风险，有助于打破刚性兑付；同时也有利于信托公司降低筹资成本，促进信托资金进入更广泛的实体经济、新兴经济领域。而对于公益信托，参与的门槛应该设置得更低，比如人们愿意投入10元、20

元，也应该热情欢迎，毕竟爱心无别、情义无价。

与此同时，在互联网金融时代，既然将信托投资的单笔金额大幅度下降，也就有条件破除参与信托投资的人数限制，让普罗大众都有机会享受信托服务，从而使普惠金融在信托领域落到实处。

心有梦想不觉寒

6. 信托业的转型与改革[①]

最具市场化特质的信托业，正与中国经济一道步入"新常态"。

近三年来，受宏观经济政策变化和国内投资减速的影响，信托资产管理规模的增速已由2011年的58.25%、2012年的55.3%，降至2013年的46.05%、2014年的28.14%，增长的势头有所减缓。信托业从超高速回归到中高速增长。

2015年年初，银监会主席助理杨家才在信托业年会上发表讲话，要求信托公司在适应新的经济形势下，切实履行受托责任、经纪责任、维权责任、核算责任、机构责任、股东责任、行业责任、监管责任等八大责任，实现发展质量和效益的同步提升，帮助信托业获得新常态下的新发展。

面对新形势，需要监管机构和信托业者深入思考的，是如何通过市场化改革注入新的增长动力，通过转型和创新开辟新的增长路径，以迎接和适应信托新常态。

加快转型　开辟新常态下的新路径

目前，信托公司的活力主要体现在快速响应市场需求和按照市场原则运行业务上，而在早前监管机构倡导的投资类的业务方向和资产证券化、PE等创新品种上着墨不多，究其原因，一是融资类业务存在巨大的空间，二是由于信托公司存在较强的路径依赖，拙于拓展投资类和投行类业务。

但是，市场的威力远大于行政的号召，"新常态"所呈现出的经济环境的

---

① 本文发表于《金融博览（财富）》，2015年3月（下半月）。

巨大变化，将引导和驱使信托公司摆脱路径依赖，尾随市场的需求，应对竞争的压力，主动地进行结构调整，降低风险型的融资类业务占比，提高收费型的投资类业务和事务管理类业务的比重，同时进行业务创新与产品升级。实际上，信托业的先知先觉者早已开始探索新的业务模式和类型。

● 积极进行业务模式转换

在与银行竞争大优客户的融资业务的过程中，信托公司并无优势，激烈竞争的结果使信托公司收窄收益率，业务量被挤压。这促使信托公司重新从制度上审视自己长短处，发掘并运用所具有的比较优势——现有金融体制赋予信托公司的股权投资的业务功能，包括以下三方面：

(1) 项目股权投资。我国尚处于资本形成的初级阶段，企业的资本实力偏弱，资产负债率居高不下，缺乏财务稳健性。这给了股权融资功能以用武之地，例如，信托公司可以改变目前以债务融资为主的房地产信托模式，与优秀的开发商合作，投资入股到精心挑选的项目公司中，与开发商深度合作，封闭运行，共同管理，共担风险，既避免与银行进行抵押融资的浅层次竞争，又可给投资者提供更高的浮动收益。华宝信托推出的华宝金石长赢系列——腾飞创新园信托计划就属于此类产品。

(2) 私募股权投资（PE）。PE 有利于完善金融体系，支持中小企业尤其是科技型创业企业融资，推进中小企业的成长，提升我国经济竞争力，增加就业机会。信托公司参与 PE 业务已有成功案例，如平安信托旗下 PE 子公司平安创新资本，投资非上市公司股权项目超过 50 个，投资规模超过 200 亿元，获得了丰厚回报，而中融信托、湖南信托等也设立了 PE 子公司。

(3) 并购投资。我国虽有"世界工厂"的称号，但产业结构中存在行业集中度不高，具有国际竞争力的大企业不多的问题。在产业转型升级、转变发展方式的过程中，企业兼并重组是必由之路。2013 年以来，国务院和相关部门发布了一系列支持企业并购的政策，这将促成并购迎来新一波高峰期。目前，医药类上市公司中已有 8 家公司参与设立了医药并购产业基金。在并购业务中，信托公司可通过股权投资的方式参与并购活动。前不久，上海信托宣布成立一家直投子公司——上海浦耀信晔投资管理公司，将重点关注于大健康产业的产业并购。

信托公司开展上述多样化的股权投资业务后，一方面，由于此类产品将不再设立预期收益率,并将设立可根据实际情况加以延长的弹性期限,有利于促进信托投资者行为模式转变为真正的投资行为;另一方面,有利于改变集合资金信托业务较为集中于房地产业务和信政合作业务为主的现状,扩展进入更广阔的实体经济、战略性新兴行业的渠道。

- 积极拓展家族信托等财富管理业务

当"富一代"渐渐年老时,必然会考虑如何将积累的财富按照自己的意愿在家族内顺利地传承下去。

在这个方面,信托具有更优越的制度优势,它可以发挥三个方面的作用:一是安全,信托财产具有独立性,可以起到破产隔离的效果;二是自由,受托人可以忠实地执行委托人的合理意愿;三是效率,信托公司作为受托人,为家族财富的保值增值提供更好的保障。信托公司开展此类业务,直接的好处是可以获得长期的、一般也是低成本的资金来源,从而为信托公司开展高安全性、低收益性业务提供条件;间接的好处则是通过家族信托服务,有利于延伸到委托人的企业获得业务资源;而社会效益则是可以减少民间资本外逃,促进社会和谐。平安信托、中信信托、北京信托和上海信托等已经开展了家族信托业务。

- 积极拓展资产证券化等金融创新业务

资产证券化是20世纪最大的金融创新之一,在金融"盘活存量"总体要求下,资产证券化大有用武之地,市场容量十分可观。2014年11月,银监会下发《关于信贷资产证券化备案登记工作流程的通知》,将信贷资产证券化业务由审批制改为业务备案制,将促进银行盘活存量资产的需求进一步释放。中信信托、中诚信托、上海信托、外贸信托等积极参与了银行间市场的信贷资产证券化业务;近期华能贵诚信托作为发行人和受托机构,参与了拟在上海证券交易所发行和流通的平安银行的信贷资产支持证券,对于信托公司下一步参与交易所资本市场开展企业资产证券化业务,有开路之功。

- 积极构建信托基金,升级传统的"一对一"信托产品形态

目前由单个项目驱动的期限为2~3年的"一对一"的融资类信托产品是主流模式,风险难以分散,管理和化解风险的现代金融手段难以运用。而信托基金具有规模化、长期化、组合运用等特点,有利于在空间和时间分布上分散信托风险,以应对单一项目风险和经济短期波动带来的影响。在这方面,杭州

工商信托的飞鹰一号、交银信托的节能产业投资基金、中信信托的医养健康产业基金以及国投信托的影视文化产业基金等已经进行了有益的探索。

提速改革，注入新常态下的新动力

一系列困扰信托业发展的深层次问题，需要尽快启动市场化改革加以解决，从而为信托业的发展注入新的动力。

- 加快建设信托市场基础设施和公平的市场规则

比如，信托财产登记制度的缺失，使《信托法》中有关信托登记的要求，虽有法可依，但无法可施，造成委托人的动产、不动产、股权等在内的非现金财产在实践中无法交付信托，这是导致目前信托业务局限于资金信托的一个主要原因，阻碍了财产信托、家族信托的蓬勃发展，亟待加以建设。又如，证券监管机构不愿接受存在信托持股企业的IPO申请，使信托公司的PE业务受困于退出通道的不畅，抑制了其PE业务的开展。需要相关机构本着公平对待的市场规则，对不尽合理的规定予以解禁。

- 加快构建信托产品的流通市场

在信托产品的安全性、收益性和流动性三个要素中，流动性是短板，它制约了信托业务的转型和信托产品的升级。尽快构建信托产品流通市场，显著提高信托产品的流动性，有助于期限较长的投资类信托产品的开发和发行，从而提高收费型、投资类业务在业务结构中的占比；有助于形成风险分担机制，从而通过市场释放信托产品的风险；有助于借助市场监督的力量，提高信托产品的安全性。目前应抓紧研究包括产品标准化、产品评级、上市条件、流通场所、流通范围、交易数量、交易方式等基础问题，推动信托产品流通市场的建立。

- 加快构建信托直接融资工具的发行市场

笔者设计了该类工具的一个具体品种——"附信托私募企业债"，意图将信托制度优势与债券发行制度结合起来，改变目前由信托公司发行融资类信托计划的业务模式，转换为由信托公司协助企业发行"附信托私募企业债"，同时将信托融资业务由原来的风险型业务转换为收费型业务。但这类产品需要特定的发行市场，从目前可行的路径来看，建议监管机构一是推动区域性股权交易市场接纳信托直接融资工具的发行和流通,二是容许在未来建立的信托产品流通市场上发行和流通信托直接融资工具。

• 加快解决"刚性兑付"痼疾,降低融资成本

"刚性兑付"的隐性承诺日益成为影响信托融资业务健康可持续发展的障碍因素。一个改革思路是,在限制规模的前提下,借鉴日本贷款信托的经验,以净资本管理为手段,以信托公司自愿为前提,配以事前审批、提取拨备、限制最低期限、降低投资门槛等监管手段,允许信托公司为限额内的融资类信托计划提供保本或保收益的承诺,使这部分信托计划的刚性兑付阳光化、制度化,同时将刚性兑付的融资型信托计划限制在一定规模范围内。这样做的好处很多:其一,可把含混的、不可计量的风险转换为透明的、可计量、可监管的风险;其二,可以降低投资者所期待的收益率,从而降低信托资金成本,更好地为实体经济服务;其三,在产品安全得到保障的条件下,适当降低投资门槛,使更多百姓获得普惠的信托理财服务,增加财产性收入,有助于国家关于居民收入倍增计划的实现。

7. 以资管业务驱动信托业步入"中级阶段"[①]

迄今为止，我国信托业仍处于发展的初级阶段，其特征包括：信托一般由受托人发起，而不是由委托人主动创设；受托人很单一，现有的信托事务几乎全部由信托公司包揽；信托公司业务品种在大类上很单一，以债权融资业务为主营业务；信托财产形式很单一，主要为货币资金，鲜有其他类型；信托业务驱动力单向，主要来自于企业的融资需求。在这种场景下，信托担当的角色，是正规金融体系中的融资工具，竞争力源于其所具有的高度市场化的灵活、便捷的融资功能。

穷则变

不再一条路走到黑

但是，时间不会停滞，事情正在起变化。从 2014 年以来，一方面，中央政府对房地产市场持续调控的累积效应开始显现，对地方债务加强了管理，导致信托业务拓展的两个重要领域均受到相当大的限制；另一方面，随着经济下行，融资企业（尤其是三四线城市的中小企业）的信用风险开始暴露，大大增加了信托公司在"刚性兑付"语境下管理信托产品流动性的难度。同时，由于风险预期上升，各类金融机构更趋向于往大型优质企业"扎堆"，信托公

[①] 本文发表于《证券日报》，2015 年 2 月 27 日。

司的债权融资业务受到商业银行和证券公司强有力竞争，曾经的优势逐渐丧失，往日客户盈门的盛况再难重现。这些来自市场的力量，迫使众多信托公司不得不深入思考自己的前途：是继续将现有模式一条路走到黑，还是穷则思变，突破原有的路径依赖？

令人欣慰的是，从一些勇于探索、敢为人先的信托公司身上，我们似乎可以看见业已出现的信托业的未来。例如，平安信托旗下PE子公司平安创新资本开展私募股权投资（PE），已有不错的成就；上海信托成立了直投子公司——上海浦耀信晔投资管理公司，专注于大健康产业的产业并购投资；华宝信托推出了华宝金石长赢系列——腾飞创新园信托计划，自主从事房地产细分市场上的项目股权投资；中融信托推出了中融—长河盛世1号集合资金信托计划，募集资金用于其子公司——中融长河资本投资收购办公物业；而杭州工商信托的飞鹰一号、交银信托的节能产业投资基金、中信信托的医养健康产业基金和国投信托的影视文化产业基金等，则在基金化产品方面做了有益的尝试。

变则通

突破原有路径依赖

上述这些创新的努力，显示出信托公司正在试图构建新的业务模式——资产管理业务。信托公司的资产管理业务区别于传统的债权融资业务，具有明显不同的特征：其一，债权融资业务属于卖方业务，出发点是满足各类企业的融资需求；资产管理业务虽然仍然由信托公司发起，但它属于买方业务，出发点是满足各类投资者的投资理财需求。其二，债权融资业务无论以怎样的具体形式出现，皆难逃出银行信贷类业务的窠臼；而资产管理业务虽然也需要将资金投入到实体经济中，但其业务展开的方式，无论是项目投资、PE投资、并购投资或是资产投资，皆为真正的投资类业务，与银行业务相比有清晰的界限。其三，债权融资类信托产品设有预期收益率和固定明确的期限，这无疑强化了投资者的"刚性兑付"预期；而资产管理类信托产品不再设预期收益率，其存续的期限亦颇有弹性，从而有利于将投资者的行为模式转换为风险自担的投资行为。其四，债权融资业务的收入来源于分配给投资者的信托收益与借款给企业所收取的资金费用之间的"利差",同时因其在目前承担着"刚性兑付"的压力,因此属于风险型业务,业务收入固然高,但风险也大;资产管理业务的收入来源于固定费率的佣金和针对超额收益的分成,不必"刚性兑付",属于收费型业务,信托公司从事此类业务的收入一般不会太高,但自身风险也较小。其五,债权融资类信托产品多为针对某一个融资主体甚至某一特定项目的"一对一"模式,投向过度集中,无法分散风险;资产管理类信托产品则采取基金形态,资金分别投向多个不同的主体,有利于分散风险。

因此,站在信托发展的历史坐标上,审视信托业过往的发展历程,检视目前面临的问题和机遇,环视信托在发达国家和地区的成长轨迹,展望未来可以争取的灿烂前景,或许我们可以得出一个初步的判断:我国的信托目前正处于一个有效消化存量风险、逐步突破原有路径依赖,跳出以债权融资业务为单一主营业务的"信托初级阶段陷阱",从初级阶段向中级阶段过渡的关键期。变革时机已到,2014年是信托业和监管层在认识上达成共识的思想准备期,接下来,希望通过全行业在2015年、2016年的努力,抓住居民理财需求高涨和实体经济渴求股权投资、资产投资的巨大机遇,显著降低债权融资业务的占比,大力开发资产管理业务,使之成长为信托公司的一个新的主营业务,将信托业从一辆以单一的债权融资业务为主营业务的独轮车,升级为债权融资业务与资产管理业务双翼齐飞的两轮车,促成信托从初级阶段向中级阶段进发。

8. 专访陈赤：信托业曲折突围 资管、财富管理双轮驱动[①]

自1913年信托传入我国，至今已有百年历史；而从1979年中国国际信托投资公司设立到现在，信托重新恢复发展也走过了35年的历程。无论是在旧中国的萌芽和成长，还是在改革开放后的恢复与发展，信托业的道路蜿蜒曲折，山重水复，历经苦难，如今方才呈现出兴旺发达的气象。近日，记者专访了知名信托专家、西南财经大学兼职教授陈赤博士，回顾信托过往的发展过程，展望未来的发展前景，信托在我国分阶段发展的图景逐渐清晰。

在陈赤看来，信托在我国的发展可以分为三个阶段：第一个阶段是信托的初级阶段，起止时间大致是1979—2014年，其基本特征是信托业以融资类业务为主营业务模式，信托业是一辆独轮车。第二个阶段是信托的中级阶段，其基本特征是融资类业务虽然继续存在，但占比显著下降；资产管理业务将成为信托业的一个新的主营业务，信托业升级为一辆两轮车；与此同时，财富管理业务开始萌芽并逐渐成长。这一阶段的时间大概从2015年、2016年开始，可能需要五六年的时间。

展望中国信托业的未来，有望在2020年逐渐进入第三个阶段，也就是信托业的高级阶段，其基本特征是资产管理业务继续茁壮发展，财富管理业务则取代债权融资类业务而普遍开展，信托业新的双轮演变为资产管理业务和财富管理业务，债权融资类业务成为非主流的附属业务。

[①] 本专访发表于新华网，记者苏雪燕、廖佳，2015年2月15日。

起势：信托突围矛盾困境

记者： 能否请您简要回顾一下信托在我国的发展历程？

陈赤： 信托在我国近现代的成长史无疑是相当曲折的。

信托在我国萌芽于1910年代，在1920年代的"信交风潮"中大起大落，经历了抗战前的快速发展和抗战时期的"畸形繁荣"，最终在战后的统制经济中走到了尽头。在这一演进过程中，有三个问题一直制约了信托业的进步：其一是行业地位不高。与银行、钱庄、保险等其他金融行业相比，信托业兴起的时间较迟，规模、影响力相对薄弱，始终处于金融业中的次要地位；其二是从一开始经营就偏离了主业。由于当时国人没有信托观念，信托需求不足，加之金融市场环境动荡，信托机构为了生存，经营偏重于银行业务，投机性强，信托主业薄弱；其三是信托制度建设的滞后。近代信托业始终没有建立一个完整的制度体系，原因是政府没有发挥主导作用，尽管业内人士也曾努力推动行业建设，但收效甚微。

新中国成立后，随着社会主义改造任务完成，我国开始推行高度集中统一的计划经济体制，信用集中于国家银行，金融机构的形式趋于单一化，原有信托业务消失，信托业在中国的存在和发展告一段落。

信托在我国的重新出现，是改革开放的产物。1979年10月，中国国际信托投资公司成立，标志着信托业的恢复。改革开放后，再次设立信托机构，恢复信托业，是国家适应经济体制改革的需要，在金融体制方面实施的一个重要改革内容。但是，我国恢复信托业，是在没有任何相关法律制度准备，甚至从决策层、理论界和实务界均不甚明了信托的本质为何物的情况下，国家出于对高度集中的传统金融体制进行改革的需要，把信托机构植入进了当时的金融体系。因此，我国信托业的重新出现，并非因为实体经济对信托作为一项优良的财产转移和财产管理制度产生了需求，而是因为改革开放的需要、将其作为国家银行的补充机构引入的，因此，这一制度供给所对应的制度需求难免具有脆弱性和短期性的特点。所以，从1979年到2013年这三十多年来，信托业始终处于发展的初级阶段。

记者： 信托初级阶段这一过程的时间不算短，可否再细说一下？

陈赤：初级阶段的信托，其发展又可细分为三期。

初级阶段的第一期，是从1979年我国信托业恢复，到2001年之间的二十余年间，属于信托业的探索时期。在探索时期，信托机构的初始功能定位首先是类同于银行的融资功能，显著区别于发达国家和地区对信托机构的基于财产管理的投资型金融机构的功能定位。当时无论是从指导思想、行业管理上，还是从实务经营上，都使用了办银行的方法办信托机构，用管信贷的方法管信托业务，使信托机构具有强烈的银行色彩，信托业务具有强烈的银行业务色彩。此时信托机构在金融体制改革中扮演的角色，是在传统僵化的国家银行系统之外的、较少受到计划约束的、更具灵活性和弹性的新型银行类机构，可以满足各方对资金的饥渴需求。

同时，在探索时期，信托机构还成为了混业经营的改革试验田。各种历史因素汇集到一起，客观上要求当时新成立的信托机构应当是全能型的，既要有银行的功能，可以从事存贷款业务；又要有实业投资的功能，这样才能实际地参与项目的建设；还要具备在国外发行债券的资格。由此，强化了信托机构"金融百货公司"的倾向，逐步确立了信托业以经营银行业务为主的混业经营模式的合法性。

事后分析，探索时期对信托业的功能定位偏离了信托本源业务，发生了错误。客观原因是，信托业作为改革工具和融资工具的政策取向，使之难以定位于信托本业；制度供给不足，难以支持信托本源业务开展；居民收入水平低下，也难以支撑信托本源业务开展。

在这一时期，由于种种矛盾困境，信托业普遍出现了违规作业现象，使信托机构常常成为一股无序的冲击力量，隐藏着巨大的风险，导致了在1982年至1999年期间，监管部门先后多次对全行业开展清理整顿规范工作，其中以从1999年开始的第五次清理整顿工作最为彻底和有效。这一次根本性改革的历史意义在于，国家以在制度层面上重新定位信托业的基本功能、促使信托公司回归财产管理的本业为主要目标，力图通过强制性制度变迁，彻底打破信托业发展的路径依赖，从根本上解决信托业无序经营、没有自己独特功能和独特业务的问题，从而再塑信托业，使之真正成为金融业的支柱之一。而强制性制度变迁的主要内容，就是颁布实施信托的"一法两规"。"一法两规"的出台，标志着中国信托业从探索时期进入了初级阶段的第二期，即规范发展时期，起止时间是自 2002 年至 2006 年。

我国《信托法》和 2002 年中国人民银行《信托投资公司管理办法》《信托投资公司资金信托管理暂行办法》，被称为信托的"一法两规"。在"一法两规"中，信托制度的基础是信托基本关系，《信托法》对这些基本关系进行了规范；利用信托制度进行营业活动的主体是信托公司，《信托投资公司管理办法》对信托公司经营活动进行了规范；资金信托是信托公司的主营业务，《信托投资公司资金信托管理暂行办法》对这项业务进行了规范。因此，"一法两规"的颁布实施，是中央政府为了打破信托业的路径依赖所作的强制性制度变迁，对于实现信托业回归本业，促进信托机构按照需求尾随型的金融发展模式走市场化道路，大力进行信托创新，发挥了基础性的、重要的规范和引导作用。

初级阶段的第三期，起止时间自 2007 年到现在，是信托业的高速增长时期。2007 年 3 月 1 日，中国银监会重新制定并颁发实施了《信托公司管理办法》和《集合资金信托计划管理办法》（简称"新两规"），取代了原有的《信托投资公司管理办法》和《信托投资公司资金信托管理暂行办法》。从 2008 年到 2013 年，由于中国经济处于上行周期和人均 GDP 提高所带来的人们理财意识的觉醒，加上"新两规"一系列市场化改革措施的推行，有力地促进了信托业爆发式增长，信托业管理资产规模超过了保险业、证券业和基金业，在 2013 年一跃成为中国金融体系中第二大子行业。

"新两规"在信托业高速增长方面发挥了重要作用，一是确立了市场化监管的原则，解放了信托公司的生产力，使信托公司焕发了极大的活力；二是推动了信托公司以信托业务取代固有业务成为主营业务；三是放行了信托公司在全国展业，促成了信托公司由原来的地方性公司扩展为全国性的金融机构，有利于国内统一的信托融资市场的形成。

崛起：构建新融资渠道

记者：您认为应该如何评价近年来迅速崛起的信托业？

陈赤：首先，总体来看，"一法两规"实施以来，信托业在中国金融体系中扮演了一个积极有益的角色。概括而言，信托公司的主营业务是信托融资，而信托融资在我国的金融体系和金融市场中发挥了两个重要的作用：一是作为比较僵化的国有银行体制的补充，通过高度市场化的运营方式，既为社会增加了新的融资渠道，帮助众多民营企业、中小企业获得信托资金支持，促进了融资难问题的解决；又为社会增加了新的便利的投资渠道，大幅度提升了投资者的收益，促进了利率市场化改革。二是作为民间金融正规化的一个行之有效的替代路径，一方面，与鱼龙混杂的民间金融活动相比，信托融资以其专业的风险管理能力和负责任的态度，极大地降低了投资者的风险；另一方面，信托融资以其接近于股份制商业银行收取的综合成本的合理收费标准，大大地降低了企业的融资成本。因此，可以肯定，信托融资的存在和壮大，在我国非均衡的金融制度下探寻出来一条新的金融路径，提高了我国金融体系的效率，在一定程度上起到了宏观调控的减震器和润滑剂的作用，成为稳定和促进增长的积极力量。

但是，信托业发展至今，又远非完善。最为大家关注的，是信托产品的"刚性兑付"问题。目前在信托业，"刚性兑付"似乎是信托公司发行其主打产品——融资类集合资金信托计划的一个隐性承诺，无论信托到期时信托财产的收益状况如何，信托公司均要保证给投资者足额兑付本金和收益。"刚性兑付"隐性机制的成因，主要有三个。首先，与民事信托一般由委托人作为创设信托的发起方不同，信托计划作为一个金融产品，是由信托公司发起创设的，而信托公司的尽职调查和内部审查批准是一个信托计划发行的前提，这就在信托计划上附着了一定的信托公司的信用。一方面，信托公司的调查是否做到了尽职，受托人的职责是否得到切实履行，目前在实践中并无十分明确的标准和清晰的边界。因此，如果一旦出现风险，信托公司能否自证清白，不是一件容易的事情。另一方面，出于可持续性经营的考虑，信托公司对防范声誉风险十分重视，也有动力来维持"刚性兑付"。其次，目前对融资类信托计划投资者的风险教育和风险揭示还不到位，也没有现实的无法兑付的例子让投资者警醒，投资者自身承担风险的意愿和能力都不够强。同时，信托计划信息披露的透明度不够，加之缺乏流动性，没有风险分担机制，客观上加重了投资者对信托公司的依赖。此外，监管部门出于防范金融风险、维护社会稳定、促进行业长远发展等方面的综合考量，把保证融资类信托计划足额兑付作为监管的一个"底线"，则强化了刚性兑付机制，使之成为一种不成文的制度约束。因此，刚性兑付客观上使债权融资类信托计划从直接融资工具异化为间接融资工具，让信托公司成为信托计划到期兑付义务的承担者，阻隔了信托投资者与借款人之间本应存在的利益关系，信托计划从"类企业债"异化为"类金融债"。

可是，债权融资类信托计划并不必然具备到期足额兑付的能力。由于目前主流的"一对一"的信托计划仅直接对接一家企业的融资，加之信托期限的预先确定，从理论上讲，随着信托计划总体数量的增加，企业发生信用风险，从而导致信托计划不能按照预期收益率到期足额兑付给信托受益人，这类事件难以完全避免。这一矛盾既令许多人对信托风险产生了质疑和担忧，从长期来说也构成了影响信托融资业务健康可持续发展的障碍。

记者：按照您的介绍，近年来信托的发展，既扩大了影响，增强了实力，作出了贡献，又积累了风险，加剧了矛盾，面临着挑战，据您的判断，目前信托业处于一个怎样的发展时期呢？

陈赤：我认为，目前信托正处于一个消化存量风险，摆脱原有路径依赖，突破"初级阶段陷阱"，从初级阶段向中级阶段过渡的关键时期。

在整个初级阶段，无论是哪一个时期，总体而言，信托公司的主营业务模式都是债权融资类业务，信托业就像是一辆独轮车。未来可行的路线图，是债权融资类业务占比下降，资产管理业务比重逐渐提高，从而形成这两大类业务并行的格局，进入到信托发展的中级阶段。

记者：为什么说债权融资类业务的占比会下降？

陈赤：因为信托债权融资类业务快速增长的基础不再，极有可能逐步从正增长变为负增长。信托业发展到现在，一直有很严重的路径依赖，执着于债权融资类业务。究其原因，一是我国金融市场上缺乏固定收益类产品，债权融资类信托产品正好填补空白；二是大量成长中的企业有旺盛的债权融资需求得不到满足，求助于信托融资；三是债权融资类业务相对简单，容易为信托从业人员掌握；四是债权融资类业务方便设置保障措施，有利于信托资金的安全。

但是，随着2014年中国经济进入新常态后，信托公司传统的债权融资类业务面临着空前的挑战。一方面，优质企业、优质项目的融资业务，成为众多商业银行、券商资管、基金子公司竞相追逐的对象，信托公司倍感竞争激烈。激烈竞争的结果是使信托公司收窄收益率，业务量被挤压。

另一方面，经济下行、行业危机、地方经济塌陷、腐败案件等带来的企业信用风险，使信托公司需要付出更多心力才能应对"刚性兑付"的压力。为适应新常态下的新场景，信托公司通过反思认识到，依赖原有的路径，以企业融资需求为主要驱动力，一味地扩大风险型债权融资类业务，单向地从事卖方业务，无论从盈利空间考虑，还是从风险管理的角度着眼，已经不大具有长久的可持续性了。

不过，虽然信托的债权融资类业务增长乏力，但由于需求在短期内不会马上消失，因此，此类业务在进行创新升级之后，在相当长的时期内仍会构成信托业主营业务的一部分。

记者： 那应该如何对信托债权融资类业务进行创新升级？

陈赤： 一个想法是进行制度创新，借鉴日本贷款信托的成功经验，按照信托公司自愿的原则，允许其为一定规模的债权融资类信托计划提供保本或保收益的承诺，使这部分信托计划的刚性兑付阳光化、制度化，同时配以事前审批、限制规模、提取拨备、规定一定期限、降低投资门槛等监管手段，把它的规模控制在一定范围内。这样做的好处是：其一，通过把隐形的、不合规的刚性兑付，转换为制度上认可的、书面约定的本金补足（或收益补足）约定，有利于把外在的声誉风险约束转换为外在监管约束加内在内控的约束，把含混的、不可计量的风险转换为透明的、可计量、可监管的风险。其二，投资者得到书面的本金（或收益）保证后，安全性得以提高，相应降低期待的收益率，这有利于降低信托资金成本，扩大信托资金的运用范围，有效引导信托服务实体经济。其三，既然这类产品安全得到有效保障，就不妨大幅度降低投资门槛，让更多百姓获得信托理财服务，增加居民财产性收入，有利于居民收入倍增计划的实现。同时，如果单笔投资金额减少，也有利于投资者分散风险。

另一个想法是，将其他的适合一定条件的债权融资类信托计划转换为"附信托私募企业债"。我设想的附信托私募企业债，是指企业以非公开方式发行和转让，约定在一定期限还本付息的债券；在债券发行前，企业与受托人即信托公司签订信托合同，将担保物权设定给受托人，使受托人为全体企业债债权人的利益进行保管并行使担保物权，同时为债权人的利益履行其他法定义务和约定义务。在这一产品模式的设计中，信托公司所扮演的角色从信托计划的发行主体，转化为"投资银行+信托受托人"。这将还信托融资作为一种直接融资工具的本来面目，将信托制度优势与债券发行制度结合起来，改变目前由信托公司发行信托产品的业务模式，转换为由信托公司协助企业发行"附信托私募企业债"。虽然仍旧属于卖方业务，但这一类业务已由原来的风险型业务转换成了新的收费型的投行业务。

新兴：股权投资功能凸显

记者：传统业务的增长面临巨大的瓶颈，您是否同时也看见了信托业新的增长点？

陈赤：正如罗素所言，世界始终不偏不倚地悬于希望与恐惧之间。在居民收入不断增长、居民不断积累的时代背景下，家庭部门的资产管理的巨大需求，有望成为支撑信托业发展的新的驱动力，支持信托业开展收费型的资产管理等买方业务。从西方发达国家、日本以及我国台湾地区的经验来看，当人均GDP超过7000美元时，资产管理需求将处于快速成长时期，中国的人均GDP在2014年约为7485美元，国民财富快速增长将带来资产管理业务的快速成长。

资产管理业务所对应的资产运用，主要是对股权、证券等的投资活动。这正好发挥现有金融体制赋予信托公司的比较优势——股权投资功能，而经济中蕴含着巨大的股权投资需求，包括：其一，项目股权投资。我国尚处于资本形成的初级阶段，企业的资本实力偏弱，资产负债率居高不下，缺乏财务稳健性。这给了股权融资功能以用武之地。其二，私募股权投资（PE）。PE有利于完善金融体系，支持中小企业尤其是科技型创业企业融资，推进中小企业的成长，提升我国经济竞争力，增加就业机会。其三，并购投资。我国虽有"世界工厂"的称号，但产业结构中存在行业集中度不高，具有国际竞争力的大企业不多的问题。在产业转型升级、转变发展方式的过程中，企业兼并重组是必由之路。在并购业务中，信托公司可通过股权投资的方式参与并购活动。

信托公司开展上述多样化的股权投资业务后，一方面，由于此类产品将不再设立预期收益率，并将设立可根据实际情况加以延长的弹性期限，有利于促进信托投资者行为模式转变为真正的自担风险的投资行为；另一方面，有利于改变信托业务较为集中于房地产和信政合作业务领域的现状，扩展进入更广阔的实体经济、战略性新兴行业的渠道。

此外，信托公司在阳光私募和结构化等证券投资信托业务方面已经具有丰富的实践经验，不必赘述。

因此，信托公司必须重新从制度上审视自己的长短处，积极进行业务模式的转换，发掘并运用自身所具有的比较优势，服务于快速增长的资产管理需求和股权投资需求。

记者：新兴的资产管理业务与传统的债权类融资业务的主要区别是什么？

陈赤：虽然资产管理业务的运行中，也需要将资金投入到实体经济和资本市场中，常常需要对接企业的融资，但它在本质上不同于传统债权类融资业务。债权类融资业务是卖方业务，出发点是满足企业的融资需求，收入来源于"利差"，同时因为要承担"刚性兑付"的压力，因此属于风险型业务，信托公司开展此类业务收入高，但风险也大；资产管理业务是买方业务，出发点是满足投资者的理财需求，收入来源于佣金，不必"刚性兑付"，因此属于收费型业务，信托公司开展此类业务的收入不会太高，但自身风险也较小。

记者：在中级阶段，信托开展资产管理业务的主要产品形态是什么？在目前各类金融机构、非金融机构大力拓展此类业务的背景下，信托公司的竞争力将体现在何处？

陈赤：信托公司开展资产管理业务的产品形态是信托基金。信托基金的第一个特征是规模化。只有当一个信托产品达到一定规模的时候，才有可能通过组合投资来分散它的风险。基金化信托产品通过分散投资，可以在空间分布上把信托风险分散开来。信托基金的第二个特征是长期化。通过长期化可以做到风险在时间分布上的分散，以应对经济周期、宏观调控对企业和项目的短期影响。信托基金的第三个特征是流通化。不难理解，信托基金需要有较强的流动性，才能够吸引规模化、长期化的资金加入。

作为资产管理的信托基金，与银行理财产品、券商资管计划、保险债权计划、公募基金、私募证券基金、私募股权基金、产业投资基金等资产管理产品相比，优势在于它能够做跨行业的大类财产配置，即资金可组合投资于证券市场、信贷市场、产业市场。基于此，构建理想化的信托基金的核心竞争力的方向可以是：加强对宏观经济变化的敏感性，站在整体把握金融市场的立场和角度，预测并确认经济周期转换、大类资产市场轮动、宏观经济金融政策调控的方向与力度，从而把握不同时期的重大业务机会，确定相应的重点投资品种。

展望：资管、财富管理双轮驱动

记者：信托从初级阶段迈向中级阶段，除了信托公司努力进行业务结构调整与优化、实现双轮并进外，还需要哪些外部条件？

陈赤：信托业从初级阶段发展到中级阶段，除了需要众多信托公司自身努力外，还需要有外在的良好制度环境。

一是需要加快信托市场基础设施制度建设，例如信托财产登记制度的缺失，使《信托法》中有关信托登记的要求，虽有法可依，但无法可施，造成委托人的动产、不动产、股权等在内的非现金财产在实践中无法交付信托，这是导致目前信托业务局限于资金信托的一个主要原因，阻碍了资产管理、家族信托的蓬勃发展，亟待加以建设。二是需要加快建设公平的市场规则，例如证券监管机构不愿接受存在信托持股企业的 IPO 申请，使信托公司的 PE 投资业务受困于退出通道的不畅，抑制了其 PE 业务的开展。需要相关机构本着公平对待的市场规则，对不合理的规定予以解禁。三是需要加快构建信托产品的流通市场。缺乏流动性是现有信托产品的一大短项。构建信托产品流通市场，有助于期限较长的信托基金的开发和发行，从而提高资产管理业务在业务结构中的占比；有助于形成风险分担机制，从而通过市场释放信托产品的风险；有助于借助市场监督的力量，提高信托产品的安全性。四是需要着手构建信托直接融资工具的发行市场。从目前可行的路径来看，建议监管机构推动区域性股权交易市场接纳信托直接融资工具的发行和流通，同时容许在未来建立的信托产品流通市场上发行和流通信托直接融资工具。

记者：您预测信托发展的中级阶段将会持续多长时间？此后又将如何发展？

陈赤：信托中级阶段的基本特征是融资类业务虽然继续存在，但占比显著下降；资产管理业务将成为信托业新的一个主营业务，信托业由独轮车升级为一辆两轮马车。信托从初级阶段升级到中级阶段，2014 年是一个信托业在思想认识上的准备期，顺利的话，2015 年、2016 年可成为过渡期，2017 年到 2019 年则成为稳定期，中级阶段的时间大概可能需要五六年的时间。到 2020

年以后，信托有可能开始从中级阶段向高级阶段过渡。

作出这一初步判断的主要依据是，随着利率市场化和多层次资本市场的建立，企业部门的融资渠道将趋于多元和通畅，对于信托债权融资的需求会持续减少。

在这方面，以债权融资业务起家并大行其道的日本信托的演变轨迹可资借鉴。日本信托银行在1952年开始发售贷款信托，很快就成为主力商品，受托资金量持续增长。从1955年到1965年的十年间，由于日本的钢铁、煤炭、重化工等基础产业的资金需求旺盛，信托银行以贷款信托为中心，作为资金供给者发挥了极其重要的作用，显著扩大了市场规模。1981年年底，信托银行提供的设备贷款余额为14923亿日元，占全国银行设备贷款总额的22.6%。贷款信托于1992年、1993年达到顶峰，余额为57万亿日元，在全国拥有700万个家庭客户。但是，随着日本产业高度发展的成熟化，贷款信托创设时的目的到现在已逐渐褪色。由于企业贷款资金需求的不断减少，加上20世纪90年代开始实行低利息政策，贷款信托的预期收益率随之降低，贷款信托的商品优势渐渐失去。在储蓄转向投资的浪潮中，许多以投资信托为中心的资产运用型商品不断涌现，导致贷款信托规模大幅减少，贷款信托余额从1993年的50兆日元，降低为2006年的3.2兆日元，一些信托银行中止受理贷款信托。至此，贷款信托不复昔日的辉煌。20世纪80年代以来，以往在日本被认为难以推进的信托种类，在此时期获得了急速的发展，其中较具代表性的有土地信托、证券信托（基金信托、特定金钱信托）以及资产证券化信托。这些信托产品的问世，是自《信托业法》制定以来，日本信托业界多年来的愿望。而这一夙愿的实现和信托的普及，有赖于个人和法人资产的形成，以及相关法律规制放松等原因。日本这些新生的信托业务，产生于高龄化、核家庭化、财产多样化等的需求，产生于希望委托具有财产管理专业能力的信托机构的需求，产生于希望利用信托破产隔离功能的需求。日本的信托制度，发展至今，达到了像美国一样以各种各样的财产，为实现不同目的而得到广泛运用的境界，取得了很大的成功。

而与此同时，家庭部门、社会事业对信托的需求则将日益扩展，成为支持信托发展的新的强大驱动力。其中，尤其值得期待的是以家族信托为代表的财富管理业务，在信托的中级阶段的前半段时期牙牙学语、蹒跚学步，在中级阶段的后半段时期则将不断成长，终成大树。

这样，预计在2020年以后，一方面，信托债权融资类业务将逐渐减少，占比持续下降；另一方面，那时我国人均GDP将超过10000美元达到中等发达国家收入水平时，根据国外成熟经验，财富管理需求将迎来爆发式增长，财富管理业务则将随之蓬勃发展，蔚成大观。于是信托可望逐渐进入第三个阶段，也就是信托业的高级阶段，其基本特征是：资产管理业务继续茁壮发展，财富管理业务则取代债权融资类业务而普遍开展，信托业新的双轮演变为资产管理业务和财富管理业务，债权融资类业务退出主角的位子，成为非主流的附属业务。

记者：您认为以家族信托为代表的财富管理业务兴起的原因是什么？

陈赤：首先，财富传承的需求正在悄然形成。据招商银行与贝恩管理顾问公司发布的《2013中国私人财富报告》介绍，我国已经形成了规模可观的高净值人群。2012年，高净值人群数量超过70万人；其中，超高净值人群规模现已超过4万人，可投资资产5千万元以上人士共约10万人。2012年中国高净值人群共持有22万亿元人民币的可投资资产，人均持有可投资资产约3100万元人民币。调研显示，中国高净值人群的首要财富目标，从之前的"创造更多财富"开始转向"财富保障"，且提及率高达30%。许多高净值人士已更加看重如何更好地保障自己和家人今后的生活。与此同时，一些高净值人士开始进入财富传承阶段，有关财富传承的需求开始彰显，超高净值人士对此需求尤为强烈。目前中国高净值人群的年龄层比较集中，约70%的受访者年龄处于40~60岁。随着事业逐步进入巅峰期和稳定期，部分高净值人士的子女即将成年，"财富传承"的需求开始显现。调研数据表明，在全部高净值人群中，约有三分之一的人开始考虑财富传承，而超高净值人群的这一比例更高，达到近50%。遗产税政策信号刺激、财富保障、子女成年以及家族企业进入移交阶段是促使高净值人群开始考虑财富传承的主要原因。从产品需求角度看，家族信托位于首位，提及率接近40%。在超高净值人群中，家族信托的需求更加旺盛，提及率超过50%，并且有超过15%的受访超高净值人士已经开始尝试接触家族信托。

目前，家族信托在我国的实践已经拉开了帷幕。2013年年初，平安信托设立了国内第一只家族信托——平安财富·鸿承世家系列单一万全资金信托；

此后，招商银行与外贸信托合作成立的家族信托据称已逾50例；北京信托与北京银行合作推出了家业恒昌系列家族信托系列产品；中信信托则与信诚人寿合作，创新推出了国内第一单人寿保险信托；上海信托、中融信托、紫金信托等一批信托公司也纷纷开设了自己的家族信托业务。

记者：未来信托在财富管理方面可以发挥哪些独特的优势？需要哪些无形的公共产品制度予以支持？

陈赤：信托作为一种优良的财产转移和财产管理制度，从在中世纪的英国诞生之后到现在，历经数百年而不曾消亡，并且流传到世界各地，发挥着巨大而独特的功用。家族信托能够为人们营造安全的财富保管空间，能够很好地帮助人们实现其自由意志，家族信托能够给人们带来财产管理和保障的高效率。

在我国，家族信托目前是"小荷才露尖尖角"，要在今后得到健康快速发展，尚有不少问题需要解决。首先，虽然《信托法》给家族信托提供了坚实的制度基础，但是，由于没有相关的实施细则和司法案例，人们对家族信托在安全性方面的实践效用存在不小的疑虑。其次，信托财产登记制度迄今为止迟迟没有出台，严重限制了家族信托的财产类型。目前，家族信托中的信托财产以货币资金为主，大量的股权、不动产还无法作为信托财产顺利"委托给"受托人，导致家族信托运用的范围受到很大的限制。再次，由于信托公司的国际化业务才刚刚起步，在将家族信托中的信托财产运用于国际金融市场的经验方面还颇有不足，这也在很大程度上局限了分散投资、防范某一国家系统性风险的能力。最后，要让人们放心地将自己辛苦累积的财产在相当长的时间内委托给信托公司，需要委托人对受托人抱有莫大的信任。这需要以忠实义务和注意义务为核心的信托文化在我国落地生根、光大弘扬，需要信托知识和信托观念得到较大地普及。

记者：最后，请您总结一下信托发展的阶段。

陈赤：按照以上分析和预测，信托在我国的发展，可以分为三个阶段：第一个阶段是信托的初级阶段，起止时间大致是1979—2014年，其基本特征是信托业以融资类业务为主营业务模式，信托业是一辆独轮车；第二个阶段是信托的中级阶段，其基本特征是融资类业务虽然继续存在，但占比显著下降；资产管理业务将成为信托业的一个新的主营业务，信托业升级为一辆两轮车；与此同时，财富管理业务开始萌芽并逐渐成长。这一阶段的时间大概从2015年、

2016年开始，可能需要五六年的时间。也许从2020年左右开始，信托有望逐渐进入第三个阶段，也就是信托的高级阶段，其基本特征是资产管理业务继续茁壮发展，财富管理业务则取代债权融资类业务而普遍开展，信托业新的双轮演变为资产管理业务和财富管理业务，债权融资类业务成为非主流的附属业务。

心有梦想不觉寒

9. 读懂信托业保障基金出台的逻辑[①]

广为社会各界所瞩目的《信托业保障基金管理办法》（以下简称《办法》）于2014年12月10日由中国银监会和财政部联合发布实施；紧接着，中国信托业保障基金（以下简称保障基金）及其管理者——中国信托业保障基金有限责任公司（以下简称保障基金公司）于同月19日联袂宣告成立。至此，银监会主席助理杨家才在2013年信托业年会上提出的完善信托业治理体系和现代治理能力建设的八项机制之一——行业稳定机制正式落地生根。这一项意图在于维系信托业长治久安的基础设施初步建成，将有助于身负第二大金融子行业声名的信托业提升自我消化风险的能力，筑牢防范行业风险向外蔓延和外溢的篱笆，有利于进一步消解外界对于信托风险的过度担忧，有益于整体金融市场安全的提高，亦将对信托业的生态模式产生深远的影响。

评价：化解信托行业风险的有力举措

前些年，伴随着中国经济的上行周期、大规模刺激政策的实施和大众理财意识的觉醒，信托业取得了跨越式大发展。但是，近两年来，中国经济进入"新常态"，信托公司传统自主管理业务的两个重要领域——地方基础设施兴建和房地产均受到抑制，前者因地方政府债务负担过重而难以为继，后者因持续调控而量价齐跌。实体经济中的寒冷，让深入其中的信托公司感同身受；因融资企业资金链断裂，关联的信托产品相继出现险情，一些前期比较激进的信托公司难以避免地处于痛苦的消化期。上述情况在许多媒体的密切关注和充分

[①] 本文发表于《中国金融》，2015年第1期，发表时标题为《谨防信托业风险外溢》。

报道下，引发了人们的疑虑：信托业的风险是否可控，会不会蔓延至其他领域和行业？

事实上，为了强化信托公司的内控体系，预防和化解信托业务风险，监管机构2014年以来用力甚勤。针对单个信托公司，一是银监会办公厅在2014年4月下发了《关于信托公司风险监管的指导意见》，督促信托公司妥善处置风险项目，更加审慎合规地开展业务，适度控制扩张节奏，并史无前例地要求股东承担起对信托公司进行流动性支持和资本金补充的责任；二是银监会非银部组织对现有监管评级体系进行大幅度地修订完善，以期引导信托公司健康发展。

而针对整个信托行业，则是紧锣密鼓地建立保障基金和保障基金公司。通过信托公司和信托融资方认购所设立的保障基金，其用途大致可分为三类。一是在信托公司债务重组、破产重整时，保障基金充当重组方，或者收购信托公司的债权人持有的债权，或者以新的股东身份注资入股信托公司，增强其偿债能力，从而达到帮助信托公司恢复正常经营的目的。二是在信托公司因违法违规经营被责令关闭、撤销时，保障基金充当救助者，保护信托当事人的合法权益，从而达到隔断行业风险与政府之间关系的目的。第三类情况是，信托公司的信托产品到期，融资方因资金链断裂或出现流动性问题无法按约归还资金，信托公司或者是判断项目并无终极风险而只是流动性风险，出于对信誉和品牌维护的考虑，或者是出于对信托投资者负责任的道义上的考虑，或者是对自己是否完全尽到了受托人职责无充分把握，愿意自己筹集资金先行垫付给信托投资者，但因自身资本实力不足、股东支持能力有限，无力筹措到足够金额时，保障基金充当类似于"最后贷款人"的角色，对信托公司提供流动性支持，化解信托产品的风险。通过适时发挥以上多重作用，保障基金将为信托业构建起一道"安全网"和"防火墙"，将信托风险在行业内部进行消化，阻隔其传染到其他经济领域中，避免其对其他金融行业形成冲击。

建议：优化和差别化保障基金筹集规则

设立保障基金公司和保障基金，将提高整个信托行业的安全等级，信托公司对此态度颇为积极。但是，保障基金的筹集规则，实际上是站在行业监管的层面，对安全和效率之间的关系进行了一次新的平衡，必然会对信托公司的业务模式和盈利模式产生直接的影响。《办法》规定，保障基金筹集规则分为三类：其一，信托公司按净资产余额的1%认购，每年4月底前以上年度末的净资产余额为基数动态调整；其二，资金信托按新发行金额的1%认购，其中属于购买标准化产品的投资性资金信托的，由信托公司认购；属于融资性资金信托的，由融资者认购。在每个资金信托产品发行结束时，缴入信托公司基金专户，由信托公司按季向保障基金公司集中划缴；其三，新设立的财产信托按信托公司收取报酬的5%计算，由信托公司认购。上述规定比较笼统，有待于进一步细分和区别对待。

首先，业内分析人士认为，根据业务实践，购买标准化产品的投资性资金信托属于收费型业务，其中有很大一部分属于通道类业务，投资者有能力、有意愿承担相关风险，信托公司尽职管理的界限也比较清晰，建议此类业务比照财产信托，由信托公司按照收取报酬的一个比例认购保障基金。

其次，可以将融资性资金信托进一步分为债权融资性资金信托和股权融资性资金信托。对于股权融资性资金信托，如PE投资信托、并购投资信托、项目投资信托等，此类产品的投资者一般具有较强的风险识别和承担能力，此类业务的性质亦属于收费型而非风险型，信托公司不对此承担商业风险，因此，建议在信托公司开展股权融资性资金信托业务时，也比照财产信托，由信托公司按照收取报酬的一个比例（可以略高于投资性资金信托）认购保障基金。

最后，由于信托财产登记制度迄今为止迟迟没有出台，严重限制了财产信托业务的开展，导致大量企业财产无法利用信托制度得到有效盘活，大量居民财产无法利用信托制度得到良好管理和传承。在企业和居民财产增长较快、财产积累较多的大背景下，建议监管机构会同相关部门加快推动信托财产登记制度的制订和实施，为改变资金信托一枝独秀局面、引导财产信托业务蓬勃发展创造必要的社会环境和制度条件。

关注："刚性兑付"是否会被打破

信托产品和信托融资作为民间金融正规化的一个行之有效的重要路径，在我国的金融体系和金融市场中发挥了十分积极的作用。一方面，与鱼龙混杂的民间金融活动相比，信托融资以其专业的风险管理能力和负责任的态度，极大地降低了投资者的风险；以其接近于股份制商业银行收取的综合成本的合理收费标准，大大地降低了企业的融资成本。另一方面，与商业银行相比，信托融资以其高度市场化的运作方式，既为社会增加了新的便利的投资渠道，大幅度提升了投资者的收益，促进了利率市场化改革；又为社会增加了新的融资渠道，帮助众多民营企业、中小企业获得信托资金支持，促进了融资难问题的解决。因此，信托产品和信托融资的存在和壮大，在总体上提高了我国金融体系的效率。

但是，由于种种历史和现实的原因，"刚性兑付"似乎成为了信托公司发行债权融资类信托计划的一个隐性承诺，好像无论信托到期时信托财产的状况和收益如何，信托公司都要保证给投资者兑付本金和收益。"刚性兑付"隐形机制的存在，既像一把悬在信托公司头上的"达摩克利斯之剑"，将风险不合理地过度集中于信托公司身上，又降低了投资者识别和承担风险的意愿。显然，这不利于信托业的健康发展，也不利于信托市场的风险管理。

保障基金建立后，究竟是强化了"刚性兑付"的隐形机制，还是有利于打破"刚性兑付"？实际上，《办法》并不赞成所谓的"刚性兑付"，它重申，信托业风险处置应按照卖者尽责、买者自负的原则，发挥市场机制的决定性作用，防范道德风险。在信托公司履职尽责的前提下，信托产品发生的价值损失，由投资者自行负担。但是，《办法》从化解金融风险的基本点出发，充分评估和考虑了目前信托市场所处的初级阶段，在制度上又安排了保障基金作为最后手段对发生风险的信托公司进行"有偿救助"的路径，以防范信托风险的扩展和蔓延。

所以，保障基金的设立，既没有强化"刚性兑付"，也不是解决"刚性兑付"的直接手段。鉴于"刚性兑付"的成因复杂，笔者建议宜采取多种方式综合施治，简言之，一是通过制度创新，允许信托公司为一部分债权融资类信托计划提供保本或保收益的承诺；二是通过业务创新，把信托制度和债券发行制度结合起来，将一部分债权融资类信托计划转换为附信托私募企业债，还信托融资作为直接融资工具的本来面目；三是通过产品创新，将另一部分无保本或保收益约定、投资者买者自负的股权融资类信托计划升级为规模化、长期化的以分散投资为特征的信托基金。

10. 信托支持混合所有制
改革的五种方式[①]

当前,进入新常态的信托业,正面临结构调整,降低风险型的融资类业务占比,提高收费型的投资类业务、投行类业务以及事务管理类业务的比重的任务。而混合所有制改革所蕴含的业务机会,正好与信托业的业务转型方向相契合。业内人士表示,信托参与和支持混合所有制改革至少包括五种方式。

党的十八届三中全会明确提出,"要积极发展混合所有制经济","混合所有制是我国基本经济制度的重要实现形式"。各界从不同的利益出发,对"混改"提出了不同的看法。针对发展混合所有制,中铁信托董秘、副总经理陈赤表示,通过构建混合所有制,引入对运营效率有清晰诉求的非公资本进入国有企业,有利于国有企业健全法人治理体系、改进效率;在建立了完善的法人治理结构后,国有企业可以建立完善的中长期激励与约束机制,解决委托代理问题,使管理层和员工与股东的长期利益趋于一致,提高企业活力;多元化吸收社会资金补充资本,有利于国有企业提高财务结构的稳健性,形成风险分担机制,降低风险水平。

众所周知,国有企业在中国经济中占据着核心地位。据财政部公布的数据,2013 年,全国独立核算的国有法人企业 15.6 万户,其中有中央企业 5.2 万户,地方国企 10.4 万户;国有企业资产总额 104.1 万亿元,平均资产负债率 64.5%;营业总收入 47.1 万亿元;利润总额 2.6 万亿元。截至目前,国有企业在资本市场上也占据着重要的地位,A 股市场上国有企业近千家,占公

---

① 本专访发表于《金融时报》,记者胡萍,2014 年 12 月 15 日。

总家数的38%左右,但国有企业的总资产、总股东权益、总收入与总利润占比均超过60%。陈赤认为,数量庞大的国有企业由于股东缺位,董事会运作不规范、监事会作用不明显,中长期激励和约束机制没有建立等法人治理体系不健全的原因,其资产运营效率并不理想,不利于整体经济的提振。

在混合所有制改革中,信托能发挥怎样的作用?陈赤表示,当前,进入新常态的信托业,正面临结构调整,降低风险型的融资类业务占比,提高收费型的投资类业务、投行类业务以及事务管理类业务的比重的任务。而混合所有制改革所蕴含的业务机会,正好与信托业的业务转型方向相契合。他提出,信托参与和支持混合所有制改革至少包括五种方式。

以信托基金方式参与国有企业的成熟项目的股权投资。总体而言,我国尚处于资本形成的阶段,国有企业的资本实力不强,资产负债率居高不下,财务稳健性脆弱。这就给了信托公司股权融资的业务机会,例如,信托公司可以改变目前以债务融资为主的业务模式,与优质的国有企业合作,投资入股到共同认可的项目公司中,共同管理,共担风险,共享收益。对信托公司而言,既避免与银行进行抵押融资的浅层次竞争,又可给社会投资者提供想象空间更大的浮动收益;对国有企业而言,则增加资本金来源,使股权结构多元化,增强抵御风险的能力。

以PE基金方式参与国有企业的高新技术创业项目的私募股权投资。高新技术项目具有风险大、收益高、周期长等特点,吸引以社会资本为来源的PE基金参与,有利于完善金融体系,支持国有科技型创业企业融资,推进国有中小企业的成长,提升我国经济竞争力,增加就业机会。信托公司参与PE业务已有成功案例。据报道,上海信托表示已经把PE业务视为信托转型的一个重要方向进行探索,成为公司长线发展的重点领域;平安信托、建信信托、中诚信托等在开展PE业务方面已有所探索,北方信托、交银国际信托、华宝信托、华能贵诚信托等已设立或正在筹建PE子公司,准备开展PE业务。

职工持股信托(Employee Stock Ownership Trust,ESOT)。职工持股信托起源于美国,伴随着美国职工持股的蓬勃发展而逐渐兴起。职工持股有利于形成员工和企业的命运共同体,发挥长期的激励约束作用。信托公司按照委托人(持股员工)的要求,依据企业职工持股管理办法,签订信托合同。在受托期间,为全体持股职工的利益,集合职工分散的投票权集中投票,并管理股权。

通过信托公司代为持股，可以解决由于职工双重身份、角色重合造成的企业管理上的困惑，使企业和职工股东不发生直接关系，由信托公司代表职工跃升为股东，从而提高管理效率。独立的信托公司的参与，可以使职工持股管理办法更为有效地执行。比如在职工购股融资资金的归还、在职期间转让股权、离职要求兑现股权等问题上，避免内部人管理可能产生的道德风险。

MBO 信托。MBO 信托是指信托公司为管理层收购公司股权提供包括融资安排、股权持有在内的信托服务。信托在国内 MBO 中的运用一般有如下 3 种模式：一是代为持股的模式。这种模式操作的要点是：参与 MBO 的管理层与信托公司签订信托合同，将收购资金委托给信托公司，用于对目标公司股权的收购并持有。管理层对目标公司的控制权，通过与信托公司的信托合同进行约定。二是融资模式。信托公司通过发行集合资金信托计划或设立单一信托募集资金，将信托资金贷款给管理层，用于其对目标公司的股权收购。由此，管理层直接持有目标公司股权，成为目标公司的股东。三是融资＋股权收购的模式。信托公司通过发行集合资金信托计划或设立单一信托募集资金，以信托公司自己的名义收购目标公司，成为目标公司股东。但此前，信托公司与管理层签订协议，约定在将来的某一时间，管理层溢价受让信托公司持有的目标公司的股权。

以信托基金方式参与国有企业的并购投资。我国虽有"世界工厂"的称号，但产业结构中存在行业集中度不高、具有国际竞争力的大企业不多的问题。在产业转型升级、转变发展方式的过程中，企业兼并重组是必由之路。2013 年以来，国务院和相关部门发布了一系列支持企业并购的政策，这已促成并购迎来新一波高峰期。目前，医药类上市公司中已有 8 家公司参与设立了医药并购产业基金。在并购业务中，信托公司可通过股权投资的方式直接参与针对国有企业的并购活动，也可以给民营企业提供并购贷款支持其并购国有企业的股权。

11.《论语》：继受信托制度的中国文化土壤[①]

信托起源于十三、十四世纪的英国，人们为了突破封建土地制度对财产自由继承和自由移转的限制，发明了信托制度。由于其精巧的制度设计和日益扩展的金融功能，信托随着时代的发展走向世界，在英国、美国、日本以及我国台湾、香港等国家和地区不断发展壮大；信托业则已成为现代金融体系中不可或缺的部分。在现代，信托以财产管理和财产传承为主要功能，具有广阔的应用空间和多样化的应用方式，信托原理常常运用于金融创新活动之中。

在信托制度下，委托人基于对受托人的信任，将自己的财产转移给受托人，成为信托财产，让受托人按照委托人的意愿，为了委托人所指定的受益人的利益，以受托人自己的名义，持有和管理、运用和处分信托财产。受托人是最重要的信托当事人，居于信托关系的中心地位。在信托发展的初期阶段，担任受托人的，往往是有良好名誉和声望的教士或绅士，他们把被选任受托人看作是一项崇高的社会荣誉，并不以获取报酬为目的，无酬主义成为当时信托制度的一项普遍原则。

在中国，信托作为一项法律制度，是一个舶来品。我国从20世纪初叶引进和移植信托制度，最早出现的信托机构可以追溯到1913年设立的大连取引所信托株式会社，到今天刚好历经约一个世纪。信托在中国的百年历史，充满曲折和艰辛，几经蹉跎，近几年才刚开始呈现出繁荣和普及的景象。在反思我国信托事业发展长期不顺利的原因时，往往会提到两个基础性的因素，一是信

[①] 本文载于《原道》辑刊第23期，东方出版社，2014年12月版。

托属于英美普通法系,而我国属于大陆法系,二者之间多有抵牾之处,因而我国继受信托制度需引入新的法律观念,创设新的法律关系;二是我国的信托文化薄弱,造成推广信托事业的困难。而信托文化之精要,就在于受托人必须自觉拥有履行其忠实义务和注意义务等最基本的信托义务的强大意愿,而社会则有热情鼓励和严格监督受托人履行忠实义务和注意义务的文化氛围。毋庸讳言,近代以来的中国,滋养信托茁壮成长所不可或缺的信义文化确实比较淡薄,亟须大力培育。在华夏文明最重要的文化经典——《论语》中,我们正可以聆听孔子在这方面的谆谆教诲,从而使作为普通法之精粹的信托精神与中华古老文明最优秀的传统彼此连接,互相促进,融合演化,在富有中国文化营养的土壤上开出生机盎然的信托之花。

忠实义务之基石:忠与信

在稠密人群中,人与人之间会发生各种关系,而在众多的社会关系中,孔子尤其强调信任关系的重要性:

子贡问政。子曰:足食,足兵,民信之矣。子贡曰:必不得已而去,于斯三者何先?曰:去兵。子贡曰:必不得已而去,于斯二者何先?曰:去食。自古皆有死,民无信不立。(颜渊第十二)

弟子子贡向孔子请教治国的方法。孔子说,备足粮食,备足军备,取信于民。子贡问,如果迫不得已要去掉这三项中的一项,先去掉哪一项?孔子说:去掉军备。子贡又问,如果迫不得已还要去掉一项,剩下的两项中又去掉哪一项?孔子说,去掉粮食。孔子认为,没有军备打不了胜仗,固然会有人死掉;没有粮食,吃不饱饭,固然也会有人死掉;但自古以来人都难逃一死,只要有人民的信任,就还可以从头再来;而如果失去了人民的信任,人心散了,一切就都完了,什么都谈不上了。可见,孔子把人们的信任关系视为族群、邦国的生存之本,"人心齐,泰山移",信任关系是凝聚人心的无形纽带,它的重要性甚至超过了御敌的军备和果腹的食粮。而信托也正是"无信不立"。显而易见,如果不是对受托人的诚实信用和专业能力充分信任,委托人绝不会敢冒风险,做出把自己辛辛苦苦积累的财产轻易地交付给他人持有、管理和处分的决定。因此，委托人对受托人的信任无疑是信托得以创设的前提，信托必须立足于信赖的基础之上。

信托的创设基于委托人对受托人的信任，而这一信任的前提条件则在于受托人对委托人所托之事竭尽其力，忠于所托；自己的所作所为诚实守信，绝不会有所隐藏、虚饰和欺瞒。受托人处于受信任的地位，他接受了信任和委托，就负有忠实而谨慎地为受益人的利益处理信托事务、管理和处分信托财产的责任。受托人具有基本的义务，就是忠实义务和注意义务。

信托成立后，面对委托人的莫大信任，受托人首先负有忠实义务，即管理信托财产、处理信托事务的唯一目的，只能是为了受益人的最大利益。这一目的必须是纯粹的、无杂质的，即受托人不可以一边为了受益人的利益，一边同时又为自己或其他第三人的利益行事；更不可以为了自己或其他第三人的利益而牺牲受益人的利益。因此，受托人在按照委托人的意愿管理或者处分信托财产、处理信托事务时，不得使自己个人的利益与受托人的职责发生冲突，不得利用受托人的地位以任何方式为自己或者其他第三人牟取利益或方便。信托所要求的这一忠实义务，恰好与孔子大力倡导的"忠信"原则的要求十分合拍：

子以四教：文、行、忠、信。（述而第七）

孔子一贯强调"主忠信"，忠是要求人们在受托替别人办事时，须做到尽心尽力、尽职尽责、一心一意、一丝不苟，即受人之托，忠人之事；信是要求人们一是说话信实，"所说的全部为事实，并为事实之全部"，二是信守承诺，一言既出，驷马难追，不食言而肥。《史记·吴太伯世家》记载了季札挂剑的千古美谈：

季札之初使，北过徐君。徐君好季札剑，口弗敢言。季札心知之，为使上国，未献。还至徐，徐君已死，於是乃解其宝剑，系之徐君冢树而去。从者曰："徐君已死，尚谁予乎？"季子曰："不然。始吾心已许之，岂以死背吾心哉！"

春秋时吴国公子季札有一次出使外国，途经徐国。徐国的国君看到季札佩戴的宝剑，很是喜爱，但冒昧相求，碍难启口。季札善解人意，心里暗地应允把宝剑赠送给徐君，但因自己还有出访的使命在身，未便立即相赠。待季札出使归来，再过徐国时，不料徐君已经去世了。季札来到徐君的墓前，慨然解下佩剑，挂在墓旁的树上。随从对季札这一举动十分不解，说："徐君不是已经去世了么？您这是把剑送给哪一位呀？"季札回答道："不是这么说。当初在我心里早已暗自应许把要宝剑送给徐君，又岂能因为徐君去世了，就背弃我心中的承诺呢？"季札将宝剑脱手相赠亡友的豪举，为后世展现了一诺千金的最高境界——岂止是说出来的承诺，哪怕是心里的应许，也要义无反顾地践诺。这道出了"守信"的本质，不该是迫于外在压力的"箭在弦上不得不发"，而应为源于内在情感和道德诉求的"此情无计可消除"，"不思量，自难忘"。正如大文豪马尔克斯所写的：

守信是一项财宝，不应该随意虚掷。

对于忠信的价值，孔子给予很高的评价和期待：

子张问行。子曰：言忠信，行笃敬，虽蛮貊之邦，行矣。言不忠信，行不笃敬，虽州里，行乎哉？立则见其参于前也，在舆则见其倚于衡也，夫然后行。子张书诸绅。（卫灵公第十五）

子张同学问老师如何才能使自己行得通，孔子说，说话忠诚老实，行为忠厚严肃，这样即使到了少数民族的部族之地，你也能行得通。但如果说话不忠诚老实，行为不忠厚严肃，即使是在本乡本土，你能行得通吗？站着的时候，要好像看见"忠信笃敬"四个字在自己面前；坐车的时候，要好像看见"忠信笃敬"四个字刻在车辕前的横木上，时刻记住，这样才能使你到处通行。于是子张同学把老师说的话书写在腰间的大带上，以便经常温习。作为受托人的信托公司也一样，如果有了"忠信"的品牌，就可以广泛地受到委托人的信赖和尊重，大行其道了。

对于那些不肯守信的人，孔子表现出极大的蔑视：

子曰：人而无信，不知其可也。大车无輗，小车无軏，其何以行之哉？（为政第二）

孔子说，一个人要没了信誉，不知道他怎么能够立足于社会之中。譬如大牛车没有安上横木的輗（牛车车辕前横木两端的活销），小马车没有安上横木的軏（马车车辕前横木两端的活销），车子又如何能行走呢？同理，忠和信的信誉，是受托人的立身之本，失去了这方面的信誉，受托人将不再受到委托人的信任，他的受托人的角色也就基本上当到头了。

要守住"忠信"，受托人须有古君子之风：

君子喻于义，小人喻于利。（里仁第四）

孔子指出，君子晓得的是义，小人晓得的是利。早期受托人不收取任何报酬的做派，的确像极了中国古代的君子。对于现代以盈利为目的的营业信托的受托人来说，如何平衡受益人的"利"和受托人自己的"利"，如何辨明其间的义与利，是一个重大的问题。简言之，不以损害受益人的利为前提而获取受托人的利，称得上是坚守了君子之"义"，反之，则是贪图小人之"利"，这"利"来得不明白，也不干净。

孔子对"忠信"的高度重视，深刻地影响了他的弟子们。弟子曾参说：

吾日三省吾身：为人谋而不忠乎？与朋友交而不信乎？传不习乎？（学而第一）

这也许是孔子布置给弟子们的功课罢，曾参认真、虔诚地笃行：替别人谋划和办事是否有没尽心尽力的情况？和朋友交往是否有不诚实守信的情况？老师传授给我的东西，我将传授给学生们的东西，是否有自己还没习练过的情况？曾参的学问很笃实，不仅是因为他记得牢，而且还因为他行得真。曾参在修身方面下的工夫很深，他是每天反省自个儿，而不是忙着去检查别人、指责别人。为自己办事，大概一般都会尽其所能，那么，为别人做事，是不是也能够如此呢？恐怕并不容易次次都做到。和朋友交往，时间长了，常常会随随便便地答应些事情，过后又很快忘记，当时信誓旦旦，过后不当回事，这种情况在我们身上可能也是时有发生的吧。至于对自己半懂不懂、甚或根本就不知就里的东西，就敢振振有词地讲给别人，这样的例子，在于今"专家"横行的年代，也是让人见惯不惊了。曾参在属于他的年代，已经洞察了自己和别人身上存在这些毛病，日复一日，年复一年，他持之以恒地警醒自己，努力地加以克服。可是，为人谋而忠，与友交而信，传与人先习，这些基本的人际交往规则，却屡遭破败，古已有之，于今为烈。曾参给信托的受托人指出了十分具体的修行方法,今天的受托人应该每日一省、每周一省,或者哪怕是每月一省:我们替委托人和受益人谋划和办事是否有没尽心尽力的情况?对待委托人和受益人是否有不诚实守信的情况?我们承诺为委托人管理信托财产的方式和路径,是否有我们自己还没操练过、还不太在行、把握还不大的情况?如果我们能够持之以恒地检讨我们的行为,反省我们的意识,那么我们作为受托人的优秀品质一定会日积月累,不断地提高。但如果我们完全缺乏反省精神,那我们的品质就会止步于前,很难长进了。弟子子夏也曾说:

贤贤易色;事父母,能竭其力;事君,能致其身;与朋友交,言而有信。虽曰未学,吾必谓之学矣。(学而第一)

子夏说,对妻子重视其贤德而不是容貌;伺候父母,能尽心尽力;服侍君上,能尽职尽责;与朋友交往,言而有信,这样的人,虽说是没有学习过,我也一定要说他是学过了。他也很强调言而有信,把它作为人与人之间交往的最基本的要求。

所以,按照孔子关于"忠信"的教导,受托人应该以此精神对待信赖自己的委托人,切实执行以下规则:

一是不得利用信托牟取私利。受托人无论以任何名义和方式,都不得利用信托财产为自己或其他第三人牟取利益,这是信托的一项重要规则。对受托人作出这一限制,是由受托人在信托关系中所处的地位决定的。受托人实际控制信托财产,拥有对信托财产的管理处分权,但信托财产及其收益应全部归属于受益人。如果允许受托人利用信托财产为自己牟取利益,那么受托人在处理信托事务时往往会优先考虑自己的利益,而忽视甚至损害受益人的利益,这就使信托丧失了应有的功能和意义。因此,受托人利用信托财产为自己牟取利益,是受到严格禁止的行为,目的是为了保护受益人利益不受损害。因此,受托人不得以受托人的地位直接或间接地享有信托财产的收益,不得以信托财产为自己或其他第三人的利益而进行交易,也不得因信托财产交易而从交易对方获取私人利益。如果受托人违反法律规定,利用信托财产为自己或其他第三人牟取利益,其所得利益必须归入信托财产,由受益人享有。当然,受托人付出一定的人力、物力和财力,管理、运用、处分信托财产,处理信托事务,可以按照信托文件的约定取得一定的报酬。受托人按照约定取得的报酬,是委托人同意给付受托人的一种补偿性利益，不同于受托人利用信托财产为自己牟取的利益，不应受到禁止，而应受到保护。

二是不得将固有财产和信托财产进行交易，不得将不同委托人的信托财产进行相互交易。首先，受托人不得将其固有财产与信托财产进行交易。受托人以其固有财产与他人委托管理的信托财产进行交易，表面上是不同主体之间的相互交易，但实施整个交易行为的实际上都是受托人一人，这种交易实为自我交易。受托人一人兼作交易中的双方当事人，作为买方时，一定希望以最低的交易价格购入；作为卖方时，当然企图以最高的交易价格售出，如此，受托人的职责与其个人利益必相冲突。按照受托人的职责，受托人本应为受益人的最大利益管理和处分信托财产。受托人要优先考虑受益人的最大利益，就自然会减少或者损害自己的固有财产可得之利益，但受托人难以做到故意去减少或损害自己的财产权益，而一旦受托人优先考虑自己的固有财产在交易中的利益，就不可能真正做到为受益人的最大利益处理信托财产，反倒容易损害信托财产，进而危害到受益人的利益。所以，一般情况下，禁止受托人将固有财产与信托财产进行交易。这里所谓的交易，不仅仅指买卖，也包括抵押、质押、留置、互换等方式。其次，受托人不得将不同委托人的信托财产进行相互交易。受托人将不同委托人委托给他的信托财产进行相互交易，由于交易的当事人只有受托人一个，没有磋商和讨价还价，没有真正的要约和承诺，这样的交易显然容易作弊，事实上也难以做到在同一交易中同时无偏向地为两个以上受益人的最大利益服务，因此也受到法律禁止。如果受托人违反上述两项原则的要求，造成信托财产损失的，应承担赔偿责任。不过，法律禁止导致利益冲突的交易行为的规定也并非是绝对的。如果基于对受托人的能力、信誉的信任，委托人在与受托人商定信托文件条款时，允许受托人根据实际情况相机处理信托财产，不禁止在有利原则下受托人的固有财产可以与信托财产进行交易，也不禁止将信托财产与受托人接受的其他委托人的信托财产进行交易，将这些特殊约定事先在信托文件中载明；或者在信托文件事先没有明文记载时，经过委托人或受益人的同意，受托人可不受上述两项原则的约束，以公平的市场价格进行相互交易。所谓公平的市场价格，是指没有欺诈行为，参考了市场上的同类财产交易的价格条件，接近于市场平均交易价格水平的价格；或者是在公开设立的市场上按同类财产交易的条件完成该交易的价格。

三是不得将信托财产转为固有财产。信托财产是受托人受托管理的财产，不是受托人自己所有的固有财产，但信托财产又置于受托人的管理之下，因此，法律规定受托人有义务保证信托财产的安全、完整，不得借机侵占，不得将由其管理的信托财产转为其固有财产。如果出现受托人将信托财产转为其固有财产的情况，受托人有义务恢复信托财产的原状，将信托财产恢复到受侵害前的状态，包括恢复到原有的权利状态。如果由于受托人将信托财产转为其固有财产而造成信托财产损失，受托人就应承担其侵害行为造成的后果，有义务对信托财产的损失予以赔偿。

注意义务之基石：临事而惧，好谋而成

《论语》中有一个故事发人深省：

子谓颜渊曰：用之则行，舍之则藏，惟我与尔有是夫！子路曰：子行三军，则谁与？子曰：暴虎冯河，死而无悔者，吾不与也。必也临事而惧，好谋而成者也。（述而第七）

有一回孔子对他最钟爱的弟子颜回说，如果国家用我们，就出来做事；不用我们，就安于命，将本领收藏起来，能做到这一点的，怕只有我和你两个人吧！这是把颜回和孔子自己相提并论，当然是给颜回非常高的赞誉了。孔子夸颜回，也不是一次两次了，别人听了也就听了，都没吭声；子路偌大年纪，却还有小孩儿争强好胜的心性，唯有他凑上去，问孔子，那您统率三军，找谁一起呢？子路一定是想，仁啊、德啊、文啊、艺啊这些方面我是比不过颜回了，但行军打仗总没人比得上我，嘿嘿，这时候老师您离不开我了吧？您总不会找个颜回跟着去打仗吧！没曾想孔子给他碰了一个硬钉子：徒手打虎、徒身渡河，死了也不后悔的莽撞之人，我是不会和他们共事的；一定是那些临事小心戒惧，用心安排、精心策划把事情做成的人，才是我要共事的。

"临事而惧，好谋而成"，正是注意义务要求受托人必须抱有的态度。因为信托成立后，信托财产虽系于受托人名下，由受托人实际控制，但并非受托人的固有财产。受托人对信托财产的管理或者处分，是为了受益人的最大利益，必须以最大勤勉之精神和格外谨慎之态度，履行其作为善良管理人的注意

义务。就是说，受托人行使信托财产的管理权，必须按照法律法规和信托文件的要求，恪尽职守，做到诚实、信用、谨慎和有效管理，积极地实现信托目的。

在接受所托的时候，受托人应该向曾参学习，时刻怀有这样的心态：

《诗》云：战战兢兢，如临深渊，如履薄冰。（泰伯第八）

战战，是恐惧的样子；兢兢，是戒慎的心理；如临深渊，是害怕坠入深谷；如履薄冰，是害怕冰裂落水。《诗经》中的这几句话，生动形象地刻画了一个小心谨慎的人的心理状态。受托人在管理、运用和处分信托财产时，也需要持有这样戒骄戒躁的谨慎心态，最基本的要求是：

己所不欲，勿施于人。（颜渊第十二）

不愿意在自己身上发生的事，就不应该强加在别人身上。人同此心，心同此理，这是多么简单的道理，又是多么有力的逻辑！它可以激发受托人的不忍之心，唤醒的是受托人可贵的良知。如果受托人觉得此时证券市场风险较大、投资价值较小，自己的资金不愿往里投，就不可以拿信托财产投进去冒险；如果受托人对某一企业或项目的发展前景看不清、吃不准，对它的未来的股权价值把握不住，自己不愿意对这家企业进行投资，同样道理，就不可以拿信托财产投进去冒险。不仅如此，受托人还应该以比对待自己的财产更大的谨慎态度和责任感对待信托财产，而不能像有的冒失鬼对待自己的固有财产那样率性而为、随意而行。

受托人仅仅是"临事而惧"，具有谨慎行事的风格还不够，因为一味地戒慎，最终可能导致受托人以此为借口，无所作为。按照受托人是否承担积极义务，信托分为消极信托和积极信托。消极信托又称为被动信托，是指受托人在进行信托财产的管理和处分时，不承担任何积极义务的信托；积极信托又称为主动信托，是指受托人在进行信托财产的管理和处分时承担积极义务的信托。信托产生之初的主要形态是以规避不合理法律限制为目的的消极信托。在相当长的一段时间内，消极信托扮演着主要的角色。在消极信托中，受托人仅仅是为了实现财产转移这一信托目的而存在的"名义所有人"，信托财产的实际管理权和受益权都由受益人拥有。消极信托存在的背景原因是，在中世纪，土地是社会的主要财富，保证土地的代代相继是人们的强烈愿望，但封建法律对人死后土地的处分课以种种限制，利用信托的设计能够规避此类限制而达到土地移转的目的，于是消极信托主导了信托早期的发展史。封建制度的崩溃导致了消极信托依存的社会条件消失。政治上的民主化和经济上的市场化，体现在法律上便是取消了原来加诸财产移转和处分上的种种限制，使财产的流动趋于合理化。同时，近代的进步运动所孕育的法制理想，也不容许当事人通过信托行为规避法律的适用，即使是面对不合理的法律，也只能通过立法程序加以改进，这促成了信托目的合法性原则的确立。客观环境的变化，使过去用于规避法律限制的消极信托丧失了其存在的必要性和合法性，各国以不同的形式否认了消极信托的效力。

这样，消极信托淡出了信托的历史舞台，而积极信托则主导了现代信托的发展。进入市场经济时代后，社会财富的形式多元化，土地不再是社会财富的主要形式，人们对财富的观念也发生了巨大的变化，从原来的确保传承转变为以获取更多利益为目标。于是，受托人的功能由消极被动地代替委托人持有财产，转变为积极主动地帮助委托人管理财产。信托的这种积极化趋向，一方面使信托与投资越来越紧密地结合在一起，另一方面为了配合更专业的财产管理活动，提供更为方便的管理渠道，信托机构日益发达，从而使营业信托蓬勃发展，受托人的权利随之不断扩大，受托人积极的管理活动则随之进一步深化。这就要求受托人具备"好谋而成"的能力。举例来说，在管理、运用信托资金时，受托人的"谋"，首先表现在他对所欲投资或融资项目的高标准、严要求，对于不符合自己要求的项目绝不苟且，让它们蒙混过关，就像孔子对待饮食那样：

食不厌精，脍不厌细。食饐而餲，鱼馁而肉败，不食。色恶，不食。臭恶，不食。失饪，不食。不时，不食。割不正，不食。不得其酱，不食。肉虽多，不使胜食气。惟酒无量，不及乱。沽酒市脯不食。不撤姜食，不多食。（乡党第十）

这是《论语》中的著名篇章，意思是说，食物不嫌做得精，鱼肉不嫌切得细。粮食霉烂发臭，鱼肉腐烂，不吃。食物颜色难看，不吃。气味难闻，不吃。烹调火候不当，不吃。不到吃饭的时间，不吃。切得不合刀法，不吃。没有合适的调味酱醋，不吃。席上肉虽多，吃它不超过主食。只有酒不限量，但不要喝醉。买来的酒和肉干，不吃。吃完饭，不撤下姜，但也不多吃。借鉴孔子的这一段话，受托人在开发投融资项目时，应该有所取舍，要切实防范因公司的利润压力或员工的过度激励等不恰当的、激进的、过分冒险的安排，导致受托人降低信托项目的准入门槛，放松信托项目的风控标准。毋庸讳言，近年来，信托业得到了高速增长，在这一超常规快速扩张的过程中，受托人很难完全做到"食不厌精，脍不厌细"，因此，进入后10万亿元时代的信托业，首要任务是将前期吃进来的各种食物很好地消化掉，以防止因为消化不良而导致肌体病变。同时，我们要效法孔子的严格限制，把好准入关，将形形色色的有各种毛病的项目杜绝在业务开展之前，时机不好的项目不做，管理不善的项目不做，风险过高的项目不做；可以做的项目，也要控制业务集中度。目前，信托业步入了高位盘整时代。我们只有认真做好自己的事，把现有项目的风险管理好，同时探索出传统业务转型、信托产品升级和信托业务创新的新路子，才能促进信托业在此基础上更上一层楼，迎来发展的新天地。

愿意取舍是一种良好的心态，知道如何取舍则是一种难得的能力。孔子指出：

工欲善其事，必先利其器。（卫灵公第十五）

做工的人要做好自己的工作，一定得先搞好他的工具，使其工具用起来得心应手。作为受托人的信托公司的最主要、最重要的"工具"是什么？有一句名言："投资是人的事业。"投资的市场、行业、品种、时机、规模等一切决策，都藏于人的头脑之中。先进设备易买，出色人才难觅。信托公司要做到"好谋而成"，关键在于是否拥有足够的高素质人才。人才是信托公司形成核心竞争力的根本，信托公司必须竭尽所能地吸引一流人才，留住优秀人才，培养更多人才；要想方设法创造出一个让大家心情舒畅的工作环境，提高大家的敬业精神和专业能力，让员工充分施展他们的才华，有效率地思考和工作，从而为委托人和受益人创造更多的价值。同时，信托公司必须持之以恒地致力于培养自己的专业能力，就像孔子的弟子子夏所说的：

百工居肆以成其事，君子学以致其道。（子张第十九）

心有梦想不觉寒

工匠们在作坊里专心致志地劳作,才能制作成各种器物;君子则必须通过专心致志地学习,才能明白领悟和践行大道。如《大学》所言:

知止而后有定,定而后能静,静而后能安,安而后能虑,虑而后能得。

受托人需要长期定下神、静下心的磨砺,才能锻造出信托投资的利器,成就委托人理财的愿望、达成受益人的利益。

总之,注意义务要求受托人管理信托财产时,首先必须恪尽职守。受托人应当勤勉尽职,忠于职守,管理运用、处分好信托财产,符合信托目的,不可稍有懈怠。其次,受托人必须做到诚实、信用、谨慎、有效管理信托财产。受托人由于受到委托人的信任,取得了信托财产的管理处分权,与此相对等,受托人应以比处理自己事务更高的注意或者谨慎程度来管理信托财产,即应当履行诚实、信用、谨慎、有效管理的义务。所谓诚实,就是诚诚恳恳,老老实实,以善意的方式履行职责,不故意违反或规避法律和信托文件的规定,不弄虚作假,不欺诈受益人;所谓信用,就是信守承诺,遵守约定,不朝令夕改,偷梁换柱;所谓谨慎,就是受托人管理信托财产、处理信托事务应达到高度的注意,比管理自己的固有财产更加周到严谨、小心慎重,重视信托财产的安全,避免由于自己的过失,使信托财产遭受损失;所谓有效管理,就是受托人管理信托财产要见到成效,为受益人牟取尽可能大的信托利益。

同时,注意义务还要求营业信托的受托人应当真实地具备其对外宣称所具有的或者是被合理期待所具有的特殊的专业知识、经验和技能。这一方面要求受托人具有真才实学,另一方面则要求受托人的对外宣传应该恰如其分,不得过分渲染。《论语》中,孔子期待人们学会多做少说:

君子欲讷于言而敏于行。(里仁第四)

在春秋时代,孔子大概是见到了太多人能言善辩,但言不及义;太多人花言巧语,但毫无诚意;太多人指鹿为马,但强词夺理,他们使世风日下,人心不古。所以,孔子平生最讨厌巧言令色之辈,主张君子应该说话少而慢,做事多而快。诚然,在商业化的市场经济时代,不可能要求每一个受托人都达到孔子所希望的"讷于言而敏于行",但如果长期说得多,做得少,迟早会被人们看白,受托人应引以为耻:

君子耻其言之过其行。（宪问第十四）

其次，受托人最好是先做后说：

先行其言而后从之。（为政第二）

先做后说，这样他说的话才有力，才能服人；大讲一通自己并没有实践过的道理，必然苍白无力，难以让人信服，这是让人引以为耻的：

古者言之不出，耻躬之不逮也。（里仁第四）

孔子说，古时候的人话不轻易出口，就是怕说出来，做不到，让人耻笑。今天作为受托人的信托公司在宣传信托产品时，尤其是向投资者介绍项目风险的控制措施时，也应该学习这种事先确定做得到然后才敢承诺的实事求是的态度，这才是信托业长久发展的气象。如果信托业者在产品推介时纷纷避重就轻、避实就虚，说到风险就吞吞吐吐、虚言搪塞，或者甚至大言炎炎，说话不怕闪了舌头，实际上是不断给这个行业积聚风险，迟早会受到投资者的遗弃。

受托人脚踏实地、一丝不苟、持之以恒地履行好忠实义务和注意义务，是信托制度的根本要求，是信托事业在中国健康发展的必要条件。我们当效法曾参的伟大精神：

士不可以不弘毅，任重而道远。（泰伯第八）

我们信托公司作为受托人，不可以没有宏大的格局，不可以没有坚毅的意志，因为责任重大，道路漫长。是的，为委托人打理他们通过辛勤工作而积攒的财产，不是责任重大吗？将信托作为一项长远的事业，前行不止，至死方休，不是路途遥远吗？这种以忠信为指引我们思想的标尺，以审慎为统领我们决策的圭臬，以专业知识和技能为指导我们行动的利器，奉献于重任远道，树立恢宏的胸襟，坚毅果决，百折不挠，道路虽远不畏难，险阻虽多不气馁，理念坚定不移，甩开膀子埋头苦干的精神，不正是我们信托业急需补充的宝贵的精神能量吗？！

心有梦想不觉寒

12. 市场化改革让信托业扬帆远航[①]

记得 2007 年 3 月 1 日信托"新两规"(即《信托公司管理办法》《集合资金信托计划管理办法》)开始实施后,信托业显现出一派悲观情绪。也难怪,"新两规"几乎颠覆了原来的业务模式,一方面,大幅度收缩自营业务空间,逼迫信托公司将主要精力用于发展信托业务;另一方面,又大幅度提高了信托投资的门槛,例如将合格投资者的标准从单笔购买 5 万元提高到 100 万元,将一个信托计划中的自然人投资者数量从 200 人削减至 50 人。业者顿感展业艰难,十分愁闷,一些人选择了离开信托业。

可是,当时没有谁能预料到,"新两规"不仅不是信托业的"终结者",反而开启了它长达 6 年的黄金发展期。信托"新两规"可以说是对中国金融体系的一大贡献,它按照市场化的原则,对信托公司、信托业务、信托产品进行了再造。在"新两规"的框架下,信托公司创设信托产品完全按照市场化的原则,发行什么产品,发行多大规模、多长期限,给投资者多高的收益,全是由信托公司根据市场的情况来确定,监管部门既不做事前的审批,甚至也不需要信托公司事后报备。市场化改革极大地解放了信托公司的生产力,使众多信托公司的经营活动焕发了极大的活力。由此出发,信托业管理资产规模从 2007 年的不足 1 万亿元,跃升至 2013 年的 10.91 万亿元,超越保险业、证券业,成为金融业的第二大子行业。

在自身成长的同时,信托业为中国经济发展作出了积极的贡献。在目前商业银行利率(特别是存款利率)市场化改革没有取得实质性进展,庞大的民间金融活动还未被接纳进正规金融体系之中的情况下,高度市场化取向的信托

[①] 本文发表于《经济日报》,2014 年 10 月 4 日。

投融资服务为社会开辟了新的金融路径,增加了广大居民的财产性收入,满足了实体经济的许多融资需求,减少了非正规金融活动产生的风险,降低了企业如果采取民间融资而被迫接受的高利率,提高了金融市场的效率,改善了现有金融体制的不均衡性。信托业已经成为改善民生的良好途径、稳定增长的动力之源。

但是,2014年以来,随着中国经济进入"新常态",信托业也面临控制风险和转型创新的两大主题。外界的质疑者有之,业内的彷徨者有之,令人想起了2007年行业大变局时的情景。历史总是惊人地相似,但不会简单地重复。当年"新两规"作为一次自上而下的强制性制度变迁,打破了信托业旧有的路径依赖,帮助信托业突破低位盘整,走出了一波大行情;而今,信托业面临高位求进的关键时刻,则需要继续按照市场化改革的原则,监管层与信托公司上下联动,制度创新、业务创新和产品创新多管齐下。在制度创新方面,期待通过多种方式平稳破除"刚性兑付"的隐性魔咒,期待加快信托登记制度和公益信托制度的建设;在业务创新方面,信托公司应主动地进行结构调整,在风险型的融资类业务上去杠杆,大力开发收费型的投资类和投行类业务,从而改变信托公司以融资类业务为主的现状,使之转换为以收费型的投资类、投行类、事务管理类业务为主的资产管理和财富管理机构;在产品创新方面,则要对信托计划进行基金化改造,赋予其长期投资、分散投资的特征,增强其流动性。

"世事苍茫心事定,胸中海岳梦中飞。"我相信,有着百年历史、历经磨难而不改其志的中国信托业,只要能继续坚守以诚信义务和谨慎义务为核心的信托文化,持续推进市场化改革,必将再次扬帆远航,迎来新的一轮辉煌!

心有梦想不觉寒

13. 后十万亿时代的信托突围[①]

1913年,我国最早出现的信托机构——大连取引所信托株式会所设立。从彼时到现在,信托在中国走过了一百年的历程:从最初的投机证券和房地产,引发"信交风潮",到20世纪二三十年代做银行业务还是去银行化道路之争;从20世纪50年代销声匿迹,到20世纪八九十年代风生水起;从世纪之交的强制性制度变迁后,信托公司摸索前行,再到2007年信托"新两规"出台后,信托业经历了管理资产规模飙升、利润大增和影响力急速扩大的辉煌。在获得前所未有的成功之后,我们需要面对前所未有的质疑,面对前所未有的竞争压力,面对前所未有的风险管理压力。此时此刻,更需要深入探寻信托业务和产品转型、升级和创新的方向,找出从重重质疑和压力中突围的路径。

转型、升级与创新的紧迫性

市场竞争的要求。随着信托业的逐步壮大和信托融资客户结构的升级,信托公司面对的竞争态势正在悄然发生变化,市场的力量将推动信托公司业务结构从融资型向投资型转换。具体而言,信托公司在服务中小企业中获得了发展,其影响力和筹资能力快速提高,开始进入一大批大型企业的融资视线;与此同时,信托公司为提高信托资金运用的安全性,也有意识地不断提高客户准入门槛。这样一来,信托公司在客户的安全等级显著提高的同时,也开始和银行形成正面竞争,但是,由于在融资成本、规模和期限等方面先天的劣势,在

---

① 本文发表于《中国金融》,2014年第16期。

与银行的竞争中,信托公司很难满足客户提出的大幅度降低融资成本、无担保物以及放松管理的苛刻要求。在这种情势下,信托公司必须大力发掘并运用比较优势,即股权投资的独特业务功能。因此,市场正推动着信托公司进行传统业务转型,以提高自身的竞争力,获得新的生存空间。

风险管理的要求。现行的融资类信托产品,"一对一"是主流模式,即一个信托产品基本上是直接对接一家企业或一个项目的融资,加之信托期限一般被预先确定为 2~3 年,这就使信托公司面临极为严格的约束条件。在这种情况下,可以预见,尽管信托公司持续地投入更多资源到风险管理中,但随着信托产品总体数量的增加,不可能完全杜绝某个企业或某个项目出现缺少流动性的情况。由于"一对一"信托产品在设计上的先天缺陷,信托公司将缺乏有效的调剂和救济的手段化解风险,要保证信托产品按照预期收益率到期足额兑付投资者,信托公司需要对信托产品进行升级,以满足公司和行业的"安全需求"。

监管评级的要求。按照监管导向,下一步信托业将建立分类经营、分类监管机制。目前初步的分类监管思路为:对于评级较高的信托公司,将减少监管力度,加大鼓励和支持力度,该类公司不仅可以做现有全部法定业务,还可以率先尝试法定业务范围外的新型业务种类;评级中等的公司,可以做法定业务范围内的所有业务,也可以在法定业务范围内开发新型产品;评级较低的信托公司,则仅限于做法定业务范围内的基础业务和成熟产品,同时将受到重点监管。在这样的监管框架下,一方面,信托公司要想进入较高的监管评级,就必须展现出自己的创新能力;另一方面,信托公司即使获得了较高的评级,如果创新能力不强或不持久,也会损失和浪费掉先行先试的创新机会,甚至滑落到较低的监管评级。

转型、升级与创新的方向

股权投资+自主管理:传统业务转型的方向

融资业务使信托业得以迅猛发展,投资业务则有可能帮助信托业形成真正的独特优势。总体来说,我国目前还处于资本形成的初级阶段,大部分企业的资本实力不强,导致资产负债率长期偏高,财务稳健性亟须加强。信托公司的股权融资功能正好可以改善这一薄弱环节。

以房地产信托业务为例。信托公司通过尽职调查和投资分析，与具有较高声誉和较强运作能力的房地产企业以及相关中介机构合作，将信托资金真实投资入股到项目公司，一来可以避免与银行进行抵押融资的竞争；二来可以做到资金封闭运行，确保资金不被挪作他用，增强安全性；三来可以锁定销售回款账户，信托资金退出路径更加清晰；四来可以更好地发挥优秀房地产企业的专业运作能力和信托公司的综合金融服务能力。

基金化：信托产品升级的方向

按照基金化的模式对信托产品进行改造，使之成为真正的信托基金。信托基金的第一个特征是规模化。只有当一个信托产品达到一定规模的时候，才有可能通过组合投资来分散它的风险。与现在一对一的模式相比较，基金化信托产品通过分散投资，可以在空间分布上把信托风险分散开来。信托基金的第二个特征是长期化，做到风险在时间分布上的分散，以应对经济周期、宏观调控对企业和项目的短期影响。当然，不难理解，基金化信托产品需要有较强的流动性，安排开放服务，才能够吸引规模化、长期化的资金加入。

信托业务创新的方向

企业资产证券化业务。在金融"盘活存量"总体要求下，资产证券化大有用武之地。一方面，在规模庞大的信贷资产证券化业务中，目前信托公司角色的重要性还远远没有发挥出来。另一方面，企业资产证券化应是信托公司参与的重点。目前有两个市场开展了相关业务：一是在证券交易所市场，资产证券化产品范围包括高速公路收费权、能源收益权、设备租赁资产、BT项目、网络租赁权、大型企业的应收账款收益权、销售费用收益权等。在这个市场里，信托公司能够以财务顾问的身份，参与资产证券化业务，并积极推动在此类产品中设置 SPT（特殊目的信托），以完善其破产隔离的构造，同时积极争取资产证券化产品的承销商角色。二是在银行间债券市场，交易商协会主导非金融企业发行资产支持票据（ABN），信托公司应积极参与其间，一方面在 ABN 中加入信托构造，将 ABN 加以改进和升级，另一方面积极以承销商的身份参与 ABN 的设计和发行。

并购业务。在产业转型升级、经济发展方式转变的过程中，企业兼并重组是必由之路。在有识之士看来，并购业务迟早会取代 IPO 成为资本退出的主通道。证券公司的经营数据印证了这一趋势：2013 年上半年，114 家证券公司的财务顾问业务同比大增 90.2%，其中绝大部分来源于并购重组业务。具体到信托公司，至少可以开展两大类业务：一是为并购主体提供并购贷款，帮助企业完成并购活动；二是运用信托资金或自有资金以股权投资的方式参与并购活动，信托公司既可以作并购主角，也可以跟随实力企业参与并购投资。信托公司通过近年来的发展，已经拥有一大批上市公司客户，在合规的前提下，围绕上市公司参与并购活动，成功几率会比较高，盈利空间也会比较大。

家族信托。当"富一代"渐渐年老时，必然会考虑如何将积累的财富按照自己的意愿在家族内顺利地传承下去。在这方面，信托具有比遗产继承和赠予更强的制度优势。简单地讲，家族信托作为财富传承的工具，可以发挥三个方面的作用：一是安全，信托财产具有独立性，可以起到破产隔离的效果；二是自由，信托中有受托人的设置，受托人可以忠实地执行委托人的合理意愿，确保在委托人故去后，其自由意志仍然能够得以实现；三是效率，信托公司作为受托人，拥有专业人员打理信托财产，为家族财富的保值增值提供更好的保障。信托公司开展此类业务，直接的好处是可以获得长期的、一般也是成本较低的资金来源；间接的好处则是通过家族信托服务，延伸到委托人的企业获得多种业务资源。

附信托私募企业债。这是笔者提出的信托制度创新的一个设想，其目的是还信托融资作为一种直接融资工具的本来面目，将信托制度优势与债券发行制度结合起来，改变目前由信托公司发行融资类信托产品的业务模式，转换为由信托公司协助企业发行"附信托私募企业债"，同时，信托融资业务由原来的风险型业务转换为收费型业务。在这一产品模式的设计中，信托公司所扮演的角色从信托计划的发行主体，转化为"投资银行+信托受托人"：首先，作为企业的财务顾问，帮助企业设计附信托（私募）企业债的融资方案；其次，作为承销商，包销或代销附信托（私募）企业债；再次，作为债券发行人的受托人，与债券发行人签订信托合同，接受债券发行人的委托，以企业债持有人为受益人，成为担保权人；最后，作为债券持有人的受托人，根据债券契约的约定，接受债券持有人的委托，代表其行使监管企业依约使用募集资金的权利，以及监督企业依约归集债券兑付资金的权利。因此，信托公司可与各区域性股权市场密切合作，推出附信托私募企业债。

此外，目前兴起的土地流转信托、消费信托也为部分具备相关能力的信托公司提供了创新的场地。

难点与对策

信托公司在转型、升级与创新中面临很多困难：一是信托公司长期从事类信贷业务，路径依赖与业务惯性比较严重。二是复杂金融业务对综合能力的要求很高，目前能够达到这些要求的信托公司还不多。三是内部缺乏相应的制度安排，大部分信托公司尚未建立起促进创新的目标管理体系和激励约束机制、创新风险容忍机制。四是目前信托公司大多只擅长于融资业务，对于投资业务、并购业务中行业分析和公司分析往往不熟悉，缺少合作伙伴。为此，笔者提出以下几点措施建议：

一是建立创新风险容忍机制。创新必然会面临比常规业务更多的不确定性。为形成鼓励创新、支持创新、容忍失败的氛围，促进业务部门加快创新的步伐，争取进入较高的监管评级以获得有力的政策支持，信托公司应研究建立创新风险容忍机制，取得董事会、监事会、股东会和监管机构的认可与支持。

二是建立创新目标管理和任务分解体系。在初期阶段，业务创新更多的是信托公司的总体目标和长期需要，与业务部门和业务人员的短期利益诉求并不天然匹配，这就需要在公司层面自上而下地设定创新目标体系，将不同的创新目标有效地分解到各个业务部门中，并与激励约束机制相配套，使业务部门有明确的创新目标和实施创新的动力。

三是引进和培养人才团队。复杂高级的金融业务需要高素质、高层次的人才团队来支撑。信托公司必须在人才引进、交流和培养等方面下工夫，制定并实施切实有效的高级人才培养计划，同时引进关键人才，提升团队的层次。

四是建立策略联盟。信托公司可围绕重点创新业务，建立起包括股东单位、行业优秀企业、投资银行、商业银行、律师事务所、会计师事务所以及其他合作伙伴等在内的一系列的策略联盟，整合分散的资源，形成合力。这有利于信托公司突破现有的资源瓶颈，进入更加广阔的领域。

14. 信托业应积极拓展股权投资业务[①]

目前,信托公司的活力主要体现在快速响应市场需求和按照市场原则运行业务上,而在此前监管机构倡导的投资类业务方向和资产证券化、私募股权投资(PE)等创新品种上着墨不多。究其原因,一是融资类业务存在巨大空间,二是信托公司存在较强的路径依赖。但值得关注的是,我国经济进入"新常态"意味着经济环境的新变化,信托公司必须摆脱路径依赖,顺应市场需求,应对竞争压力,主动进行结构调整、业务转型与产品升级。

在与银行竞争大优客户的融资业务过程中,信托公司并无优势,激烈竞争的结果使信托公司收窄收益率,业务量被挤压。这将促使信托公司重新从制度上审视自己的长处和短处,发掘并运用现有金融体制赋予信托公司的股权投资业务功能。

在项目股权投资方面,目前我国尚处于资本形成的初级阶段,企业的资本实力偏弱,资产负债率居高不下,缺乏财务稳健性,这给了股权融资以用武之地。比如,信托公司可以改变目前以债务融资为主的房地产信托模式,与优秀的开发商合作,投资入股到精心挑选的项目公司中,共同管理,共担风险,既避免与银行进行抵押融资的浅层次竞争,又可以给投资者提供更高的浮动收益。

在私募股权投资(PE)方面,PE有利于完善金融体系,支持中小企业尤其是科技型创业企业融资,推进中小企业的成长。信托公司参与PE业务已有成功案例,如平安信托旗下PE子公司——平安创新资本投资非上市公司股权项目超过50个;中融信托、湖南信托等也设立了PE子公司。

[①] 本文发表于《经济日报》,2014年9月9日。

在并购投资方面,2013年以来,我国陆续发布了一系列支持企业并购的政策,这将促成迎来新一波并购高峰。在并购业务中,信托公司可通过股权投资的方式参与并购活动。

信托公司开展上述多样化的股权投资业务,将扩展进入更广阔的实体经济、战略性新兴行业的渠道。一方面,由于此类产品将不再设立预期收益率,并将设立可根据实际情况加以延长的弹性期限,有利于促进信托投资者行为模式转变为真正的投资行为;另一方面,有利于改变集合资金信托业务较为集中于房地产业务和信政合作业务为主的现状。

15. 构建信托"新常态"下的风险管理长效机制[①]

"新常态"是对我国经济发展所处新阶段的总体认识和判断。市场化程度较高的信托业与中国经济一道，也步入了"新常态"，其特征主要包括：增长速度回落，目前信托资产规模的增速已由 2011 年的 58.25%、2012 年的 55.3% 降至 2013 年的 46.05%；传统融资类业务空间受到压缩，信政合作的基础设施领域和房地产领域的信托融资业务有所减少；在证券监管机构促进证券业和基金业创新发展的政策支持下，来自证券业、基金业等其他金融部门的竞争加剧。

"新常态"下的信托业，相对于高速增长，对于自身安全的需要更加迫切；如何构建长效的风险管理机制，是关乎信托业能否可持续健康发展的大课题。

强化风险管理，是信托"新常态"下的首要任务

在"新常态"下，信托风险悄然累积，风险控制的压力显著加大。毋庸讳言，近年来信托业在超常规高速增长的过程中，在融资项目选择时，难以做到"食不厌精，脍不厌细"，因此，进入后 10 万亿元时代的信托业，面临的一大挑战是如何将前期吞进来的资产很好地消化掉，以防止因为"消化不良"而导致"肌体病变"。目前中国经济形势被高度浓缩为经济增长换挡期、结构调

[①] 本文发表于《金融博览（财富）》，2014 年第 9 期（下半月）。

整阵痛期和前期刺激政策消化期等三期叠加，在此经济下行过程中，信托业面临多元的风险考验，包括常规的融资方的信用风险，因区域经济塌陷导致的区域风险，因行业衰退导致的行业风险，因负面报道导致的声誉风险，甚至还有以往所不常见的因政商勾结导致的腐败风险。原来惯于逆经济周期行事的信托业，雨天送出雨伞，当刺激政策出台后天晴了再收回雨伞，皆大欢喜。在经济新常态下，大规模刺激政策难以推出，信托业面临着在雨天顺利收回雨伞的艰巨任务。因此，信托业防范和化解风险的工作更加重要，需要用比以往更大的工夫来预防、化解和处置风险。这尤其需要信托公司保持住定力。

为了促进信托业加强风险管理，银监会主席助理杨家才同志在2013年年底提出了信托业要建立包括完善的公司治理机制、产品登记制度、分类监管、分级经营机制、以净资本管理为基础的资本约束机制、社会责任机制、以生前遗嘱计划为核心的恢复与处置机制以及行业稳定机制和监管评价机制等"八项机制"；2014年4月，银监会办公厅下发了《关于信托公司风险监管的指导意见》，确立了信托业坚持防范化解风险和推动转型发展并重的原则。这些监管政策的立意，就是在经济新常态的背景下，使高位发展的信托业更加稳健地运行，促进信托公司不断提高治理和风控水平。

弘扬信托文化，是信托风险管理的基石

信托作为一种财产转移和财产管理制度，是在特定的文化氛围和法律保护下，从13世纪一直发展到现在。受托人对委托人、受益人所负的忠实义务和注意义务（谨慎义务），是信托文化的核心内容。无论是开展融资业务还是投资业务，信托公司都必须坚守忠实义务和注意义务，这正是信托公司区别于其他类型金融机构的鲜明的文化特征，值得信托业者高度重视。

信托成立后，面对委托人的莫大信任，作为受托人的信托公司负有忠实义务，它管理信托财产、处理信托事务的唯一目的，只能是为了受益人的全部利益而行动。这一目的必须是纯粹的、无杂质的，即受托人不可以一边为了受益人的利益，一边同时又为自己或其他第三人的利益行事；更不可以为了自己或其他第三人的利益而牺牲受益人的利益。因此，信托公司在按照委托人的意愿管理或者处分信托财产、处理信托事务时，不得使自己个人的利益与受托人的

职责发生冲突，不得利用受托人的地位以任何方式为自己或者其他第三人牟取利益或方便。

"临事而惧，好谋而成"，则是注意义务要求受托人必须抱有的态度。因为信托成立后，信托财产虽系于受托人名下，由受托人实际控制，但并非受托人的固有财产。受托人对信托财产的管理或者处分，是为了受益人的最大利益，必须以最大勤勉之精神和格外谨慎之态度，履行其作为善良管理人的注意义务。

在接受所托，管理、运用和处分信托财产的时候，信托公司首先应时刻怀有"战战兢兢，如临深渊，如履薄冰"的戒骄戒躁的谨慎心态。这要求信托公司在开发投融资项目时，应该有所取舍，要切实防范因公司的利润压力或员工的过度激励等不恰当的、激进的、过分冒险的安排，导致受托人降低信托项目的准入门槛，放松信托项目的风控标准。同时，信托公司必须把好客户、项目的准入关，提高业务准入门槛，将形形色色的有各种毛病的项目杜绝在门外，时机不好的项目不做，管理不善的项目不做，风险过高的项目不做；而可以做的项目，也要控制行业、地区和客户的业务集中度。

信托公司还必须具备"好谋而成"的能力。举例来说，在管理、运用信托资金时，受托人的"谋"，首先表现在他对所欲投资或融资项目的高标准、严要求，对于不符合自己要求的项目绝不苟且而让它们蒙混过关。信托公司要做到"好谋而成"，关键在于是否拥有足够的高素质人才。人才是信托公司形成核心竞争力的根本，信托公司必须竭尽所能地吸引一流人才，留住优秀人才，培养更多人才；要致力于营造让员工珍视所托的企业文化和心情舒畅的工作环境，提高员工的敬业精神和专业技能，让员工充分施展他们的才华，有效率地思考和负责任地工作，从而为受益人创造更多的价值。

同时，注意义务还要求信托公司真正具备其对外宣称所具有的或者是被合理期待所具有的特殊的专业知识、经验和技能。这一方面要求信托公司具有真才实学，另一方面则要求受托人的对外宣传应该恰如其分，不得过分渲染。信托公司在宣传信托产品时，尤其是向合格投资者介绍项目风险的控制措施时，应该秉持事先确定做到，然后才敢承诺的实事求是的态度，这才是信托业长久发展的气象。如果信托业者在产品推介时纷纷避重就轻、避实就虚，说到风险就吞吞吐吐、虚言搪塞，或者甚至不惜大言炎炎，说大话不怕闪了舌头，实际上是不断给这个行业积聚风险，迟早会受到投资者的遗弃。

信托公司脚踏实地、一丝不苟、持之以恒地履行好忠实义务和注意义务，是风险管理的坚实基础，是信托制度的根本要求，是信托事业健康发展的必要条件。

加快结构调整，是有效降低信托风险的必由之路

当前信托风险在现象上主要表现为"一对一"的融资类信托计划实现刚性兑付与融资主体可能出现信用风险之间的矛盾。"新常态"所呈现出的经济环境的巨大变化，客观上将引导和驱使信托公司摆脱路径依赖，尾随市场的需求，应对竞争的压力，主动地进行结构调整，在风险型的融资类业务上大幅度去杠杆，大力开发收费型的投资类和投行类业务，从而改变信托公司以融资类业务为主营业务的现状，使之在中短期转换为风险型的融资类业务与收费型的投资类、投行类业务并重，在中长期转换为以收费型的投资类、投行类、事务管理类业务为主的资产管理和财富管理机构。

首先，信托公司应大力拓展收费型、投资类的资产管理业务。在与银行竞争大优客户的融资业务的过程中，信托公司并无优势，激烈竞争的结果使信托公司收窄收益率，业务量被挤压，风险增大。这需要信托公司重新从制度上审视自己长短处，发掘并运用所具有的比较优势——现有金融体制赋予信托公司的股权投资的业务功能，开展具有买方业务特征的资产管理业务，包括：（1）以基金方式参与项目股权投资。我国尚处于资本形成的初级阶段，企业的资本实力偏弱，资产负债率居高不下，缺乏财务稳健性。这给了股权融资功能以用武之地，例如，信托公司可以改变目前以债务融资为主的房地产信托模式，与优秀的开发商合作，投资入股到精心挑选的项目公司中，与开发商深度合作，封闭运行，共同管理，共担风险，既避免与银行进行抵押融资的浅层次竞争，又可给投资者提供更高的浮动收益。华宝信托推出的华宝金石长赢系列——腾飞创新园信托计划就属于此类产品。（2）以基金方式参与私募股权（PE）投资。PE投资有利于完善金融体系，支持中小企业尤其是科技型创业企业融资，推进中小企业的成长，提升我国经济竞争力，增加就业机会。信托公司参与PE投资业务已有成功案例，如平安信托旗下PE子公司平安创新资本，投资非上市公司股权项目超过50个，投资规模超过200亿元，获得了丰厚回报，而

中融信托、湖南信托等也设立了 PE 子公司。（3）以基金方式并购投资。我国虽有"世界工厂"的称号，但产业结构中存在行业集中度不高，具有国际竞争力的大企业不多的问题。在产业转型升级、转变发展方式的过程中，企业兼并重组是必由之路。2013 年以来，相关部门和国务院发布了一系列支持企业并购的政策，这将促成并购迎来新一波高峰期。目前，医药类上市公司中已有 8 家公司参与设立了医药并购产业基金。在并购业务中，信托公司可通过股权投资的方式参与并购活动。最近，上海信托宣布成立一家直投子公司——上海浦耀信晔投资管理公司，将重点关注于大健康产业的产业并购。信托公司开展上述多样化的股权投资业务后，一来此类基金产品有利于组合投资，在客户和项目上分散风险；二来由于此类产品将不再设立预期收益率，并将设立可根据实际情况加以延长的弹性期限，有利于促进信托投资者行为模式转变为真正的投资行为，破除刚性兑付；三来此类产品有利于改变过去业务较为集中于房地产业务和信政合作业务为主的现状，扩展进入更广阔的实体经济、战略性新兴行业的渠道，从而在行业上分散风险。

其次，信托公司应大力拓展资产证券化、附信托私募企业债等收费型的投资银行业务。资产证券化是 20 世纪最大的金融创新之一，在金融"盘活存量"总体要求下，资产证券化大有用武之地，市场容量十分可观。中信信托、中诚信托、上海信托、外贸信托等积极参与了银行间市场的信贷资产证券化业务；近期华能贵诚信托作为发行人和受托机构，参与了在上海证券交易所发行和流通的平安银行的信贷资产支持证券，对于信托公司下一步参与交易所资本市场，开展企业资产证券化业务，有开路之功。

最后，信托公司应大力拓展家族信托等收费型的财富管理业务。据了解，在国外许多地区，信托是资产达到 1 千万美元以上的家庭的标准配置，它可以在安全、自由和效率等方面很好地保障行将年老的"富一代"在家族内将财富进行传承，同时可以很好地达成富裕人士参与公益活动的意愿。平安信托、中信信托、北京信托和上海信托等已经开展了家族信托业务。

在信托业步入"新常态"之际，信托公司只有加强信托文化建设，毫不懈怠地履行好受托人的职责，同时探索出业务结构调整、增加收费型业务占比的新路子，才能促进信托业管理好各类风险，在此基础上更上一层楼，迎来发展的新天地。

心有梦想不觉寒

16. 为信托业发展注入新动力[①]

当前，在经济转型升级的大背景下，最具市场化特质的信托业也将与我国经济一道，步入"新常态"。其中，信托业需要认真谋划的是如何通过转型和创新开辟新的增长路径，通过市场化改革注入新的增长动力，以迎接和适应信托新形势。

我国信托业资产规模的增速已由2011年的58.25%、2012年的55.3%降至2013年的46.05%，增长势头有所减缓。传统融资类业务空间受到压缩，信托业面临多元的风险考验，行业监管也日趋严格。此外，信托业还面临来自证券业、基金业等其他金融部门的激烈竞争。一系列困扰信托业发展的深层次问题，需要启动市场化改革加以解决，从而为信托业的发展注入新动力。

一是需要加快建设信托市场基础设施和公平的市场规则。前者如信托财产登记制度的缺失，造成委托人的动产、不动产、股权等非现金财产在实践中无法交付信托，这是导致目前信托业务局限于资金信托的一个主要原因，阻碍了财产信托、家族信托的蓬勃发展。后者如证券监管机构不愿接受存在信托持股企业的IPO申请，这抑制了信托公司PE业务的开展。这需要相关机构本着公平对待的市场规则，对不尽合理的规定予以"松绑"。

二是需要加快构建信托产品的流通市场。缺乏流动性是信托产品的一大"短板"，制约了信托业务的转型和信托产品的升级。构建信托产品流通市场，有助于期限较长的投资类信托产品的开发和发行，提高投资类、收费型业务在业务结构中的占比；有助于形成风险分担机制，从而通过市场释放信托产品的风险；有助于借助市场监督的力量，提高信托产品的安全性。目前应抓紧研究

[①] 本文选自《经济日报》，2014年8月22日。

包括上市条件、流通场所、流通范围、交易数量、交易方式等基础问题，推动信托产品流通市场的建立。

三是需要构建信托直接融资工具的发行市场，比如可推出"附信托私募企业债"，将信托制度优势与债券发行制度相结合，这有助于将信托融资业务由风险型业务转换为收费型业务。但这类产品需要特定的发行市场，建议推动区域性股权交易市场接纳信托直接融资工具的发行和流通，允许在未来建立的信托产品流通市场上发行和流通信托直接融资工具。

四是需要研究通过市场化方式解决"刚性兑付"问题，降低融资成本。"刚性兑付"正日益成为影响信托融资业务健康可持续发展的障碍因素。建议在"限制规模"的前提下，借鉴国际经验，以净资本管理为手段，以信托公司自愿为前提，辅以事前审批、提取拨备、延长期限、降低门槛等监管手段，允许信托公司为限额内的融资类信托计划提供保本或保收益的承诺，使这部分信托计划的"刚性兑付"阳光化、制度化，同时将刚性兑付的融资型信托计划限制在一定规模范围内。这样做的好处是：其一是可把含混的、不可计量的风险转换为透明的、可计量、可监管的风险；其二是可以降低投资者所期待的收益率，从而降低信托资金成本，更好地为实体经济服务；其三是在产品安全得到保障的条件下，适当降低投资门槛，使更多百姓获得普惠的信托理财服务，增加财产性收入。

心有梦想不觉寒

17. 探寻信托公司创新转型路径[①]

站在 10 万亿元管理资产规模的历史珠峰上,如今的信托业是"名满天下,谤亦随之"。在获得前所未有的成功之后,我们面临前所未有的质疑以及竞争压力,此时此刻,业内人士需要静下心、定下神,不畏浮云遮望眼,深入探寻传统业务和信托产品转型、升级和创新的路径,勾画出信托突围的主要方向。

一、转型、升级与创新的紧迫性

1. 市场竞争的要求

无论是传统业务转型、信托产品升级还是信托业务创新,最重要的推动力是市场的力量。2007 年信托"新两规"实施,已经成功的方面在于,给予了信托公司市场化发展的监管环境,从而焕发了信托公司的活力,提高了信托业务的竞争力,促使信托业成为中国金融体系中创新能力最强、响应市场需求速度最快的机构;尚未成功的方面是,引导信托公司减少债权融资业务,增加股权、证券等投资业务的占比,成效不彰。分析个中缘由,是因为市场需求在发生作用,一方面存在大量快速成长中的企业旺盛的、不能为银行满足的债务融资需求,另一方面在单调的金融市场中缺乏固定收益类产品,财富快速积累的市民找不到安全性高、收益适中的比较简单的投资品种,在这一阶段,信托业找到自己的定位,发挥了连接上述二者的需求的中介作用,提供融资类集合资金信托计划(为行文方便,以下统称信托产品)这种类固定收益产品和相应的类信贷业务,满足了资金供需双方的需要,发挥了完善和活跃金融市场、提

[①] 本文发表于《中国证券报》,2014 年 5 月 13 日,发表时有删节。

高资源配置效率的积极作用。

但是，随着信托业的逐步壮大和信托融资客户结构的升级，信托公司面对的竞争态势正在悄悄发生变化，市场的力量将推动信托公司业务结构从融资型向投资型转换，达成当初管理层所设想的目标。具体而言，在前一阶段，由于信托公司的影响力较小，募集资金的能力较弱，以行业或区域龙头企业为主的大优客户没有看上信托公司，信托客户主要是无法有效率地获得银行融资的中小型企业。此时，选择不多的客户愿意为获得信托融资提供抵质押物和较高的融资成本，愿意配合信托公司实施包括贷款资金使用监管和还款资金归集监管在内的严格的保证措施。信托公司在服务中小客户中获得了发展，其影响力和筹资能力快速提高，开始进入一大批大优企业的视线；与此同时，信托公司为提高信托资金运用的安全性，也有意识地提高客户准入门槛，逐渐以大优企业作为主要客户目标。这样一来，信托公司由以前面向中小企业服务转为面向大型企业服务。在客户的安全等级显著提高的同时，信托公司忽然发现自己已经和银行形成正面竞争，但是，由于在融资成本、融资规模、融资期限等方面先天的劣势，在与银行短兵相接的竞争中，面对客户提出的大幅度降低融资成本、不提供抵质押物以及放松监管的苛刻要求，满足客户的条件，信托公司将无利可图；不满足客户的条件，信托公司则面临客户流失。在这种局面下，信托公司必须穷则思变，发掘并运用与银行等其他类型金融机构的比较优势。而这个比较优势，应该是现有金融体制赋予信托公司的股权投资的独特的业务功能。因此，市场推动信托公司进行业务转型，以提高自身的竞争力。

2. 风险管理的要求

现行的融资类信托产品，"一对一"是主流模式，就是一个信托产品基本上是直接对接一家企业或一个项目的融资，加之信托期限一般被预先确定为 2~3 年，这使得信托公司面临极为严格的约束条件，既无法在空间上分散风险，也无法在时间上分散风险，导致信托公司给自己设定的转圜余地极其狭窄，管理和化解风险的现代方法难以用得上。

可以预见，尽管信托公司投入更多资源到风险管理中，不断提高风险识别、风险评估、风险预警的能力，但随着信托产品总体数量的增加，某个企业或某个项目由于某种原因在某个时间段缺少流动性的情况不可能完全杜绝。由于"一对一"信托产品在设计上的先天缺陷，信托公司将缺乏有效的调剂和救济的手段化解风险,要保证信托产品按照预期收益率到期足额兑付投资者,压力将越来越大,以至于难以承受。因此,按照马斯洛需求层次理论,在后10万亿元时代,解决了温饱问题这一"生理需求"的信托公司,需要对信托产品进行升级,以满足公司自身和行业的"安全需求"。

3. 监管评级的要求

按照中国银监会主席助理杨家才在2013年中国信托业年会上的讲话精神和近期管理层的导向,信托业将建立分类经营机制。其出发点是,有多大本事就做多少事,促进差异化、特色化发展,不搞千人一面、千篇一律。将信托公司分出等级,分级管理,分类经营,初步考虑分为三类,一类是创新类,不仅可以做现有所有的法定业务,还可以率先尝试法定业务范围外的新型业务种类;第二类为发展类,可以做法定业务范围内的所有业务,也可以在法定业务范围内开发新型产品;第三类为限制类,主要做法定业务范围内的基础业务和成熟产品。

在这一监管框架下,一方面,信托公司要想进入创新类和发展类的监管评级,就必须展现出自己的创新能力,如果一味因循守旧,抱住传统业务模式和单调的产品形态不放,就很难获得较高的监管评级;另一方面,即使获得了较高的评级,如果创新能力不强大或不持久,也会白白损失和浪费先行先试的创新机会,在未来发展中掉队,甚至滑落到较低的监管评级。

二、转型、升级与创新的方向

1. 股权投资+自主管理:传统业务转型的方向

融资业务使信托业得以迅猛发展,投资业务则有可能帮助信托业形成真正的独特优势。总体来说,我国还处于资本形成的初级阶段,大部分企业的资本实力不强,导致资产负债率长期偏高,财务稳健性亟须加强。以上市房地产公司为例,据统计显示,2012年,160家内地上市房地产公司的平均资产负债率达到62.2%,其中,高新发展(000628.SZ)的资产负债率以93.6%排在首位;而行业龙头万科(000002.SZ)的负债率也达到了80%。在上市房地产企业负债率前50位中,A股上市公司有47家,港股上市公司有3家,2012年这50家公司的资产负债率平均高达80.66%。

信托公司的股权融资功能正好可以改善这一薄弱环节。仍以房地产信托业务为例，信托公司通过尽职调查和投资分析，与具有较高声誉和较强运作能力的房地产企业合作，运用信托资金真实投资入股到项目公司，一来可以避免与银行进行抵押融资的浅层次业务竞争；二来可以做到资金封闭运行，确保资金不被挪作他用，增强安全性；三来可以锁定销售回款账户，资金退出路径更加清晰；四来可以结合和发挥房地产企业的专业运作能力和信托公司的综合金融服务能力。此外，房地产投资信托业务还有一个十分重要的好处，就是此类产品将不再设立预期收益率，而是与合作的房地产企业共担风险、共享收益、同股同权。同时，将投资期限设为可以根据实际情况加以延长的弹性期限，这将有利于促进信托投资者行为模式的转换，使之由目前的收益与风险不匹配的"高息存款"行为转变为真正的投资行为。

2. 基金化：信托产品升级的方向

按照基金化的模式对信托产品进行改造，使之成为真正的信托基金。信托基金的第一个特征是规模化。只有当一个信托产品达到一定规模的时候，才有可能通过组合投资来分散它的风险。与现在一对一、一个信托产品对接一个企业或一个项目的主流模式相比较，基金化信托产品通过分散投资，可以在空间分布上把信托风险分散开来。信托基金的第二个特征是长期化。通过长期化，可以做到风险在时间分布上的分散，以应对经济周期、宏观调控对企业和项目的短期影响。当然，不难理解，基金化信托产品需要有较强的流动性，安排开放服务，才能够吸引规模化、长期化的资金的加入。

3. 信托业务创新的方向

在金融还远不够发达的现阶段，在信托公司现有的传统业务之外，还存在广阔的业务拓展空间，兹举例说明。

（1）企业资产证券化业务

资产证券化是 20 世纪最大的金融创新之一，这项工具的运用，在美国可能有过度之忧，但在我国应该是远远不足。在金融"盘活存量"总体要求下，资产证券化大有用武之地。资产证券化分为信贷资产证券化和企业资产证券化，前者由人民银行和银监会主导，为金融机构提供资产证券化服务，数量巨大，但信托公司角色的重要性还远远没有发挥出来。另一个更为有利可图的方面是企业资产证券化，目前有两个市场开展了相关业务，一是证券交易所市场。2013年3月15日，证监会发布了《证券公司资产证券化业务管理规定》，自此由证监会主导的企业资产证券化业务由试点业务转为常规业务。自2005年8月中金公司发行第一笔基于CDMA网络租赁费收益权的专项资产管理计划起，共推出16单资产证券化产品，总规模358亿元，产品范围包括了高速公路收费权、能源收益权、设备租赁资产、BT项目、网络租赁权、大型企业的应收账款收益权、销售费用收益权等。在这个市场里，信托公司可以以财务顾问的身份，参与资产证券化业务，并积极推动在此类产品中设置SPT（特殊目的信托），以完善其构造，同时积极争取资产证券化产品的承销商角色。二是交易商协会主导的非金融企业在银行间债券市场发行的资产支持票据（ABN），它是由基础资产所产生的现金流作为还款支持的，约定在一定期限内还本付息的债务融资工具。它尚非严格意义的资产证券化产品（ABS），可以归为类资产证券化产品。2012年8月至今，交易商协会共注册发行12只ABN产品，累计融资超过100亿元。在这一市场上，信托公司也应积极参与其间，一方面将ABN加以改进和升级，另一方面积极以承销商的身份参与ABN的设计和发行。

（2）并购业务

我国虽有"世界工厂"的称号，但产业结构中一直存在行业集中度不高，具有国际竞争力的大企业不多的问题。在产业转型升级、转变发展方式的过程中，企业兼并重组是必由之路。2013年1月，工信部、发改委、证监会等12个部门联合发布《关于加快推进重点行业企业兼并重组的指导意见》，推动以汽车、钢铁、水泥、船舶、电解铝、稀土、电子信息、医药等行业为重点行业的企业兼并重组。在许多投行人士看来，并购业务迟早会取代IPO成为资本退出的主通道。证券公司的经营数据印证了这一趋势：114家证券公司2013年上半年财务顾问业务净收入17.27亿元，较上年同期增加了90.2%。证券公司的财务顾问收入绝大部分来源于并购重组业务，尽管目前并购重组业务收入占总收入的比重还不高，但增幅却颇为可观。到2013年上半年，有保荐资格的76家券商中，设有独立的并购重组部门的券商已超过2014年的20家。并且，产业并购取代借壳上市和整体上市成为并购市场的主角。

在并购业务中，信托公司至少可以做两大类业务。一是为并购主体提供并购贷款，帮助企业完成并购活动；二是运用信托资金或自有资金以股权投资的方式参与并购活动,既可以是信托公司自己为并购主角,如平安信托并购上海家化;也可以跟随实力企业参与并购投资。信托公司通过近年来的发展,已经拥有一大批上市公司客户,如果在合规的前提下,围绕上市公司参与一些并购活动,成功几率会比较高,盈利空间也会比较大。

(3)家族信托

由胡润研究院与群邑智库联合发布的2013年中国财富报告指出,截至2012年年底,我国除港澳台之外的31个省、自治区、直辖市中,千万富豪(含亿万富豪及以上)人数已达105万人;其中亿万富豪人数已达6.45万人。也就是说,目前全国每1300人中有1人是千万富豪,每2万人中有1人是亿万富豪。当"富一代"渐渐年老时,必然会考虑如何将积累的财富按照自己的意愿在家族内顺利地传承下去。在这个方面,信托具有比遗产继承和赠予更优越的制度优势。简单地讲,家族信托作为财富传承的工具,可以发挥三个方面的作用:一是安全,信托财产具有独立性,可以起到破产隔离的效果;二是自由,信托中有受托人的设置,受托人可以忠实地执行委托人的合理意愿,确保在委托人故去后,其意志仍然能够实现;三是效率,信托公司作为受托人,拥有专业人员打理信托财产,为家族财富的保值增值提供更好的保障。

信托公司开展此类业务,直接的好处是可以获得长期的、一般也是低成本的资金来源,从而为信托公司开展高安全性、低收益性业务提供条件;间接的好处则是,这些富裕人士绝大部分都是企业家,通过家族信托服务,有利于延伸到委托人的企业获得业务资源。

(4)附信托私募企业债

这是笔者提出的信托制度创新的一个设想,其目的是还信托融资作为一种直接融资工具的本来面目,将信托制度优势与债券发行制度结合起来,改变目前由信托公司发行融资类信托计划的业务模式,转换为由信托公司协助企业发行"附信托私募企业债",同时,信托融资业务也由原来的风险型业务转换为收费型业务。在这一产品模式的设计中,信托公司所扮演的角色从信托计划的发行主体,转化为"投资银行+信托受托人":首先,作为企业的财务顾问,帮助企业设计附信托(私募)企业债的融资方案;其次,作为承销商,包销或代销附信托(私募)企业债;再次,作为债券发行人的受托人,与债券发行人签订信托合同,接受债券发行人的委托,以企业债持有人为受益人,成为担保权人；最后，作为债券持有人的受托人，根据债券契约的约定，接受债券持有人的委托，代表其行使监管企业依约使用募集资金的权利，以及监督企业依约归集债券兑付资金的权利。

目前，区域性市场既能够发行私募债，也不排斥信托公司参与，比如浙江股权交易中心所发行的"塔牌手工原酒（庚寅典藏）投资私募债"，就是由浙商金汇信托担任主承销商。因此，信托公司可与各区域性市场密切合作，在区域性市场上推出附信托私募企业债。

此外，目前兴起的土地流转信托、消费信托也为部分具备相关能力的信托公司提供了创新的场地。

三、转型、升级与创新的难点

1. 路径依赖与业务惯性

这是比较容易理解的，一方面，信托公司的大量业务人员来自银行，他们对信贷业务驾轻就熟；另一方面，信贷业务的相关要素比较简单，易于把握；业务实施的周期比较短，见效快，因此，越熟越做，越做越熟，从而形成路径依赖，大家在寻找项目、洽谈项目、设计方案、评审方案以及贷后管理的各个环节中，都自觉或不自觉地运用信贷思维，最后把业务做成了信贷业务或类信贷业务。打破现有的路径依赖，需要把业务人员从惯性中拉出来。

2. 复杂金融业务对信托公司的综合能力的要求很高

无论是投资类业务的开展，还是信托基金的设计和实施，以及资产证券化、并购业务、家族信托、附信托私募企业债等创新品种的推出，其复杂程度大大超过简单的类信贷业务，这对信托公司的业务开发与风险管理能力以及人力资源提出了更高的要求，目前信托公司还很难完全达到这些要求。

3. 缺乏相应的制度安排

一方面，大部分信托公司尚未建立起促进创新的目标管理体系和激励约束机制，业务部门开展创新活动既无动力也无压力；另一方面，信托公司尚未建立创新风险容忍机制，导致大家在创新时难免畏手畏脚，缩手缩脚。

4. 孤军作战，缺乏合作伙伴

在复杂金融活动中，需要多方面的专业能力和专业资源，而目前信托公司大多擅长于融资业务，对于投资业务中的运行与管理、对于并购业务中行业分析和公司分析往往不熟悉，单打独斗，难免心生胆怯。

四、促进转型、升级与创新的措施

1. 建立创新风险容忍机制

创新意味着尝试新的事物，必然面临比常规业务更多的不确定性，例如，并购项目可能因为上市延迟而导致退出时间比预计的延后；又如，参与信贷资产证券化的初期阶段，可能面临收入较少、不能完全覆盖全部成本的问题；再如，投资业务可能会因信息不完全导致判断失误，或因市场环境变化导致产品失去销路等。

为形成鼓励创新、支持创新、容忍失败的氛围，促进业务部门加快创新的步伐，在银监会监管评级中争取进入创新类公司以获得有力的政策支持，信托公司应研究建立创新风险容忍机制，取得董事会、监事会、股东会和监管机构的认可与支持，解除业务部门创新的后顾之忧。

2. 建立创新目标管理和任务分解体系

在初期阶段，传统业务转型、信托产品升级、信托业务创新更多的是信托公司的总体目标和长期需要，与业务部门和业务人员的短期需要并不天然匹配，这就需要在公司层面自上而下地设定创新目标体系，将不同的创新目标有效地分解到各个业务部门中，并与激励约束机制相配套，奖励优秀，处罚后进，使业务部门有明确的创新目标和实施创新的动力和压力。

3. 引进和培养人才团队

复杂高级的金融业务需要相应的人才团队来支撑。信托公司必须在人才引进、交流和培养等方面下工夫，制定并实施切实有效的高级人才培养计划，帮助高管人员和业务人员开阔眼界，提高水平；同时引进关键人才，提升团队的层次。

4. 建立策略联盟

策略联盟是虚拟经营的一种重要形式，它指几家公司拥有不同的关键资源，而且彼此的市场有某一程度的区隔，为了共同的利益（降低交易成本和增加利润），在一定时期进行的合作安排。形成策略联盟的原因大致有二：

（1）企业间存在资源的相互依赖和经济活动的互补，从而形成一种能更多地获取潜在利润的组合；（2）企业在联盟中可以相互学习，形成新的知识和技能。如微软和英特尔之间著名的 WINTEL 联盟，成就了各自的霸业。

　　信托公司可围绕重点创新业务，建立包括股东单位、行业优秀企业、投资银行、商业银行、律师事务所、会计师事务所以及其他合作伙伴等一系列的策略联盟，整合分散的资源，形成合力。长袖善舞，多财善贾，联合作战，有利于信托公司突破现有的资源瓶颈，进入更加广阔的领域。

18. 信托产品投资门槛应降低[①]

学者型高管在信托业并不多见，中铁信托副总经理陈赤算是其中的典型代表。从业十余年，他见证了信托业从草莽到规范的发展历程。作为业界资深学者，他常常撰文发表自己对于行业热点问题的见解，也时常向监管部门呼吁进行制度改革。

日前，陈赤接受了《证券时报》记者专访，对信托监管政策的变化、信托业的未来转型方向等热点话题娓娓道来。

4月中旬，银监会向各信托公司下发《信托公司条例（征求意见稿）》（以下简称《条例》），受到业界关注。有业内人士认为，这是史上层次最高、最严的信托监管法规。

陈赤表示，《条例》一方面释放了一些行业利好，为信托公司的成长开辟了新路径；另一方面又带来了更严格的监管规定，有利于避免过去"一家公司生病、全行业一起吃药"的弊端重现。

但他同时也给予新政多方面的建议，譬如，他认为，《条例》引入信托公司杠杆率指标旨在控制节奏，但是否将其写入《条例》值得商榷，毕竟《条例》的层级将会比较高、不易修改调整。对于化解信托业刚性兑付的难题，他给出的建议之一便是降低信托投资门槛。

"对于信托业的未来，我们不必悲观。随着居民收入持续增长、财富不断积累，资产管理的需求非常大，将可以成为推动信托业继续发展的新动力。"陈赤说。

[①] 本专访发表于《证券时报》，记者刘雁，2015年4月30日。

信托新规开辟新路径

证券时报记者：近期银监会向各信托公司下发了《信托公司条例（征求意见稿）》，您如何看待它的出台？

陈赤：总体而言，《条例》体现了银监会提高监管制度层级、扶优限劣、防范风险、进一步促进信托行业健康发展的思路，其中关于建立信托登记制度，允许信托公司设立专业子公司，对固有业务从事投资业务不做过多限制，支持创新类信托公司开展房地产信托投资基金业务和发行金融债券、次级债券，允许创新类信托公司适当扩大集合资金信托计划的合格委托人数，不一刀切地禁止信托业务的关联交易等新的政策导向，为信托公司的成长开辟了新的路径，值得肯定和赞赏。

证券时报记者：《条例》释放了一些行业利好，譬如鼓励开设专业子公司，您如何看待？

陈赤：《条例》鼓励信托公司开设专业子公司，将有利于培养其专注于特定细分市场的专业化发展，不断提高专业能力和市场竞争力。

但是，建议不必将子公司限定为信托公司全资拥有。因为，如果允许信托公司与市场上优秀的专业机构合作创办子公司，肯定可以帮助信托公司快速塑造某一方面的专业能力。同时，如果信托公司设立子公司时，能够给予管理层和业务团队适当的股权激励，一方面符合混合所有制改革的方向，另一方面也有利于吸引和留住杰出人才，激发员工的工作热情。

建议降低信托投资门槛

证券时报记者：《条例》带来了更严格的监管规定，包括分类监管、引入杠杆率和风险集中度指标等，这对于信托业未来的发展将带来怎样的影响？

陈赤：《条例》明确了分类监管的原则，一方面，对处于不同发展阶段的信托公司区别对待，有利于避免过去"一家公司生病、全行业一起吃药"的弊端重现；另一方面，预计列入成长类、创新类的信托公司不会很多，大多数信托公司可能处于发展类行列，因此行业格局应该不至于发生太大的变化。

《条例》引入杠杆率、集中度，用意显然是在近年来信托业高速扩张、风险有所集聚的情况下，控制其节奏，约束其规模，化解其风险，去杠杆的用心良苦。不过，对单一资金信托而言，信托公司承担的风险较小，不必大幅度降低这一类业务的杠杆率。另外，规定净资产与全部融资类集合资金信托计划余额的比例不得低于12.5%，实际上已经是比照商业银行资本充足率的规则管理这一类业务了。

虽然此前基于"刚性兑付"隐性机制客观存在，我曾建议比照银行的杠杆率控制融资类业务的规模，但与此同时，我也呼吁积极进行制度创新，允许信托公司为这部分融资类信托计划提供保本或保收益的承诺，使"刚性兑付"阳光化、制度化，这样既可以把外在的声誉风险约束转换为外在的监管约束+内控约束，把含混的、不可计量的风险转换为透明的、可计量、可监管的风险，也可以显著降低投资者的收益率，从而有利于扩大信托资金的运用范围，有效引导信托服务实体经济。

此外，既然这类信托产品的安全得到承诺，就不妨降低投资门槛，使更多普通百姓获得普惠的信托理财服务，这也符合国家关于增加居民财产性收入的政策，有利于居民收入倍增计划的实现；而单笔投资金额减少，也会有利于投资者降低投资的集中度，分散风险。鉴于《条例》层级将会比较高、不易修改调整，建议不把具体的杠杆率指标列进去。

信托的未来并不悲观

证券时报记者：《条例》是否还有一些尚未提及，但您认为是比较重要的政策？

陈赤：首先，虽然《条例》提出了要建立信托登记制度，统一全国信托财产、产品的登记托管，有望促进财产信托、家族信托业务的开展，但并没有具体说明如何建立信托登记制度，比如是构建统一的信托登记机构，还是依托现有的各个相关行政部门？希望能够加以明确。

其次，国家十分鼓励发展慈善（公益）事业，而公益信托是一种优良的公益管理制度和工具，但对于社会各界期待较多但因客观原因迟迟无法推广的公益信托，《条例》没有作出有助于其落地实施的细化规定，这不能不说是一个遗憾，希望起草者能够进行补充。

此外，关于信托税收等复杂问题，《条例》也没有做出比较明确的规范。

还有一个值得认真思考的更大的课题是，《条例》应如何着眼于过去的历史、现实的状况和未来的发展方向，为信托业的转型升级开辟更加广阔的空间。

证券时报记者：那么，您是如何看待信托业的未来呢？

陈赤：对信托业的未来，我们不必悲观。随着居民收入持续增长、财富不断积累，资产管理的需求非常大，将可以成为推动信托业继续发展的新动力。收费型的资产管理属于买方业务，所对应的资产运用主要是对股权、证券、并购活动等的投资；现行金融体制恰好赋予了信托公司的股权投资功能这个比较优势，经济中又存在着旺盛的股权投资需求。

如果信托业紧紧抓住这一市场机会，优化自己的资源配置，加强新业务研发和人才储备，建立有效的激励机制，及早布局，就有望顺利地从初级阶段过渡到中级阶段，由原来的债权融资业务单轮驱动，升级为债权融资业务与资产管理业务双轮驱动，从而使信托业服务更广大的人群、进入更广泛的领域，并逐步化解"刚性兑付"的困扰。

同时，"互联网+"的模式将深刻地改变包括信托业在内的金融业的未来面貌。以开放、互动、平等、普惠和随时随地为特征的互联网精神，可以帮助信托业突破时空限制，延伸服务的触角，增加客户的黏性和忠诚度，拓展以消费信托为代表的创新业务。

面向信托业宏大的未来，迫切需要《条例》以前瞻的眼光，通过科学的监管导向，鼓励和促进先进的信托公司积极努力，加快资产管理业务的构建和互联网金融的探索；同时也期望证券监管部门以开放的胸襟和平等的精神，接纳信托公司参与多层次资本市场的建设。

19. 信托"刚性兑付"的化解之道[①]

刚性兑付隐性机制的产生

1. 信托计划是直接融资工具还是间接融资工具

按照信托"一法两规"的规定，集合资金信托计划的设计初衷是一种直接融资工具。首先，投资者交付给信托公司的信托财产不属于信托公司对投资者或受益人的负债，这从根本上将投资者购买信托计划的行为与存款行为区别开来。在信托合同中，信托公司向投资者说明了信托资金管理、运用和处分的具体方法或安排。事实上，在目前主流的"一对一"的信托计划中，投资者清楚地了解信托资金运用于哪一家特定的企业，甚至运用于哪一个具体的项目上。其次，信托计划不得承诺保本和最低收益，信托公司依据信托合同约定管理信托财产所产生的风险，由信托财产承担。从这一点看，信托公司在资金融通中所发挥的作用，迥异于商业银行；信托计划既不是存款工具，也不同于金融机构发行的金融债，而应是接近于企业债的一种新的金融工具。因此可以说，信托计划虽然由于是信托公司发行的，在形式上带有一些间接融资的色彩，但从实质上分析，它属于直接融资工具。

2. "刚性兑付"使信托计划的金融性质发生变化

毋庸讳言，"刚性兑付"似乎已演化为信托公司发行融资类信托计划的一个隐性承诺，好像无论到期信托财产的状况和收益如何，信托公司均须保证给投资者兑付本金和收益。之所以产生"刚性兑付"的隐性机制，主要有三方

[①] 本文发表于《金融博览（财富）》，2014年第4期（下半月）。

面因素：

一是与民事信托一般由委托人作为创设信托的发起方不同，信托计划作为一个金融产品，是由信托公司发起创设的，而信托公司的尽职调查和内部审查批准是信托计划发行的前提，这就在信托计划上附着了一定的信托公司的信用。一方面，信托公司的调查是否做到了尽职，受托人的职责是否得到切实履行，目前在实践中并无十分明确的标准和清晰的边界，如果一旦出现风险，信托公司能否自证清白，不是一件十分容易的事情。另一方面，出于可持续性经营的考虑，信托公司对防范声誉风险十分重视，也有不小的动力来维持"刚性兑付"。

二是目前对投资者的风险教育和风险揭示还不到位，也没有现实的无法兑付的例子让投资者警醒，加上投资者自身承担风险的意愿和能力都不够强，他们或有意或无意地把购买信托计划看成是一种风险很低的金融产品，有的甚至把信托计划当作是一种变相的"高息存款"，抱着出了问题找信托公司解决的想法。同时，信托计划信息持续披露的透明度不够，加之缺乏流动性，没有风险分担机制，客观上加强了投资者对信托公司的依赖。

此外，监管部门出于防范金融风险、维护社会稳定、促进行业长远发展等方面的综合考量，督促信托公司尽力保障投资安全，在一定程度上强化了刚性兑付机制。

因此，刚性兑付客观上使融资类信托计划从直接融资工具异化为间接融资工具，让信托公司成为信托计划到期兑付义务的承担者，阻隔了信托投资者与借款人之间本应存在的利益关系，信托计划从"类企业债"异化为"类金融债"。

3. 刚性兑付能否持续

现行融资类信托计划并不必然具备到期足额兑付的能力。由于一个信托计划往往仅直接对接一家企业或一个项目的融资，加之信托期限的预先确定，从理论上讲，随着信托计划总体数量的增加，很难完全避免少数企业或项目由于某种原因缺少流动性而无法到期全额还款，从而导致信托计划不能到期足额兑付的情况。这一矛盾既构成许多人否定信托融资功能的理由（这并不正确），从长期来说也构成了影响信托融资业务健康可持续发展的障碍。

制度创新是解决刚性兑付难题的出路

信托业应按照党的十八届三中全会关于确定和发挥市场在配置资源中的决定作用的重要精神,深化改革,大力进行制度创新,按照有限有疏的思路,对现有融资类信托计划进行分流,逐步解决刚性兑付的疑难问题。

1. 在限制规模的条件下推动部分刚性兑付制度化

一个思路是在"限规模"的条件下,即以日本贷款信托为借鉴,以净资本管理为手段,以信托公司自愿为前提,允许其为一定规模的融资类信托计划提供保本或保收益的承诺,使这部分信托计划的刚性兑付阳光化、制度化,同时将刚性兑付的融资型信托计划限制在一定规模范围内。

日本《信托业法》允许信托公司与投资者订立弥补或补足的合同。虽然这是一个由信托机构自主选择的事项,但是实际上,信托机构在办理贷款信托业务时,无一例外地都与投资者签订了补偿全部本金的约定。这在制度和合同上明确了信托机构对贷款信托风险所承担的职责和义务。

我们可以进行制度创新,允许信托公司为一部分融资类信托计划提供保本或保收益的承诺,使这部分信托计划的刚性兑付阳光化、制度化,同时配以事前审批、限制规模、提取拨备、延长期限、降低门槛等监管手段,合理控制其规模。其好处是:(1)目前我国融资型信托计划的所谓刚性兑付是一种隐性约束,信托公司对此类业务所承担的风险,在法律法规上无所依凭,在正式的监管指标上无所要求,在信托公司内部控制上无法计算,因此具有模糊、不可计量的特点。通过把隐形的、不合规的融资型信托计划刚性兑付,转换为制度上规定的、书面的本金补足约定(或者加上收益补足),有利于把外在的声誉风险约束转换为外在的监管约束+内在的内控约束,把含混的、不可计量的风险转换为透明的、可计量、可监管的风险。(2)投资者得到书面的本金(或收益)保证后,应同时降低所期待的收益率,这有利于大幅度降低信托资金成本,扩大信托资金的运用范围,有效引导信托服务实体经济。(3)既然这类产品安全得到保障,就可以适当降低投资门槛,使更多百姓获得信托理财服务,这符合国家关于增加居民财产性收入的政策,有利于居民收入倍增计划的实现。(4)单笔投资金额减少,也将有利于投资者分散风险。

另一个方面的思路是"疏导",有以下两个具体的路径。

2. 将部分信托计划升级为信托基金

第二个思路是将另一部分无保本或保收益约定、投资者买者自负的融资类信托计划按照基金化的模式进行改造,使之升级成为真正的信托基金。首先,信托基金应以股权投资方式取代债权融资方式作为运营资金的主要方式,信托公司对信托基金不承诺保本和保收益,但实际收益率可能较高,这将吸引真正具有风险承担意愿和能力的人士投资此类产品。其次,未来的信托基金的第一个特征是规模化,能够通过组合投资在空间分布上把信托风险分散开来;第二个特征是长期化,能够做到风险在时间分布上的分散,以应对经济周期、宏观调控对企业和项目的短期影响。同时,大力构建信托产品的二级市场(信托受益权流通市场),形成风险分担机制,并借助和强化市场监督的力量,提高信托基金的安全性。

3. 将部分信托计划转换为附信托私募企业债

第三个思路是将其余部分的融资类信托计划转换为附信托私募企业债,其目的是还信托融资作为一种直接融资工具的本来面目,将信托制度优势与债券发行制度结合起来,改变目前由信托公司发行融资类信托计划的业务模式,转换为由信托公司协助企业发行"附信托私募企业债",同时,信托融资业务也由原来的风险型业务转换为收费型业务。这种附信托私募企业债,是企业以非公开方式发行和转让,约定在一定期限还本付息的债券;在债券发行前,企业与受托人签订信托合同,将担保物权设定给受托人,使受托人为全体企业债债权人的利益进行保管并行使担保物权,同时为债权人的利益履行其他法定义务和约定义务。在这一产品模式的设计中,信托公司所扮演的角色从信托计划的发行主体,转化为"投资银行+信托受托人"。

现有格局下打破刚性兑付的技术性方法及其影响

1. 有序打破刚性兑付

在制度创新实施之前,信托业也可以根据项目实际运行情况,按照信托合同的约定,循序渐进地选择规模较小、投资者人数较少的信托计划,逐步打破刚性兑付的预期。在理想状态下,第一步可出现信托计划实际收益率低于预期收益率的情况；第二步可出现信托计划无收益，但本金全额兑付的情况；第三步是出现无法实现收益，并且本金有一成、两成损失的情况。这样，在可控、有序、逐步试探的过程中，通过事实对投资者进行风险教育，使目前投资者将信托产品作为"高息存款"、无风险承担意识的思维模式得到修正，使投资者不识别风险因素、不考察信托资金投向的企业和项目的情况、不考虑自身有无风险承受能力而盲目投资信托产品的行为模式得到校正，从而增强投资者对风险的敬畏，甄别出合格投资者。

2. 打破刚性兑付的影响

投资者购买信托产品的热情在短期内可能会降低，但他们会变得更加理性。一部分风险厌恶型的投资者可能会退出；留下来的投资者则变得更加审慎，他们将更加注重考察信托资金投向的企业和项目，更加注重考察信托公司的风控体系和业绩记录，而这些变化客观上将促进信托公司从外延式的、粗放式的增长方式向内涵式的、精细化的增长方式转变。

对信托公司来说，则必须更加注重项目的质量，因为它们需要经得起投资者苛刻的审查，在将来可能的对簿公堂中能够有效证明自己尽职地履行了受托人的职责。同时，信托行业协会可尽快出台关于受托人有效履职的行业规范和实施标准，比如尽职调查的步骤、范围和质量，以便信托公司遵照实施。如果信托公司严格实施了这些规范和标准，就应视为它们确实有效履行了受托人的义务，那么它们就不该为信托资金运用的实际绩效承担额外的责任。

20. "附信托（私募）企业债"[①]

——信托业务创新的一个设想

【摘要】信托业的壮大已成为令人瞩目的一个事实，但要实现其长远的健康发展，尚需解决一些重大问题，所谓的"刚性兑付"是其中之一。本文从融资方式的角度，研究了融资类信托计划的金融属性，分析了其现存问题的症结所在——刚性兑付机制。正是由于信托公司"刚性兑付"的隐性承诺的存在，使本该属于直接融资范畴的信托计划异化为一种间接融资工具，其业务类型也从"类企业债"异化为"类金融债"，平添并强化了信托公司自身的兑付风险。要从根本上解决刚性兑付机制及其带来的信托业务发展的不可持续性，必须对信托业务进行转型升级的制度创新，本文提出了信托业务创新与转型的一个设想——"附信托（私募）企业债"，并探讨在目前的环境下，该项创新业务的可行性。

一、信托融资功能的合理性

近年来，信托业实现了快速发展，管理信托资产规模持续攀升。2012年年底已赶超保险业，坐上中国金融业的第二把交椅。截至2013年第二季度末，我国信托业资产规模为9.45万亿元。目前，融资类集合资金信托业务仍然是我国信托公司的主营业务，这主要受我国信托业发展背景和历史因素的影响。改革开放后我国信托业的恢复，是为改革高度集中的传统金融体系而进行的强

[①] 本文发表于《西南金融》，2014年第4期，发表时有删节。

制性制度变迁，而非尾随于经济社会内生需求的诱致性制度变迁，其融资功能是在这种制度变迁中形成的。在相当长的时期里，信托被当作"金融体制改革试验田"，主要功能是为金融市场提供更具灵活性和弹性的通道。

虽然我国信托业最初的产生及相关融资类业务的发展并非是单纯的市场自发行为，但不可否认的是，随着信托"一法三规"等制度的实施，信托公司的发展日益规范，其融资功能因具备灵活便捷和市场化的特点，现已成为中国金融体系中的一个有益组成部分，其存在具有长期的合理性。普遍而言，各国金融机构由于其特有的脆弱性和外部性，会受到较实体经济更严格的政府监管；在我国，因金融业的市场化改革远落后于实体经济，受到的带有计划经济色彩的管制则更为严格，例如，我国金融机构不仅受制于货币政策，而且还受制于信贷政策、产业政策。由于我国金融市场化的步伐落后于时代环境的变迁，计划经济色彩多有保留，一方面导致实体经济（尤其是众多民营企业）的大量合理需求得不到有效满足，另一方面，导致微观机构（即使是处于健康状态的）难以摆脱受宏观调控一刀切的影响。两方面因素叠加，加剧了我国金融制度的非均衡性。

在目前商业银行利率（特别是存款利率）市场化改革没有取得实质性进展，庞大的民间金融活动还未接纳进正规金融体系之中的情况下，高度市场化取向的信托融资服务为社会创造了新的金融路径，满足了实体经济中大量企业的融资需求，提高了金融市场的效率，改善了现有金融体制的非均衡性，在一定程度上使刚性的宏观调控具有合理的弹性，成为稳定增长的一种积极力量。因此，信托的融资功能既有坚实的市场需求，又有现实的制度背景，并具备长期的合理性。

二、融资类信托计划的金融属性：由直接融资工具异化为间接融资工具

虽然融资类信托业务具有存在的合理性，但却又因"刚性兑付"的隐性承诺呈现出发展的不可持续性。这主要表现为：投资人在投资融资类信托计划时，本应承担相应的投资风险，但目前信托公司却有压力必须分配给投资者本金以及收益，当信托计划出现不能如期顺利兑付时，需要信托公司"兜底"。

这就违背了"风险与收益相匹配"这一资本市场的运行规律，如此一个"零风险、高收益"的体制存在很大的风险隐患，显然不具备健康发展的可持续性。要从根本上消除这一制度障碍，应首先厘清融资类信托计划的属性，找到问题的症结并对此进行制度的创新与产品的升级。

（一） 融资类信托计划的设计初衷

我们从资金融通的角度来分析信托计划的金融属性。资金融通可分为直接融资和间接融资两种方式。根据中国人民银行的定义，间接融资是通过金融中介机构进行的资金融通方式。在这种融资方式下，在一定时期里，资金盈余单位将资金存入金融机构或购买金融机构发行的各种证券，然后再由这些金融机构将集中起来的资金有偿地提供给资金需求单位使用。资金的供求双方不直接见面，他们之间不发生直接的债权债务关系，而是由金融机构以债权人和债务人的身份介入其中，实现资金余缺的调剂。间接融资同直接融资比较，其突出特点是比较灵活，分散的小额资金通过银行等中介机构的集中可以办大事，同时这些中介机构拥有较多的信息和专门人才，对保障资金安全和提高资金使用效益有独特的优势，这对投融资双方都有利。直接融资是没有金融中介机构介入的资金融通方式。在这种融资方式下，在一定时期内，资金盈余单位通过直接与资金需求单位协议，或在金融市场上购买资金需求单位所发行的有价证券，将货币资金提供给需求单位使用。商业信用、企业发行股票和债券，以及企业之间、个人之间的直接借贷，均属于直接融资。直接融资是资金直供方式，与间接融资相比，投融资双方都有较多的选择自由。而且，对投资者来说收益较高，对筹资者来说成本却又比较低。但由于筹资人资信程度很不一样，造成了债权人承担的风险程度很不相同，且部分直接融资资金具有不可逆性。

那么，信托计划是一种直接融资工具还是间接融资工具呢？

从形式上看，投资者（即委托人）所购买的信托计划是信托公司所发行的，而借款人所融通的资金是向信托公司申请的借款，似乎信托计划属于一种间接融资工具。但是，其一，投资者交付给信托公司的信托财产不属于信托公司对投资者或受益人的负债，这从根本上将投资者购买信托计划的行为与存款人将资金存入银行的行为区别开来。其二，在信托合同中，信托公司应向投资者说明信托资金管理、运用和处分的具体方法或安排。事实上，在主流的

"一对一"的信托计划中,投资者清楚地了解信托资金被放贷给哪一家特定的企业,甚至被运用于哪一个具体的项目上。同时,信托计划不承诺保本和最低收益,即信托公司不得以任何方式承诺信托资金不受损失,或者以任何方式承诺信托资金的最低收益;信托公司依据信托合同约定管理信托财产所产生的风险,由信托财产承担。因此,投资者购买融资类信托计划,在衡量风险时,应主要考虑该信托计划所对应的借款人的信用风险,而不是信托公司本身兑付信托资金的能力;如果发生违约风险,投资者可通过受托人信托公司向借款人提出偿付要求,但不能直接要求信托公司兑付,信托公司在不存在违背信托计划文件约定、处理信托事务不当的行为的前提下,对投资者并无偿付义务。从这一点看,信托公司在资金融通中所发挥的作用,迥异于商业银行;信托计划既不是存款工具,也异于金融机构发行的金融债,而是接近于企业债券的一种新的金融工具。因此可以说,信托计划虽然由于是信托公司发行的,在形式上带有一些间接融资的色彩,但从实质上分析,它应属于直接融资工具。

(二)"刚性兑付"使信托计划异化

在信托业,"刚性兑付"已经逐渐成为信托公司发行融资类信托计划的一个隐性承诺,无论到期信托财产的状况和收益如何,信托公司都要保证给投资者兑付本金和收益。之所以产生隐性承诺的"刚性兑付"机制,主要受以下三方面因素的影响。

首先,与民事信托一般由委托人作为创设信托的发起方不同,信托计划作为一个金融产品,是由信托公司发起创设的,而信托公司的尽职调查和审查批准是一个信托计划发行的前提,这就在信托计划上附着了一定的信托公司的信用。信托公司的尽职调查是否做到尽职,受托人的职责是否切实履行,目前在实践中并无十分明确的标准和清晰的边界。一方面,在信托计划的推介活动中,为了顺利营销,信托公司业务人员缺乏将相关风险向投资者充分揭露的激励。因此,如果一旦出现风险,信托公司能否自证清白,不是一件容易的事。另一方面,更重要的是,出于可持续性经营的考虑,信托公司对防范声誉风险十分重视,也有不小的动力来维持"刚性兑付",谁也不敢或不愿担当破除"刚性兑付"的"出头鸟"。

其次,目前对融资类信托计划投资者的风险教育和风险揭示还不到位,也没有现实的不能兑付的例子让投资者警醒，加上投资者自身承担风险的意愿和能力都不够强，他们或有意或无意地把购买融资类信托计划看成是一种风险很低的金融产品，个别的甚至把信托计划当作是"高息存款"，抱着出了问题找信托公司解决的想法。同时，主流的"一对一"的融资类信托计划的信息持续披露的透明度不够，缺乏流动性，没有风险分担机制，客观上加强了投资者对信托公司的依赖。他们往往不是着重分析信托计划所投资企业或项目的风险，而是重点看信托公司的实力和信誉，寄希望于信托公司的"兜底"。而信托公司既然要保兑付，就心安理得地获取较高的利差收入；反过来，投资者既然只收到一个固定的信托收益，那么他们也就将到期足额兑付视为理所当然，这种循环又加剧了兑付的刚性。

此外，监管部门出于维护社会稳定、防范金融风险、促进行业长远发展等方面的综合考量，把保证融资类信托计划足额兑付作为监管的一个"底线"，强化了刚性兑付，使之成为一种不成文的制度约束。

撇开其他作用不谈，客观上，刚性兑付使融资类信托计划从直接融资工具异化为间接融资工具，让信托公司成为信托计划到期兑付义务的承担者，进一步阻隔了信托投资者与借款人之间本应存在的利益关系，信托计划从"类企业债"转为"类金融债"。

三、刚性兑付的不可持续性

但是，现行融资类信托计划并不必然具备到期足额兑付的能力。由于一个信托计划往往仅直接对接一家企业或一个项目的融资，加之信托期限的预先确定，从理论上讲，随着信托计划总体数量的增加，企业或项目由于某种原因缺少流动性而无法到期全额还款，从而导致信托计划不能按照预期收益率到期足额兑付给信托受益人，这类事件难以完全避免。

这一矛盾既构成许多人否定信托融资功能的理由（根据前面的分析这并不正确），也从长期来说构成了影响信托融资业务健康可持续发展的障碍。

当前正是着手以制度创新改革信托融资业务的时间窗口。就外部而言，通过促进信托创新，可与近期风起云涌的证券业、基金业和保险投资创新活动相呼应；就内部而言，理性务实的监管和信托业近年来积累的财力和人才，为创新提供了必要的条件。因此，监管部门和信托公司应该有足够的智慧和勇气，找到刚性兑付的解决之道，从而为信托融资业务开辟新的、可持续的发展路径。

从根本上来看，解决信托计划刚性兑付的方向，不在于改变信托资金作为债务工具的运用方式〔因为如国外房地产投资信托（REITs）的资金运用方式亦有抵押型〕，而在于如何将投资者购买信托计划的行为转换为真正的买者自负的投资行为。本文提出一个信托业务创新的思路，供大家批评指正。

四、制度创新的一个设想：附信托（私募）企业债

总体思路是：还信托融资作为一种直接融资工具的本来面目，将信托制度优势与债券发行制度结合起来，改变目前由信托公司发行融资类信托计划的业务模式，转换为由信托公司协助企业发行"附信托企业债"（初期阶段，可以是私募性质的"附信托私募企业债"），同时，信托融资业务也由原来的风险型业务转换为收费型业务。

在这一产品模式的设计中，信托公司所扮演的角色从信托计划的发行主体转化为"投资银行+信托受托人"：首先，作为企业的财务顾问，帮助企业设计附信托（私募）企业债的融资方案；其次，作为承销商，包销或代销附信托（私募）企业债；再次，作为债券发行人的受托人，与债券发行人签订信托合同，接受债券发行人的委托，以企业债持有人为受益人，成为担保权人；最后，作为债券持有人的受托人，根据债券契约的约定，接受债券持有人的委托，代表其行使监管企业依约使用募集资金的权利，以及监督企业依约归集债券兑付资金的权利。

五、国外附担保公司债信托可资借鉴的经验

本文所设想的附信托企业债与国外的附担保公司债信托，都是债券发行制度与信托制度的融合，二者之间有许多相似之处；或者毋宁说，本文在设计附信托企业债时，借鉴了附担保公司债信托的许多行之有效的做法。

(一) 附担保公司债信托概况

为提高其安全性,增强对投资者的吸引力,不少公司在发行债券时,愿意以一定财产作为偿付债券本息的担保。但是,一方面,由于公司债债权人人数众多且不特定;另一方面,发行后的债券处于流通过程中,债券一旦转让,债权人也随之变更,这些因素使原本可以方便地运用于银行贷款业务上的抵质押担保,在债券发行中,因错综复杂的法律关系而难以在技术上实施。19世纪30年代,美国运用信托原理,创设信托关系,引入受托人受让担保物权,从而使附担保公司债的发行成为可行。这种信托设计在美国被称为公司信托;日本、韩国引入后,被称为附担保公司债信托;在我国台湾地区则被称为公司债信托;为行文方便,本文统称为附担保公司债信托。通过附担保公司债信托,运用信托集中分散权利的功能,免去因为个别担保所带来的烦琐的法律手续以及其他的不便利因素,使以个别担保方式无法完成的担保得以实现,最终使发债公司顺利募集资金,投资者的安全性增高。

(二) 附担保公司债信托的相关立法

1. 美国

作为一个判例法的国家,美国在附担保公司债信托上,长期是实践领先于立法。虽然这并没有阻碍该制度的发展和广泛运用,但毕竟带来不少司法判决混乱的困扰,公司债债权人的利益也没能得到很好维护。1939年,美国通过了以保护公司债债权人为主旨的《信托契约法》(Trust Indenture Act),对受托人资格、职责、义务进行了要求,对信托契约的基本条款做了规定。1990年,美国对1939年《信托契约法》做了一定的修订,以适应时代的变化。《信托契约法》为信托契约提供了最低标准,希望借此塑造公正、积极和负责任的受托人,以保障公司债债权人的利益。

2. 日本

日本的附担保公司债信托虽然是从美国引进的,但它作为一个成文法国家,相关立法却早于美国。1905年,日本就制订并颁布了《附担保公司债信托法》,要求在发行附担保公司债时,受托人依据该法与发行人签订信托契约,为公司债债权人的利益保管、实施担保物权,为债权人的利益服务。《附担保公司债信托法》发布后，历经十余次修订，与《公司法》相互配套，规范了附担保公司债信托中的法律关系。

3. 韩国

1962年，韩国颁布了《附担保公司债信托法》，最初的目的是帮助资信不高的中小企业融资。截至2008年，该法经过了5次修订，强化了对受托人履行义务的监管。

4. 我国台湾地区

对于附担保公司债信托，台湾地区没有出台相关的特别法，而是在"公司法"中予以规定："公司为发行公司债所设定之抵押权或质权，得由受托人为债权人取得，并得于公司债发行前先行设定。受托人对于前项之抵押权或质权或其担保品，应负责实行或保管之。"

（三）附担保公司债信托的运作架构

从前面的介绍中可以了解，附担保公司债信托是公司在发行附抵押或附质押公司债时，以发行公司作为委托人，与受托人签订信托契约，将担保物权设定给受托人，使受托人对全体公司债债权人的利益进行保管并行使担保物权，同时为公司债债权人的利益履行其他法定义务和约定义务。其基本运作架构是：

（1）公司债发行人在债券发行之前向未来的全体债权人提供担保物，可以是抵押物，也可以是质押物。

（2）确定适格的受托人。为确保受托人有能力履行受托人义务，各国立法都规定了受托人必须是机构受托人或至少有一个是机构受托人，一般则为信托公司或金融机构。例如，美国《信托契约法》Section 310规定，至少有一个受托人是法人受托人；根据日本《信托法》《附担保公司债信托法》《银行法》等的相关规定，经过政府主管机关认可的银行、信托公司以及公司债管理公司可担任受托人；韩国《附担保公司债信托法》规定，附担保公司债信托中的受托人只能由《信托业法》中规定的信托公司以及《银行法》中规定的金融机构担任。我国台湾地区的"公司法"也规定"受托人，以金融或信托事业为限"。

（3）发行人与受托人签订信托契约。美国的《信托契约法》对信托契约设定了最低标准，它要求除豁免债券外，公司发行债券之前，发行人与受托人必须订立信托契约，并在债券进行登记时递交关于信托契约的相关说明。这些说明须载明的内容包括：对于违约的定义，以及在违约发生时允许受托人延缓通知受益人的几种违约情形；对债券的鉴定、交付，以及与此相关的程序；附担保公司债中，担保物的让与以及担保物的替代；债券偿还；发行人须递交给受托人的关于其遵守信托契约的证明。Section318 进一步规定，无论信托契约是否已经约定，《信托契约法》中 Section310~317 的 8 个条款（受托人的资格、诉讼所得提前托管、公司债债权人名册的送达、受托人报告、发行人报告、受托人的义务和责任、公司债债权人的指示和弃权、受托人的特别权利）将自动包含在任何一个生效的信托契约中。美国律师基金会在 1981 年发表了《标准附担保信托契约》，作为信托契约的模板，一方面有利于保护公司债债权人，另一方面则大大减少了发行人与受托人订立信托契约的成本，发挥了很好的作用。

日本《附担保公司债信托法》要求发行人和受托人以信托证书的方式缔结信托契约。韩国的规定与日本相似。日本、韩国"信托证书"的必备条款主要涉及债券本身的情况，比如发行总额、利息、偿还方式和期限、担保物等，其中并未涉及受托人的义务。

（4）在信托契约生效之后、债券发行之前，发行人将担保物权设定给受托人，并按照相关法律要求进行登记。

我国台湾地区"公司法"规定："公司为发行公司债所设定之抵押权或质权，得由受托人为债权人取得，并得于公司债发行前先行设定。"日本《附担保公司债信托法》规定："附担保公司债信托中的担保物权进行登记时，受托公司是登记权利人。"

（5）债券发行后，受托人按照法律法规规定和信托契约的约定，履行其职责和义务。

（6）债券到期，发行人足额兑付债券本息后，受托人解除抵押或质押，信托终止；发行人如果不能足额兑付债券本息，受托人负责将抵押物或质押物折价、变卖或拍卖，以其金额偿付债券本息后，信托终止。

（四）附担保公司债信托的特点

1. 与一般的债的担保的差异

首先，在一般的债的担保中，担保物权具有从属性，担保权后于主债权，并且债权与担保物权应同属一人，转让债权时须转让担保物权；在附担保公司债信托中，担保物权先于主债权而产生，并且与债权相分离，受托人作为抵押权人或质押权人，并非债权人。当然，受托人并不是为了自己的利益，而是为了全体债权人的利益而取得担保权的。

其次，一般的债的担保权的设定，是债权人与债务人签订抵押合同或质押合同，而附担保公司债信托的担保权的设定，则是由债务人即发行债券公司作为委托人，与受托人签订信托契约来实现的。

2. 附担保公司债信托作为信托的特色

首先，信托财产方面。普通的信托财产范围是很广泛的，既可以是财产，也可以是财产权，如现金、动产、不动产、证券，以及著作权、商标权、知识产权等，都可以作为信托财产；而附担保公司债信托的信托财产则是一种特殊的权利——担保物权，受托人并不拥有财产所有权，信托财产是"担保权"，是一种在物或权利上所设定的质权或抵押权。

其次，信托通常有公益信托和私益信托之分，附担保公司债信托属于私益信托；私益信托又有自益信托和他益信托之分，附担保公司债信托属于他益信托。

再次，一般信托在设立时，受益人通常已经具体确定；附担保公司债信托在设立时，受益人尚未确定，只能将其范围确定为将来认购或持有公司债券的人。并且，由于公司债券在发行后可以在二级市场上自由流通，因此受益人可能因之随时发生变化，变更时无须得到受托人同意。

最后，在国外，设立信托的意思表示通常有三类形式，一是采取书面形式（包括契约与遗嘱）；二是采取口头形式；三是采取声明形式（或称宣言形式），委托人可以自由地选择采用其中的某一种形式；而附担保公司债信托的设立，则必须采取由发行公司与受托人签订信托契约的方式。

六、附信托（私募）企业债的架构设计

国外的附担保公司债信托，是在其债券发行制度的发展过程中，出于对保护公司债债权人权益的需要，在债券发行制度中引进了信托制度；从路径来

说，其是债券业务和债券发行制度的创新。而附信托（私募）企业债，则是出于破解融资类集合资金信托计划刚性兑付"紧箍咒"的需要，将债券发行制度引入信托业务之中，将信托计划转型升级为直接融资的金融工具，把带有强烈"金融债"特征的信托计划还原为企业债；从路径来说，是信托业务和信托制度的一次创新。

所谓附信托（私募）企业债，是指企业以非公开方式发行和转让，约定在一定期限还本付息的公司债券；在债券发行前，企业与受托人签订信托合同，将担保物权设定给受托人，使受托人为全体附信托（私募）企业债债权人进行利益保管并行使担保物权，同时为债权人的利益履行其他法定义务和约定义务。

（一）附信托（私募）企业债的发行人和发行审核方式

遵从附信托（私募）企业债发行场所的相关规定，发行人一般是在中国境内注册的有限责任公司或股份有限公司。

附信托（私募）企业债的发行审核方式一般采取备案制。

（二）附信托（私募）企业债的承销商

承销商可以是信托公司，也可以是证券公司。目前，在私募市场上，信托公司通过多年的发展，既积累了一大批有融资需求的发展前景较好的优质企业资源，也积累了具有较强投资愿望和投资能力的个人投资者和机构投资者，他们作为附信托（私募）企业债的承销商，完全能够胜任。而证券公司则是传统的债券以及私募债的承销商。如果附信托（私募）企业债发行规模较大，则可由信托公司或证券公司组建承销团。

中国银监会、中国信托业协会或附信托（私募）企业债发行场所可对信托公司，中国证券业协会或附信托（私募）企业债发行场所可对证券公司从事附信托（私募）企业债承销业务应符合的条件（如监管评级、净资产、各类风险控制指标等）进行规定。

附信托（私募）企业债的承销方式包括代销、全额包销和余额包销三种，并在承销协议中明确。

（三）附信托（私募）企业债的担保权人

当发行人提供资产作为附信托（私募）企业债的担保物时，信托公司作为附信托（私募）企业债的受托人，担任担保权人。担保物权的保管和行使是附信托（私募）企业债受托人基本的义务之一，也是对附信托（私募）企业债债权人利益保护的重要防线，即在发行人不能清偿本金和利息或未完成清偿而解散时，受托人必须保证其能为附信托（私募）企业债债权人的利益实现担保物权。担保权人对担保物权的保管从担保物权设立时开始，贯穿于债券发行后的存续期。

（1）在担保物权设立时，担保权人检查担保物上是否有权利瑕疵。

（2）担保物权设立后，担保权人应持续了解担保物的变化情况。当担保物权为抵押权时，应监督发行人对抵押物进行妥善保管，如果发现抵押物损毁、灭失，应及时要求发行人增加担保或重新提供担保；当担保物权为质权时，担保权人应妥善保管其占有的质物，防止其损毁、灭失。

（3）担保物权的实现是指当发行人在债券届期时不能清偿本金和利息，或者在未完成清偿之前发行人解散时，担保权人应将担保物进行变价，并将所得价金根据各个附信托（私募）企业债债权人持有的债券比例进行分配。

（四）附信托（私募）企业债的受托人

信托公司是附信托（私募）企业债的受托人。在附信托（私募）企业债发行之前，发行人与信托公司签订信托合同，委托信托公司作为受托人，按照《信托法》的规定和信托合同的约定履行相关职责。同时，发行人应在附信托（私募）企业债募集说明书中约定，投资者认购本期债券视作同意该信托合同。

在附信托（私募）企业债的架构中，信托公司作为受托人，实际上是两重受托：第一重是发行人将担保物权设定给受托人，使受托人成为担保权人，受托管理人为债权人的利益进行保管和行使担保权，这在前文已述及；第二重是附信托（私募）企业债债权人将对发行人按照债券募集说明书的约定运用募集资金的监管权、归集偿债基金的监督权委托给受托人，并由相关管理办法和信托合同约定受托人的其他职责和义务，该部分受托义务或职责主要包括：

1. 基本的义务或职责

（1）忠实义务。信托基于委托人（以及受益人）对受托人的信任而产生，信托成立后，受托人负有忠实义务，即管理信托财产、处理信托事务的唯一目的只能是为了受益人的最大利益。这一目的必须是纯粹的、无杂质的，即受托人不可以一边为了受益人的利益，一边同时又为自己或其他第三人的利益行事；更不可以为了自己或其他第三人的利益而牺牲受益人的利益。因此，受托人在按照委托人的意愿管理或者处分信托财产、处理信托事务时，不得使自己个人的利益与受托人的职责发生冲突，不得利用受托人的地位以任何方式为自己（或者其他第三人）获取利益或方便。

（2）注意义务。受托人对信托财产的管理或者处分、对信托事务的处理，是为了受益人的最大利益，不能像有的人对待自己的固有财产那样率性而为、随意而行，必须以最大勤勉之精神和格外谨慎之态度，履行其作为善良管理人的注意义务。就是说，受托人行使信托财产的管理权和信托事务处理权，必须按照信托合同的要求，恪尽职守，做到诚实、信用、谨慎和有效管理，积极地实现信托目的。

2. 具体的义务或职责

（1）附信托（私募）企业债发行核查

在附信托（私募）企业债发行前，受托人对债券记载事项、担保物的价值与信托合同规定的内容是否一致进行审查，并就此出具尽职调查报告。受托人履行此项义务的目标是确保发行人在债券发行阶段遵守信托合同的约定，避免发行人进行欺诈。我国台湾地区"公司法"规定受托人"应为应募人之利益，有查核及监督公司履行公司债发行事项之权。"美国《信托契约法》虽然没有直接规定受托人对公司债的发行进行核查的义务，但规定受托人可以对发行人所提供的、证明发行人遵守信托契约的证据的真实性进行核查，如确认律师对担保物权已经进行登记的意见书（或者该担保物权不需登记的意见书）、由发行人的执行人员、律师、会计师出具的关于发行人是否遵守信托契约的意见书等。

（2）监管债券募集资金的用途。发行人设立接收债券募集资金的专用账户，信托公司作为受托人对该账户进行监管，实质上是对募集资金运用进行监管，发行人制作用款计划，经受托人审核批准后方可支付款项。受托人拥有监管发行人使用募集资金的权利，同时也负有以此确保发行人按照债券募集说明书载明的用途运用募集资金的义务。

（3）信息披露。

（4）督促发行人按照债券募集说明书的约定归集偿债基金，并对偿债基金账户进行监管。

（5）召集债券持有人会议与执行会议决议。

（6）在债券持续期内处理债券持有人与发行人之间的谈判或者诉讼事务。

（7）预计发行人不能偿还债务时，要求其追加担保，或者依法申请法定机关采取财产保全措施。

（8）发行人不能偿还债务时，受托参与其整顿、和解、重组或者破产的法律程序。

（9）信托合同约定的由受托人承担的其他义务。

（五）附信托（私募）企业债的信息披露

1. 发行人的信息披露

（1）发行前的信息披露。主要包括：债券募集说明书、信托合同、发行人经具有相关业务资格的会计师事务所审计的最近会计年度的财务报告、律师事务所出具的关于本期债券发行的法律意见书、资产评估机构出具的关于担保物的资产评估报告、评级机构对本期债券出具的资信评级报告等。

（2）发行后若干工作日内的信息披露，本期债券的发行情况，如实际发行规模等。

（3）发行后的定期信息披露。一是发行人可按年度/或半年度披露经审计的财务报告、跟踪评级报告、关于担保物的跟踪评估报告等。二是在本期债券付息日前若干工作日，发行人披露付息公告，内容可包括债券发行总额、债券存续期间、票面利率、债券登记日、除息日、派息日、派息金额以及税务处理等内容。三是在本期债券本息兑付日前若干工作日，发行人披露兑付公告，内容可包括发行人名称、本期债券简称和代码、债券发行总额、债券存续期间、票面利率、债券登记日、摘牌日、到期兑付日以及兑付金额等内容。

（4）发行后的临时信息披露。在债券存续期内如果发生可能影响其偿债能力的重大事项，发行人应当及时予以披露。

2. 受托人的信息披露

首先，受托人应辅导、督促和检查发行人的信息披露义务，并按照有关法律法规的规定及时通报、提醒发行人履行有关信息披露义务。如果发行人不能按照有关法律法规的规定履行其披露义务，受托人将及时向债券持有人通报有关信息。

其次，受托人必须持续关注发行人和担保人的经营状况、财务状况，检查发行人履行债券募集说明书相关约定使用募集资金情况、偿付债券本息的情况，检查担保物的情况，并定期（每年）或在必要时将这些状况以及债券持有人会议召开的情况，以受托管理报告书的形式予以披露或通知债权人。

再次，在出现可能影响本次债券持有人重大权益的事项时，受托人应及时出具相关的报告。

最后，当发行人违约后，受托人应及时通知债权人，以使债券持有人会议召开，就债权救济的方式、时间等涉及其实质性权利的事项形成多数意思表示，再由受托人进行执行。

（六）附信托（私募）企业债债券持有人会议

1. 制定债券持有人会议规则

发行人应与受托人共同制定债券持有人会议规则，约定债券持有人会议召集的程序、召开的方式、审议决定的事项、表决方式等重要事项。发行人应在债券募集说明书中约定，投资者认购本期债券视作同意债券持有人会议规则。

2. 召开债券持有人会议的情形

主要有：拟变更债券募集说明书的约定；拟改变募集资金运用方式；拟变更债券受托人；发行人不能按期支付本息；发行人减资、合并、分立、解散或者申请破产；保证人或者担保物发生重大变化；发生其他对债券持有人权益有重大影响的事项。

3. 债券持有人会议的召集

债券持有人会议一般由受托人召集，也可由法律法规认可的其他机构或个人召集。受托人召集债券持有人会议可分为两种情形：一是主动召集，受托人为保护附信托（私募）企业债债权人利益而履行各种义务时，一般需要自行判断，但在遇到涉及债权人实质性权利的问题时，则需征求广大债权人的意见，因此受托人应召集债券持有人会议。二是被动召集，即发行人或持有一定比例债券的附信托（私募）企业债债权人可以请求受托人召集债券持有人会议。

4. 债券持有人会议决议的执行者

由于受托人负有为附信托（私募）企业债债权人的利益行事的义务，而且身为信托公司，具有较强的专业能力，因此由受托人担任债券持有人会议决议的执行者。

（七）附信托（私募）企业债对合格投资者的要求

遵从附信托（私募）企业债发行场所的规定。由于附信托（私募）企业债的私募性质，根据《中华人民共和国证券法》的规定，它的发行对象应为特定的投资者且不得超过200人，在发行时不得采用广告、公开劝诱和变相公开方式。各债券发行场所一般对私募企业债的投资者的适当性都做了较为严格的要求，如《上海证券交易所中小企业私募债券业务试点办法》规定，参与私募债券认购和转让的合格机构投资者，应当符合下列条件：经有关金融监管部门批准设立的金融机构，包括商业银行、证券公司、基金管理公司、信托公司和保险公司等；上述金融机构面向投资者发行的理财产品，包括但不限于银行理财产品、信托产品、投连险产品、基金产品、证券公司资产管理产品等；注册资本不低于人民币1000万元的企业法人；合伙人认缴出资总额不低于人民币5000万元，实缴出资总额不低于人民币1000万元的合伙企业；经本所认可的其他合格投资者。有关法律法规或监管部门对上述投资主体投资私募债券有限制性规定的，遵照其规定。合格个人投资者应当至少符合下列条件：个人名下的各类证券账户、资金账户、资产管理账户的资产总额不低于人民币500万元；具有两年以上的证券投资经验；理解并接受私募债券风险。

七、附信托（私募）企业债的发行市场的选择

（一）债券公开发行市场

我国长期以来对金融采取高度集中的严格管制，对公开发行的股票、债券

的发行采取审核制（实际上是审批制），而审核人为国务院证券监督管理机构（即中国证监会）或者国务院授权的部门（如国家发展和改革委员会）。由国家发展和改革委员会审核批准的债券在银行间市场上发行，称为企业债；由中国证监会审核批准的债券在上海证券交易所和深圳证券交易所发行，称为公司债。

显然，附信托（私募）企业债不适宜在以上市场发行。

（二）债券私募市场

1. 沪深证券交易所（面向合格投资者）

2012年5月22日，沪深证券交易所同时发布了《中小企业私募债券业务试点办法》；5月23日，中国证券业协会发布《证券公司开展中小企业私募债券承销业务试点办法》。时隔半月，东吴证券通过了中国证券业协会中小企业私募债业务试点资格评审，6月8日，由其承销的苏州华东镀膜玻璃有限公司5000万元中小企业私募债券在上海证券交易所成功发行，成为全国中小企业私募债第一单。至此，证券交易所拉开了私募企业债发行的帷幕。

沪深交易所可以发行私募债，理论上说，它们应该可以发行附信托（私募）企业债。但是，由于沪深交易所隶属于中国证监会，在分业监管的现行金融体制下，两个交易所在其《中小企业私募债券业务试点办法》中均规定了私募证券应由证券公司承销，从而排斥了信托公司等金融机构承销附信托（私募）企业债。因此，在证券交易所推行附信托（私募）企业债，并由信托公司担任受托人和承销商的重要角色，可能还会有一段较长的路要走。当然，在沪深交易所私募证券发行中引入信托关系，允许信托公司成为受托人，障碍可能会小一些，但这是另一个话题了。

2. 区域性股权交易市场

中国证监会于2012年8月制定了《关于规范证券公司参与区域性股权交易市场的指导意见（试行）》（以下简称《指导意见》），将区域性股权交易市场（以下简称区域性市场）确定为为本省级行政区域内的企业特别是中小微企业提供股权、债券的转让和融资服务的私募市场，明确区域性市场接受省级人民政府监管，是多层次资本市场的重要组成部分，认可其对于促进企业特别是中小微企业股权交易和融资，鼓励科技创新和激活民间资本，加强对实体经济薄弱环节的支持,具有积极作用。区域性市场应按照《国务院关于清理整顿各类交易场所、切实防范金融风险的决定》(国发〔2011〕38号)和国务院办公厅《关于清理整顿各类交易场所的实施意见》(国办发〔2012〕37号,以下简称37号文)的要求,不得将任何权益拆分为均等份额公开发行,不得采取集中交易方式进行交易,不得将权益按照标准化交易单位持续挂牌交易,权益持有人累计不得超过200人,不得以集中交易方式进行标准化合约交易,未经国务院相关金融管理部门批准,不得从事保险、信贷、黄金等金融产品交易。同时,《指导意见》要求,区域性市场原则上不得跨区域设立营业性分支机构,不得接受跨区域公司挂牌。确有必要跨区域开展业务的,应当按照37号文要求,分别经区域性市场所在地省级人民政府及拟跨区域的省级人民政府批准,并由市场所在地省级人民政府负责监管。

随后,浙江股权交易中心于2012年9月3日注册成立,它是浙江省人民政府依据监管部门的相关规定,结合本省经济金融特色,为着力解决"两多两难",推进温州金融综合改革,促进经济转型升级而设立的区域性股权交易市场,其股东结构为:浙江省金融市场投资有限公司(占40%),上交所信息网络有限公司(占20%),温州市国资投资集团有限公司(占20%),浙商证券(10%)和财通证券(10%)。2012年11月21日,由浙商银行主承销的报喜鸟集团有限公司私募债在浙江股权交易中心顺利挂牌发行,1亿元资金募集到位。这是浙江股权交易中心第一单私募债,浙江股权交易中心也因此成为国内首家推出私募债业务的区域性市场。浙江股权交易中心首开区域性市场备案发行私募债的先河,突破了以往凡债券均需中央政府层面的有权机关批准或有关机构(沪深交易所)备案的成规,符合我国建设多层次资本市场的总体规划,具有重要的创新意义。此后,前海股权交易中心发行了梧桐私募债·增信1号——深圳市联嘉祥科技股份有限公司私募债等私募债产品,上海股权交易中心近期也表示将考虑推出私募债等融资工具。

区域性市场既能够发行私募债,也不排斥信托公司参与,比如浙江股权交易中心所发行的"塔牌手工原酒(庚寅典藏)投资私募债",就是由浙商金汇信托股份有限公司担任主承销商。因此现实可行的,应该是信托公司与各区域性市场合作,在区域性市场上推出附信托(私募)企业债。

（三）区域性市场引入附信托（私募）企业债的多赢前景

首先，对于区域性市场来说，有利于接入信托公司所积累的巨大而优质的融资企业资源和投资者资源，做强区域性市场。据中国信托业协会披露，截至2013年第二季度末，集合资金信托计划余额共计2.2万亿元，即使其中的四分之一转换为附信托（私募）企业债，这个数量也将远超沪深交易所2011年发行的公司债总和1252亿元及其余额2842亿元。

其次，对于信托公司而言，可实现信托计划向附信托（私募）企业债的转型升级，厘清信托公司与投资者之间目前模糊的责权利关系，使（融资类）信托计划从间接融资工具回归到直接融资工具，使该类信托业务从风险型业务转换为收费型业务，由买方卖方合一业务转换为卖方业务＋受托业务，从而重塑融资方、信托公司与投资者之间的关系，从根本上摆脱"刚性兑付"的阴影。

最后，我们设想，如果区域性市场引入多家信托公司，那么对于融资企业来说，则可由目前与信托公司的"一对一"关系，扩展为在区域性市场上的多种选择关系，对于投资者亦然，这将有助于信托公司之间的良性竞争。

八、附信托（私募）企业债面临的问题

（一）抵押/质押登记手续办理

我国现行的《担保法》规定，债务人或者第三人为抵押人（出质人），债权人为抵押权人（质权人），又规定了办理抵押物登记，抵押人（出质人）和抵押权人（质权人）应当以书面形式订立抵押合同（质押合同），应当向登记部门提供主合同和抵押合同。如前文所述，在发行有担保的公司债或企业债时，因公司债或企业债债权人在债券发行前不确定，且人数众多，债券流通后债权人又经常变更，《担保法》的这些规定的操作性较差。设立了附担保公司债信托制度的国家和地区，运用信托制度较好地解决了这一难题。中国证监会2007年发布实施的《公司债券发行试点办法》第二十五条第二款规定：公司为债券设定担保的，债券受托管理协议应当约定担保财产为信托财产，债券受

托管理人应在债券发行前取得担保的权利证明或其他有关文件,并在担保期间妥善保管。这一试点办法借鉴了境外的附担保公司债信托制度,希望引入信托关系来解决债券担保成立的难题。

但是,《公司债券发行试点办法》的上述较好的制度设计,在实际运行中却不顺畅。首先,在我国分业经营的金融监管体制下,中国银监会2007年《信托公司管理办法》规定,除法律法规另有规定的情况外,未经中国银监会批准,任何单位和个人不得经营信托业务,目前,银监会批准经营信托业务的只有信托公司。而中国证监会2007年《公司债券发行试点办法》规定债券受托管理人由本次发行的保荐人(目前为具有相关业务资格的证券公司)或者其他经证监会认可的机构担任。因此,一方面,唯一得到监管机构(银监会)确认可以开展信托业务的信托公司,由于部门区隔等因素,尚未实际进入债券受托管理人的范围;另一方面,证券公司、商业银行这些目前担任债券受托管理人的金融机构,却没有经营信托业务的资格,能不能与发行人签订信托文件,能不能受托管理作为信托财产的担保财产,还存在很大的问题,这不能不说是一个错位。其次,在《担保法》的规定下,债券受托管理人并非真正的债权人,不能成为抵押权人(质权人),不具有与债务人签订抵押(质押)合同的资格;即使债券受托管理人与发行人签订了抵押(质押)合同,也很难在相关部门办理完成抵押(质押)物登记手续,合同也就无法生效。

解决这一难题可以有两个思路。

一个思路是,修订《担保法》或出台相关司法解释,认可债券受托人按照它与发行人签订的信托合同或债券受托管理协议的约定,接受债券投资者的委托,代表债权人成为抵押权人(质权人)并与发行人签订抵押(质押)合同(发行人在债券募集说明书中约定,投资者认购本期债券视作同意信托合同或债券受托管理协议),以信托合同或债券受托管理协议为主合同,以抵押(质押)合同为从合同,由相关部门准予办理完成抵押(质押)物登记手续。这一路径的优点是在现有担保制度下推进相关工作,一旦得以完成,能够比较顺利地在实务领域加以运用;缺点是它需要在立法层面得到支持,而修法的环节多、过程长,影响因素复杂,进程的不确定因素较大。

第二个思路是,在我国《信托法》的框架下,由债券发行人作为委托人,以全体债券持有人为受益人,与作为受托人的信托公司签订信托合同,将担保财产设定为信托财产，以受托人的名义持有，为债券持有人的债权提供担保。相关担保关系的内容在信托合同中载明，委托人与受托人不再另行签订抵押（质押）合同。为在法律上能够有效对抗第三人，结合信托制度体系建设的需要，按照《信托法》的相关规定，在行政层面上建立起信托登记制度，将设定为信托财产的担保财产予以信托登记，使之与委托人的其他财产相区别，与受托人的固有财产和其他信托财产相区别。

（二）单笔信托业务收费下降

信托公司开展现有的融资类信托计划业务，因其"刚性兑付"的要求，获取的实质是利差收入，一般较高，低的有两三个百分点，多的有三四个甚至五六个百分点。如果将信托计划转换为附信托（私募）企业债，该类业务就从风险型业务转换为收费型业务，信托公司自身的角色因之变化，收入也由原来的利差收入改变为纯粹的佣金收入，一般来说会有一定幅度的下降。但是，原来较高的收入，因为是风险型业务的性质，即它蕴含着可能以自有资本赔偿信托计划损失的风险，一旦现实地发生风险，以前实现的高利润便会削减。同时，受净资本管理办法的限制，信托公司开展融资类信托计划业务的规模受到较大限制，而如果将来以承销商和受托人身份参与附信托（私募）企业债业务，所提取的风险资本应该要小很多，理论上业务规模可以做得更大，还可以以量补价。

（三）融资企业跨区域发行私募债受限制

目前信托公司的业务已经全国化。但按照相关规定，区域性市场原则上不得跨区域设立营业性分支机构，不得接受跨区域公司挂牌；确有必要跨区域开展业务的，应当按照要求，分别经区域性市场所在地省级人民政府及拟跨区域的省级人民政府批准，并由市场所在地省级人民政府负责监管。在这种约束条件下，设有地域限制的区域性市场与信托公司的融资型客户的分布很可能发生错配，如有的客户所在区域没有设立股权交易市场，这部分信托计划就暂时难以转换为附信托（私募）企业债；或者有的区域性市场活跃，有的不够活跃，则信托公司开展附信托（私募）企业债业务会受限较大。此外，信托公司需要同多个区域性市场建立业务关系，也需要花费一定的精力和物力。这些问题，有待于未来区域性市场设立更加普遍、运作更加规范、业务更加活跃、区域限制放松时，逐步得到解决。

参考文献

［1］陈赤．中国信托创新研究［M］．成都：西南财经大学出版社，2008．

［2］陈赤．信托五题［N］．金融时报，2012－07－23．

［3］周虎．公司债券市场研究［D］．西南财经大学，2006（4）．

［4］三菱日联信托银行．信托法务与实务［M］．北京：中国财政经济出版社，2010．

［5］周沅帆．公司债券［M］．北京：中信出版社，2011．

［6］杨农．中国企业债券融资创新方法与实用手册［M］．北京：经济科学出版社，2012．

［7］王晓东．附担保公司债信托制度研究［D］．贵阳：贵州大学，2008．

［8］梅楠．公司债信托制度研究［D］．济南：山东大学，2011．

［9］王佩岚．论附担保公司债信托制度［D］．北京：对外经济贸易大学，2006．

［10］姜平．我国公司债券受托管理人制度问题研究［D］．兰州：兰州大学，2010．

［11］余宁．附担保公司债信托研究——以公司债债权人利益保护为核心［D］．北京：中国政法大学，2010．

21. 三路径分流化解信托刚兑压力[①]

近期,超日债违约首次打破债市的刚性兑付,而多只集合信托产品被曝发生兑付危机也引发强烈关注。

中铁信托副总经理、知名信托专家陈赤在接受中国证券报记者专访时表示,尽管背负刚性兑付的沉重压力,但信托公司出于路径依赖的原因,并不会轻易放弃融资类业务,同时,刚性兑付正在成为信托融资类业务长期可持续发展的一大障碍。

"着眼未来,以深化改革为动力,将现有融资类信托计划按照保本型信托贷款、信托基金、附信托私募企业债三种路径进行分流,可望逐步平稳解决刚性兑付这一难题。"陈赤如是说。

不会轻易放弃融资类业务

中国证券报:近来,多只集合信托产品发生兑付危机,信托行业的隐性刚性兑付能够持续吗?

陈赤:目前,"刚性兑付"演化为一个隐性承诺机制,但是现行融资类信托计划难以做到全部具备到期足额兑付的能力。由于一个信托计划往往仅直接对接一家企业或一个项目的融资,加之信托期限的预先固定,从理论上说,随着信托计划总体数量的增加,总会出现企业或项目由于某种原因缺少流动性而无法到期全额还本付息,从而导致信托计划到期不能按照预期收益率足额兑付给信托受益人的情况。刚性兑付一旦被接连打破,必将影响投资者的信心和信

[①] 本专访发表于《中国证券报》,记者刘夏村,2014年3月19日。

托业的声誉,不利于信托融资业务健康可持续发展。

中国证券报:背负刚性兑付的沉重压力,信托公司为何仍不愿放弃融资类业务?

陈赤:主要原因,一是我国金融市场上缺乏固定收益类产品,融资类信托产品可填补空白;二是大量成长中的企业融资需求得不到银行的满足,转向信托融资;三是融资型业务相对简单,容易为信托公司及其业务人员所掌握;四是融资型业务方便设置保障措施,有利于信托资金的安全。

三条路径分流

中国证券报:从长期来看,应如何解决信托刚性兑付这一难题?

陈赤:信托业的当务之急是按照十八届三中全会关于确定和发挥市场在配置资源中的决定作用的重要精神,深化改革,大力进行制度创新,对信托业务和信托产品进行转型、升级和创新。我认为,可通过三条不同的路径对现有融资类信托计划进行分流,逐步平稳解决刚性兑付的难题。

第一条路径是以日本贷款信托为借鉴,按照信托公司自愿的原则,允许其为一定规模的融资类信托计划提供保本或保收益的承诺,使这部分信托计划的刚性兑付阳光化、制度化,同时配以事前审批、限制规模、提取拨备、规定一定期限、降低投资门槛等监管手段,将其规模"关"进大小适度的"笼子"里。

这样做的好处是:其一,通过把隐形的、不合规的刚性兑付,转换为制度上认可的、书面约定的本金补足(或收益补足)约定,有利于把外在的声誉风险约束转换为外在监管约束加内在内控的约束,把含混的、不可计量的风险转换为透明的、可计量、可监管的风险。其二,投资者得到书面的本金(或收益)保证后,安全性得以提高,相应降低期待的收益率,这有利于降低信托资金成本,扩大信托资金的运用范围,有效引导信托服务实体经济。其三,既然这类产品安全得以有效保障,就不妨大幅度降低投资门槛,让更多百姓获得信托理财服务,增加居民财产性收入,有利于居民收入倍增计划的实现。同时,如果单笔投资金额减少,也有利于投资者分散风险。

第二条路径是将另一部分无保本或保收益约定、投资者买者自负的融资类信托计划按照基金化的模式进行改造，使之升级成为真正的信托基金。

首先，信托公司对这一类信托计划不承诺保本、保收益，但预期收益率可能较保本型的高，这可将投资者进行分类，让真正具有风险承担意愿和能力的人投资此类产品。其次，这种信托基金的一个特征是规模化，有利于通过组合投资从空间上分散风险；另一个特征是长期化，以便风险在时间分布上分散，从而应对经济周期、宏观调控对企业和项目的短期影响。与此同时，大力构建信托产品的二级市场即信托受益权流通市场，形成风险分担机制，并借助和强化市场监督的力量，提高信托基金的安全性。

第三条路径是将其他的适合一定条件的融资类信托计划转换为附信托私募企业债。我设想的附信托私募企业债，是指企业以非公开方式发行和转让，约定在一定期限还本付息的债券；在债券发行前，企业与受托人即信托公司签订信托合同，将担保物权设定给受托人，使受托人为全体企业债债权人的利益保管并行使担保物权，同时为债权人的利益履行其他法定义务和约定义务。在这一产品模式的设计中，信托公司所扮演的角色从信托计划的发行主体，转化为"投资银行+信托受托人"。

这将还信托融资作为一种直接融资工具的本来面目，将信托制度优势与债券发行制度结合起来，改变目前由信托公司发行信托产品的业务模式，转换为由信托公司协助企业发行"附信托私募企业债"，同时，信托融资业务也由原来的风险型业务转换为收费型业务。

22. 对话陈赤：后 10 万亿时代信托如何突围[①]

近年来，信托业经历了管理资产规模飙升、利润大增和影响力急速扩大的辉煌，并站上了 10 万亿元管理资产规模的历史珠峰。然而，"名满天下，谤亦随之"。

中铁信托副总经理陈赤认为，在取得前所未有的成功之后，信托业也面临着前所未有的质疑、竞争压力以及风险管理压力。深入探寻信托业务和产品转型、升级和创新的方向，成为信托业的当务之急。

"在金融还远不够发达的现阶段，在信托公司现有的传统业务之外，还存在十分广阔的业务拓展空间，包括企业资产证券化业务、并购业务、家族信托等。"接受证券时报记者专访时，陈赤如是表示。

证券时报记者：在国内金融"盘活存量"总体要求下，资产证券化大有用武之地。您认为，信托公司应当如何开拓这项业务？

陈赤：资产证券化分为信贷资产证券化和企业资产证券化，相对来说，企业资产证券化更有利可图。

目前有两个市场开展了相关业务，一是证券交易所市场。在这个市场里，信托公司可以财务顾问的身份，参与资产证券化业务，并积极推动在此类产品中设置特殊目的信托（SPT），以完善其破产隔离的构造，同时积极争取资产证券化产品的承销商角色。

二是交易商协会主导的非金融企业在银行间债券市场发行的资产支持票据

[①] 本专访发表于《证券时报》，记者杨卓卿，2014 年 2 月 12 日。

（ABN），它尚非严格意义的资产证券化产品（ABS），可以归为类资产证券化产品。在这一市场上，信托公司一方面可以在 ABN 中加入信托构造，将 ABN 加以改进和升级，另一方面可以积极以承销商的身份参与 ABN 的设计和发行。

证券时报记者：不少业内人士认为，并购业务迟早会取代首发募股成为资本退出的主通道。在您看来，信托在并购业务方面的具体发力点在哪里？

陈赤：我非常认同"并购业务迟早会成为资本退出的主通道"这个观点。

在并购业务中，信托公司至少可以开展两大类业务。一是为并购主体提供并购贷款，帮助企业完成并购活动；二是运用信托资金或自有资金以股权投资的方式参与并购活动，这既可以是信托公司自己作为并购主角，如平安信托并购上海家化，也可以是跟随实力企业参与并购投资。信托公司通过近年来的发展，已经拥有一大批上市公司客户，在合规的前提下，围绕上市公司参与并购活动，成功几率会比较高，盈利空间也会比较大。

证券时报记者：家族信托在近年愈来愈受关注，信托公司期望从中获得怎样的回报？

陈赤：简单地讲，家族信托作为财富传承的工具，可以发挥三个方面的作用：一是安全；二是自由；三是效率。

信托公司开展此类业务，直接的好处是可以获得长期的、一般也是成本较低的资金来源，从而为信托公司开展高安全性、低收益性业务提供物质条件；间接的好处则是，这些富裕人士绝大部分都是企业家，通过家族信托服务，有利于延伸到委托人的企业，获得多种业务资源。

证券时报记者：除了上述三者，您觉得信托有无其他可开拓的创新业务？

陈赤：附信托私募企业债，是我提出的信托制度创新的一个设想，旨在还信托融资作为一种直接融资工具的本来面目，将信托制度优势与债券发行制度结合起来，改变目前由信托公司发行融资类信托产品的业务模式，转换为由信托公司协助企业发行"附信托私募企业债"，同时，信托融资业务由原来的风险型业务转换为收费型业务。

在这一产品模式的设计中，信托公司所扮演的角色从信托计划的发行主体，转化为"投资银行+信托受托人"。目前，区域性股权交易市场既能够发行私募债，也不排斥信托公司参与，比如浙江股权交易中心所发行的"塔牌手工原酒（庚寅典藏）投资私募债"，就是由浙商金汇信托担任主承销商。因此，信托公司可与各区域性市场密切合作，在区域性市场上推出附信托私募企业债。

此外，目前兴起的土地流转信托、消费信托也为部分具备相关能力的信托公司提供了创新的场地。

心有梦想不觉寒

23. 信托受益权流通：市场化改革的新目标[①]

刚刚进入新年，信托受益权流通就被管理层提到了议事日程上。众所周知，金融产品具有三重属性：安全性、收益性和流动性。客观来看，对投资者来说，信托产品（即集合资金信托计划）有着较高的安全边际，而收益率则为包括券商的资产管理计划、公募基金、银行理财产品在内的各种金融产品之翘楚，因此信托产品广受高端投资者的青睐。但是，缺乏流动性却是信托产品的一大软肋，这一缺陷在很大程度上制约了信托业务的转型和信托产品的升级。通过推动信托受益权流通（为行文方便，以下通称信托产品流通），解决信托产品流动性问题，将是对信托业、信托公司和信托投资者的一个重大利好，其意义也许比我们从表面上所看到的更加重大和深远。

加强市场化是信托业深化改革的方向

2007年信托"新两规"的颁布实施，是对中国金融体系的一大贡献。这个贡献在于"新两规"尽可能地按照了市场化的原则对信托公司以及信托业务、信托产品进行了再造。将信托产品同保险公司、证券公司、基金公司以及银行的理财产品相比较，我们可以发现，在"新两规"的框架下，信托公司基本上可以按照市场化的原则创设信托产品，发行什么产品、发行多大规模、多长期限，给投资者多少的收益，从融资方取得多少的融资成本，由信托公司

---

① 本文发表于《金融时报》，2014年2月4日。

根据市场的情况来确定,监管机构既不做事前的审批,甚至也不需要事后的报备。应该说,这一次市场化改革极大地解放了信托公司的生产力,使信托公司焕发出极大的活力,也显著地扩展了信托公司的影响力,促成了信托业成为仅次于银行业的第二大金融行业。

但是,信托市场化还有非常大的拓展空间。十八届三中全会的精神是要确定和发挥市场在配置资源中的决定作用。我们应该按照这个大的原则,对信托业务和信托产品进行转型、升级和创新。比如说,信托产品发行的全国统一市场尚未建立起来,信托产品的二级市场(流通市场)的建设还没有受到足够的重视。因此,发挥了市场配置资源的作用,已经使信托业的面貌焕然一新;下一步更大程度、更大范围地发挥市场配置资源的作用,将是引领信托业深化改革、转变发展方式的正确方向和动力之源。

建立流通市场具有重要意义

首先,建立流通市场是信托业务转型的需要。近年来,管理层着力推动信托主业从类信贷的融资类业务转型为投资类业务。这是因为,一方面,与银行、券商、基金公司、保险公司等现有其他类型的金融机构相比较,信托公司的功能优势在于,它可以运用信托资金开展各类投资活动,既可以投资股票、债券、期货和基金,也可以投资工商企业股权,还可以进行项目投资、资产投资(如应收账款等);另一方面,投资类业务和信贷类业务具有本质区别,信托主业转型为投资类业务,就可以使信托公司的业务特征与商业银行明确区分开来,从以风险型业务为主转化为以收费型业务为主,彻底摆脱长期以来困扰信托业的"类银行"的模糊定位,塑造信托公司作为资产管理机构的新形象。但是,一般来说,实业投资的周期普遍长于贷款,此类信托产品因期限较长,为了吸引投资者,必须增加流动性安排。目前业内的做法是设立定期开放的条件,在产品开放时,通过申购份额对冲赎回份额。但是,由于信托公司自身的营销能力还不够强大,为满足产品开放,一个产品需要多次销售,增大了销售的压力,使许多信托公司不堪负荷。这是信托公司开发投资类产品进展较慢、步子不大的原因之一。如果建立起信托产品流通市场,增强信托产品的流动性,将有助于期限较长的投资类信托产品的开发和发行,从而提高投资类、收费型业务在信托公司业务结构中的占比。

其次，建立流通市场是信托产品升级的需要。由于现行融资类信托产品往往仅直接对接一家企业或一个项目的融资，加之信托期限的预先确定且一般为2~3年，可以预见，尽管信托公司不断加强风险管理，但随着信托产品总体数量的增加，企业或项目由于某种原因缺少流动性而无法到期全额还款，从而导致信托产品不能按照预期收益率到期足额兑付投资者的事件将难以完全杜绝。为解决这一问题，有必要对现有的信托产品进行升级，按照基金化的模式对信托产品进行改造。基金化信托产品的第一个特征是规模化。只有当一个信托产品达到一定规模的时候，才有可能通过组合投资来分散它的风险。与现在一对一、一个信托产品对接一个企业或一个项目的主流模式相比较，基金化信托产品通过分散投资，可以在空间分布上把信托风险分散开来。基金化信托产品的第二个特征是长期化，通过长期化，做到风险在时间分布上的分散，以应对经济周期、宏观调控对企业和项目的短期影响。但是，不难理解，基金化信托产品也迫切需要有较强的流动性，才能够吸引规模化、长期化的资金的加入。

最后，建立流通市场是化解信托风险的需要。一是有利于形成风险分担机制。以往我们在思考信托风险的释放时，更多是从信托公司的角度来考虑问题，往往具有很大的局限性。举例来说，股市上，十块钱价格的股票跌到一块钱，风险可以说非常大，但因为有流通机制，从十块钱跌到一块钱的风险可能是由十个人来承担的，对于其中某一个人来看，风险其实并不太大。而一个信托产品哪怕只是从十块钱跌到五块钱，因为是在一个封闭的情况下，只能由某个投资者一人来承担，那么他就会觉得信托风险比股市的风险更大。如果建立起信托产品的流通市场，就可将风险置于市场之中，让市场不仅发挥配置资源的决定作用，进一步也发挥其风险释放和风险配置的决定作用，从而形成风险分担机制，有利于通过市场释放信托产品的风险。二是借助和强化市场监督的力量，可以提高信托产品的安全性。信托产品要在市场上流通，需要具备一定的条件，比如，信托公司的声誉要比较好；要聘请第三方机构对融资企业和信托产品进行评级；要加强相关信息披露，包括对受托人信息披露的频率、内容提出更高要求，增加融资企业的信息披露等，通过中介机构的评估、研究机构的评价、众多信托产品同场亮相相互比较、投资者用脚投票等约束机制的建立，将还权于市场，大大强化市场对信托产品监督的力量，从而达到良币驱除劣币的效果。

建立流通市场需研究的问题

信托产品流通市场的建立，是一项复杂而庞大的工程，需要我们经过深入细致的研究、系统周密的设计和民主科学的论证后，方可实施。在前期探索阶段，至少需要我们思考以下问题：

上市条件。流通市场建立后，并不是所有信托公司的所有产品都可以无条件上市流通，在初期，应该对上市流通设置较高的门槛，以体现分类管理、扶优限劣的监管导向，例如，必须是监管评级为创新型信托公司发行的产品；必须是投资类、收费型的信托产品；最好是基金化、组合投资的信托产品，等等。

流通场所。首选的方案是在信托产品登记体系建立后，在监管机构的指导下，在各信托公司大力支持下，由中国信托业协会牵头，由有意向的信托公司出资，建立起类似于信托产品交易中心的机构，为符合条件的信托产品上市流通提供服务，同时可选择中国证券登记结算有限责任公司或中央国债登记结算公司提供清算交收服务。

流通范围。信托产品流通范围的确定，应坚持合格投资者的标准和信托产品的私募性质，前者可参照现行《集合资金信托计划管理办法》的有关要求来执行；后者是对一只信托产品的投资者数量的限制；鉴于对上市流通的信托产品要求较高，可考虑适当放宽投资者人数。

交易数量。可设定一定数量信托单位为最低交易数量，但应可以允许个人投资者和机构投资者部分转让其所持有的信托受益权。

交易方式。初期阶段，可以借鉴《上海证券交易所固定收益证券综合电子平台交易暂行规定》的有关规则，采用报价交易和询价交易两种方式，同时可以探索引入做市商制度。

心有梦想不觉寒

24. 信托五题[①]

信托"新两规"实施以来,信托业管理资产规模从2007年的0.95万亿元一路快速增长至2012年第一季度末的5.3万亿元,超过证券业和基金业管理资产的总和,直追保险业。信托的社会影响日益扩大,吸引了越来越多的投资者购买信托产品,为众多的企业提供以信托融资为主的综合金融服务。信托公司从原来边缘化的、拾遗补阙的"小角色"汇入中国金融体系的主流之中,究其缘由,经济社会的巨大需求、行业监管的正确引导、信托公司的执着努力,三者不可或缺。对于开始担当大任的信托业,如何正确看待其发挥的功能与作用,其如何通过业务创新和制度创新开创更广阔的未来之路?或许现在正是厘清并深入思考这些根本性问题的好时机。

一、如何认识信托的本源业务

一个常常被提及的问题是,信托业不该去从事融资类业务,而应专注于财产管理,因为这才是信托的本源业务,才是信托公司的正业。受这一思路的影响,2007年的信托新规对贷款类集合资金信托采取了抑制的政策。

那么,信托究竟有没有一个一以贯之、放之四海而皆准的本源业务呢?检视历史,不难发现,信托的功能定位和业务内容既非各国皆然,也非一成不变。事实上,信托在英国产生之初,其功能以财产移转为主,目的主要是为了规避名目繁多的封建附属权利,其样态是消极信托、民事信托和个人信托;到近代,则与证券投资相结合,发展出以财产管理为目的的单位信托,相应出现

[①] 本文发表于《金融时报》,2012年7月23日。

了积极信托、营业信托和法人信托。美国引进信托后，以财产管理功能为主，除了普遍开展有价证券业务外，还开发了诸如房地产投资信托、企业年金信托、员工持股信托等新品种，并进一步推动了信托的金融化。日本引进信托的初衷，并非为满足民众个人的需要，而是为了给资源开发或其他重要产业提供长期资金，以促进国民经济的增长，信托的功能定位于中长期融资，并没有囿于财产移转和财产管理两大功能。因此，何谓信托本源业务？在中世纪的英国，应是财产移转；在现代英美，当是财产管理；而在日本，则在相当长的时期里是资金融通。

可见，作为一项以灵活性和弹性著称的制度安排，信托既是与时俱进的，又是因地制宜的。各国在引进和继受信托制度时，应结合本国的实情加以改造，不能方枘圆凿、生搬硬套。

二、如何看待信托的融资功能

20世纪70年代末，伴随改革开放的大潮，信托在我国得以重新恢复，被植入当时以银行为绝对主体的金融体系中，一开始就自上而下地被当作"金融体制改革的试验田"，成为市场化取向的金融机构的先声，其主要功能是为更广泛的企业和项目提供更具灵活性和弹性的融资渠道，定位为改革工具和融资工具的信托，历史功过有待评说。但是，由于产生于为改革原有金融体系而进行的强制性制度变迁，而非尾随于经济社会内生需求的诱致性制度变迁，当整个金融改革已经逐步推开时，信托未能适时改造自己，形成区别于银行等其他金融机构的自身特色，由此便失去了其独有的改革价值，无法见容于发展了的时代，也就难免进退失据，左支右绌了。

由此就明白了，"一法两规"实施前信托的功能错位，不在于其该不该有融资功能，而在于其与银行高度雷同的融资功能。所幸的是，2002年前后"一法两规"和2007年"新两规"的施行，打破了信托业原有的路径依赖，从资金来源方面，将信托公司确定为非存款类金融机构，从而强有力地把信托公司与商业银行区别开来。正是这一系列信托法规的实施，才有了信托业今天的良好局面。

目前，信托融资功能因其所具有的市场化和灵活便捷的特点，已经成为中国金融体系中的一个有益组成部分，其存在具有长期的合理性。普遍而言，各国金融机构由于其特有的脆弱性和外部性，会受到较实体经济更严格的政府监管；在我国，因金融业的市场化改革远落后于实体经济，受到的带有计划经济色彩的管制则更为严格，例如，我国金融机构不仅受制于货币政策，而且还受制于信贷政策、产业政策。由于我国金融市场化的步伐落后于时代环境的变迁，计划经济色彩多有保留，一方面必然导致实体经济（尤其是众多民营企业）的大量合理需求得不到有效满足，另一方面，导致微观机构（即使是处于健康状态的）难以摆脱受宏观调控一刀切的影响。两方面因素叠加，加剧了我国金融制度的非均衡性。

在目前商业银行利率（特别是存款利率）市场化改革没有取得实质性进展，庞大的民间金融活动还未接纳进正规金融体系之中的情况下，高度市场化取向的信托融资服务为社会创造了新的金融路径，满足了实体经济中大量企业的融资需求，提高了金融市场的效率，改善了现有金融体制的不均衡性，并且一定程度上使刚性的宏观调控具有合理的弹性。

可见，支持信托融资功能定位的，既有坚实的市场需求，又有现实的制度背景。信托融资之于中国金融体系和实体经济的巨大贡献，理应得到足够的尊重和重视；对于信托的融资功能，宜鼓励，宜引导，不可堵，更不可废。

三、如何构建信托公司的业务组合

由此可以得出结论，在现时代的中国，信托的两大功能定位不可偏废：（1）财产管理功能（投资功能），立足于为投资者服务，可以理解成是为资金寻找投资标的。支撑这一功能的，是日益累积的国民财富以及老龄化时代的理财需求。（2）融资功能，立足于为融资方服务，可以理解成是为企业或项目寻找资金来源。支撑这一功能的，是商业银行和资本市场难以有效满足的实体经济中的大量融资需求。二者的经营逻辑不同，前者属于买方业务，后者属于卖方业务。在二者之外，帮助安排代际传承、财产移转的事务性信托，资产证券化中用于基础资产破产隔离的目的信托，也随着社会发展和金融创新的需要而出现在人们的视野中。

这样，与其讨论信托公司是应该去做融资业务抑或是投资业务，不如研究信托公司应该构建怎样的风险型业务和收费型业务的组合。

信托公司的风险型业务，主要是作为融资工具的集合资金信托，本来是客户自担风险的投资产品，但在实践中异化为信托公司自己发行的债券，类似于日本信托银行发售的附有本金补偿契约的贷款信托，具有刚性兑付的压力，当然也有较可观的利差收入。

信托公司的收费型业务，则包括投资类信托计划（如阳光私募、PE投资）、单一资金信托和财产信托。对于此类业务，信托公司有管理之责任，无保底之义务，但所收的佣金等信托报酬不高。

目前，不同的信托公司对两类业务取舍不同，偏于前者的，规模不大但利润不低，偏于后者的，规模庞大但利润不高。有何良方？从短期看，权宜之计谓之融合，即各信托公司应在透彻认识自身的资源禀赋和风险识别、风险管理能力的基础上，构建融合风险型和收费型两类业务的组合，别走极端而过分偏重于某一类别的业务。

四、如何以制度创新为信托融资谋长远发展

从长期看，信托融资业务应寄望于大的制度创新。

虽然前面论证了信托融资功能存在的合理性，但这并不意味着实现这一功能的信托产品的形式可以一成不变。客观地讲，监管机构使信托公司区别于商业银行的努力目前未竟全功，表现为：在信托公司的业务中，投资类信托计划和单一资金信托较好地实现了买者自负的效果，投资者具有风险承担的意愿和能力；但融资类信托计划定位模糊，不少投资者对此类产品尚未树立买者自负的理念。

事实上，目前主流的"一对一"的融资类信托计划有两个方面的缺陷。一方面，为了塑造信托业的公信力和信托公司的品牌形象，一来监管机构和信托公司把保证该类信托计划到期兑付作为最重要的目标；二来投资者或有意或无意地把购买该类信托产品当作利息较高的存款，两方面因素造成融资类信托计划的兑付具有刚性，并使之成为一把达摩克利斯之剑，悬在信托公司的头顶上。同时，既然要保兑付，信托公司就心安理得地获取较高的利差收入；而既然投资者只收到一个固定的信托收益，那么他们也就将到期足额兑付视为理所

当然。这种循环又加剧了兑付的刚性。

但是，另一方面，现行融资类信托计划并不必然具备到期足额兑付的能力。由于一个信托计划往往仅直接对接一家企业或一个项目的融资，加之信托期限的预先确定，从理论上讲，随着信托计划总体数量的增加，企业或项目由于某种原因缺少流动性而无法到期全额还款，从而导致信托计划不能按照预期收益率到期足额兑付给信托受益人，这类事件难以完全避免。

这一矛盾既构成许多人否定信托融资功能的理由（根据前面的分析这并不正确），从长期来说也构成了影响信托融资业务可持续发展的障碍。

当前正是着手以制度创新改革信托融资业务的时间窗口。就外部而言，通过促进信托创新，可与近期风起云涌的证券业、基金业和保险投资创新活动相呼应；就内部而言，理性的监管和信托业积累的财力和人才，为创新提供了必要的条件。因此，监管机构和信托公司应该有足够的智慧和勇气，找到刚性兑付的解决之道，从而为信托融资业务开辟新的、可持续的发展路径。

从根本上来看，解决信托计划刚性兑付的方向，不在于改变信托资金作为债务工具的运用方式〔因为如国外房地产投资信托（REITs）的资金运用方式亦有抵押型〕，而在于如何将投资者购买信托计划的行为转换为真正的买者自负的投资行为。这里提出两个制度创新的思路，供业界和专家进一步研究。

一个思路是仿效发达国家和地区的上市REITs的模式，大力促进信托计划的基金化和上市交易，使之具有内在的风险分散机制和风险分担机制。其要点，一是信托计划规模化，有了较大的资金规模，信托公司就可以进行组合运用，将信托资金分别用于不同的企业或项目，以分散风险，这是现代金融理论关于对抗非系统性风险的基本方法。二是信托计划长期化，以应对经济周期和宏观调控对融资方的阶段性影响。三是信托计划流动化，持有者可以在市场上（如在金融资产交易所）自由转让信托份额，以使不同的投资者对风险进行分担。这样，投资者退出信托计划的主要方式，由原来的信托公司到期兑付，转换为随时从市场上卖出，使信托投资者真正认同购买信托产品是一种投资行为，享有信托带来的收入和资本收益（或损失），与买卖股票或证券投资基金无异，从而解除信托计划的刚性兑付之忧。

另一个制度创新的思路，是将目前由信托公司发行信托计划的模式，转换为允许融资方在信托公司帮助下发行一种可称之为"附信托公司债"的债券。

在这一架构中,信托公司的角色将从信托计划的发行主体,转化为以下一种或几种:(1)企业的财务顾问,帮助企业设计附信托公司债的融资方案;(2)承销商,包销或代销附信托公司债;(3)受托人,接受债券发行人的委托,就特定财产设定担保权,为公司债实施担保,以担保权为信托财产,以公司债持有人为受益人;(4)受托人,根据债券契约的约定,接受债券持有人的委托,代表其行使监管企业依约使用募集资金的权利,以及监督企业依约归集债券兑付资金的权利。在这里,信托公司扮演的角色,从原来的信托计划发行主体和支付主体,转换为担任投资银行和纯粹的受托人;而投资者购买这种附信托公司债,自然是一种标准的投资行为,支付主体也自然是发行债券的企业了。

如果上述思路得以实施,就可以大大减小直至完全避免信托公司开展信托融资活动所面临的刚性兑付的非正常压力。与此同时,信托公司的盈利模式则由获取利差收入转为收取佣金收入,原来的风险型业务转换为收费型业务,从而有利于从将信托业的总体风险控制在较低水平。

五、如何塑造财产管理的核心业务模式

广义上信托公司的财产管理业务,包括财产移转和财产管理两个内容,二者既可相互独立,也可相互交叉。

信托之用于财产移转,以自由为目的,追求财富的合意转移与传承,实现委托人的意志和要求。随着富裕人士的增多,将财富在家族内妥善传承和分配的需求大量出现。信托构造中的两个优势能够帮助人们更好地进行财产移转:其一是破产隔离机制。信托财产实质上归受益人所有,不受委托人、受托人资产状况恶化的负面影响。其二是有受托人的角色安排,这使信托富于弹性,能满足委托人的多方面要求。

信托之用于财产管理,以效率为目的,追求财富的保值增值,通过投资来实现。作为投资的信托,与众多投资机构如券商、公募基金、私募基金、PE、保险、产业投资基金等相比,优势何在?理论上,就集合资金信托计划而言,优势在于能够做跨行业的大类财产配置,即资金可组合投资于证券市场、信贷市场、产业市场。另一优势则在于可以为高净值人士提供基于账户管理的全方

位、个性化的定制投资服务。

　　基于此,信托投资业务的核心业务模式似应构建为:加强对宏观经济变化的敏感性,站在整体把握金融市场的立场和角度,预测并确认经济周期转换、大类资产市场轮动、宏观经济金融政策调控的方向与力度,从而把握不同时期的重大业务机会,确定相应的重点投资品种。

心有梦想不觉寒

下篇

信托创新回顾

1. 信托制度变迁与功能演进：文献综述与国外历程考察

信托业发源于英国，与银行业、保险业、证券业并称为现代金融业的四大支柱。由于其具有的特殊的制度设计和独特的金融功能，信托业在诸如英、美、日以及我国的台湾、香港地区等地不断发展壮大，成为现代金融体系不可或缺的部分，而信托的构造和原理也被广泛运用于许多重大的金融创新活动之中。本章探讨信托的功能和信托的演变历程，把握始终运用于信托发展过程之中的基本功能或核心功能。

1.1 现代信托制度的起源

信托制度起源于英国，是体现英美法系传统的典型制度。英国著名法律史学家梅特兰（Maitlalld）曾经说过，英国对法学领域作出的最大贡献，就是历经数百年发展起来的信托理念，它是普通法皇冠上的宝石。信托制度是普通法里绽放的一朵奇葩，并受衡平法的精心呵护（D. J. 海顿，2004）。它的独特本质在于从一个物的所有权分化出来的双重性质，即信托财产的所有权与受益权分开，既承认受托人对信托财产享有普通法权利，也承认受益人享有衡平法权利。这和大陆法系的"一物一权"主义大相径庭。随着岁月变迁，这种独特的信托理念不仅未被历史洪流淹没，而且还跨越法系，传播到各个国家和地区，扩张到整个世界。

现代信托制度起源于英国的"Use"（尤斯制，又称用益制）。何宝玉（2001）指出，"Use"最初是教徒为了向教会捐赠土地而创设的。教徒向教会捐赠土地，侵犯了封建领主和国王的利益，因此亨利一世和爱德华三世在13世纪颁布《没收法》（又称《死手法》，Statute of Mortmain），规定任何人未经国王特许而向教会捐赠的土地，一律没收归国王所有。虔诚的教徒创设了用益制，先将土地转让给他人，指定其将土地收益交给教会，则既能使教会取得土地的收益，又不违背《没收法》。同时，这种制度也被用来规避封建税费和其他封建义务。利用用益制，甲可以在生前将土地以转让的名义交给他的朋友乙，由乙进行经营管理，并将经营收益交给甲的长子或其他子女、亲属。这样，甲的其他子女也可享受土地的收益，克服了长子继承的不足。更重要的是甲死后不存在继承问题，也就不必缴纳土地继承税和承担与继承相关的其他义务。如果继承人未成年或没有继承人，财产也可以得到妥当的处置。余辉（2007）认为，需指出的是，最初的受托人一般是受人尊重的教士，而且是无偿的。这种情况下，不需要衡平法的干预。13世纪后期的十字军东征，使很多参加战争的骑士也利用用益制，将土地转让给亲戚朋友经营，嘱咐他们用土地上的收益保障骑士家人的生活需要。但是，有的朋友可能背信弃义，骑士们归来后不归还土地，或者有的骑士战死疆场，朋友自己占有土地而不顾骑士亲属的生计。普通法遵从形式主义的原则，认为土地的所有权不属于转让人或受益人，而属于受让人，相应的土地收益也归受让人所有，普通法不保护用益制。因用益制而受到损害的转让人或受益人在普通法中得不到救济，只得向王室大法官寻求正义。14世纪时，大法官开始干预，他并不否认受让人在普通法上的所有权，只是强迫受让人按照土地转让人的指示或嘱托利用土地以及土地收益，承认了受益人在衡平法上的受益权。此后，用益制因得到衡平法的承认而确立。

  大法官的干预促进了用益制的发展。到15世纪，用益制已经变得十分普遍，结果国王和封建领主失去了许多土地上的收益。亨利八世当政后，于1535年颁布了《用益权法》（Statute of Use），规定用益制度下的土地所有权归受益人所有，其实质是试图废除用益制，以图重新收回失去的封建土地。但衡平法院通过限制性解释规定了三项例外。首先，该法仅仅适用于在自由保有土地（Freehold Land）上设定的用益权，不适用于动产、租借地（Leasehold Land）和经官册登记的土地（Copyhold Land）。其次，该法仅仅适用于被动用益，不适用于主动用益。因此，只要受让人承担一定的积极责任如出租土地等，该法也不适用。最后，衡平法对于"双重用益"（Use Upon a Use）的承认，阻碍了《用益权法》的适用。双重用益就是指"甲将土地委托给乙，规定乙为丙的用益，丙又为丁的用益占有土地"。根据《用益权法》，丙是法律上的所有人，丁则一无所获。在1634年著名的Sambach V. Dalston案中，衡平法院开始承认丁的用益权，为了区别，第二次用益被称为"Trust"，即信托。1925年，英国以《财产法》（The Law of Property Act）废除了《用益权法》，从此，所有的信托都可以采用用益制予以设立，"Trust"与"Use"的区别遂不存在，都统一于"Trust"的概念之中。现代信托制度由此最终确立（周小明，1996）。

1.2 信托的主要功能与价值取向

研究者认为，信托在以下领域发挥着独特的功能：其一，营业信托领域。这是信托在绝大多数国家发挥最大作用的领域。信托业构成现代金融业的一个重要组成部分，为各国的经济金融发展作出了不容忽视的贡献。从信托在各国商事领域的实践来看，营业信托业务主要包括投资信托、基金信托、资金信托、有价证券信托等。其二，民事信托领域。由于历史的原因，英国的民事信托尤其发达，其以个人作为受托人的个人信托业务在其信托总业务量中占据主导地位，且主要集中于执行遗嘱和管理遗产两方面。其三，信托的社会贡献领域。这一部分主要集中于公益信托，即出于公共目的，也即整个社会的利益而设立的信托。信托介入公益事业可以起到帮助公益基金保值增值使公益事业长久发展的作用，且能较大程度上保证资金的安全。

1.2.1 信托的基本功能

周小明（1996）指出，信托历经数世纪的演变始终不脱财产移转与管理的色彩，这就是信托的制度性功能所在，也是信托的本来面目。

1. 财产移转功能

人们经常用"受人之托，代人理财"来概括信托的本质，前半句即可理解为信托的财产转移功能。受人之托是信托得以设立的必要条件，如果委托人和受托人之间没有完成通过转移信托财产来体现的交付行为，那么信托就不会成立。

陈雪萍（2006）指出，实际上，信托产生之初的主要目的，就是为了帮助财产所有人自由移转和处分自己的财产。最早是教徒用于摆脱国王对土地转让的限制而将土地自由地捐献给教会，后来信托成为一种家族内财产移转的方式。那时不动产是财富的主要形式，信托的目的是促使完全保有的土地在家族内容易移转。这源于完全保有的土地移转受到封建制度的严重制约；即使在封建制度废除后的很长时间里，苛刻的封建土地法规仍然约束着土地的移转。土地所有者利用信托的方式移转土地，从而规避严格和不合理的法律，并且规避繁重的赋税。信托制度的设计就是借受托人承受"名义所有权"，而由受益人实际保留信托财产管理权与受益权，使委托人（拥有财产之人）通过受托人这个中介，成功地将财产转移给法律禁止享有财产权的人。在此时信托的设计中，受托人仅仅是一种承受信托财产法律上所有权的"人头"，对信托财产不负任何积极的管理、处分的义务，受益人不仅享有信托财产的利益，也实际上拥有管理处分权。

信托制度产生的原因和生存的环境，决定了信托制度早期的功能。尽管现代信托仍然在财产移转方面发挥着功能，但它已不是信托行为所追求的主要功能，而是与随着经济发展而产生出的更为重要的财产管理的功能紧密结合在一起了。

2. 财产管理功能

方嘉麟（1994）认为，封建土地规则的束缚催生了早期的信托制度，也决定了早期信托制度的主要功能是财产移转。随着时间推移和经济发展，封建土地束缚逐渐解除，信托的主要功能也随之发生转变，由持有土地的一种移转工具，演变成为人们进行财产保全、促进财产增值的财产管理功能，受托人的角色也从消极的"人头"借用者变为需以自己知识经验为信托财产投资决策的管理者。信托的财产管理功能体现为两种情况。一种情况是，财产所有人希望将一部分财产转移给第三人享用，但考虑到某些因素，又不愿意立即将财产直接转移给第三人。这时，财产所有人可以将财产交付信托，通过受托人暂行财产管理之职能，在适当时机时再将财产移转给第三人。另一种情况是，财产所有权人希望特定财产保值增值，给自己带来更大的经济效益，但因自己没有精力或者时间，或者缺乏管理能力，从而将财产交付信托，借受托人的财产管理活动，达到财产增值的目的。

周小明（1995）指出，随着科技和现代商品经济的发展以及财产类型的扩张，各种各样的财产形式在社会生活中出现，凡是有金钱价值的东西都可以作为信托财产，包括不动产、动产、物权、债权、股票、债券等，甚至专利权、商标权、知识产权等无形财产权也可以作为信托财产。吴汉东（2003）认为，由于上述一系列金融资产均可作为信托财产，成为"对价值的权利而不是对物的权利"，因此，与不动产移转功能不同，信托的财产管理功能要求信托受托人的积极行为和专业技能。

在早期信托中，为了保护受益人的利益，对于受托人的限制十分严格，而且法律没有规定受托人的权力，其权力是通过信托文件赋予的，由于当时的受托人只是起到将财产移转的作用，信托文件赋予其的权力是很有限的。现代信托中，由于信托财产不再局限于不动产，金融资产成为现代信托的主要内容。为了使受托人能够自由地在金融市场上交易，受托人被赋予了广泛的自由裁量权。受托人的角色也由消极的财产持有者变成了积极的财产管理者。积极信托取代消极信托，主导了现代信托的发展。如果说早期的信托更加关注个人信托财产的安全，那么现代意义的信托是在保证信托财产安全的基础上，更关注信托利益的追求。与此同时，信托也由产生之初的无偿转让变成有偿管理，这为营业信托（商事信托）的发展奠定了基础。

1.2.2 信托的拓展功能

随着在世界各国的迅速发展，现代信托业在继续深化财产管理基本职能的基础上，有效地实现了职能的扩张，对经济金融的发展发挥了重要的作用。

1. 投融资功能

信托业务的开拓和延伸必然伴随着投融资行为的出现，通过开办信托业务参与社会投融资行为是信托业的重要功能。只有在信托业享有投资权和具有相适应的投资方式的条件下，代人理财功能的发挥方能建立在可靠的基础上。信托业提供的投融资服务，与银行间接融资和资本市场的直接融资服务是有区别的。信托机构在投融资中提供的是一揽子金融服务，架构委托人、受托人、受益人、投资项目的多边信用关系，可以是融资、融物和直接融资、间接融资的混合运用。在金融市场上，信托业是可以直接投资于实业领域的金融机构，可以连接资本市场、货币市场和实业市场。一方面，信托业的一个重要功能就是聚集小额储蓄形成具有一定规模的资金；另一方面，信托业可将资金投资于证券市场和实业领域，根据实际需要充分调动社会资源，提高金融资产运作的效率。另外，随着营业信托的发展以及信托投资开发功能的充分发挥，信托业越来越具有中、长期金融功能。

2. 社会福利与公益功能

公益信托是相对于私益信托产生的一个概念。公益信托是指以团体或个人募集或捐赠所形成的公益基金为信托财产，以促进社会公益利益为目的而设立的信托。公益信托是信托制度的社会福利和公益功能的体现。信托不仅可以通过公益信托业务，促进社会保障、教育、文化、科技、艺术、体育、慈善等各种社会公益事业的发展，还可以通过年金信托、养老金信托等信托业务，促进社会福利事业的发展。

3. 培育社会信用功能

市场经济是靠法制和规则来维系运转的，其中法制和规则的一个重要基础就是信用，信用是市场经济的基石。一切信托行为都是基于信用基础之上的。虽然信用并不是信托的全部内容，但信托制度却有利于培养和升华社会公众的信用意识，促进社会信用的构筑。

1.2.3 信托制度的优越性

人类活动的一个重要层面就是进行财产移转与管理，并不断为此寻求有效的制度设计。这是人类物质文明得以持续发展的内在原因之一。周小明（1996）提出，与其他一些财产移转和财产管理的制度如赠予、遗嘱、公司、代理相比，信托具有独特的优越性，主要表现在三个方面：长期规划性；弹性空间；受益人的切实保障。可以说，信托提供的是一种带有长期规划性质、极富弹性空间且更能保障受益人利益的财产移转与管理设计。

1. 长期规划

信托因为有受托人的中介设计及管理的连续性的设计，所以适合于长期规划的财产移转和财产管理。

从财产移转的角度，可将信托与赠予进行比较①。赠予是一种财产移转的法律设计，但对于长期规划却并不适宜。例如，甲欲对乙进行赠予，但觉得此时时机不成熟，而欲在若干年后转移赠予的财产，甲要实现这一愿望，唯一的方法就是待到他认为的时机成熟时再进行赠予。由于赠予是实践性契约，只有当甲移转赠予物时，乙才享有该财产法律上的权利，所以，在财产移转前，其权利仍然由甲享有。若其间，甲死亡，该财产将会变成甲的遗产；甲财务状况恶化，该财产将全部用于清偿甲的债务。这样乙将不会享有该财产，乙的利益在法律上是得不到保护的，甲对于财产长期规划的目的也无法实现。

而在信托设计下，情况则完全不同。上例中，甲可以以乙为受益人设立信托。一方面，信托受托人承受信托财产名义上的所有权，甲为乙做的财产安排不会因甲的情况而受影响。另一方面，信托一旦设定，信托财产便具有独立性，受益人也具有受益权。信托财产独立性使委托人的债权人原则上对信托财产无从主张任何权利，从而保障受益人的利益不致因委托人中途财务状况恶化而受影响。受益权则保障受益人能够于委托人期望的时机确定地从受托人处获得信托财产本金及累计的收益。方嘉麟（1994）因此指出，信托兼具现时赠予和长期规划受益的双重优点。

周小明（1996）分析认为，信托不仅适合于长期规划的财产移转，也适合于长期规划的财产管理。与信托相比，其他现存的财产管理方式如代理等，虽然也涉及为他人利益而管理财产，但是其关系不稳定，只适合于短期的财产管理。这是因为：代理关系会随着当事人一方的死亡或丧失民事行为能力而消亡，被代理人可随时取消委托，代理人也可以随时辞去委托②。而信托一旦设定，除委托人在信托文件中明确保留了撤销权外，委托人不得废止或撤销信托；受托人一旦接受信托，也不得随意辞去职务；信托的存续更不会因委托人或受托人一方的死亡、破产、丧失行为能力而中断，这是信托管理连续性设计的结果。因此，在信托目的达成前，信托就像一个"封闭的圆圈"，外力因素难以切入，信托财产借此得到持续稳定的管理。

---

① 遗嘱因为其与赠予都发生现时的转移财产效力，因此本书只选取赠予和信托进行比较，即可看出信托在财产移转方面的长期规划性优势。
② 参见我国《民法通则》第六十九条。

2. 弹性空间

信托在执行财产移转和财产管理的功能时，具有巨大的弹性空间，这是其他类似的法律设计所不具备的。信托所具有的灵活性，正是它得以在现代社会迅速发展的原因。

其一，设立方式的多样化。信托设立方式是十分灵活的，其设立的动因也是多种多样的。信托既可以由生前行为设定，也可以由死因行为（遗嘱）设定，生前行为又有契约和信托宣言①之分。此外，基于法院的推定和拟制，还可以成立回归信托和拟制信托②；在特殊情况下，法律还可以直接规定成立法定信托。信托设立上的弹性由此可见一斑（周小明，1996）。

其二，信托财产的多元化。凡是具有金钱价值的东西，不论是动产还是不动产，是物权还是债权，是有形的还是无形的，都可以作为信托财产交付信托。这无疑大大拓展了信托的适用空间。而其他的财产管理方式大多对交付管理的财产的类型或性质有所限定。

其三，信托目的的自由化。只要不违背法律的强制性规定和社会公共利益和公共秩序的要求，委托人可以为各种各样的目的而创设信托。正如美国信托法权威 Scott 教授所说：信托目的，与人类的想象力一样没有限制（周玉华，2001）。信托目的的自由化是信托弹性空间的集中体现。这里结合予赠予设计的比较，选取两方面加以说明。

一方面是信托利益的多样化。比如，甲现有 10 万元，希望 10 年后其子乙满 20 岁时能取得该笔资金，但甲仍希望在此 10 年间自己能享受该 10 万元的投资收益。在单纯的赠予设计下，甲的愿望难以两全其美，但信托设计则能顺利达成甲分享收益的愿望。此时，甲可设立"本金与收益分离"信托，指示受托人在信托存续期间将 10 万元的收益交付甲（信托法上称收益受益人），期间届满时再将 10 万元本金交予乙（信托法上称本金受益人）。由此可知，信托因受托人的设计不仅分离信托财产的所有权与利益，而且还可分离信托利益为本金与收益两部分。显然，赠予（包括代理和公司设计）很难提供与信托同样的弹性空间。

---

① 信托宣言是委托人就自己特定财产宣布自为受托人的声明，性质上属于单方法律行为。
② 拟制信托是法院为实现公平正义而通过判决方式强制设立的信托，其实质是法院运用信托原理来矫正不当财产关系的一种司法救济手段。

另一方面是受益人的弹性规划。信托设计下，受益人只需能加确定而不必设立时现时存在。因此，信托可被用来转移财产与现时尚未存在之人。比如，甲欲转移 100 万元作为孙辈的教育创业之用。若采用赠予设计，则受益范围仅能及于赠予当时现时存在的孙辈，其后出生的孙辈无法享受该笔资金。信托设计则不然。由于信托关系中承受财产转移的名义人是受托人，因此只要甲将该财产作为信托财产设立一信托，并于信托条款中订明信托期间届满时信托财产平均分配于当时存活的孙辈，即可达成其愿望。据此，只要信托期限届满时存在的孙辈都可受益，而该孙辈在信托设立时甚至可能尚未受孕成为胎儿。除此之外，在公益信托，受益人还可以是不确定的社会大众；在目的信托，受益对象竟然可以是非人类的生命形态。在受益人规划的弹性方面，其他财产转移与管理设计显然也是不可能具有的（周小明，1996）。

其四，实务领域宽泛化。实务上利用信托的种类极其繁多，利用的领域极其宽泛。在英美等国家的民事、商事和社会公益领域，信托皆可得以有效运用。

3. 受益人保障

周小明（1996）认为，信托设计下的受益人，与赠予设计下的受赠人、遗嘱设计下的继承人、代理人设计下的被代理人以及公司设计下的股东相比，可得到更大的保障，构成信托制度性功能的又一大特色。

一是体现在责任与利益分离。信托设计下，因有受托人承受信托财产的名义所有权，这样，一方面，伴随所有权所生的管理责任与风险负担归属于受托人；另一方面，伴随所有权所生的利益则纯由受益人享受，信托使受益人处于只享利益而免去责任的优越地位。免责包括两个层面：（1）免去受益人管理信托财产的责任，信托财产的买卖、投资、经营以及诉讼等事务皆由受托人代为从事。（2）免去受益人对信托财产管理中所生风险负担的财产责任。因受托人是信托财产的名义所有人及事物处理的当事人，因此就管理信托所缔结的契约或所为的侵权行为而发生的对第三人的财产责任，皆由受托人负责，该第三人充其量只能追及到信托财产本身而不能对受益人个人财产主张任何权利，受益人原则上不以个人财产而负任何责任。

二是体现在信托财产的独立性与受益权的优先性。信托财产的独立性，使信托财产可免于为委托人或受托人的债权人追索，从而赋予受益人对信托财产享有优先于委托人或受托人债权的权利,这就是受益权的优先性。借助信托财产的独立性与优先性,受益人也可享受到较遗嘱设计下的继承人、代理设计下的被代理人和公司设计下的股东更大的保障。

三是体现在受益权的追及性。受益权不仅具有债权的特性,还具有物权的特性。这集中体现为受益权具有追及性,即受托人违反信托宗旨处分信托财产而使信托财产旁落他人之手时,受益人有权向取得财产的人请求返还财产[①]。受益权的追及性使受益人的地位在法律上几乎与所有权人并驾齐驱,这一点是其他法律设计所不能提供的。

四是体现在信托利益的超越性。信托财产具有独立性,对受益人而言,发生信托财产和受益人自有财产独立分离的效果,因此,受益人的债权人也不得对信托财产本身主张任何权利。当然,受益人享受信托利益的权利作为一种财产权,则可为其债权人追及。然而,在英美法系下也有例外,即某些特殊形态的信托设计,如自由裁量信托和保护信托,使信托利益也可超越于受益人的债权人所能追及的范围,称之为"信托利益的超越性"(方嘉麟,1994)。

1.2.4 信托的价值取向

信托历经数世纪的演变,始终不离财产移转与财产管理。与此相联系,信托的基本价值取向清晰地显现出来:一是自由,二是效率。可以说,现代信托的基本观念包括所有权与利益分离、信托财产独立性、信托管理连续性以及有限责任等,无一不是基于自由与效率的价值理念。

1. 自由

从信托制度发展史来看,隐含了个人对社会的抗争性,从而巧妙地规避社会加诸于财产移转上的种种限制与负担,赋予个人以最大限度的财富支配自由。法律的演变几乎完全接纳并反映了信托的这一价值取向,这体现在资本主义自由竞争模式和"私法自治"制度的确立,对限制财富自由转让与处分的扬弃上,以致信托在英美被誉为"法律改革的先驱"。

信托本身的特性也充分支持其扩张个人支配财富的自由。信托财产的"独立性"与受益人对信托财产享有追索权,不仅使信托财产免于委托人、受

---

① 参见日本《信托法》第31条、韩国《信托法》第52条。

托人、受益人三方债权人的追索，而且受托人违反信托条款处分的信托财产不论落入何人之手，也能予以追回，由此，委托人可确保其特定财产代代相传而不致落入外人之手。"受益权与管理权的分离"则使委托人能以最小负担、最大利益的方式将财产转移给受益人（受益人纯享利益而免去管理之责和个人无限财产责任）。"信托利益的超越性"还能借特殊形态的信托设计（自由裁量信托与保护信托），使后代子孙不受自己挥霍浪费和不当管理所累，而永续受到信托财产的照顾。"信托目的自由化"则进一步使个人意志借财富控制而得以无限延伸。

这种自由，走过了从自发到自觉的过程，也使信托的制度功能发生了转变，由最初的为了规避法律而转移财产，演变成为获得更多的收益而转移财产。以自由平等观念为基础而确立起来的资本主义，法律上扬弃了大部分对个人经济自由的限制，为信托的发展提供了深厚的土壤。在信托设计所具有的资本主义特质的价值层面上，是追求个人财富的最大积累。"信托在将'个人自由'延伸到无限大之同时，也将自由经济与资本主义推到极致。"①

不过，这种自由并非完全的自由，从信托的历史起源来看，信托最初是作为一种"规避法律"的设计。信托的这一历史性格尽管至今依然存在于信托的概念与构造之中，成为信托创新的源泉之一，但显然，现代社会的法治理念要求对信托的这一性格予以控制，其结果就是：现代信托法一方面充分肯定信托目的的设定自由原则，另一方面又确认了信托目的的合法性原则，不允许为违法性的目的而设立信托，否则信托无效。这就是信托需兼顾安全和秩序的理由。也正是这样，信托的自由的价值取向，前提是不能与现行法律相违背。

2. 效率

从消极信托到积极信托的转变，使现代信托发展成为一个提供专业财产管理的管道，为财产管理而设立的信托已经占据了绝对的主导地位。管理信托在本质上反映并适应人类对效率的价值追求。现代经济学证明：效率隐含于自由之中。现代市场经济富有效率的运行正是基于财富自由支配之上，从这个意义上说，信托制度扩张自由的倾向，同时也在实现着效率的价值。而信托制度的设计满足效率追求的倾向，也正是因其从另一层面更大程度扩张了财富的支配

---

① （台）方嘉麟：《信托法之理论与实务》，106 页，北京：中国政法大学出版社，2004。

自由。"盖现今社会对支配财产自由的最大障碍不再是法令限制,而是缺乏专业管理能力与理财所需的个人时间。信托借提供专业管理而促使支配财产能力无限延伸。"①

效率通常是指投入与产出或者成本与收益之间的对比。制度效率的衡量方法,一种是假定制度所提供的服务或实现的功能为既定,则选择费用较低的制度是更有效的制度;另一种是假定制度选择的费用为给定,那么能够提供更多的服务或实现更多功能的制度是更有效的制度。即如林毅夫指出的:"制度安排的选择将包括对费用和效益的计算……在生产和交易费用给定的情况下,能提供较多服务的制度安排是较有效的制度安排。换句话讲,如果两种制度提供的服务数量相等,那么费用较低的制度安排是较有效的制度安排。"②

信托的设计从两方面满足了这一效率追求。一是受托人的专业管理。委托人将财产交付信托,通常是因为自己或受益人缺乏理财能力,而受托人则是受其信赖并富有经验的资产管理专家。特别是现代信托业(信托公司、信托银行)的兴起,受托人发展成一专业的营业机构,汇集了专职的投资管理专业人士,理财能力得以空前扩张。另外,信托法要求受托人必须恪尽职守,履行诚实、信用、谨慎、有效管理的义务,须为受益人谋取最大化利益。由此通过受托人的管理经营,委托人就可避免财富因自己或其后代的轻率莽撞或错误决定而受损失,进而造成社会资源配置的效率低下。在提升效率方面,信托制度的"管理与利益分离"特征,与公司设计下的"所有与经营相分离"具有异曲同工之妙。信托提升效率的另一个机制是"有限责任"。"有限责任"使委托人或受益人在有限度风险内享受信托财产的利益,从而将参与交易的风险降至最低,而风险的下降从另一角度看也意味着成本的降低和效率的提升。

信托的基本价值取向在于扩张自由并进而提升效率。这与政治上推进民主、经济上依托市场的现代社会的价值信念契合无间、并行不悖。因此,现代信托制度确认了自由与效率的价值追求,自由能促进效率,效率则以自由为前提。

---

① (台)方嘉麟:《信托法之理论与实务》,5页,北京:中国政法大学出版社,2004。
② 林毅夫:《关于制度变迁的经济理论》,383页,载于科斯等著:《财产权利与制度变迁》,上海三联书店,1994。

3. 效率是现代信托的核心价值取向

从信托法的发展历史看，与信托功能变化相适应，受托人权力立法的价值重心由安全逐步转向了效率。早期信托的功能定位于财产转移，它以实现财产的安全转移为宗旨，因而其制度的设计以安全为主要价值导向，这就决定了所设计的信托制度以委托人为中心，基本宗旨是保障委托人自由转让财产，实现委托人财产的安全转让，其制度设计倾向于使委托人意愿得以极度尊重。对于受托人的制度设计，则权力薄弱，与此相应，其义务是绝对服从委托人意愿。

现代信托的功能定位于财产管理，它以通过对财产管理实现财产的增值为宗旨，因而其制度的设计以效率为主要价值导向。在管理型信托之下，信托财产不仅限于土地，而主要是金融资产；信托目的也不囿于财产的安全转移，而是向往一种更高的价值追求——效率：以最小的成本获取最大的收益。信托的效率价值观取代安全价值观占主导地位的意义在于：委托人对受托人的期望不只是安全地转移财产，更重要的是要通过受托人的管理获得最佳收益；进一步说，不是为转移财产而转移财产，转移财产的目的是为了通过受托人的有效管理使财产得到保值增值。

效率价值观把信托法的焦点引向了受托人，从而引起了法律关于信托受托人权力规定的变化。因为管理功能通过受托人实现，而管理的效率也通过受托人实现，因此，扩大受托人权力成为增加信托效率的内在需要。早期的信托旨在保障委托人自由转让财产，因而其制度设计倾向于使委托人意愿得以极度尊重，受托人对委托人意愿只能绝对服从。这种制度设计不利于受托人积极性的发挥，必然影响经济效率的提高。要实现效率价值目标，信托法律制度设计必须调整受托人与委托人、受托人与受益人间的权利义务关系，赋予受托人较大的管理权力空间（即自由裁量权）。除少数例外情况，受托人无须接受委托人或受益人的任何指示。受托人权力的扩张正是基于效率价值观指导的结果；受托人义务和责任制度伴随受托人权力扩大而变得轻缓，同样是基于效率价值观指导的结果。因为缓和受托人义务和责任，可以鼓励受托人积极进取，降低信托财产交易成本，有利于促使效率的提升。在这个意义上，效率成为现代信托制度最核心的价值取向。

1.3 信托的现代发展与制度创新

1.3.1 从消极信托演进到积极信托

信托产生之初是以财产移转为主要功能的消极信托，在此后很长一段时间内，消极信托在信托的舞台上扮演着十分重要的角色。在消极信托中，受托人只是为了实现财产移转这个信托目的而存在的一个"名义所有人"，信托财产的实际管理权和受益权都由受益人拥有。消极信托存在的原因主要有两个方面：一方面，信托产生的时代处于农业社会，土地是社会的主要财富，保证土地的代代相继成为了人们的最大愿望；另一方面，封建法律对人死后土地的处分课以种种限制，而利用信托的设计则能成功地规避此种限制与税负。于是，消极信托便主导了信托早期的发展史。

一方面，封建制度的崩溃导致了消极信托赖以生存的社会条件的逐渐消失。政治上的民主化和经济上的市场化，反映在法律上便是逐步取消了原先加诸于财产处分上的种种限制，使财产的运动开始趋于合理化。另一方面，近代的进步运动所孕育的法制理想，不容许当事人透过法律行为规避实在法的适用，即使不合理的法律也只能通过立法程序予以改进，这促成了信托目的合法性原则的确立。客观环境的变动，法律上对财产移转限制的取消和信托目的合法性原则的确立，使原先被用于迂回规避法律限制的消极信托丧失了其存在的必要性和合法性（周小明，1996），各国和地区也都以不同的形式否认了消极信托的效力，比如，美国法律对于消极信托，原则上否认其效力（杨崇森，1977），日本、韩国信托法也不承认消极信托，中国台湾通过判例的形式宣告消极信托无效。

因此，随着经济社会的发展，受托人的角色发生了变化，消极信托不再主导信托的发展；商品经济对农业经济的取代，社会财富的形式趋于多元化，土地不再是社会财富的主要形式，人们对财富的观念也开始发生变化，从原来为了确保土地世代继承，转变为以赚取更多的利益为目标。在这种情况下，受托人的功能无法局限于消极地被动持有财产，而必须积极地主动管理财产。消极信托向积极信托的转变主要体现在两个方面：一方面是信托与投资越来越紧密地结合在一起；另一方面则是为了配合更专业的财产管理活动，提供更为稳健的管理通道，信托公司和信托银行日益发达，从而营业信托蓬勃发展，标志着受托人积极管理的活动进一步深化。这说明，积极信托主导着现代信托的发展。

1.3.2 从民事信托演进到营业信托

信托发源于英国时是一种民事行为，其主要用于家庭领域的财产传继。在信托的发展过程中，大多数国家走的是从民事信托发展到营业信托（商事信托）的路径，但是也有一些国家的信托从发端便是营业信托。在英国，民事信托是主导型信托，这源于其悠久的历史传统，人们已经习惯于用信托来安排家产的转移。作为现代信托发源的国家，英国拥有一条完整的信托发展路径，信托是逐步从民事领域随着经济的发展而步入商事领域的。在美国，民事信托和营业信托同样发达。美国既传承了英国的信托传统，又开拓性地将信托发展为个人理财投资的良好设计。与英美相比，日本信托几乎都属于营业信托，民事信托的基础至今仍然没有形成，原因有二：其一，信托作为个人安排资产移转与管理的设计并非日本的传统，而日本民法上的一系列设计也能基本满足个人在民事领域对财产移转和管理的需求；其二，日本政府一直把信托业务的开创和国民经济的发展相联系，信托主要是为了配合国家的经济发展而不是满足个人的需要（周小明，1996）。

无论是经历了从民事信托到营业信托的变迁，还是一开始引进就是营业信托，随着经济的发展，营业信托在很多国家发展迅速。现代社会财富的主要形式是金融资产，如股票、债券、共同基金股份、退休基金、保险及年金合同、银行储蓄等，一般都会通过营业信托而非个人信托的形态来持有。传统的民事信托逐渐被营业信托所取代，这种变化主要体现在两个方面：一方面，随着社会主要财富形式的变化以及受托人功能的转变，信托财产的管理方法逐渐复杂化，特别强调受托人具有专门的知识及经验。早期以地方名流士绅为受托人无偿管理信托财产的情形不复多见；取而代之者，乃以专业人士为受托人，并支付必要的费用与报酬，由其管理受托财产。另一方面，信托商事化不仅体现在以追求利润为目的，受托人的组织化、机构化，甚至公司化的倾向更增添了信托的商业色彩。现代英美国家的信托事业中，受托人大多以公司形式出现，公司受托人从事信托管理不仅需要专业技能，亦要求有足够的资本担保其履行信托职责的风险，同时公司受托人可以长久地存在，突破了个人受托人生命的有限性，委托人不必就受托人死亡后的情形殚精竭虑。此外，信托商事化、组织化的特点也符合交易成本理论。科斯曾对"企业组织为何存在"这个问题提出解答，他认为企业组织的出现是为了减少通过市场交易所产生的交易成本，而企业组织的特色即在于它可用组织内的权威体系取代市场中依价格进行交易的制度。其后，Williamson进一步认为，商业组织存在的主要目的就在于可以组成一个管理机制以减少交易成本。[①] 由此观之，商事化与组织化乃是现代信托制度的基本趋势。

1.3.3　从个人信托演进到法人信托

关于个人信托和法人信托的概念，学术界大致上有两种观点，一种认为所谓个人和法人是针对委托人而言的，另一种观点则认为是针对受托人而言的。在梳理了各国信托的发展历史后，本书倾向于认为，个人信托是指信托关系中的受托人是自然人的信托，法人信托是指受托人是法人的信托。纵观各国的信托发展史，存在着从个人信托到法人信托的路径。

起初，担任信托受托人的是自然人，其主要的作用仅仅是担任财产移转的中介和简单的财产保全管理，因此，只要求受托人具有良好的信誉即可，而且个人信托主要涉及民事领域，以无偿为主要原则。例如，长期以来，在英国充当受托人被视为一种莫大的荣耀，受托人多由社会地位高、荣誉好的人如牧师、律师等担任。

随着经济的不断发展，人们对财富的要求已经从简单地传承和保全变为价值的增长。此时，对信托受托人的要求也开始发生了变化，从单纯的社会地位和个人信誉的要求，发展到要求受托人有一定的专业知识和技能，通过管理财产可以帮助受益人获取更大的经济利益。在现代社会中，商业交易的范围和领域比以往任何时候都要宽广，社会对受托人要求的不断变化，单纯以个人作为受托人已经不能满足委托人和受益人日益提高的要求，于是以公司为主要组织形式的法人信托应运而生。法人信托中，受托人有完整的组织机构，有一定的

---

① ［美］R. 科斯、A. 阿尔钦、D. 诺斯等，刘守英等译：《财产权利与制度变迁——产权学派与新制度学派译文集》，20-22页，上海：上海三联书店、上海人民出版社，1994。

资金，有完善的章程，有拥有专业知识和技能的人员，这就使受托人变得更加专业化，更加便于对市场信息的掌握。同时，法人信托拥有严格的组织形式，也便于对其进行监管。

目前，个人信托一般存在于民事领域，是非营业信托；法人信托一般存在于商事领域，是营业性的。个人信托和法人信托在各自的领域均发挥着重要作用。但是，由于现代社会经济的高速发展和信托功能的转换，法人信托的地位变得越来越重要。

1.4 英、美、日信托制度和信托业的演变及其启示

由于信托具有特殊的制度功能而得以壮大和发展，与银行业、保险业、证券业并称现代四大金融支柱。目前英、美、日等国的信托制度和信托业发展得较好且富有特色，值得借鉴。

1.4.1 英国信托制度和信托业的演变

现代信托制度起源于英国。在英国，信托是以一种规避封建法律限制的创新而创设的，初期阶段被作为一种消极的财产转移手段而加以运用。在当时，用益制中的受托人仅拥有财产名义上的所有权，不负有任何积极管理信托财产的义务，受益人不仅享有信托财产的收益，而且拥有实际上的财产管理权。这个时期，信托的功能单一，作用也十分有限。15世纪衡平法院承认并开始实施信托的概念，受托人开始真正地管理信托财产，但此时受托人对信托财产的管理是出于道义上的责任感，不收取报酬。正如1740年Hardwicke LC法官将信托视为"一种荣誉，被授予信托的人基于自己的荣誉感和良心接受这样的责任，而非处于获得金钱或者是物质的动机"[1]。在英国充当受托人被视为一种很大的社会荣誉，受托人常由社会地位比较高的牧师、律师等人担任（基督教的荣誉感和传统的良心观念的长期熏陶，使个人充当受托人并以无偿为原则的特色至今仍然存在于英国）。这一阶段，英国的国民财富还相当有限，资产集中在少数人手上，财富的主要内容是土地而非动产或者货币。土地作为政

---

[1] Private trustee in Victorian England Chantal Stebbings Cambridge University Press 2002.

治权力、社会地位和物质财富的象征代代相传,信托成为实现这一目标的理想手段。因此,18世纪的信托主要是为贵族和地主阶级服务的,土地是最主要的信托资产,个人之间的信任是信托制度的基础,信托的受托人都是由个人来担当的。

到了19世纪,信托已经为英国的社会文化完全接受,新兴资产阶级的出现给信托带来了新的面貌。产业革命的成功为英国聚积了大量的资金,而国内投资机会的减少和国外资本需求的高涨,使人们萌发了寻求国外投资获利的机会。但是,对于这样的投资,没有专业知识的人面临很大的风险,需要专业的投资机构为其管理资金,进行投资。1868年,经英国政府批准,外国和殖民地政府信托建立。到这个时期,随着人们资本的不断积累和对资产管理的需求,信托的功能就从单一的、消极的财产移转转变成了积极的财产管理。信托的使用范围大大拓宽,信托对于社会生活的影响也越来越大,St Leonards 法官甚至说,信托是英国这个时期最重要的社会问题。与此同时,信托目的也有了变化,委托人开始为了自身的利益建立信托,而不是像信托出现之初为了后代和他人的利益而建立信托。

从受托主体来看,英国信托业的发展贯穿"个人—官选个人—法人"这一主线。英国最早的信托是个人承办的,主要处理公益事务和私人财产事务。随着信托制度的不断完善,英国开始出现信托机构。英国的第一家私营信托机构是成立于1886年的伦敦信托执行和证券保险公司。1888年另一家办理信托业务的机构——伦敦法律保证信托协会成立。1896年,英国颁布了《司法受托人法》,规定在适当的情况下法院可以指定受托人,受托人受到法院的监督和控制,该制度被看成是一种官方对信托的经营进行控制的尝试。1908年,英国成立"官营受托局",实行以法人身份依靠国家经费来受理信托业务,包括管理小额信托财产、保管有价证券及重要文件、办理遗嘱或契约委托事项等。这种方式虽收取报酬,但受托业务范围狭窄。当时,主要为参加战争的英国军人提供方便,办理遗嘱信托,不以谋取利润为目的,虽然是按商务原则来经营,但本质上仍是政府机关。工业革命后,生产突飞猛进,社会上出现了大批富人,他们对财产的管理和运用有了更多的要求,伦敦出现了私营信托企业。

英国信托制度受传统因素影响较深,其信托业务与其他国家相比,最大的特点在于偏重于个人信托,由于英国的传统习惯使信托的内容多为民事信托和公益信托,信托标的物也都以房屋、土地等不动产为主,因此在受托人方面,其个人承受的业务量占80%以上,而法人受托则不到20%(王礼平,2004)。虽然法人受托的信托业务比例不大,但集中度较高,主要集中在威斯敏斯特银行、巴克莱银行、劳埃德银行、米特兰银行等四家银行的信托部。另外,还有很多民事信托业务是个人承办的,而法人承办的业务主要是股票、债券等代办和开展年金信托、投资顾问、代理土地买卖等。虽然英国是信托业的发源地,但现在的信托业务不如美、日等国发达(邱力生,2001)。

可见,英国的信托经历了比较完整的变迁过程:信托业务的性质从消极的财产转移发展到无偿的财产管理,再发展到以盈利为目的的活动;信托关系中的受托人由个人发展到法人;信托财产由主要以土地为主的不动产发展到动产信托;信托的动机由他益发展到自益。在这个变迁过程中,信托逐渐成为一种媒介储蓄与投资的制度设计,从而与银行、证券、保险一起成为现代金融业的支柱。

1.4.2 美国信托制度和信托业的演变

美国的信托是在独立战争以后由英国传入的。19世纪上半叶,美国的经济发展进入了一个黄金时代,股份公司的创立使股票、债券等有价证券大量涌现,社会财富从土地、商品等实物形态向有价证券形态转化,需要有办理集资、经营和代理各种有价证券的专门机构。这一时期逐渐成立了兼营保险业务和金融信托业务的金融机构。在创立之初,美国的信托机构是与保险机构结合的,1822年成立的"纽约农业火灾保险及放款公司"被认为是美国信托业的鼻祖。该公司于1836年改名为"农业放款信托公司",从名义上突出信托的含义。可以说美国的信托业发端于保险业,与保险业兼营是美国信托业初期阶段的一个特点。

1853年,纽约成立了美国联邦信托公司,这是美国第一家专门的信托公司,其业务比兼营的信托也有了进一步的扩大和深化。至此,信托业不再依附保险业而生存。1865年美国南北战争结束后,各地开始进入大规模的建设时期,建设需要大规模的资金,信托公司积极参与资金筹集,承购铁路、矿山公司发行的债券。有价证券的发行、管理、买卖等业务逐步取代实物信托,成为信托的主要业务（霍津义，任葆燕，2003），信托公司具备了金融机构的性质，金融信托业务由此形成。随着金融信托业务的不断扩大，许多保险公司开始专营信托业务，兼营银行业务的信托公司也大量增加。为了适应战后重建的经济需求，政府放松了对信托公司的管制，一方面便利了信托公司的设立，另一方面拓展了信托公司的业务经营范围。1897年，美国全国性信托协会成立，此时美国的信托业随着美国经济的不断发展，开始超过英国。

20世纪，美国金融信托业进入繁荣时期。信用制度的确立和金融工具的不断创新，使金融业在国民经济中的地位不断提高。为了竞争的需要，美国的金融信托由原先的信托兼营银行业务转变成为银行兼营信托业务。主要方式有在银行内部设立信托部，或者将银行改组成信托公司，或者银行购买信托公司股权间接操纵信托公司等（盖永光等，2005）。20世纪90年代，信托在全球迅速发展，受托人的权利也得到了极大的扩展，信托以其灵活的设计在大规模的财产管理方面提供了其他制度无法取代的优势，也因此成为了美国金融的支柱行业。

在美国，信托业的发展虽然没有英国历史悠久，然而发展迅速，体现了以下一些特点：第一，银行兼营信托业务。美国是世界上实行信托业务由银行兼营的典型国家，其突出的经营特点之一就是广泛开展银行信托，即商业银行在经营银行业务为主业的同时，又允许开办信托业务。目前，大部分商业银行都设立了自己的信托部门来从事信托业务，美国的信托业务基本上由大的商业银行设立的信托部所垄断。在金融体系中，信托机构与商业银行享有同等地位，目前大多数信托公司也都加入了联邦储备系统。第二，信托业务与银行业务分别管理。在商业银行内部，信托业务和银行业务是相互独立的，按照职责严格加以区分，即实行"职能分开、分别核算、分别管理、收益分红（即信托投资收益实绩分红）"的原则。一方面，对信托从业人员实行严格的资格管理，另一方面，还禁止从事银行业务工作的人员担任受托人或共同受托人，以防止信托当事人违法行为的发生。第三，个人信托与法人信托并驾齐驱，以民办私营为主。美国信托业发源于民办信托机构，很少有英国式的"官办信托局"等公营机构，并且美国从个人受托转变为法人受托，承办以盈利为目的的营业信托，比信托的发源地英国还早。美国的个人信托业与法人信托业发展都很迅速，并随着经济形势的变化出现交替不定的现象（余辉，2007）。第四，有价证券业务开展普遍是美国信托业的又一大特点。在信托业财产结构中，有价证券是主要的投资对象。1990年，全美信托财产中仅普通股票投资所占比例就达48%，企业债券占21%，国债和地方政府债券占18%，其他信托财产占13%左右（王礼平，2004）。按照美国法律规定，商业银行不允许直接经营买卖证券和在公司中参股，银行为了规避法律管制，多设立证券信托部代理证券业务，既为证券发行人服务，也为证券购买者和持有者服务。这样，美国的信托业具有广泛经营证券业务的特点。

1.4.3 日本信托制度和信托业的演变

日本于1900年左右由欧美引进了信托业务。当时日本处于近代产业蓬勃发展的时期，出于工业化的需求，欧美先进国家引进了许多先进的制度和技术，其中包括信托制度。日本法制意义上的信托始于1900年的《日本兴业银行法》。当时日本为支持本国产业发展，在允许经营的业务中列举了有关"地方债权、公司债券及股票等信托业务"这一条，这是日本法律中第一次出现"信托"概念。[①] 1904年东京信托公司成立，成为日本第一家专业信托公司，其主要业务涉及不动产。从此，日本的信托业务从证券的代理推进到为委托人承受财产管理的领域，该公司被称为"日本民营信托公司的原祖"。之后，信托业随着日本的经济迅速发展。1914年第一次世界大战爆发后，日本战时工业发展很快，信托公司的数量也随之大增，到1921年已达488家。但其中具有1000万日元资本金的仅6家，329家的资本金都不足25万日元，而且很多地方性的小信托公司都是放高利贷的。各种信用很低的小公司纷纷成立，给社会带来了很大的危险，为将信托业纳入正常的发展轨道，日本政府于1922年制定了《信托法》和《信托业法》。这两个基本法规定日本信托公司的业务包括：代保管、债务担保、不动产买卖及货币租借介绍、受理公债和公司债、股票的募集、代收缴款及本息或红利的支付、执行财产遗嘱和会计检查等，并规定信托公司不得兼营银行业务。经此整顿，信托公司数量大大减少，在相当长的时期里只有二三十家，保证了日本信托业的健康发展（曾宏坤，1999）。

第二次世界大战后，严重的通货膨胀使日本的信托公司难以吸收长期资

[①] 马亚明：《发达国家信托业发展及其对我国的借鉴和启示》，中国信托网 http://www.nitic.com.cn/nitic。

金，经营陷入困境，为了绕过《信托业法》关于信托公司不得经营银行业务的规定，信托公司在政府的支持下，首先在组织形式上转化为信托银行，同时依据《兼营法》照样经营信托业务，但信托业务与一般银行业务被严格分开，分别核算，分别经营；在业务比重上以信托业务为主，占80%左右。在20世纪50~80年代日本实行严格的金融分业经营时期，信托被赋予长期金融职能，并得到了快速发展，使日本进入信托的"大众化时代"（川崎诚一，1989）。1950年后，日本对信托业的严格审批，使国内信托业逐渐集中在为数有限的几家信托银行手中，并因近年的不断兼并而有进一步集中的趋势。

日本是当今世界信托业发展中最具代表性的国家之一，其信托的历史就是营业信托的历史（川崎诚一，1989）。日本信托业起步虽晚，但发展较快，其特点包括：第一，寡头垄断的行业市场格局。日本信托业的经营机构随着1922年和1943年的两次法制规范而急剧集中。1950年之后，由于政府严格控制信托业的审批，日本的信托业便一直集中在七家信托银行手中。近年来随着日本经济、金融持续萧条，日本的信托业不断合并重组，有进一步集中的趋势。日本信托业的这种寡头垄断的市场格局有利于行业规模效应的发挥，便于政府的集中管理和控制，为日本信托业的创新和稳步发展起了积极的推动作用。第二，信托立法完善。日本除了《信托法》《信托业法》以外，还有根据不同信托种类而设立的信托特别法，如《贷款信托法》《证券投资信托法》《抵押合同债务信托法》等。每一种信托业务都有法律依据。法制健全是日本信托业务健康发展的基础。第三，严格实行银行、证券和信托业的分业经营，注重发挥信托机构的专业职能。金融信托具有财务管理和融通资金两种职能。由于日本的具体国情和经济发展的需要，日本的金融信托业更倾向于发挥其长期融资职能。根据日本金融机构专业化分工的原则，长短期金融机构分离，这就使信托机构独立于其他金融机构，避免了信托业务与商业银行业务的混淆。第四，不断开发具有日本特色的信托业务。由于经济起步较晚，国土狭小，可利用的信托土地较少，再加上家族观念较强，一般不愿委托他人代管财产，所以日本信托业务从开办之时就大力发展金钱信托（曾宏坤，1999）。贷款信托是日本的首创。此外，财产形成信托、年金信托、职工持股信托、特定赠予信托、收益期满兑现型信托等新增创的信托业务，使日本信托业务形成了范围广、种类多、方式灵活、经营活跃的特点。

1.4.4 发达国家信托制度和信托业的演变对我国信托创新的启示

发达国家的信托制度和信托业发展和演进的历程，可以给我国信托创新带来以下启示：

1. 信托制度始终处于创新发展的变化之中

从信托的初始样态，到现代蓬勃发展的信托业，信托制度经历了巨大而丰富的变迁：从信托目的来看，从初期以财产转移为主要目的（包括向教会转移土地和在家庭内部传承财产），发展到现在以委托专业人士管理、运用、处分财产以求保值增值为主要目的；从信托的委托人来看，从初期以个人为主，发展到现代兼有包括个人、政府机构、法人和非法人组织；从信托的受托人来看，从初期由有德望的人士担任，发展到现代既有个人担当，更多的是由专业的信托机构担任；从信托的受益人情况来看，从初期的他益信托为主，发展到现代包括以他人为受益人的他益信托、以自己为受益人的自益信托和受益人不特定的公益信托的多元化结构；从信托财产来看，从初期以土地为主，发展到现代以包括货币、证券在内的金融资产为主；从信托的盈利性来看，从初期作为一种民事行为，以不收取任何报酬的民事信托为主，发展到现代作为一种商业行为，以收取报酬为条件的营业信托为主。推动信托这些创新发展的力量，是经济、社会、法律的现代化进程。

2. 完善的信托法律制度和发达的市场经济是信托创新发展的必要环境

信托的创新发展以完善的法律制度为基础。信托的发展需要良好的法律环境，纵观信托发达的国家，均有健全的信托法制作为基础，而且各国的信托法律随着客观经济环境变化而进行调整，目前，有关信托的法律仍在不断完善。立法的完善可以规范信托业发展或扶植信托业迅速成长。在这方面，日本堪称典范。在日本除了有一般的信托法律即《信托法》《信托业法》和《兼营法》外，还根据不同信托种类设置了信托特别法，如《贷款信托法》《证券投资信托法》及《抵押公司债券信托法》等。在日本，伴随着每一项信托业务的创立，都有相应的法规出台，并对实际操作加以指导和约束，有力地促进了日本信托业的发展。英国1893年通过了第一个信托成文法《受托人法》，随后相继颁布了1906年《公共受托人法》、1954年《公益信托确认法》、1959年《信托变更法》、1971年《国家信托法》、1987年《公益信托承认法》等十多部法律。美国许多州已颁布了全面调节信托关系的信托法典，国会也相继颁布了《信托公司储备法》《信托契约法》等四个成文信托法，而且美国法律协会在1935年出版了《美国信托法重述》，成为美国信托活动的法律指南（胡文强，2003）。可见，信托发达的国家，信托的发展史事实上是一部信托法的发展史；如果没有明确的信托制度的支持，信托在财产管理业务方面所具有的优势就无从运用，更难以体现在信托业务的创新中。

无论是在英国，还是美国、日本，信托制度都是处在市场经济之中，市场经济越发达，信托就越容易发展。这是信托具有巨大弹性空间（表现在信托设立方式多样化、信托财产多元化、信托目的自由化、运用领域广泛化等方面）与高度的灵活性特质所决定的，只有在市场经济高度发展的阶段，信托才有很好舒展自己个性的环境。因此，自由竞争模式、自由与民主观念、等价交换与流通自由规律，无不映射在信托制度上。从这个层次上可以说，信托大大加深了经济的市场化、自由化程度，推动着社会资源的优化配置。随着市场经济的逐步完善与成熟，我国导入规范化信托制度的时机日益成熟。

3. 坚持信托制度的合理内核是信托创新发展的基石

信托从英国传入美国、日本后，尽管美国和日本实行了不同程度的改造，但信托的基本原则得到了保持，包括信托财产所有权主体与收益权主体相分离的原则、信托合法性原则、信托财产独立性原则、有限责任原则、信托的承继性原则等（有关信托基本原则的论述，详见第3章）。我国应借鉴美国、日本的成功范例，即以继承信托的基本法理为前提，构建我国的信托制度体系。正如有学者所指出的，中国要么不引进信托制度；如果要引进，则必须坚持英美固有的信托原则、定型化了的信托法理（张淳，1994）。

4. 信托制度的继受与国情相结合是信托创新发展的前提

信托发达的国家均建立了与本国国情相符的信托模式。如英国的信托模式主要是民事信托，日本主要是金钱信托，美国主要是证券信托，每种模式都与各自的国情分不开。英国大部分信托由个人承办，所以英国的信托以民事为主，这与其历史传统和风俗习惯相联系。首先，英国曾经是一个老牌的资本主义国家，拥有殖民地较多，英国人的财产多以不动产表示。其次，英国人一般比较保守，比之日本和美国，他们不愿意把财产进行较高风险的证券信托和金钱信托。最后，英国的证券市场和资本市场也不如美日活跃，没有形成证券信托和金钱信托的氛围。英国的信托业无论从委托人还是从受托人看，都侧重于个人信托。在委托人方面，信托的内容多是民事信托和公益信托；在受托人方面，个人受托的业务量占80%以上，而法人受托不到20%。这是英国较之美国及其他国家不同的显著特点之一。

而日本信托业一开始就以金钱信托为主，以后又开办了贷款信托业务。可以说日本的信托业是以金钱信托为中心发展起来的，比起英美，它更重视信托的金融职能。金钱信托的收益比商业银行的利息要高，对委托者很有吸引力。这种以3~5年长期形式存在的金钱信托又通过贷款信托这种方式运用于基础产业项目，适应了日本国民经济发展的需要，所以，日本的金钱信托业逐渐发展壮大起来。

由于经济的全球化和美国经济的证券化，加之美国经济高速发展，美国积累了巨额的信托财产。同时美国发达的资本市场和较成熟、完善的法制为美国的证券信托提供了依据和空间，从而使证券信托在美国迅速发展起来。

日本与我国同属大陆法系国家，但它成功地继受了英美信托制度，可资借鉴。日本没有全盘照抄英国的信托制度，而是根据本国的国情，有效地引进了美国的营业信托，勇于创新与改造，推出"金钱信托"这种独特的新品种，提供了"舶来品"与"本土化"相结合的例证。我国寻求合适的信托发展模式，也必须从自己的国情出发。

5. 创新是信托业持续发展的动力源泉

构建我国的信托法律制度，既要向国外借鉴信托的基本原则，又要进行制度创新，形成自己的特色。例如，在信托制度创新方面，美国的"谨慎投资人规则"就是自己的一个创举。英国信托法最初采用的是"合法名单"规则，即将受托人可投资的项目罗列出来，受托人仅可就这些项目投资。合法名单在美国有着很大的影响，很多州通过法官的判例确立起判例法中的合法名单。信托公司的出现使投资方面的政策有所松动，但是这一时期仍然是合法名单占据优势。随着经济的进一步发展，当人们发现合法名单的使用使他们不能从股票债券市场获得更大的收益时，合法名单失去了往日的魅力，1830年美国发展出了"谨慎投资人"规则，谨慎投资人规则的灵活显示出巨大的适应性（余辉，2003）。谨慎投资人规则要求投资人尽到三方面的义务：（1）注意。受托人在投资之前，应以合理的注意对投资对象的安全和获益性进行调查，必要时还得征求各方面专家的意见，以供参考。(2)技能。受托人应具备与所从事的投资行为相适应的技能，否则如果投资有损失，应负责任。(3)谨慎。受托人不仅应为职务上的注意和尽其所能，并且应谨慎行事，即应以合理的方式（如分散投资）获得合理的收入，尽量避免投机性行为[①]。这一规则在与"合法名单"规则的斗争中发展成熟，并最终在20世纪40年代确立起统治地位，被美国的大多数州采用，进而成为现代许多国家投资信托的规则。

在信托产品创新方面，信托的广袤弹性空间使其品种的设计总能紧跟时代的步伐，适应新的需求而不断创新推出新品种。19世纪中后期的英国，现代工商业高度发达，导致其财产形态发生急剧变化，由过去的不动产为主的实物形态转化为各种有价证券为主导形态，相应地，财产管理的内涵也发生了变化，"投资获利"已成为一种新的时尚。为配合大众投资于有价证券，信托品种推陈出新，英国的"单位信托"（Unit Trust）即为一典型设计，成为后来的证券投资基金的先声；1868年建立的"国外及殖民地政府信托"（Foreign and Colonial Government Trust）是世界上最早成立的投资基金。美国引进信托后，为适应市场的变化和满足投资者对金钱运用的选择，开发了许多新型的货币市场互助基金工具，如货币市场互助基金（MMMF）、共同信托基金（MTF）、融资租赁业务等。日本根据本国的特点，不完全照搬英国以民事信托为主的模式，积极借鉴美国的营业信托并加以改造、大胆创新，创造性地开发了许多适合本国特色的信托业务，如财产形成信托、年金信托、职工持股信托、特定赠予信托等新品种。

这些信托的制度创新和产品创新，不断提高信托的功能，保持了对市场需求变化的强大适应力，从而使信托业具有旺盛的活力。

6. 信托业的发展有利于促进我国金融业的发展

(1) 信托业有利于促进我国金融体系的优化

在发达国家的金融体系中，信托、保险、证券等非银行金融机构迅速发展，且在数量上大大超过商业银行，成为金融结构的重要组成部分。但我国均衡发展的金融结构远未形成，银行机构无论从资产规模、比例等方面，仍占绝

---

① LAWRENCE M F. The Dynastic Trust. The Yale Law Journal, 1964, 73: pp. 558-572.

对主导地位。因此，均衡发展我国金融业，进一步完善与我国经济体系相适应的以银行、信托、保险、证券为四大支柱，以其他非银行金融业为补充的金融服务业体系，加快信托、证券和保险业的发展，促进金融资源的合理流动，提高资源配置效率，成为一个重要而紧迫的任务。

信托公司是我国信托业发展的主要载体。信托业要发展，必然要求信托机构迅速发展。信托业的发展还将促进银行、保险、证券等金融机构的发展。尽管在信托机构和其他金融机构之间存在着一些竞争，但由于本业特性的差异，信托公司和其他金融机构之间可以实现一加一大于二的协同效应。目前，我国金融机构之间的纵横联合之势越来越明显，如以信托资金的保管、结算、销售代理为先导，并体现在创新金融产品、完善金融服务等方面的信托公司与商业银行的合作；以信用增强为切入点的信托公司与保险公司的合作和以证券投资管理合作为切入点的信托公司与证券公司、信托公司与基金公司的合作等。金融机构之间战略合作关系的加强，将促进金融机构的功能互补，并进而促进金融结构的优化。

（2）信托业将进一步改善我国金融资产结构

发达国家的金融资产结构演化与发展的历史表明，随着金融创新与现代金融业的发展，包括基金资产在内的信托资产在金融资产结构中所占比重越来越大。在我国，由于市场客体缺乏、金融创新不足、市场流动性不足、投资渠道不多等客观因素，社会金融资产仍主要集中于银行存款。整个居民拥有的金融资产中，储蓄存款占60%以上，股票投资、国债投资、基金投资所占的比例仍然很低。储蓄占比过大，表明居民理财渠道狭窄，参与投资不足。国际实践以及我国信托业的良好发展态势预示，信托业的发展将丰富金融资产品种，改善金融资产的分布结构。虽然我国目前信托资产总量还不多，但随着信托业的快速发展，信托资产将在我国金融资产结构里占有重要地位，对金融资产结构的深化和优化带来促进作用。

（3）信托业将促进我国货币市场与资本市场的协调发展

资本市场和货币市场是金融市场的组成部分。长期以来，我国资本市场与货币市场的发展滞后于实体经济体系的发展。一方面，资本市场存在规模小，市场体系不完善，理性的机构投资者不足，金融创新产品匮乏等问题；另一方面，货币市场尚未真正形成，市场化程度很低，部分中小金融机构无法进入拆借市场，降低了交易效率；货币市场工具也严重缺乏，很难满足各类投资者的需要；而票据市场规模小、工具单一、参与主体少。

信托公司作为资本市场重要的机构投资者，通过对信托资产的管理，可以促进资本市场的发展。信托公司提供的并购重组和公司理财等投资银行服务，可以促进资本市场服务的深化。信托业提供给资本市场的金融创新产品，将丰富和活跃资本市场。如在资产证券化中，信托公司可以充当证券化资产的受托人和资产支持证券发行人，促进证券化的发展。在附担保公司债发行中，信托公司可以提供担保物权保存和实现信托服务，方便、促成企业发债计划的实现。对于货币市场，信托公司一方面可通过特定的信托产品，如同业拆借信托产品专项投资于货币市场中的同业拆借资产，又如应收账款信托产品专项投资于货币市场中的企业票据资产等；另一方面可通过包括货币市场基金在内的不特定的信托产品切入货币市场。

（4）信托业将促进我国社会信用体系的构筑

信托制度是以信托关系为基础的，这种信托关系在经济交易中就是一种信用。信用是市场经济繁荣的基础。信托业的发展无疑会扩大这种信用的内涵和拓宽它的范围。从横向来看，发达国家的信托业往往也比较发达，比如美国和日本，特别是日本的信托业对日本经济的飞速发展起到了重要作用。日本的几家以信托业为主业的银行，如三菱银行、住友银行、三井信托银行、中央信托银行都是世界知名的金融机构。

从纵向来看，信托业是伴随着商品经济、市场经济的发展而发展的。信托业的发展对促进社会信用的发展乃至市场经济的发展发挥了重要作用。市场经济是靠法制和规则来维系运转的，法制和规则的一个重要基础就是信用，信用是市场经济的基石。信托业对信用有更高的要求，一切信托行为都是基于信任基础之上的，没有诚实信用原则作支撑，就谈不上信托。信托制度的回归，将构筑起社会信用的基石，不仅促进金融业的发展，更有利于整个社会信用体系的建立。

本章通过对相关文献的综述，总结出信托的基本功能是财产转移功能和财产管理功能，信托的拓展功能则包括理财功能、投融资功能、协调经济关系的功能、社会福利和社会公益功能以及培育社会信用的功能；揭示信托制度的优越性在于长期规划性、弹性空间和受益人的切实保障等三个方面，信托的价值取向在于自由与效率。本章梳理了信托的现代发展与制度创新的轨迹——从消极信托演进到积极信托、从民事信托演进到营业信托、从个人信托演进到法人信托；通过对英、美、日三国的信托制度和信托业演变历程的考察，提出对我国信托创新可资借鉴的若干启示。

心有梦想不觉寒

2. 中国信托业：功能错位与功能回归

改革开放后，中央政府迅速恢复和发展信托业。本章以历史唯物主义的方法，了解中央政府恢复和发展信托业的主要动因，分析形成信托业功能定位的制度因素，判断这样的功能定位是否正确，并以此为基础，探讨信托业长期陷入治乱的怪圈而难以突围的真正原因；说明通过强制性制度变迁以突破路径依赖，使信托业从功能错位转向功能回归，是成就信托创新的活水之源。

2.1 中国信托业恢复时的制度禀赋

在中国既有的法律传统中，一向并无信托的观念，更没有信托的制度设施。20世纪初，在鼓吹学习西方先进制度的"西学东渐"的社会思潮的影响下，一些私营银行开始从英美和日本引入信托经营方式。1919年，聚兴诚银行上海分行设立专门从事信托业务的信托部，可以看作是我国信托业的发端。1921年8月，中国历史上第一家名为"信托公司"的"上海通易信托公司"成立，标志着信托公司走上了历史舞台。1931年，官营的信托公司也开始出现。到1949年新中国成立前，全国共有信托公司14家，其中上海有13家。旧中国在没有信托传统的条件下，一开始就以信托业的组织形态继受了国外的信托制度，但这样的高起点却并未造就高度发达的信托业。信托机构虽然照抄了英美的信托业务范围，但实际开展的信托业务却少之又少，多侧重于经营房地产和证券业务，有的还兼营储蓄和保险业务，信托业务总量小，信托法制建设虽有起步，但成就不大。因此，旧中国信托业发育不足，没有给信托在中国的健全继受打下良好的基础（周小明，1996）。

新中国成立后，与其他行业一样，对旧中国信托业进行了社会主义改造，并于1949年11月，设立了中国人民银行上海分行信托部。1951年6月，天津市由地方集资成立了公私合营的天津信托投资公司。但是，在社会主义改造任务完成后，我国开始推行高度集中统一的计划经济体制，信用集中于国家银行，金融机构的形式趋于单一化，原有信托业务消失，信托业在中国的存在和发展告一段落（吴弘、贾希凌、程胜，2003）。信托业在中国的存废，是制度选择而非市场选择的结果；事实上，只有市场经济制度及产权制度得以建立和完善，信托制度和信托业才有赖以存在的根本基础（杨林枫等，2004）。

信托业在我国的重新出现，则是改革开放的产物。从1979年10月开始，在人民银行"大一统"的金融格局中，再次设立信托机构，恢复信托业，是为了适应中国经济体制改革，在金融体制方面的一个重要改革内容。

2.1.1 经济体制改革拉开序幕

计划经济在本质上是一种政府垄断和管制的经济，始于1979年波澜壮阔的中国经济体制改革：一个重要的方面是通过减少和解除政府对经济的垄断和管制，从而促进计划经济向市场经济转轨。因此，改革的主要内容之一就是政府的分权化改革：一是中央政府向地方政府的行政性分权，以调动地方的积极性；二是政府向国有企业的经济性分权，以逐步培养市场经济中独立自主的经济主体。这种以放权让利为思路的改革，是从以下四个方面起步的（肖冬连，2004）：

（1）扩大国有企业自主权。企业改革是循着放权让利、适当引进市场机制以搞活企业的思路进行的。1978年10月，四川省委在重庆市6家企业实行扩权试点；1979年5月，国家经委、财政部等六个单位在北京、天津、上海选择了首钢等8个企业进行扩大企业自主权的试点。许多地方和部门纷纷效仿。1979年7月，国务院连续颁布了扩大企业经营管理自主权、实行利润留成、开征固定资产税、提高折旧率和改进折旧费使用办法、实行流动资金全额信贷等5个文件，要求地方部门选择少数企业试点。1980年6月试点企业发展到6600个，占全国预算内工业企业数的16%左右，但产值和利润分别占60%和70%左右。扩权内容最重要的有两条：一是在利润分配上，给企业以一定比例的利润留成；二是在权力分配上，给企业以一定的生产计划、产品购销和资金运用的权力，以打破企业是政府机关的附属物、吃国家"大锅饭"

的体制。其基本思路是希望把经营绩效与企业和职工的利益挂钩,以调动企业和职工的积极性。

(2)放权让利的农业改革。《中共中央关于加快农业发展若干问题的决定》提出的 25 项政策,最重要的是两条:一条是尊重生产队的自主权和所有权;一条是大幅度提高农副产品收购价格,直接增加农民收入。

(3)在对外开放方面放权。中国的经济改革和对外开放是同时提出、互相促进的。经济体制改革有利于对外开放,为对外开放创造好的"软环境";对外开放有力地促进经济改革,逼迫传统体制不改不行。在邓小平的倡导下,由荣毅仁主持的中国国际信托投资公司于 1979 年 10 月成立。《中华人民共和国中外合资企业法》和其他有关法规,对外商来华投资、转让技术,在劳务费用、场地使用、税收、利润、生产经营的外部条件和自主权等方面给予一定的优惠待遇。1980 年 5 月,中共中央、国务院正式确定在深圳、珠海、汕头、厦门试办"经济特区",在对外经济活动和经济管理体制试验方面给予比内地更多的自主权。改革对外贸易体制,通过下放进出口贸易经营权,打破外贸部所属公司独家垄断经营的局面。这样,利用外资的工具和渠道大大扩展了,世界银行、国际货币基金组织以及国际农业发展基金会成为中国利用外资的主要来源;另一类为政府贷款。同时,采用了补偿贸易、海上石油合作勘探开发和其他资源开发、租赁业务、对外加工装配业务、国际信托投资业务、发行国外债券等利用外资的新工具。具有突破性意义的则是吸收国外直接投资。

(4)实行中央与省、自治区两级财政新体制。从 1980 年起,除北京、天津、上海 3 个直辖市继续实行"总额分成、一年一定"的体制以外,中央对各省、自治区实行了"划分收支、分级包干"的财政体制,改"一灶吃饭"为"分灶吃饭"。财政体制改革预设目标有两个:一方面希望扩大地方财权,为地方注入活力,调动地方发展经济的积极性;另一方面希望增强地方政府增收节支的积极性,承担起财政平衡的一部分责任,"在中央统一领导和计划下,各过各的日子"。

这些以放权让利、调动积极性为目的的改革,从多方面引入了市场因素。农村政策的调整和农产品购销体制的松动,繁荣了城乡农贸市场;扩大企业自主权的改革使试点企业开始关注市场,在同行业中引起了竞争;企业获得产品自销权,使一部分生产资料开始作为商品进入了市场;市场竞争产生了市场价格，双轨制价格初步形成；生产领域双轨制运行，推动了计划外生产的扩大，也创造了市场生成和发育的空间，为非公有制经济的发展创造了条件。

可见，正如张卓元（1998）指出的，我国的经济体制改革从一开始就明确以市场为取向，逐步扩大市场机制的作用，而且以后没有大的反复，1992年则进一步明确以建立社会主义市场经济体制作为目标的模式。

2.1.2 金融体制改革渐次开展

适应高度集中的计划经济体制，金融体制必然地表现出高度集中的特点。在1949—1979年的30年间，我国形成和运行的是一个典型的完全由国家垄断的中央集权的计划金融体制，其最基本的特征为：单一的国有银行制度。中国人民银行是全国的信贷中心、结算中心、货币发行中心。而资金供给制则是计划金融制度的核心，通过银行包贷款，支持工业包产、商业包销、物资统配、财务统管的计划经济体制的运转。在金融制度运行机制上实行信贷和发行合一；金融制度的终极目标是服务于国家计划，为国家"守计划，把口子"（江其务，2002）。在这一体制下，中国人民银行统揽一切金融业务，既行使中央银行职能，又办理所有具体银行业务；既是金融行政管理机关，又是经营金融业务的经济实体。它按行政区划在全国普设分支机构，统一按总行的指令性计划办事，实行存贷分离、统存统贷。

在经济体制改革开始之后，上述金融体制也开始松动。邓小平同志在1979年10月指出："银行应该抓经济……要成为发展经济、革新技术的杠杆，要把银行办成真正的银行。"应当说，在改革开放之初，政府就已经认识到金融体系在现代经济增长过程中所发挥的重要作用。在此之后，随着经济体制改革在财政领域等方面的开展，国民收入分配格局发生巨大变化，财政在我国投融资体制中的作用相对弱化，银行的作用则不断加强。为了更好地适应经济体制改革的需要，国家开始有计划、有步骤地改革金融体制（北京大学中国经济研究中心经济发展战略研究组，2000）。

在"开放、搞活"的思想指导下，针对计划经济体制统得过死的弊病，金融体制改革围绕着构建新的金融体系、逐步开放搞活金融市场和建立宏观金融调控体系等三个方面的内容展开，促进金融资源的配置方式从计划配置向市场配置转换（江其务，2002）。

1. 逐步构建新的金融体系

1979年中国农业银行恢复，首次打破大一统的传统金融体制格局。此后，与中国人民银行转变为专门的中央银行同步，中国银行、中国工商银行、中国人民建设银行先后建立或恢复。四大银行各司其职，初步形成了一个专业银行体系。同时，大踏步发展多元化金融组织机构，在组织制度上实行了创新。包括：发展了一批非银行金融机构（如中国国际信托投资公司、中国光大国际信托投资公司）和股份制商业银行（如交通银行、招商银行），组建了一批保险公司（如中国人民保险公司、中国平安保险公司）和证券公司（如深圳特区证券公司、万国证券）。我国金融机构的种类开始增多，金融服务向多样化方向发展，初步形成了以中国人民银行为领导、四大国有专业银行为主体，其他商业银行和非银行金融机构并存和分工协作的多形式、多功能、多层次而又具有中国特色的金融体系。

2. 逐步开放搞活金融市场

以开放搞活为目标的金融改革，必然意味着金融市场的孕育和发展。金融市场制度的创新取得长足的发展，以同业拆借市场为代表的货币市场，以国债市场、股票市场为代表的证券市场以及外汇市场相继建立，全面启动。

3. 逐步建立宏观金融调控体系

金融宏观调控从直接调控向间接调控过渡，从单一的行政性调控向运用经济性手段转变。资金管理从统存统贷转变差额包干的基础上，继而推进到差额控制和实存实贷，由指标管理过渡到资金管理；金融调控也从单一的行政手段直接调控向市场化运作机制调整，从开始的控制贷款规模，逐步起用中央银行的三大政策工具，发展到以资产负债比例管理取代贷款规模控制。

2.2 改革初期我国恢复发展信托业的动因

如前所述，信托在本质上是一项法律构造，信托关系需要相关法律来进行规范，信托业的兴起与信托业务的发展离不开信托法律制度的建立健全。但是，1979年后我国恢复信托业，却是在并没有任何法律制度准备，甚至从决策层、理论界和实务界均不甚明了信托的本质为何物的情况下，中央政府出于改革高度集中的传统金融体制的需要，强制性地把信托机构植入到金融体系中的。因此，改革后我国信托业的出现并非与发达国家和地区一样，因实体经济对"受人之托，代人理财"的资产管理的需要而产生的，而是因改革开放的需要、作为国家银行的补充机构引入的，制度供给所对应的制度需求不可避免地具有脆弱性和短期性的特点。

2.2.1 引进外资

这正是1979年邓小平批准设立第一家信托投资公司——中国国际信托投资公司的初衷。根据《中国国际信托投资公司章程》及有关补充规定，该公司经营的业务范围主要是：

（1）吸收国外和港澳地区的信托存款、信托投资和商业信贷。
（2）在国外发行债券、股票。
（3）利用外资在国内组办中外合资企业、合作企业。
（4）接受国内用户委托，引进先进技术、设备。
（5）在国外投资或与外商合作办企业，开拓海外资源。
（6）发展租赁业务，引进技术设备，促进我国现有企业的技术改造。
（7）经营房地产业务。
（8）提供经济、法律、技术等咨询服务。

显然，中央政府对成立后的中国国际信托投资公司，首先寄予希望的是引进和利用外资。

2.2.2 突破传统金融体制

放权让利的经济体制改革措施的实施，比如企业实行利润留成，财政体制实行"分灶吃饭"等，让企业有了自有资金，主营部门掌握了技改资金和财政预算外资金，地方政府有了可支配的预算外资金。持有自有资金的企业，持有预算外资金的地方政府和专业主管部门，当其有权自主运用这部分资金时，自然希望获得比银行存款利息更高的回报，这是市场化进程中各主体投资意识的初次觉醒，也就是说社会上已经有可以不按计划价格、不纳入计划分配的资金供给，为信托业的发展提供了资金基础。同时，体制改革和经济发展又产生了市场化的资金需求，而银行在存贷款利率、贷款规模和贷款对象等方面都受到计划体制的严格约束，无法满足这些市场化的贷款要求，因此客观上需要比银行信用更灵活的融资方式，使信贷资金能够进入并满足这一块市场化的贷款需求（杨凌云，1996；熊伟，1998）。

怎样才能把市场化的资金需求和可提供给市场的资金结合起来呢？如果直接对国家银行进行市场化改革，将面临极大的困难。原因是，长期实行重工业优先发展的赶超战略建立起来的大批资金密集型国有企业，由于和我国的要素禀赋所决定的比较优势不符，在市场经济条件下不具备自生能力，国家希望通过改革使国有企业成为具有自生能力的商品生产经营者，而不是听任这些企业破产倒闭。因此，在国有企业改革成功之前，它们赖以生存的财政金融环境无法完全市场化，虽然经过"拨改贷"，但是各大专业银行仍然不能商业化，而是担负着向国有企业提供资金的政策性责任。正是在这种既要进行市场化改革，实现经济快速增长，又要维持国有企业生存的两难选择下，作为金融体制改革的变通（北京大学中国经济研究中心发展战略研究组，2000），才设想通过兴办信托机构来推进融资体制市场化的改革，以满足市场化的资金需求。1979年10月，即中国国际信托投资公司成立的同月，中国银行总行在内部率先成立了信托咨询部。

而银行得以大规模设立信托机构，则是以推动经济联合的改革为契机的。国有企业改革的初期阶段，一条主线是在扩大企业自主权试点企业实行经济责任制，另一条主线是推进国营企业的改组和联合。后者看作是既有利于搞活又有利于调整的一项改革。当时35万多个大中小国有工业企业束缚于部门所有制和地区所有制之中，无法适应现代化大生产的要求。在改革的最初酝酿中，就把工业改组、建立企业性工业公司（总厂）作为改革的重要内容。工业改组从1978年在北京、天津、上海、辽宁等地开始试点。1979年，在全国扩大试点。在经济管理体制不能大动的情况下，决策层对改组企业抱有很大期望，希望通过组织各种形式的经济联合体，加强横向经济联系。其用意在于：在难以自上而下打破行政隶属关系的情况下，鼓励自下而上、循序渐进地脱离地区封锁、部门分割的体制（肖冬连，2004）。为大力配合国有企业的改革，1980年6月国务院下达《关于推动经济联合的通知》，要求"银行要试办各种信托业务，融通资金，推动联合。"同年9月，中国人民银行对全国除西藏以外的省、直辖市、自治区人民银行分别下达了《关于积极开展信托业务的通知》（简称《通知》），指示各分行利用银行机构网点多、联系面广的有利因素，在有条件的地区积极开办信托业务,特别是要把委托放款、委托投资业务办起来,以进一步发展地方经济,搞活银行业务,支持国民经济建设。因此,最初的信托投资公司主要是以各级银行为基础创办的。

《通知》下发后,人民银行各分行纷纷在经济发达的城市试办信托业务。至1981年年底,全国21个省份241个市陆续开办了信托业务,业务种类增加了信托贷款、投资性贷款、财产信托、设备贷款以及代理服务。据不完全统计,到1981年6月末,各地信托存款96400多万元,信托贷款86800多万元,存差9600多万元,从业务实践来看,对推动联合以及促进企业商品生产,产生了积极作用(孟辉、曾俊霞,2001)。

2.2.3 地方政府增加经济竞争力

行政性分权改革,强化了地方政府和企业主管部门在新的利益格局中的地位和作用。在地区之间的经济竞争中,地方政府的一个重要任务就是尽可能地筹措资金,大规模地投入到当地的项目中,通过投资拉动经济增长。随着财政体制改革,国民收入分配格局由原来财政占大头逐步向居民个人倾斜,居民个人收入分配份额增加较快。而居民个人财富主要以银行存款等金融工具的形式存在,从而社会资源逐步由原来集中于财政,变为集中于金融领域特别是银行。因此,地方政府争取资源投入的主攻方向,就从向财政要拨款转到向银行争取贷款。但是,一方面银行资金受到国家信贷规模指令性计划的严格制约,另一方面银行是国家垄断的,其组织体系是垂直的行政领导,地方政府影响和干预银行资金的能力有限,不利于地方政府最大限度地获取金融资源。因而,创建自己能够灵活支配的地方性的金融机构,成为地方政府努力的一个方向(杨凌云,1996)。同样的要求也存在于国家部委。

同时,随着改革开放以来中央计划掌握和统配的物资不断减少,指令性计划范围不断缩小,地方政府投资项目的审批权限也逐渐扩大,中央下放给企业的自主权很多被地方政府和企业主管部门截留。于是地方政府直接掌握和运用的地方预算内和预算外资金增长很快,地方政府间接掌握和运用的财力也因为改革而快速增长,而且这部分财力占地方财力的大部分,地方政府也乐于培植这部分财力,因为可以避免正式纳入地方财政管理而受到中央或上级的监管、干涉(北京大学中国经济研究中心发展战略研究组,2000)。如果说银行由于涉及货币的创造功能，对全国经济影响太大，只能由中央政府控制，不便于放手让地方政府或各部委自行设立；那么，非银行金融机构特别是信托机构影响面不大，则可以作为改革的试点放手给地方，以利于调动各方面积极性，促进经济增长。为了加快地方经济发展，支配更多的资金，地方政府也乐于使用信托机构为其筹集和运用资金。

于是，各地政府和各部委纷纷组建信托公司，在银行系统之外形成了以融通资金、促进地方（块块）经济和部门（条条）经济发展的另一类型的信托机构。这类机构基本上是地方政府或中央政府部门所属的全资国有企业，其资本金由政府拨入或通过"划拨债权"、"换股"等变通性操作方式形成，管理和业务骨干人员主要为政府官员，并被作为政府直属的行政事业单位进行管理，主要职责是充当政府的融资窗口，为地方筹措银行计划体系之外的建设资金。从1981年末到1982年期间，信托公司在恢复信托业务不到两年的情况下，迅速增长到了620多家（孟辉、曾俊霞，2001）。

2.2.4　信托业的供给引导型发展与工具性政策导向

1. 供给引导型金融发展而非需求尾随型金融发展

美国耶鲁大学经济学家 Patrick（1966）在《欠发达国家的金融发展和经济增长》一文中，把金融发展的不同路径，区分为"供给引导型"（supply-leading）和"需求尾随型"（demand-following）两种类型。供给引导型，指金融发展先于实体经济部门对金融服务的需求，对经济增长有着积极的主动作用，有利于动员那些阻滞在传统部门的资源，使之转移到能够推动经济增长的现代部门，确保投资于最有活力的项目上，从而促进资源配置效率的提高。需求尾随型的金融发展，则是指金融发展是由实体经济部门发展带动的结果，因为当市场不断扩张和产品不断增多时，要求更有效地分散风险和更好地控制交易成本，需求尾随型的金融发展是对实体经济部门对金融服务需求的被动反应。

信托机构在20世纪70年代末的中国恢复出现，是政府主导的供给引导型的金融发展，而非市场经济自发演进过程中需求尾随型的金融发展；是强制性制度变迁的结果，而非诱致性制度变迁的产物。杨瑞龙（1994，1998）认为，在中国渐进式经济体制改革的初期，改革的倡导者和组织者只能是权力中心——中央政府，制度变迁及其方向主要决定于权力中心的创新能力和意愿。这种政府供给主导性制度变迁具有纵向推进、增量改革、试点推广和利用已有组织资源推进改革的特征。改革政策是政府权力意志的体现，权力中心凭借行政命令、法律规范及利益刺激，在一个金字塔形的行政系统内自上而下地规划、组织和实施制度创新；尽管潜在制度收益的出现会诱发微观主体的制度需求，但只有当权力中心的制度创新收益大于其成本时，实际的制度变迁才可能发生；权力中心为制度创新设置了严格的进入壁垒，即其他利益主体只有得到权力中心的授权才能进行制度创新。因此，在既有金融体系中引入信托机构这样一种新型金融机构，是政府主导的金融制度供给的结果；而这种新型金融机构的功能定位，也必然遵从于政府的意愿。

2. 工具性政策导向

中央政府在现有金融体系中引入信托机构的动机，不是看中信托的基本功能——财产转移和财产管理的功能，而是适应市场化取向的经济体制改革，在保证现有金融格局基本稳定、保持中央政府对金融资源的控制力不被削弱的前提下，在一定程度上突破传统计划金融体制特别是高度集中的信贷管理体制的需要。无论是从历史的回顾还是逻辑的演绎，都可以清楚地看到：作为中国金融改革的先导，为弥补高度集中、极其僵化的传统银行系统之不足，需要赋予信托机构开办计划体制下银行不能做的一些"银行业务"的"灵活性"，例如信托机构开办的信托存贷款业务，可以有限度地突破计划体制对传统银行在存贷款利率、贷款规模、贷款对象、贷款性质等方面的限制。所以，开始时信托机构所从事的主要是在传统银行之外的"银行业务"，而非本源意义上的"信托业务"，如周小明（1997）所言，虽然冠以"信托"之名，但是长期有其名而无其实，名不副实。这种制度安排，清晰地体现了改革初期对信托业的工具性政策倾向，即从宏观上，把信托业当作一个改革工具来加以运用，而不是把信托业作为一门独立的金融产业来发展（唐寿宁，赖观荣，林培清，1999）；而在微观上，包括信托机构自身在内的各市场主体，主要把信托机构作为一个融资工具来看待，而不是把它作为一个区别于银行的资产管理机构来发展。

2.3 信托业初始功能定位与错位

2.3.1 从存款业务到贷款业务：强烈的银行色彩

1986年4月，中国人民银行发布《金融信托机构管理暂行规定》（以下简称《规定》），开宗明义地指出："根据《中华人民共和国银行管理暂行条例》的规定，为加强对金融信托投资机构管理，保证信托业务的健康发展，特制订本规定。"这就从总体上规定了信托机构从属于银行体系，赋予了信托机构在业务经营和管理上强烈的银行色彩。

1. 从资金来源来说，主要是存款性负债

《规定》明确了信托机构的资金来源即负债业务限于吸收下列1年期（含1年）以上的信托存款：财政部门委托投资或贷款的信托资金；企业主管部门委托投资或贷款的信托资金；劳动保险机构的劳保基金；科研单位的科研基金；各种学会、基金会的基金。《规定》中所称的"信托存款"，实际上与一般银行存款并无实质区别。它所体现的是存款人与信托机构之间的债权债务关系，而并未建立真正的委托人与受托人之间的"信托关系"。当然，由于缺乏必要的信托法律法规支持，这种"信托关系"事实上也无从构造。其后信托机构的另一个资金来源——资金拆借，无疑也属于普通的银行业务范畴。

另外，由于我国的市场化改革和经济转轨走的是一条渐进式的道路，依赖于稳定的金融体系的支撑，张杰（1998）构建的国有金融的国家效用函数，包含四个关键性的变量："追求垄断的产权形式"和"追求垄断产权'增量'的扩展"是两个内生变量，代表国家追求金融资源支配权的偏好；"产权安排结构"和"外部竞争因素"则是两个外生变量，代表了国家在追求金融资源支配权过程中的约束。这个效用函数解释了在金融体制改革的初期，国家为弥补财政收入迅速下降和支付高额改革成本，而必须努力控制和扩展国有金融组织。因此，作为渐进式金融改革的一部分，引入信托机构，既需要拥有一定的"灵活性"，又必须以保持政府通过国家银行对金融体系和金融资源足够的控制力为前提。在赋予信托机构突破计划管理的"灵活性"的同时，对其资金来源即负债业务作出了上述严格的限制，使之无法大规模地和国家银行"争资金",从而满足国家在此阶段的效用函数,但这也为日后信托机构陷入资金运用方式的多样性与资金来源的严格局限性之间的矛盾埋下了隐患。

2. 从资金运用来说,主要是贷款业务

《规定》载明的信托机构的资金运用方式相当广泛,包括:委托人指明项目的信托投资与信托贷款业务(简称甲类信托投资业务);委托人提出一般要求的信托投资与信托贷款业务(简称乙类信托投资业务);融资性租赁业务;代理资财保管与处理、代理收付、代理证券发行业务;人民币债务担保和见证业务,担保限额按中国人民银行的规定执行;经济咨询业务;中国人民银行批准的证券发行业务;中国人民银行批准的其他业务。经营外汇业务的信托机构还可经营:境内、境外外币信托存款;在境外外币借款;在境外发行和代理发行外币有价证券;外汇信托投资业务;对其投资企业的外币放款;国际融资性租赁业务;向国外借款、承包、投标、履约的担保及见证业务,担保限额按中国人民银行的规定执行;有关推动对外经济贸易往来的征信调查和咨询业务;国家外汇管理局批准的其他业务。

一方面,虽然信托机构的业务范围涵盖众多领域,但研究表明,信托机构的主营业务仍然是所谓的"信托贷款",这和银行的资产业务类型高度重合。另一方面,虽然人民银行在《规定》中试图将信托机构的业务经营范围同银行业务区分开来,引导信托公司重点开展信托业务,但由于没有相应的信托法律法规,人民银行无法清楚地界定信托业务,运用"委托人指明特定项目的信托投资与信托贷款业务","委托人指明一般要求的信托投资与信托贷款业务"这类含义比较模糊的概念,仅仅是给信托机构经营的投资与贷款业务披上一层信托的色彩,并没有建立真正的信托关系(杨林枫等,2004)。

中国人民银行1986年12月发布的《金融信托投资机构资金管理暂行办法》进一步规定,"信托机构的投资或贷款分为委托和信托两类:一、委托投资或贷款,系委托人指明项目的投资或贷款,为代理业务。投资或贷款的经济责任由委托人承担。资金由委托人提供。坚持先拨后用,先存后贷。二、信托投资或贷款,以信托机构自行筹措资金和自有资金进行的投资或贷款。由信托机构承担投资或贷款的经济责任。资金来源主要通过发行债券、股票和同业拆借等方式筹措。"

这里表述的"委托投资或贷款",也许是信托机构所从事的最接近真正的"信托业务"的一类业务,但据杨林枫等(2004)分析,其一,即使是这类业务,也明确规定了属于"代理业务"而非"信托业务",委托人与信托机构之间的关系属于代理关系;其二,由于委托业务需要委托人自负其责,信托机构开办的委托贷款水分极大,许多都属于"假委托",因此在信托机构的业务品种中不占主流。

3. 从监管方式来说,类同于银行管制

在《规定》关于"业务管理"一章中,人民银行对信托机构的业务管理,使用的是与监管银行基本相同的监管方式:

(1) 与银行一样缴存存款准备金。《规定》要求金融信托投资机构一律在当地中国人民银行开立人民币存款账户。其所吸收的乙类信托存款,应按规定比例缴存存款准备金。经营外汇业务的,同时在当地中国银行开立外汇账户,并按规定向当地外汇管理局缴存外汇存款准备金(第二十六条)。

(2) 与银行一样提留呆账准备。《规定》要求金融信托投资机构,应按规定提留一定比例的呆账准备金(第二十七条)。

(3) 与银行一样纳入人民银行的利率管制。《规定》要求金融信托投资机构的人民币及外币存、贷款等利率,按中国人民银行的规定执行(第二十八条)。

(4) 在实际操作中,批准或默许信托机构设立营业部或银行部,开展活期存款、定期存款等与银行完全相同的存款业务,并具有结算功能,允许信托机构参加同城票据交换;在财务会计制度上及会计统计报表的管理和要求上,也是照搬抄袭银行业的会计制度、会计报表、统计报表,按照银行的模式进行管理(杨林枫等,2004)。

可见,当时无论是从指导思想、宏观管理上,还是从实务上,都使用了办银行的办法办信托,用管信贷的方法管信托,使信托机构具有强烈的银行机构色彩、信托业务具有强烈的银行业务色彩(乔海曙,1997)。将信托机构定位为与银行相类同的金融机构,主要源自中国经济体制改革的阶段性需要。作为对国有、集中控制的金融制度适应市场化进程的尝试和调整,信托机构在金融体制改革的舞台上扮演的角色是传统僵化的国家银行系统之外的、相比而言较少受到计划约束的新型"银行"类机构,社会各方对信托机构寄予期望的是它所拥有的比国家银行更具灵活性和弹性的融资渠道，以补充国家银行之不足，满足各方对资金的饥渴需求。因此，信托机构的初始功能定位首先是类同于银行的融资性功能，显著区别于信托业发达的国家和地区对信托机构的基于资产管理的投资性金融机构的功能定位。

2.3.2 改革的试验田：全能金融与混业经营模式

1. 信托机构具有全能金融的功能，是渐进式改革的历史需要

首先，信托机构的出现是作为在国家银行的信贷计划控制下满足日益增多的市场化贷款要求的一种变通方式，当然需要具有和银行相同的信贷功能；其次，地方政府和各部委之所以愿意积极设立和发展信托机构，是因为需要自主运用大大增加的预算外资金，将其投入自己所选定的项目的建设，在做大经济总量的同时，获得比存国家银行更高的回报。再次，通过地方性的金融机构，才能更有效地把当地的储蓄留在当地，并转化为当地的投资。最后，在改革开放的初期，我国各地都急需外资，中央政府允许以多种渠道从国外融资，从而新成立的信托机构也要求具有外汇业务的功能。国家银行及其分支机构、各地政府、各部委所有这些对新金融机构的要求与愿望，都是因改革过程中经济利益分化而必然出现的，中央政府当然要相应地给予满足。这些历史的因素汇集到一起，客观上要求当时新成立的信托机构应当是全能型的，既要有银行的功能，可以从事存贷款业务，又要有实业投资的功能，这样才能实际地参与项目的建设，还具备在国外发行债券的资格。

1984年6月、7月，人民银行召开的全国支持技术改造信贷信托会议和全国银行改革座谈会，对信托业在搞活金融、加强沿海与内地经济联系上所起的突出作用给予了充分肯定，指出"信托业务是金融的轻骑兵，也是金融百货公司，更侧重于金融市场调节"，提出"凡有利于引进外资、引进先进技术，有利于发展生产、搞活经济的多种信托业务都可以办理"。人民银行对信托机构混业经营模式的肯定，强化了信托机构"金融百货公司"的倾向，逐步确立了信托业以经营银行业务为主的混业经营模式的合法性。

2. 信托机构具有全能金融的功能，是渐进式改革的逻辑自然演绎

中央政府把当时新成立的信托机构视为对国家银行的一种补充，有意或无意地把它看作一块金融改革试验田，以此来探索中国金融体系未来发展的框

架。中国的改革是"摸着石头过河"的渐进式改革，作为改革试验田，允许信托机构具备将来金融体系可能涵盖的各项业务内容，从而为中国金融体系的演进提供经验，自是题中应有之义。事实上，也确实是因为信托投资公司的全能性，才有我国金融体系后来的逐步健全与完善。信托投资公司的出现是中国金融机构多样化和金融市场发展的动力。信托投资公司作为一块金融制度改革的试验田，注定了其必定具有"金融百货公司"的特色（熊伟，1998）。

3. 混业经营的金融制度，为信托机构的全能金融业务提供了合理性

自1979年银行开办信托机构后，混业经营的金融制度开始实施。20世纪80年代以来，国内建立了证券发行市场与流通市场，上海市的几家银行先后设立了证券部，之后各银行和信托投资公司都成立了证券运营机构。1990年年底上海证券交易所和1991年年初深圳证券交易所成立后，才出现了独立于银行和信托的证券公司。商业银行参与证券业务的主要形式是建立全资或参股的证券公司或由所属信托投资公司设立证券部，主要从事企业证券的发行、代理买卖和自营业务。这期间银行还以发展"三产"的名义，投资开办了各种自营性的所属实体，涉及贸易、房地产、商业、酒店服务业等方面。在1986年至1993年7月间，甚至作为中央银行的中国人民银行也投资兴办了一些盈利性公司或经济实体，有金融性公司，如证券公司、城市信用社、融资中心，也有非金融性经济实体。因此，这一阶段的金融制度呈现出显著的混业经营特征（段银弟，2004），直到1993年11月中共十四届三中全会通过《中共中央关于建立社会主义市场经济体制若干问题的决定》，才提出"银行业与证券业实行分业管理"的原则。在这样的制度环境下，信托机构既经营信贷业务，又经营证券业务；既经营金融业务，又直接投资实业，似乎也就不足为奇、易于让人接受了。

2.3.3 信托业的功能错位：偏离信托本源业务

1. 改革工具和融资工具的政策取向：难以定位于信托本业

信托业在我国的恢复是在完全没有制度供给的条件下起步的，国家既没有明确的发展信托业目标，也没有明确的发展信托业的思路，当时的许多制度规范笼统、模糊甚至错误，反映了社会对信托制度的陌生和信托观念缺失（杨林枫等，2004）。在把信托业作为改革工具和融资工具的政策取向下，加上长

期以来形成的"非银行不金融、非信贷不信用"的错误观念,一方面,在业务定位方面,更多地把信托机构作为融资型金融机构而不是财产管理机构;在业务范围确定方面,没有正确地区分主要业务和兼营业务,更多地引入了非信托业务,颠倒了信托业在业务经营上的主次之分(周小明,1996),促使信托机构的主营业务等同于银行的资产负债业务,强化了信托机构的银行化特征,导致信托业没有致力于发展具有鲜明信托制度特征和体现信托优势的资产管理类业务,而是在行业扩张中一步一步地偏离了自己的本源业务。另一方面,由于国家把信托业作为"改革的试验田",许多新的金融业务交由信托机构先开办,很自然地引导信托机构演变成集银行主要功能、普通工商企业功能、证券公司功能于一体的"全能金融机构"。信托业"耕了别人的田,荒了自己的地",功能错位就这样历史地形成了。

2. 制度供给不足:信托本源业务难以开展

LLSV 等经济学家认为,要实现一国金融的发展,关键在于要建立一个良好的法律体系,以有效地保护投资者的权利。大量研究表明,一国的法律制度越完善,对投资者的法律保护越充分有效,融资障碍将越小,整个社会的融资成本将越低;金融市场及金融机构将越发达、越有效率以及市场价值越高,从而金融体系也就越有效(江春、许立成,2005)。因此,以什么样的法律制度为基础来构建金融体系,对于一国的长期经济发展具有十分重要的指导意义。

从根本上讲,信托是一种法律关系,委托人、受托人和受益人之间存在着复杂的权利和义务关系。信托当事人之间如何行使权利和义务,以及他们和其他第三方之间的关系,必须由法律来加以规范和调整;委托人和受益人的权利和利益,必须由法律加以保护。因此,制度建设特别是法制建设是信托业健康发展的基本保障。但是,在1979年到2001年的二十余年间,我国从信托机构的设立到其业务运作,却基本处于无法可依的状态,制度供给严重不足,从而导致信托业一直是一个无法成长起来的行业。表现在:

(1) 信托立法的层次低。从 1979 年到 2001 年,以中国人民银行颁布的《金融信托投资机构管理暂行规定》为主的金融信托法规,全部表现为行政机关或地方政府的行政规定和办法,而且多是"暂行"的,没有国家最高权力机关制定的法律,因而缺乏权威性、稳定性和普遍的约束力。

(2) 信托立法结构不合理。信托法规集中于对信托机构的行政管理,而对信托关系最基本的原则,如信托关系人的权利义务和责任缺少规定,即调整纵向信托关系的规范与调整横向信托关系的规范严重失衡。

(3) 信托立法的质量不高。由于缺乏信托基本法的指导,各行政法规之间多有冲突和矛盾,而且关于法律责任的规定不具体,一定程度上降低了法规的实际效力(谌赞雄,1999)。

3. 人均收入水平低下:缺乏开展信托本源业务的客观经济条件

改革开放之初,我国经济长期处于停滞状态,加之国民收入分配奉行政府占大头、居民占小头的原则,致使居民收入增长很慢,绝对水平十分低下。如图 2-1 和图 2-2 所示,1978 年,城镇居民人均年收入为 343 元,而农村居民人均年收入则仅为 134 元;居民人均储蓄存款年末余额仅为 21.9 元。在改革开放之后相当长一段时间内,虽然居民收入有所提高,财富有所积累,但基本被用于满足长期以来压抑甚深的消费需求。因此,在整个 20 世纪 80 年代,人们所需要的不会超出银行储蓄这类"简单"的金融服务,不可能产生主动"投资"的愿望,这突出地表现在政府债券的发行在当时是通过"摊派"完成的,必须做"思想政治工作",才能劝说居民持有政府债券(彭兴韵,2002)。在这种经济水平下,信托的本源业务——财产管理,就只能属于金融服务的"奢侈品"范畴,曲高和寡,社会难以产生对它的需求,信托机构也就无从发展这类业务了。

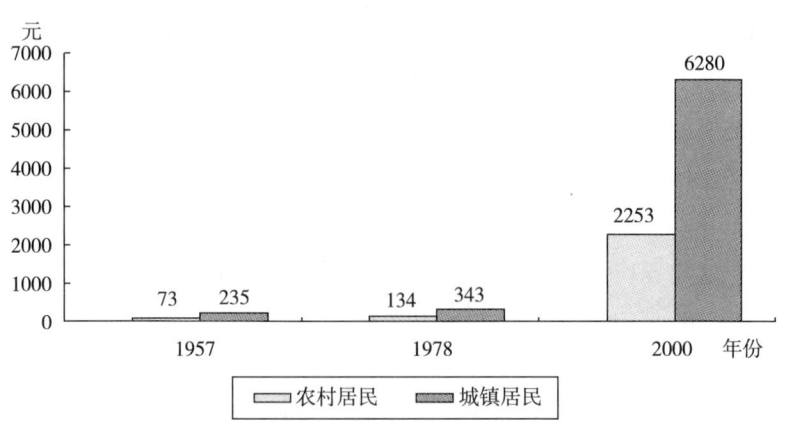

资料来源:国家统计局网站。

图 2-1 城乡居民收入变化情况

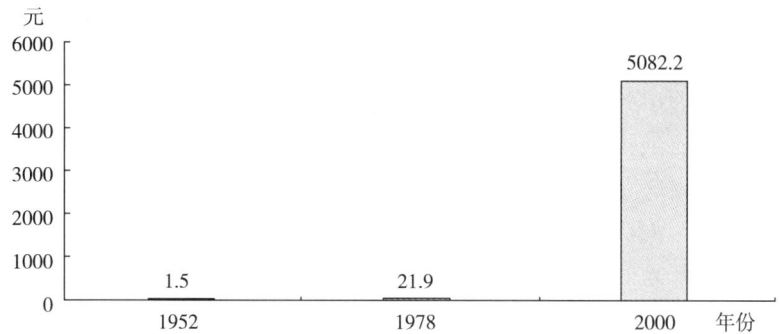

资料来源：国家统计局网站。

图2-2 居民人均储蓄余额变化情况

2.4 信托业的功能错位与清理整顿

2.4.1 信托业作为改革工具的作用及其弱化

1. 信托业作为改革工具发挥了积极作用

信托业首先是作为金融体制改革的工具而被恢复和发展起来的。至今为止，中国制度性改革最成功的试验，是在改变了计划制度的同时，维护了既存利益的格局（褚伟，2002）。作为对中国计划金融制度的"边际变动"，无论是对于金融改革还是金融发展，信托机构都曾发挥了不容忽视的、积极的历史作用。

首先，信托机构对我国货币市场的兴起与发展作出了贡献。信托机构是货币市场的最大需求者，1986年中国货币市场刚开始运行时，货币市场上的主要交易发生在国有商业银行与信托机构等非银行金融机构之间。1995年，在信托机构的负债总额中，从银行和其他金融机构拆入的资金占40%~60%。尽管对信托机构等非银行金融机构在同业拆借市场中的不规范行为有诸多批评，但它对货币市场发展的作用是历史性的。

其次，与信托公司对货币市场发展的促进相对应，信托公司对利率市场化的推动作用也不应否认。1986—1991年，货币市场允许拆借双方协商确定利率，而信托公司往往是货币市场利率的主要决定者，因为它们是主要的需求方。信托机构对中国货币市场及利率市场化的推动,自然影响了中国金融监管当局的货币政策,也提高了人民银行监管货币市场、管理信贷的水平,这对于中国金融体制的市场化改革具有深远意义。

信托机构还是我国证券市场的先驱者。1986年9月26日,中国工商银行上海市分行静安区办事处信托分部开始接受办理延中、飞乐两只股票的交易,成为新中国第一家证券商。从最早国库券的买卖、企业债券承销发行与兑付,到股票承销、证券经纪等业务以及发起设立基金管理公司,都有信托机构活跃的身影,信托机构所拥有的证券营业部曾占全国2000多家证券交易营业部的一半以上。

此外,从地方金融的角度来讲,地方信托机构在追求地方利益的安排下,积极配置地方金融资源的效用,也是无法取代的。因此,熊伟(1998)认为,信托机构对我国金融改革和金融制度变迁的影响是全方位的。

2. 信托业作为改革工具的弱化

但是,随着经济体制改革的不断深入和金融市场化的逐步推进,信托业原来所依存的制度禀赋和社会背景发生了巨大而深刻的变化,它对传统金融体制改革的作用基本完成了(周小明,1997;杨思群,1999)。

其一,在计划金融体制向市场金融体制转变的过程中,传统体制对传统银行的约束显著减弱。1979年2月,我国开始实施"统一计划,分级管理,存贷挂钩,差额包干"的信贷资金管理办法,一方面体现了国家控制信贷计划和规模的目标,另一方面给予一定的自由度和信贷资金管理权以实现资源配置效率的改进,如"差额包干"确定"各级银行在存差完成,借差计划不突破的条件下,多吸收存款就可以多发放流动资金贷款"。1985年实行"拨改贷"制度后,银行成为企业资金来源的主渠道,信贷资金管理体制随之由"差额包干"过渡到"统一计划,划分资金,实贷实存,相互融通"。"实贷实存"的信贷资金管理体制创造的创新空间给予了专业银行很大的金融自由,各专业银行拥有了很大的经济自由开展趋利的业务活动。1994年,国家开始实行"贷款限额控制下的资产负债比例管理"新体制,1996年6月,全国银行业经营管理会议上提出了要把银行办成真正的国有商业银行的目标。1998年,国家决定取消指令性计划,实行指导性计划,在逐步推行资产负债比例管理和风险管理的基础上,实行"计划指导,自求平衡,比例管理,间接调控"的信贷资金管理体制（林波，2000）。通过市场化改革，以前对国家银行实施的信贷计划管理、利率严格管制逐步取消或放松，信托贷款所具有的灵活性、市场化的优势不复存在，竞争力大大下降，信托机构作为银行的补充作用微乎其微了。

其二，由于投资体制的变化，由政府本身作为主要甚至唯一投资主体、承担投资责任的体制已发生根本性改变，政府投资主要集中于政策性项目和收益外在化的基础设施项目。同时，地方政府利用金融资源的途径越来越多元化，使地方信托的重要性下降。20世纪90年代，我国证券市场的发展开辟了一条利用金融资源的新渠道，推荐本地企业上市融资，利用资产重组吸引外地优势企业盘活本地闲置资源，引入BOT、BT模式推动本地基础设施的建设等，证券市场的发展逐步替代了信托机构投融资的职能（孟辉、曾俊霞，2001）。这些变化使地方政府利用信托机构进行投融资的动机和能力都日趋淡化，信托机构从政府部门获得业务资源和机会的可能性不断减少。

其三，作为信托机构的一个重要业务内容的外汇业务，随着政府投资职能的弱化，其所承担的政府对外融资窗口的功能不断弱化，加之一般信托机构不具备足够的能力管理汇率风险，这一业务也逐渐失去生命力。

其四，随着资本市场的发育和成长，证券公司的实力不断壮大，大型证券公司具有雄厚的资本、庞大的营业网点，更重要的是集聚了一大批优秀的专业人才。没有专注于证券市场的信托机构，证券经纪业务市场份额不断受到证券公司的蚕食，而以股票承销为主的投资银行业务更是明显落于下风。

可见，带有强烈的银行色彩的、全能型的、非受托理财性质的信托业是中国改革开放的产物，是在与市场经济相适应的商业银行系统、投资银行系统尚未建立，货币市场、资本市场尚未发育的情况下，作为替代性的制度供给出现的。这是由我国改革的渐进性质决定的。但是，随着改革的深入，货币银行服务体系逐渐建立起来，国有企业改革也取得了一定的进展，信托业的制度创新渐渐失去了优势和存在的价值，加上信托业自身存在的缺陷，以致在很长一段时期内成为扰乱经济秩序的不安定因素（北京大学中国经济研究中心发展战略研究组，2000）。

2.4.2 信托业作为融资工具的功能受局限

信托机构具有强烈的银行色彩，以吸收存款作为主要的资金来源方式，以发放贷款作为主要的资金运用方式。但是，如前所述，为满足国家在金融体制改革初期的效用函数，在引入信托机构时，既赋予了它突破计划管理的"灵活性"，又对其资金来源即负债业务进行严格限制，使之无法大规模地和国家银行"争资金"，以保持政府通过国家银行对金融体系和金融资源足够的控制力。

从1985年人民银行《金融信托投资机构资金管理暂行办法》及其他相关法规的规定来看，信托机构的负债资金来源，一是一年期以上信托与委托存款；二是经人民银行批准发行的债券；三是向人民银行借款；四是同业拆借。但通过分析可以发现，信托机构貌似广泛的负债资金来源，其实大都并不好用（杨林枫等，2004）。

（1）一年期以上信托与委托存款。人民银行1985年规定信托机构可以吸收的1年期以上信托或委托存款包括：财政部门的委托投资或贷款的信托资金；企业主管部门的委托投资或贷款的信托资金；劳动保险机构的劳保基金；科研单位的科研基金；各种学会、基金会的基金。1994年人民银行允许吸收100万元以上且在半年期以上的企业信托存款。但是，上述6条资金来源渠道多为有名无实。财政部门可能会委托信托机构将部分预算外资金以信用方式进行使用，但其数量的多少主要取决于该地区财政预算外收入的规模，以及财政部门与信托机构之间的关系。企业主管部门通常是企业的行业主管。随着经济体制改革的推进，这些企业主管部门的权力范围一步步缩小，已经很难有富余的资金去进行委托贷款、投资或存款。至于科研单位、学会，资金从来都不宽裕，也不可能有多少钱委托、信托给信托机构。基金会本来在中国就不多，能拿出钱委托、信托投资的更是难觅。劳动保险机构虽然富余，但受国家法规约束，不得将劳保基金存放在银行之外的金融机构。信托机构与银行相比，在法定利率、服务便利、信誉度上均处于劣势，争取拥有上述单位的资金难度不言而喻。

（2）发行债券。信托机构可以经人民银行批准发行金融债券筹措资金。但人民银行在绝大多数情况下不批准信托机构的发债申请。只有在极特殊的情况下，才允许少数公司发行债券。如在1996年，为解决国债回购引发的全国性金融三角债问题，人民银行特别批准少数信托公司限量发行三年期特种金融债券。

（3）向人民银行借款。在20世纪80年代，信托机构可以向专业银行和人民银行借款。信托机构还可以通过加入各地人民银行组织的资金市场，以同业拆借方式获取资金。但随着信托机构出现较多的违规现象和流动性风险，信用等级下降，到了90年代，信托机构向人民银行借款的路径基本不通了。

（4）同业拆借及其他方式的同业往来。与专业银行以及后来的国有商业银行的同业拆借一直是信托机构最稳定也是最大的资金来源渠道。但随着人民银行的政策收紧，自1993年6月开始第四次信托业清理整顿之后，相继撤销和关闭了STAQ及各省市举办的证券交易中心（实际上是资金拆借市场），割断了银行与信托机构之间的资金往来渠道。除银行外，证券公司也曾是信托机构同业往来的交易对手，但随后证券回购市场也被关闭。

可见，信托机构从恢复之时起，一直缺乏稳定的资金来源，经常面临支付风险、经营风险和财务风险。随着资金来源渠道一步一步地收窄，信托机构的融资功能受到很大局限，在经济生活中发挥的相对作用越来越小；信托业在金融体系中的地位也越来越被边缘化。

2.4.3 功能错位、矛盾累积与信托业清理整顿

1. "供给引导型"的信托业发展路线没有适时向"需求尾随型"转化

按照历史唯物主义的观点进行分析，在我国改革开放的初期阶段，将信托业作为改革工具和融资工具的取向具有深刻的制度背景和战略考虑，是有其合理性和必然性的。

但是，一方面，随着金融市场化的有效推进，当信托机构作为改革工具的历史作用基本完成时，国家却没有及时研究和推出对信托业作为一个产业发展的相关法规政策。同时，信托机构的融资工具功能受到越来越严格的限制，导致信托业资金运用方式广泛性与资金来源局限性之间的矛盾日趋尖锐。此时，信托业的工具性导向的生存方式已经走到了尽头，但按照产业导向支持信托业发展的制度供给，却迟迟未能有效提供。

另一方面，1991年我国居民人均金融资产存量首次突破了1000元，此后，人均收入持续提高和人均金融资产逐步积累，社会在客观上已经产生了对资产管理这一类相对比较"复杂"的金融服务的需求。

根据Patrick（1966）的分析，虽然在实践中，需求追随现象和供给领先

现象往往交织在一起，但在需求尾随型金融发展和供给引导型金融发展之间，还是存在着一个最优顺序问题。在发展中国家的经济发展早期，为了快速地追赶发达国家，政府希望通过金融部门的发展来促进实体经济部门的增长，政府推动的供给引导型的金融发展发挥了主导作用，它为更有效的创新的投融资提供了可能。而当经济发展走向成熟期，需求尾随型的金融发展逐渐会取而代之，居于主导地位。

因此，从理想状态来看，如果政府主导的"供给引导型"的信托业发展路线，能够适时地根据实体经济部门产生的需要，通过恰当的制度变迁，转化为"需求尾随型"的金融发展路线，信托机构从起初的改革工具、融资工具等功能定位，回归到以财产管理等信托本源业务为主的功能定位，那么，信托业就可能取得顺利、健康、快速发展；相反的话，如果原有制度安排没有取得根本上的突破，各种内在矛盾就会不断累积，进而尖锐激化、摩擦加大，不仅不利于信托业自身的健康发展，而且也不可避免地对整个金融体系产生消极影响，从而难以避免地受到一次又一次的清理整顿。不幸的是，在2002年之前，由于主客观的原因，特别是路径依赖的制约，我国信托业被动地走上了后一种路径。

2. 信托业的普遍违规与风险累积

一方面，在这些矛盾困境中，信托业出现了普遍性的违规作业现象，使信托机构在我国金融制度变迁过程中成为一股无序的冲击力量，隐藏着巨大的风险（熊伟，1998）。例如突破制度性限制，扩大资金来源，以各种方式超范围、超期限、超利率吸收存款，从拆借市场和证券回购市场违规拆入大量短期资金。这不仅在一个时期内产生了转移银行信贷资金、突破规模限制、冲击宏观调控的后果，而且削弱了中央银行监管的力度（周小明，1997）。另一方面，因为信托机构难以像银行那样得到廉价负债资金，往往使其提供信贷时不得不追求更高的利率水平，而根据风险和收益的对称关系，信托业比银行业面临着更大的风险，加上信托机构内部管理混乱，导致不良资产比例较高（杨思群，1999）。

3. 信托业的前四次清理整顿

由于信托业上述负面影响一定程度地冲击了经济的稳定，以及信托机构的金融风险日益增高，在1999年之前，全行业先后四次受到清理整顿（谌赞雄，

1999；巴曙松、钟伟、赵晓、高辉清，2002；曹芳，2004）。

（1）第一次清理整顿是1982年，重点是行业清理。当时基本上处于自由发展阶段的信托业出现了一定的盲目性，扩大了基本建设规模，冲击了信贷收支平衡。有鉴于此，国务院于1982年4月下达了《关于整顿信托投资机构和加强更新改造资金管理的通知》，要求信托投资业务全部由银行来办，地方信托公司一律停办，这一阶段整顿的重点是业务整顿，限定信托业只能办理委托、代理、租赁、咨询业务。

（2）第二次清理整顿是1985年，重点是业务清理。1984年我国农业丰收，经济发展过热，信托业务出现了又一次高潮，但是，信托业务基本上是银行存贷款业务的重复，而资金运用则多投向固定资产领域，在一定程度上助长了固定资产规模的膨胀，1984年年底，经济过热造成货币投放和信贷规模双重失控，金融信托业随着宏观经济的紧缩开始全国性整顿，暂停办理新的信托贷款和投资业务，对存贷款加以清理。

（3）我国在1986年以后出现经济过热，导致资金需求过大，引发了金融信托业的迅速膨胀，由于管理工作跟不上，干扰了正常的金融秩序，分散了有限的资金，扩大了固定资产投资规模，影响了国家的宏观调控，再次给国民经济造成了负面影响，随着国家对经济实行治理整顿，金融信托业又面临整顿收缩的局面。1988年10月，人民银行根据国务院关于清理整顿公司的8号文件精神，开始对信托投资公司进行第三次清理整顿，重点是行业和业务清理。1989年9月，国务院发布《关于进一步清理整顿金融性公司的通知》，决定由人民银行负责统一组织检查、监督和验收。经过一年多的清理整顿，到1990年8月，信托投资公司剩下339家，信托投资公司的各项存款合计为581.6亿元，贷款合计为760.84亿元，总资产为1004亿元。

（4）20世纪90年代初，信托机构有了较快的发展，到1993年，全国的信托投资公司达到创纪录的700多家（不含各地越权审批的机构），总资产规模近6000亿元。与金融信托业大发展相伴，由于管理失控，监管滞后，大量的信托公司出现盲目拆借资金，超规模发放贷款，以及投资炒作房地产和股票，甚至出现了在STAQ系统等国债回购市场买空卖空、变相违规拆借资金等问题。1993年，为治理金融系统存在的秩序混乱问题，我国开始全面清理各级人民银行越权批设的信托投资公司，这是第四次清理整顿。人民银行停止了银行向各类非银行金融机构的资金拆借，关闭了 STAQ、武汉证券交易中心、天津证券交易中心等资金市场，从资金来源上限制了信托机构扩大贷款规模的能力；同时开展对信托机构的专项稽核，清查信托机构的固定资产投资贷款及违规经营问题，主要是高息揽存、违规拆借及违规将拆借资金用于投资和贷款等问题。1995 年 5 月，国务院批准《中国人民银行关于中国工商银行等四家银行与所属信托投资公司脱钩的意见》，要求银行开设的信托投资公司全部与银行脱钩或转为其分支机构，不得从事银行业务以外的其他业务。到 1996 年年底，脱钩、撤并了 168 家商业银行独资或控股的信托公司，全国具有独立法人地位的信托公司变为 244 家。国家又分别于 1995 年、1998 年相继颁布了《中华人民共和国商业银行法》《中华人民共和国保险法》《中华人民共和国证券法》等法规，从法律上确立了分业经营的监管格局。

2.4.4 四次清理整顿未能打破信托业的路径依赖

1. 新制度经济学的路径依赖理论

在对技术演变过程的研究过程中，阿瑟（W. Brian Arthur）开创性地提出了关于自我增强机制（self-reinforcing mechanisms）和路径依赖（path dependence）的观点。新制度经济学的重要代表人物诺斯教授（1991，1994）把技术演变中的路径依赖分析框架引入对制度变迁的分析中，提出了制度变迁的路径依赖理论。诺斯认为：路径依赖是过去对现在和未来的强大影响；历史确实是起作用的，我们今天所做的各种决定、各种选择实际上受到历史因素的影响。因此，制度变迁过程实际上和技术变迁过程一样，也存在着报酬递增和自我强化的机制。这种机制使制度变迁走上了某一路径，它的既定方向会在以后的发展过程中得到自我强化。

诺斯指出，决定制度变迁路径的力量来自收益递增和不完全市场两个方面。一方面，人的行为是以利益最大化为导向的，制度给人们带来的收益递增决定了制度变迁的方向。另一方面，由于市场的复杂性和信息的不完全，制度变迁不可能总是完全按照初始设计的方向演进，往往一个偶然的事件就可能改变方向。如果不存在收益递增和不完全市场，制度是无关紧要的；但如果存在收益递增和不完全市场时，制度则是重要的，自我强化机制就会起作用。这种自我强化机制表现在四个方面：其一，设计一项制度一般需要大量的初始设置成本，但是，随着这项制度的推行，单位成本和追加成本均会下降。其二，学习效应。通过学习和掌握制度规则，如果有助于降低变迁成本或提高预期收益，则会促进新制度的产生和被人们接受。制度变迁的速度是学习速度的函数，但变迁的方向却取决于不同知识的预期回报率。其三，协调效应。通过适应制度而产生的组织与其他组织缔约，以及具有互利性的组织的产生与对制度的进一步投资，实现协调效应。其四，适应性预期。当制度给人们带来巨大好处时，人们对之产生了强烈而普遍的适应预期或认同心理，从而使制度进一步处于支配地位。随着以特定制度为基础的契约盛行，将减少这项制度持久下去的不确定性。

诺斯发现制度变迁的路径依赖有两种情形（卢现祥，2003）：（1）诺斯路径依赖Ⅰ：一旦一条发展路线沿着一条具体进程进行时，系统的外部性、组织学习过程以及历史上关于这些问题所派生的主观模型就会增强这一进程。一种具有适应性的有效制度演进轨迹将允许组织在环境的不确定下选择最大化的目标，允许组织进行各种试验，允许组织建立有效的反馈机制，去识别和消除相对无效的选择，并保护组织的产权，从而引致长期经济增长。（2）诺斯路径依赖Ⅱ：一旦在起始阶段带来报酬递增的制度，在市场不完全、组织无效的情况下，阻碍了生产活动的发展，并会产生一些与现有制度共存共荣的组织和利益集团，那么这些组织和利益集团就不会推动现有制度的变迁，而只会加强现有制度，由此产生维持现有制度的政治组织，从而使这种无效的制度变迁的路径持续下去。这种制度只能激励进行简单的财富再分配，却给生产活动带来较少的报酬，也不鼓励增加和扩散有关生产活动的特殊组织。结果不仅会出现不佳的增长实绩，且会使其保持下去并得到自我强化。

2. 信托业清理整顿的路径依赖

随着金融体制改革不断取得进展，信托公司作为改革工具和融资工具的功能迅速弱化，信托公司存在的问题愈益严重，不可避免地面临着一次又一次的整顿。但是，总结上述四次整顿的主要特点，一是以堵为主。熊伟（1998）分析指出，信托公司从1986年开始放开手脚经营资金委托业务和资金信托业务，1988年由于大量办理假资金委托业务，资金信托业务被纳入规模管理，至1990年资金委托业务也被纳入规模管理。1992年信托投资公司又开始大量拆借，1993年清理乱拆借，信托投资公司的银行资金来源被堵死。1996年大量设立证券机构,办理证券业务,到 1997 年年底,中央要求证券业与信托业分离。至此,经过不断整顿,信托公司所形成的大量资产,变成了一个没有稳定负债支撑的局面,必然面临着支付风险、经营风险和财务风险。由于信托公司的合法资金来源渠道几乎完全失去,许多机构铤而走险,走上变本加厉的违规经营之路,这完全与清理整顿的初衷相违背。二是由于对信托业的功能定位不清晰,一直没有对信托业的功能地位进行适当调整,深层次的问题得不到解决。周小明(1997)认为,当时的信托模式是在中国经济体制和金融体制改革的过程中历史地形成的,所产生问题的最重要原因是不能根据经济环境的变化,从制度上及时调整信托业的功能、地位和业务发展方向。信托业存在的种种问题,均与此相关。多次清理整顿没有调整信托业的发展模式,在新的经济和金融背景下重新确定信托业在金融体系中的地位、功能和业务,使信托公司始终游离于财产管理等本源业务之外。

因此,对信托业的四次清理整顿无法有效突破路径依赖。新制度经济学认为,初始的制度选择会强化现存制度的刺激和惯性,因为沿着原有制度变迁的路径和既定方向前进,总比另辟蹊径要来得方便一些,因此,新旧体制转轨的国家必须十分重视并不断解决"路径依赖"的问题。出于经济改革的需要,我国恢复信托业时的初始制度选择,把信托业塑造成为了具有强烈银行色彩和混业经营功能的金融机构,视之为改革工具和融资工具。信托业的这一初始制度安排具有很强的惯性,使信托业无法摆脱准银行的业务定位和经营模式,长期处于功能错位的状态,影响了信托业多年的发展。而在信托业的四次清理整顿中,这一路径依赖问题都未得到很好解决,既表现在监管部门方面,也表现在信托公司方面。比如,由于大量信托公司派生于银行,它们的人员主要来自银行,对银行业务自然驾轻就熟;而由于当时的金融机构种类很少,因此信托公司从成立之初,无论是经营观念、盈利模式还是业务流程、内部管理,也就很自然地把银行作为自己的学习对象,不少信托公司的管理制度几乎全盘照搬自银行。胡金焱和王旭(2004)指出,从技术和成本来看,"熟能生巧"会使业务发展同样形成路径依赖。即使在长期中新业务的收益要好于既有业务,但是在新业务达到一定的规模之前,很可能因为成本过高而不被业务供给者采用。新业务越不被使用,就越难以达到引爆点,以至于形成业务发展的路径依赖。单靠市场自发的力量常常很难达到这个引爆点,这时需要借助于外部的强制性力量。但是,这种外部强制力迟迟没能从监管部门那里得到。例如,即使是在第四次清理整顿中,人民银行为了将信托机构的经营管理纳入法制轨道,采取的方法却是于1994年1月颁布《金融信托投资机构资产负债比例管理暂行办法》和《信贷资金管理办法》,继续套用监管银行的一贯办法,对信托公司实行类似的"资产负债比例管理",结果是进一步强化了将信托公司当成银行管理的监管模式,强化了信托公司作为准银行的角色功能(杨林枫等,2004),而无助于信托业突破原有的路径。

总之,路径依赖对信托业的制度变迁具有极强的制约作用。信托业的路径依赖属于诺斯路径依赖Ⅱ,这种路径依赖一旦形成,后面的清理整顿就变成"修修补补"游戏了,因此,摆在中国信托业面前的首要问题,就是如何通过强制性制度变迁,从根本上突破"路径依赖"。

2.5 强制性制度变迁与信托功能回归

2.5.1 信托业的强制性制度变迁——"一法两规"颁布实施

1. 强制性制度变迁

(1) 制度与制度变迁。新制度经济学的重要代表诺斯教授(1991)认为,制度是一个社会的游戏规则,它们是为决定人们的相互关系而人为设定的一些制约。制度构造了人们在政治、社会或经济方面发生交换的激励结构。同时,制度提供了人类相互影响的框架,它们建立并构成一个社会,或准确地说是一种经济秩序的合作与竞争关系。青木昌彦(2001)则指出,制度的要义是关于以博弈重复进行为主要方式的共有信念的自我维持系统。

新制度经济学把制度分为正式约束和非正式约束以及它们的实施。所谓正式约束是人们有意识地创造的一系列政策法则,它包括基础性规则和制度安排。前者是界定国家的产权和控制方式的基本规则,如宪法秩序等国家基本制度,是决定生产、分配、交换、消费秩序的基础,具有普遍的约束力,是制定规则之规则;后者是在基础性规则框架内约束特定行为和交易的具体操作规则,包括成文法、习惯法和自愿性的个别契约等。非正式约束是人们在长期交往中无意识形成的,具有持久的生命力,并构成代代相传的文化的一部分

（卢现祥，2003）。非正式约束包括价值信念、伦理规范、道德观念、风俗习性、意识形态等。价值信念、伦理规范、道德观念、风俗习性，是一个民族在历史长河中形成的文化积淀，是在文化进化过程中形成的规则，即文明，对各种正式规则和非正式规则的形成、发展以及外部规则的引进，发挥着深刻的基础性影响，它们是人们所不能选择、不能重新构造的，并始终对人们的行为具有约束力（布坎南，1989）。在各种非正式约束中，意识形态居于核心地位。诺斯（1991）认为，意识形态由相互关联的、包罗万象的世界观构成，它必须解释现存的产权结构和交换条件是如何成为更大的体制的组成部分的。人们通过意识形态来判断劳动分工、收入分配和社会制度结构的合理性和合法性，因此，它是决定制度效率或节约交易费用、降低制度变迁成本的最重要的非正式规则。

  制度作为一种公共产品，它是由个人、组织或国家生产出来的，这是制度的供给。当制度的供给刚好能够满足人们对制度的需求时，制度就处于一种均衡的稳定状态，此时各个利益主体都可以找到属于自己利益最大化的平衡点。但当相对价格和偏好发生变化后，人们之间的激励结构被改变，利益主体会对潜在的盈利机会作出行动反应，要求重新缔约，以便对其效用或利益函数最大化作出更有利的契约安排，从而引起制度变迁。可见制度变迁是新制度（或新制度结构）产生，并否定、扬弃或改变旧制度（或旧制度结构）的过程（黄少安，1997）。制度变迁可以被理解为一种效益更高的制度对另一种制度的替代过程，或一种更有效益的制度的产生过程（卢现祥，2003）。Y. 巴泽尔（1997）指出，制度变迁在发展过程中是不可避免的。人们为了提高经济效率和社会福利，正试图对不同的制度安排做出社会选择。

  （2）制度变迁的两种类型。林毅夫（1994）在其经典论文《关于制度变迁的经济学理论：诱致性变迁与强制性变迁》中，分析了两种类型的制度变迁——诱致性制度变迁和强制性制度变迁。诱致性制度变迁指的是现行制度安排的变更或替代，或者是新制度安排的创造，它由个人或一群（个）人，在响应获利机会时自发倡导、组织和实行；与此相反，强制性制度变迁由政府命令和法律引入和实行。林毅夫认为，在技术条件给定的前提下，交易费用是社会竞争性制度安排选择中的核心，合乎理想的制度安排是以最少费用获得定量服务提供的制度安排。从某种现行制度安排转变到另一种不同制度安排的过程,即制度变迁,是一种费用昂贵的过程。如果转变到新制度安排的个人净收益没有超过制度变迁的费用,就不会发生自发的制度变迁。制度变迁通常需要集体行动。因此"搭便车"(free rider)是制度变迁所固有的问题。而且,制度安排一旦被创始,就会成为公共货品。所以,由自发过程提供的新制度安排的供给将少于最佳供给,而政府则可以采取行动来矫正制度供给不足。

2. 强制性制度变迁的动因——信托业第五次清理整顿

如前所述,不断地清理整顿大大收窄了信托公司的合法资金来源渠道,使信托公司的正常经营活动难以为继,陆续爆发支付危机,原先若隐若现的违规经营、资不抵债、不良资产比例高、资产流动性差等问题彻底暴露出来;而一些地方的局部金融风险公开爆发,则使信托业的经营危机和潜在风险受到国家高度重视。1997年1月4日,根据国务院的决定,中国人民银行关闭解散了中国农业发展信托投资公司;1998年6月22日,中国新技术创业投资公司因为"严重违规经营、财务状况恶化、不能支付到期债务"被中国人民银行下令关闭;1998年10月,按照市场原则和法律处理程序,广东国际信托投资公司宣布破产关闭。在多次清理整顿之后,信托公司仍然累积了众多的问题和风险,并最后以被迫关闭这种极端化形式表现了出来。中央政府在不得不通过人民银行再贷款的方式补偿信托公司倒闭的受害者的同时,发现继续沿袭原来"修修补补"的手法清理整顿信托业,并不能突破信托业的路径依赖,帮助信托业真正摆脱困境,反而会使信托业的矛盾越积越深,并会进而影响到社会对金融秩序和金融安全的信心和信任。胡金焱、王旭(2004)分析认为,到了此时,中央政府终于认识到维持原有信托制度的费用大于收益。而只有在政府收益高过费用时,政府才有激励采取强制性制度变迁的方式,为信托业构建一个新制度。

1999年3月,《国务院办公厅转发中国人民银行整顿信托投资公司方案的通知》(国办发[1999]12号)下发,信托业第五次清理整顿正式开始。这一次清理整顿的主要措施包括:对问题严重、地方政府不愿救助或无力救助的信托公司一律实行停业整顿、关闭、撤销;少数经营状况良好或者经营状况尚可、地方政府又有意救助扶持的信托公司,采取政府注入资金、债权转股权、引入新的战略投资者、合并重组等方法化解债务、增加资本金,并全面清理债权债务,解决各类历史遗留问题,然后经人民银行验收和重新登记;实施信证分业，信托公司所属的证券资产限期以自组控股证券公司、以评估后的证券资产参股其他证券公司、转让等方式全部剥离。

第五次清理整顿的历史意义在于，国家以在制度层面上重新定位信托业的基本功能、促使信托公司回归财产管理的本业为主要目标，力图通过强制性制度变迁，彻底打破信托业发展的路径依赖，从根本上解决信托业无序经营、没有与其他金融机构相比的独特功能和独特业务的问题，从而再塑信托业，使之真正成为金融业的支柱之一。而强制性制度变迁的主要内容，就是颁布实施"一法两规"。

3. 强制性制度变迁的内容——"一法两规"出台

现代信托业的本源业务——资产管理业务的核心基础是信托制度，是对现有财产权法律规范的制度创新，需要法律确定其地位和内容（方嘉麟，1994）。改革开放后，我国信托业虽然恢复、发展了20余年，但历经曲折，主业不明、功能错位，是长期以来困扰信托业的痼疾。回顾信托业的发展历程，信托机构一再偏离主业，虽然有信托之名，却基本上未行信托之实。一个重要原因，长期以来我国的信托制度建设几乎是空白，信托的观念和运用多处于误解和歧义之中。2001年4月28日，终于迎来了一件具有里程碑性质的大事——《中华人民共和国信托法》正式通过。经过8年起草工作的《信托法》，最终将源自普通法系的信托引进了经济快速增长的中国，它的颁布和实施是建立我国信托制度的基石，为我国信托业回归信托本源业务提供了根本的制度保障，将极大地促进信托功能在我国的发挥和应用（江平，2005）。

在《信托法》实施后，2002年6月，人民银行修订并颁布了《信托投资公司管理办法》，制定并颁布了《信托投资公司资金信托管理暂行办法》。2002年《信托投资公司管理办法》和《信托公司资金信托管理暂行办法》（以下简称"两规"）发布实施。按照这两个办法的规定，信托公司可以经营资金信托、动产信托、不动产信托和其他财产信托等四大类信托业务，以及代理财产管理与处分、企业重组与购并、项目融资、公司理财、财务顾问、代保管等中介业务，通过发挥专家理财职能，更好地为经济建设和经济发展服务。

2001年《信托法》、2002年中国人民银行《信托投资公司管理办法》和《信托投资公司资金信托管理暂行办法》，被信托业界称为"一法两规"。在"一法两规"中，信托制度的基础是信托基本关系，《信托法》对这些基本关系进行了规范;利用信托制度进行营业活动的主体是信托公司,《信托投资公司管理办法》对信托公司经营活动进行了规范;资金信托是信托公司的主营业务,《信托投资公司资金信托管理暂行办法》对这项业务进行了规范。因此,"一法两规"的颁布实施,是中央政府为了打破信托业的路径依赖所作的强制性制度变迁,对于实现信托业回归本业,促进信托机构按照需求尾随型金融发展模式走市场化道路,大力进行信托创新,发挥了基础性的、重要的规范和引导作用。"一法两规"正式出台,标志着中国信托业真正步入了规范化、法制化的健康发展轨道。

2.5.2 信托法构建信托制度的整体价值功能

有关研究(文杰,2002;何玉鸣,2003;王连洲,2005)表明,虽然信托制度移植到我国经历了一个漫长的过程,而且将来还需要一个逐步成熟的过程,但信托制度的本质要义,在2001年中国信托法中,均有所继受和体现,从而在权威的法律层面上第一次真正构建了信托制度整体的价值功能,使信托具有区别于其他财产管理法的根本特征。2001年中国信托法体现的信托基本原理主要包括:

1. 信托财产的权利主体与利益主体相分离原则

信托关系的本质是"受人之托,代人理财",委托人将其财产权设立信托,这笔财产权就具有了双重所有权。信托财产在法律上已不属于委托人所有,也不属于受益人,而是被转移于受托人名下,由受托人按照委托人的意愿或特殊目的,管理、运用和处分信托财产,而由此产生的利益归受益人享有。受托人应忠实、勤勉地管理信托财产,不得利用信托财产为自己牟利;受益人根据法律和信托文件的规定,享有信托财产上应有的受益权。财产管理属性与利益属性的分离、信托财产的权利主体与利益主体的分离,使受益人在无须承担财产管理责任的情况下享受到财产的利益,正是信托作为一项财产管理制度,是信托制度的基石,是信托制度作为一种优越的财产管理方式的最根本的特质和先进性所在。江平(2004)指出,"信托制度设计的本质是:有效地分割财产的管理属性与利益属性。信托财产的权利在法律上属于受托人,受托人据此对信托财产进行管理、投资和其他安排,但由此所产生的利益则全部由委托人指定的受益人享有或者用于委托人指定的特定目的。分割信托财产的权利主体和利益主体、分割信托财产的管理属性和利益属性,使受益人无须承担财产管理之责就能享受财产之利益,这也正是信托成为优良财产管理制度的全部奥秘所在。"

2. 信托合法性原则

源于普通法系的信托制度,信托的设立和应用非常富有弹性。但无论哪一种类和样态的信托,都以有合法的信托目的作为信托有效设立的前提。信托的基础是诚信,合法性原则是《信托法》基本原则中首要的原则。通过信托的设定与实施,当事人所希望达到的效果必须合法,以信托行为不损害其债权人合法利益为要件,凡违背公共利益、以诉讼或讨债为目的设立的信托,法律规定其为无效信托。同时设立信托的财产一定是合法的财产和具有确定性的财产,否则信托也视为无效。这种制度规定有助于防范利用信托达到和实现不良企图的可能。

3. 信托财产独立性原则

信托作为一种财产管理制度,其载体是信托财产。信托财产处于信托关系的核心,没有独立可辨识的信托财产,就无所谓信托。为了充分保障信托财产的安全,使受托人为受益人的最大利益而处理信托财产,从而保证信托目的顺利实现,《信托法》将信托财产独立性作为一项基本原则。信托一经设立,信托财产即取得一种独立性,与委托人和受托人的自有财产相区别,不受委托人或受托人状况变化,甚至破产的影响。委托人、受托人或者受益人的债权人一般也无权对信托财产主张权利。受托人因信托财产的管理、运用或者其他情形而取得的财产,都归入信托财产。受托人除为受益人之一,不得以任何名义享有除受托人报酬以外的信托利益。除法律规定的情形外,任何人不得对信托财产强制执行。因此,信托一旦设立信托财产即自行封闭与外界隔绝,形成信托的"闭锁效应"。信托财产的权利主体与利益主体相分离以及信托财产的独立性,有助于使信托财产免受信托当事人与信托关系之外的第三人之间存在的复杂的债权债务关系的影响,从而使信托具有了其他财产制度所不具有的风险隔离和权力重构的功能,增加了信托财产的安全性。由上可知,信托制度独有的财产独立性原则为委托人提供了其他财产管理制度无法比拟的法律风险保障。

4. 有限责任原则

受托人的有限责任指一旦信托有效设立,受托人因处理信托事务所发生的给付责任（包括对受益人和第三人），以信托财产承担。受托人的有限责任原则是《信托法》的又一基本原则，它根源于信托财产的独立性。受托人在处理信托事务中，只要没有违反信托目的处分信托财产或者违背管理职责，即使没有取得信托利益或者致使信托财产受到损害，只是不向受益人支付信托利益或者在信托终止时将剩余财产交给受益人，不会发生以其固有财产负无限责任的法律后果。就受托人与第三人的外部关系而言，《信托法》规定，受托人因处理信托事务所支出的费用、对第三人所负的债务，都只以信托财产为限承担有限责任。如果受托人以其固有财产先行支付的，对信托财产享有优先受偿的权利。法律作这样安排，是为了使受托人不因履行职责而承受无谓的损害，从而使信托这种有益的财产管理制度得以顺利推行。而如果受托人违背管理职责或者处理信托事务不当而对第三人造成损害，应以其固有财产承担，不得从信托财产中偿付。这同样是为了使受托人更好地履行职责。委托人和受益人同样仅以信托财产为限对因处理信托事务所发生的债务承担有限责任。信托的有限责任性，有助于受托人根据信托目的的需要，充分发挥管理信托财产的能动性和创造性，以顺利实现委托人的愿望。信托制度的有限责任原则为信托业发展提供了广阔且风险较小的法律生存空间。

5. 信托承继性原则

信托是一种具有长期性和稳定性的财产转移与管理制度，突出表现在信托的承继性效力上。信托财产的运作一般不受信托当事人经营状况和债权债务关系的影响。信托一旦设立，在有效期内不得因受托人死亡、解散、破产、丧失行为能力、辞职、解职或其他不得已事由而终止。某些类型的信托例如养老金信托和公益信托等更没有期限的限制。信托承继性，使信托目的得以忠实贯彻，为受托人长期管理和运用信托财产，为委托人实现财产转移和管理的产权安排，提供了制度上的保障，从而有利于圆满有效地实现委托人的意愿。

6. 信托公示原则

信托公示，指通过法定方式将某项财产已设立信托的事实让公众所知。由于信托一旦有效设立，信托财产就处于委托人、受托人、受益人三方债权人的追及范围之外，一般不能对其请求法院强制执行，所以信托的设立对第三人利益影响较大，若不以一定方式将有关财产已设立信托的事实公开，第三人便无从知道某项财产已成为信托财产，从而可能遭受无辜的损害。因此，凡成为信托财产的都应当登记公示,从而平衡委托人、受益人和第三方的利益关系。法律规定,应当按规定进行信托登记而没有进行信托登记的,信托无效。无效信托的财产自然不得对抗第三人。信托财产及信托关系以一定方式公开披露,这是基于信托关系的特殊性和信托财产的独特性而确立的信托原则。

7. 保护受益人利益原则

委托人设立信托和受托人受托管理或处分信托财产,其宗旨和目的就是为了受益人的利益保护。信托法确立了信托财产的独立性,赋予委托人和受益人调整信托财产管理方法和监督受托人信托活动的广泛权利,并规定了信息披露制度;规定受托人管理信托财产应当分别管理、分别记账;受托人应当担负因管理过失而产生的补偿责任或赔偿责任。对投资者以受益人身份参与信托投资的合法权益,信托法提供了法律保护。

这对于在缺乏保护投资者的法律传统的中国发展信托业尤为重要。LLSV(1998)研究认为,一国的法律制度会影响该国的金融结构。例如,民法对投资者权利的保护弱于普通法,普通法国家对股东和债权人的权利的保护比法国民法要强,德国民法和斯堪的纳维亚对投资者的保护介于普通法和民法之间。法律的强制实施质量在德国民法系和斯堪的纳维亚国家最好,其次是普通法系国家,再次是法国民法系国家。LLSV 的研究表明,所有权的集中程度与法律对外部投资者权利的保护力度呈负相关关系。由于法国民法系国家对投资者权利保护较弱,因此这些国家的所有权结构较为集中。意大利的公司很少公开上市,德国的股票市场相对于其银行体系而言规模较小,而美国的股票市场则相对发达,造成这些差异的缘由,盖因这些国家的法律制度结构对投资者权利的保护程度的不同。中国一来属于民法国家,二来金融市场长期不发达,在保护投资者方面的法制建设极其有限,信托法在这方面的努力就显得十分可贵。

2.5.3 "两规"实现信托功能回归

作为行业规范和业务规范的"两规"出台具有重大意义,它以强制性变迁的方式,宣告了旧的信托业体制结束,新的信托业体制诞生。在旧有体制下,信托公司实行高度银行化的混业经营模式;新的信托业体制则在促进信托功能回归的前提下,将信托公司定位为以收取手续费或佣金为目的,以受托人的身份接受信托财产和处理信托业务的非银行金融机构。这就突出了信托公司作为一个有别于银行、证券公司、保险公司而"受人之托,代人理财"的财产管理功能定位,在这种定位下,信托公司以受托管理资产为主业,是专业化的资产管理机构、货币市场上的资金经营机构、资本市场上的机构投资者和投资银行。"两规"为信托公司提供了前所未有的创新发展空间,为信托业适应挑战、参与竞争创造了良好的政策条件,促成了信托业的新一轮启动。

1. 引导信托公司开展真正意义上的信托业务

按照信托法的定义,规范地引入了"信托"的基本概念,使信托公司开展真正的信托业务具有坚实的基础。在此之前的监管法规中,由于无法可依,因此常常是在没有信托概念的情况下,直接引入"信托投资业务"的定义。例如1986年人民银行《金融信托投资机构管理暂行规定》第三条直接载明:"信托投资业务,系指受托人按照委托人指明的特定目的或要求,收受、经理或运用信托资金、信托财产的金融业务",之前却并无说明什么是"信托"的条款。当时所开展的所谓"信托业务",虽然有其合法性,但却无从发挥各国法律赋予的信托制度的种种优势和功能。在2002年《信托投资公司管理办法》中,不仅首次引用了《信托法》关于"信托"的权威定义,而且对信托的三方当事人、信托财产及其独立性作了具体而明确的规定,使信托公司开展信托业务时,得到法律强有力的支持和保障,从而能够充分发挥信托制度所固有的优越性。

2. 明确信托公司作为资产管理机构的性质

从资金来源方面,将信托公司确定为非存款类金融机构,从而把信托公司与商业银行区别开来。在"两规"中,信托公司可以从事多种信托业务,包括资金信托、动产信托、不动产及其他财产的信托,其中最重要的信托业务是资金信托业务。信托公司开展资金信托业务时,虽然资金的运用范围很宽广,诸如贷款、股权投资、证券投资、融资租赁以及同业拆放等,但在资金来源方面,禁止信托公司以任何方式吸收存款,包括居民储蓄存款和机构法人存款,而只能通过设立单一资金信托和发行集合资金信托计划(以下简称信托计划)的方式募集资金。这就从根本上确立了信托公司与商业银行之间的区别,明确了信托公司作为非存款类金融机构的性质,有利于信托公司办成"受人之托,代人理财"、以手续费、佣金为主要收入的金融中介服务机构。

3. 扩展信托公司的客户对象,将自然人纳入委托人范围

大大扩展了信托公司的客户对象。在"两规"之前,信托公司实际上是

被禁止开办与个人相关的业务，尤其不允许吸收个人资金；对于机构资金的性质也作了种种严格限制（虽然屡屡被信托公司违规突破）。根据"两规"的制度安排，信托公司可以通过发行信托计划以及设立单一信托的方式来募集资金。关于信托委托人的规定很宽泛，可以是具有完全民事行为能力的自然人、法人或者依法成立的其他组织。其中最有意义的是首次正式允许个人以委托人的身份加入信托计划，从而个人可以名正言顺地成为信托投资者。对委托人的资金也不再作苛刻的限制，只是原则地要求必须是合法拥有的资金。随着国民收入分配结构的改革调整，个人分配比例大幅度提高，居民个人所拥有的收入和财富无论是绝对量还是相对比例都显著上升，他们提出了大量的资产管理的需求。"两规"把个人纳入资金信托委托人的范围，有利于信托公司回归资产管理的本源业务。

4. 划分信托公司业务范围

第一类：资产管理业务。这是信托公司的主营业务。资产管理业务有两种法律形式：一是信托，委托人需将信托财产转移给受托人，受托人则以自己的名义加以管理。具体经营按照《信托法》和《信托投资公司管理办法》规定的业务规则进行。二是代理，委托人无须将委托财产转移给受托人，受托人以委托人自己名义从事管理活动，具体经营按照《民法通则》关于委托代理和《合同法》关于委托合同的规定进行。在资产管理业务中，以信托业务为主。

第二类：投资银行业务。这是信托投资公司重要的利润来源，也是资产管理业务的重要辅助性业务。投资银行业务包括企业购并及资产重组、财务顾问、项目融资、经济咨询、债券承销业务等。

第三类：自营业务。即自有资金的运用。信托公司的自有资金可以用于同业拆放、融资租赁、证券投资和实业投资等。

5. 明确信托机构主营业务——资金信托业务的私募性质

按照接受委托的方式，集合资金信托业务可分为两种：第一种是社会公众或者社会不特定人群作为委托人、以购买标准的、可流通的、证券化合同作为委托方式，由受托人统一集合管理信托资金的业务；第二种是有风险识别能力、能自我保护并有一定的风险承受能力的特定人群或机构为委托人，以签订信托合同的方式作为委托方式，由受托人集合管理信托资金的业务。由于条件不具备，"两规"不允许信托公司开展第一种业务，所规范的是第二种资金信托业务。由于这类业务的委托人要有资金实力,能自担风险,信息公开披露的要求不高,因而对委托人的准入门槛要高。如英国规定,拥有10万英镑的年收入或拥有25万英镑净资产的个人有资格参加此类业务。美国规定,拥有500万美元资产的个人或机构有资格参加,且人数不超过100人。这样规定的目的,是避免把风险识别能力和损失承受能力较弱的普通投资者引入此类业务。人民银行倾向于认为,参加集合资金计划一般属于高风险、高收益的投资,特别是向固定资产项目投资具有建设周期长、项目大、风险大、收益相对比较高的特点。"两规"规定一个信托计划接受委托人的资金信托合同不得超过200份,每份合同金额不得低于人民币5万元,信托公司在办理资金信托业务时,不得以各种形式通过或者配合报刊、电视、广播和其他公共媒体进行营销宣传。这样的规定,提高了信托计划投资者的门槛,也对信托公司提出了相应的约束条件。

本章认为,我国信托业在1979年恢复时的制度禀赋是经济体制改革和金融体制改革拉开序幕,中央政府当时恢复和发展信托业的主要动因是为了突破传统的计划金融体制,因而信托业的发展呈现供给引导型的特征。国家对信托业采取了工具性的政策倾向,即把信托业当作改革工具和融资工具;信托业的初始功能定位是带有强烈银行色彩和具有全能金融特征的非银行金融机构,这种偏离了信托本源业务的功能定位实际上带来了功能错位,而功能错位是造成信托业矛盾累积和清理整顿的制度根源。"一法两规"的颁布实施是信托业历史上具有里程碑性质的一次强制性制度变迁,它不仅构建了信托制度整体的价值功能,而且实现了信托功能回归。

3. 信托创新：理论分析

什么是支持信托创新的制度供给？信托创新的发生需要怎样的物质经济基础？信托创新的内涵是什么？信托创新的动因何在？信托创新的结构与层次该如何划分？本章的研究将回答这些问题。

3.1 信托创新的制度供给

3.1.1 信托制度为创新提供了广袤空间

1. 信托结构的封闭性和稳定性有利于实施金融创新

信托业区别于其他金融机构的核心的法律特性，在于其营业所依据的信托制度。在金融机能的法律构造上，其他金融机构建立在传统的物权、债权、股权基础上，表现为双边的买卖、借贷、委托代理等法律关系。而作为一种以信托财产为核心、信用为基础、委托为方式的财产管理制度，信托制度体现了一种独特的法律安排。信托具有信托财产独立性的独特制度安排，使信托财产不受信托当事人经营情况、债权债务关系等方面的影响，具有破产隔离功能；信托财产的存续是事先以信托契约的形式"固定"的，是一种独立的、封闭的、可持续运作的财产，在信托期限内它不因受托人、委托人和受益人的变更而发生变更。这种机制固定了当事人各方责任和义务，严格保障了信托财产的安全性，确保了信托财产沿着特定目的持续稳定经营。

信托制度与其他制度相比，也更能适应市场经济对效率的要求。通过信托的财产转移和财产管理功能，发挥受托人专业理财优势，能够使资源从低效益利用向高效益利用流转，增强了市场要素的流动性，提高了要素的配置效率。

同时，信托财产的独立性以及受托人以所有者名义管理信托财产，使受托人与信托关系之外的第三人之间的权利义务关系简单明了，为受托人对外进行经济活动提供了便利，降低了交易成本。

2. 信托的调适功能有利于实施金融创新

李宪普（2007）指出，信托具有强大的调适功能，体现为《信托法》对现行法律规范实际功能的疏通、弥补和优化价值。任何法律，只能顾及其核心价值，不可能穷尽其周边价值，这是法律的固有属性，也是人们选择法律作为管理社会的工具时，必须付出的成本。《信托法》所遵循的是信托目的合法原则和信托设计的灵活弹性。这些属性，可以在一定程度上平抑、弱化、缓解现行法律规范所固有的滞后性、过时性、粗糙性和局部领域的不合理性，平抑现行法律和政策的负面作用。从信托制度的核心价值看，其意思自治、权利形态的转换（编排、梳理和分解）及其灵活性，在很大程度上表现为对现行法律粗糙性的细腻化、人性化的调适。这种制度优势，客观上可以通过促进金融信托创新，减少社会交易成本，提高金融市场的效率，满足市场主体正当的多元化、个性化需求。

3. 信托的弹性空间为金融创新提供了深厚的土壤

信托业的业务跨度大、经营范围广，在金融职能方面具有多样化的优势，能实现理财、投融资、社会服务、协调经济关系等多种职能，提供集"融资"、"融物"、"服务"为一体的中长期金融服务。作为信托制度优越性之一的弹性空间，则为金融创新提供了深厚的土壤，表现在：

一是信托功能的多样化。信托最重要的功能是财产转移和管理职能，通过受托人提供专业理财服务，实现委托人自身无力实现的理财目的；信托具有投融资功能，信托架构了委托人、受托人、受益人、投资项目之间的多边信用关系，可以将融资、融物、直接融资、间接融资进行组合运用；信托通过为企业提供股权托管、债务重组、信用中介等金融服务，还将对深化企业改革，推动产业结构调整起到积极作用。

二是信托目的的自由化。信托的目的既可以是公益信托，如为了环保、扶贫、促进教育、增进健康、发展科学事业等；也可以是私益信托，如子女教育信托、养老金信托、遗嘱信托等。私益信托既可以是自益信托，也可以是他益信托。只要是委托人合法拥有的财产，在不违背法律的情况下，都可以按照自己的愿望设立信托。

三是信托财产的多元化。除国家禁止流通的以外，只要是合法所有的财产或财产权均可以设立信托，包括各种现金资产、动产、不动产、所有权、用益物权和未来收入等财产权利。

四是营业领域的宽泛化。政府、企业和个人都可以是信托的使用者。比如在国企改革中，政府可以作为委托人和受益人，将国有股份托管给信托公司，由其参与企业经营管理；企业可以通过设立信托得到投资、融资、公司理财、信用见证等一揽子金融服务；个人的闲置资金、动产、房产、知识产权等可通过信托管理和处置实现资产增值，得到稳定收益。

五是信托财产运用方式的多样化。信托财产可以通过出租、出售、拆借同业、发放贷款、进行证券投资、股权投资、项目投资等多种方式单独运用或组合运用。

3.1.2 信托业监管的市场化取向为创新营造了宽松环境

"一法两规"的出台，为引导信托业走市场化道路，迈出了坚实的一步，在监管方面，坚持了市场化的理念。过去，信托公司开设信托业务品种，须将有关资料报监管部门（人民银行）核准；而"两规"不再规定有关信托业务品种设置与产品开发的审核内容，对信托公司的企业行为和产品设计的管制越来越少，改变了以往行政色彩浓厚的直接管理模式，而是转向了间接监督管理，通过股东审查、信息披露、内部控制、高级管理人员任职资格审批和责任追究制度来建立信托业规范发展的约束和制衡机制。

与此相应，信托公司经营的自由度得到大幅度提高。"两规"没有对资金的性质和来源作任何特殊限制。对于信托资金的运用方式及投向也没有限制性规定，信托公司可以和委托人在信托文件中约定，信托合同的目的是什么，信托财产怎样管理和运用。投资者既可以指定信托公司采取什么样的方式进行管理运用，也可以授权信托公司来确定管理运用的方式。而信托公司在具体运用信托资金时，则可以采取贷款、股权投资、证券投资、出租、出售、同业拆放等方式。信托公司具有的资金来源的多样性、运用方式的灵活性、运用领域的广泛性，是其他金融机构所不具备的，并且在很大程度上保留了信托公司"金融百货公司"的色彩，使之成为目前中国金融体系中唯一具有混业经营特征的金融机构。这样,信托公司可以根据市场需要,按照委托人的意愿、信托财产的种类或者对信托财产管理方式的不同,在货币市场、资本市场以及实业市场的广阔领域内,创设信托业务品种,从而为信托业的创新活动营造了较为宽松的监管环境。

3.1.3 第五次清理整顿后重新登记的信托公司具有较强的创新能力

二十多年来,信托业经历了多次清理整顿的洗礼和重新组合,特别是经过第五次清理整顿,负债率高、资产质量差、经营规模小的信托公司被撤销、关闭或重组,一批资产质量好、实力强、规模较大的信托公司获得重新登记。经过这一次清理整顿,信托公司总体资产质量显著提高,原有业务得到清理,停止了存款业务,放弃了结算业务,剥离了证券经纪与承销资产,贯彻了1993年《国务院关于金融体制改革的决定》所规定的"保险业、证券业、信托业和银行业实行分业经营"的政策。重新登记的信托公司普遍经过了资产重组,卸掉了历史的债务包袱,充实了资本金,改进了法人治理结构,吸取了过去的经验教训,革新了市场经营观念,增强了抗风险能力,夯实了发展的基础,提高了整体的经营管理水平。健康状况得到根本好转的信托业具备了创新的基本条件。因为很难想象,包袱沉重、风险丛生的信托公司,会积极地开展创新活动。

合格的经营管理和金融技术人才是信托业创新的根本保证。信托业作为一种现代金融性的财产运作制度和管理方式,具有法规性、严密性、配套性和创新性的特征,加之中国信托市场发展的复杂性,非常需要大批高素质的专业的投资管理专家、产品设计专家、风险控制专家、营销专家,涉及金融、法律、投资以及投资银行等多个领域。由于过去信托公司经营银行业务、证券经纪业务和投资银行业务,培养、保留了一支大批专业型和复合型的金融人才队伍,为大力开展创新活动提供了人才保障。

可见,从微观运行方面看,保留和优化后的信托公司,有实力、有条件承担在新的发展环境、政策环境和法律环境下创新和拓展信托业务,为中国信托业的发展上下求索、开拓进取。

3.2 信托创新的经济需求：居民财富积累与资产管理的需要

恩格斯精辟地指出："社会一旦有技术上的需要，则这种需要就会比十所大学更能把科学推向前进。"[①] 经过持续的改革开放，社会财富总量和人均收入、人均财富积累达到了前所未有的高度，产生了资产管理的各种需求，为"需求尾随型"的信托发展方式奠定了坚实的经济基础。

3.2.1 金融资产结构发生巨大变化

改革开放以来，中国连续创造年经济增长率7%以上的奇迹，2001年，GDP总值达到了1万亿美元。金融资产保持了较快发展的趋势，从1979年到2001年，金融机构的总资产增长60多倍，年均增长21.0%；贷款余额增长了52.9倍，年均增长19.9%；存款余额增长了94.2倍，年均增长23.0%；货币总量增长了88倍，年均增长22.6%；城乡居民储蓄增长304.5倍，年均增长29.7%。社会财富积累和可支配主体多样化，各类基金的日益增加，居民持有的货币量及金融性财产快速增长，迫切要求建立和完善信托市场体系，提供种类齐全、多元化的兼具安全性和收益性的信托理财产品。因此，在"一法两规"颁布实施之时，恰好遇上实体经济部门对信托服务产生旺盛的现实需求的时候，信托业创新迭出、强势崛起的时代开始到来。

1. 分析金融资产的指标

从宏观角度考察，广义的金融总量是全社会的金融总资产，即全部社会成员持有的所有金融资产的总值。全社会的金融总资产大致可以划分为三大类（王广谦，2002）：(1) 货币性金融资产，主要包括现实中的货币和各类存款；(2) 证券类金融资产，主要包括各类有价证券（政府债券、金融债券、企业债券、股票、企业及银行票据以及各类投资基金凭证）；(3) 具有专门指定用途、以保障为中心的各类专项基金，包括商业保险基金、失业保险基金、养老保险基金、医疗基金、住房基金以及各类公积金等。

---

① 《马克思恩格斯选集》第4卷，505页，北京：人民出版社，1972。

社会成员（包括居民部门、企业部门、政府部门、对外部门和金融部门等五大部门）持有的货币作为发行者对公众的负债反映在中央银行资产负债表的负债一方，这些部门拥有的全部存款则反映在存款性金融机构资产负债表的负债一方，因此，货币性金融资产的统计可以通过金融机构的资产负债总表反映出来。

一般来说，居民（个人或家庭）部门是各类证券的主要持有部门，他们持有的各类有价证券和投资基金反映在证券市场的有关统计中；企业部门主要是有价证券（企业债券和股票）的发行部门，但同时也会持有一些其他部门发行的证券；政府部门是国家债券的发行部门，一般不持有国内其他证券，政府部门持有的国外证券和外汇储备反映在中央银行资产负债表的对外资产中；金融部门既是证券发行部门（发行金融债券及股票），也是证券持有部门（主要持有政府债券，也有一部分是对企业投资），它们发行和持有的证券均能够在金融机构的资产负债表中得到反映。因此，全社会的证券类金融资产有一部分体现在金融机构的资产负债总表中，另一部分则必须通过证券市场才能反映出来。

全社会金融资产的另一大类，即具有专门用途，以保障和风险防范为中心的各类专项基金，其中，商业保险的部分可以在保险市场的统计中反映出来，其他社会保障类基金则需要从不同的主管部门来反映。

按照上述分析，全社会的金融总资产可从三条渠道分析，其一是金融机构的综合资产负债表，其二是证券市场及保险市场的发展规模统计，其三是有关社会保障基金的管理部门。

分析金融机构的资产负债表，既可以分析其资产一方，也可以分析其负债一方。从金融机构看，资产方与负债方具有同等重要的意义，但从全社会金融资产的分布角度看，金融机构的负债方具有更为重要的意义，它反映了金融机构对社会金融资产的集中程度和管理运用程度，并可以透视出社会金融资产的组成状况。分析证券市场，需要对各类证券分别进行。债券，作为还本付息的债权债务凭证，对持有者来说无疑是金融资产；股票作为所有权凭证，对持有者来说也是金融资产，但在 2007 年股权分置改革基本完成之前，我国的股票分为流通的和未流通两个部分，法人持有的未流通的股票虽然从性质上说也是持有单位的金融资产，但在目前，这部分股票实际上只是对发行公司的实物资产所拥有的相应部分的证明，尚未构成实际意义的金融资产。这部分象征意义的金融资产只有在其真正流通时，才从实物资产转化为实际的金融资产。因此，这部分未流通的股票暂不应计入社会金融资产总值。商业保险计入社会金融总资产的问题，也要具体分析，从投保户来说，只有那些可以返还的保费才能视为金融资产，而从保险机构来说，保费收入减去补偿等成本后形成的保险基金则全部构成社会的金融总资产。各类社会保障基金无疑应视为社会金融总资产。

2. 金融资产结构变化及原因分析

（1）金融资产结构的变化。在改革开放之前的计划经济体制下，中国的金融资产基本上全部表现为货币性金融资产。随着改革的不断推进，金融资产开始走向多元化。1980年恢复国内保险业务，1981年恢复国债发行，20世纪80年代中期，金融债券、企业债券和股票成为新的融资形式。到1990年，各类有价证券在金融资产中的比重达到6.72%，保险类金融资产的比重为1.32%。整个90年代，随着中国改革步伐的加快，国债发行规模不断扩大，股票市场迅速成长，金融资产结构也发生了很大变化。2001年，有价证券类金融资产的比重上升至20.82%，保险类资产的比重为1.83%。表3-1、表3-2反映了中国改革开放以来金融资产总量和结构的变化情况。不管从总量还是分项指标来看，增长的速度都是惊人的。

表3-1　　　　　　　中国金融资产总量的变化　　　　　　单位：亿元

年份	1978	1979	1985	1990	1995	2000	2001
一、货币性金融资产	1512.5	1712.2	5977.6	16657	61747.5	138457.1	159306
1. 流通中现金	212.	297	987.8	2644.4	7885.3	14652.7	15688.8
2. 各项存款	1300.5	1389.2	4989.8	14012.6	53862.2	123804.4	143617.2
其中：居民储蓄存款	210.6	232	1622.6	7119.8	29662.2	64332.4	75233.1
二、有价证券			245.4	1216.56	4980.42	19651.1	22112.7
3. 债券			245.4	1170.66	4042.2	14565.83	3346.03
（1）国债			237.21	890.34	3300.3	13020.00	2286.00
（2）金融债券			8.2	84.88	95.29	30.2	51.4
（3）企业债券				195.44	646.61	861.63	1008.63
4. 股票（流通股票市值）				45.9	938.22	16087.52	20032.1
三、保险类基金			38.4	238.42	1036.96	3374.0	3932.12
四、金融资产总值	1512.5	1909.2	6261.4	18111.98	67764.88	172484.45	203234.13

资料来源：中国金融年鉴（1986—2001），中国经济年鉴（1980—1983），中国统计年鉴（2000—2001），谢平估算（1979），易纲（1996），吴晓求（2003），李建军（2001）。

从表 3-1 可以看出，20 多年来，中国的金融资产增长幅度很快，金融资产总值 2001 年已达 20 多万亿元，年均增长率为 24%，反映了中国经济实力的迅速增强。股票资产是按流通股票的市值计算的，如果把未流通股票的市值计算在内，中国的金融资产总值更大大超过 20 万亿元。另外，保险类金融资产是按保险公司的资产计算的，尚未包括社会保障类基金，2001 年年底，全国社会保障基金余额已达 1348.2 亿元。

表 3-2　　　　　　　　　中国金融资产结构的变化　　　　　　　单位:%

年份	1978	1979	1985	1990	1995	2000	2001
一、货币性金融资产	100.00	100.00	95.47	91.97	91.12	80.27	79.29
1. 流通中现金	14.02	14.23	15.78	14.60	11.64	8.5	9.5
2. 各项存款	85.98	85.77	79.69	77.37	79.48	71.78	69.79
其中：居民储蓄存款	13.93	14.02	25.91	39.31	43.77	37.30	38.34
二、有价证券			3.92	6.72	7.35	17.77	20.32
3. 债券			3.92	6.46	5.97	8.44	3.12
（1）国债			3.79	4.92	4.87	7.93	2.65
（2）金融债券			0.13	0.47	0.14	0.01	0.02
（3）企业债券			0.0	1.08	0.95	0.5	0.5
4. 股票（流通股市值）			0.0	0.25	1.38	9.33	11.21
三、保险类基金			0.61	1.32	1.53	1.96	1.83
四、金融资产总值	100.00	100.00	100.00	100.00	100.00	100.00	100.00

资料来源：同表 3-1。

从金融资产的组成结构看，货币性金融资产目前仍是我国金融资产的主体，但由于证券类金融资产的迅速上升，货币性金融资产的比重呈下降趋势，2000 年比重约为 80%，在货币性金融资产内部，居民储蓄存款的比重上升很快，20 世纪 90 年代，该项比重平均在 40% 左右。

从有价证券的分项结构来看，股票占金融资产总值的比重上升最快，1990 年时仅占 0.25%，2001 年按流通股市值计算已达 11.21%。其次是国债占金融资产总值的比重从 20 世纪 80 年代起一直稳步增长，1985 年时为 3.79%，2000 年上升至 7.93%。企业债券和金融债券占金融资产总值的比重 80 年代中期以后也在增长，但增长幅度不是很大，有时还在降低。

保险类金融资产近年来虽然增长很快，但比重仍然很低，随着社会保障体制改革的加快，该项比重呈现明显的上升趋势。

（2）货币结构的变化。货币量及其结构变化对金融结构的分析十分重要，反映了货币形式结构的调整和供应的调控。

表3-3　　　　中国货币总量及结构的变化（1978—2000年）　　单位：亿元、%

年份	1978	1985	1990	1995	2000	2001
流通中现金（M0）	212.0	987.8	2644.4	7885.3	14652.7	15688.8
货币（M1）	580.4	3017.3	8793.2	23987.1	53147.2	59871.6
广义货币（M2）	889.7	4874.9	15293.7	60750.5	134610.3	158301.9
国内生产总值（GDP）	3624.1	8964.4	18547.9	58478.1	89404.0	95933
M0/M1	36.53	32.74	30.07	32.87	27.57	26.20
M0/M2	23.83	20.26	17.29	12.98	10.89	9.91
M1/M2	65.24	61.89	57.50	39.48	39.48	37.82
M2/GDP	24.55	54.38	82.46	103.89	150.56	165.01

资料来源：根据中国金融年鉴（1995—2001）和王广谦（2002）相关数据整理。

货币总量增长很快，总体趋势是M2的增长快于M1的增长，M1的增长又快于M0的增长，这反映了经济货币化的一个基本规律。由此，货币结构也发生了很大的变化。M0占广义货币M2的比重呈现逐年下降的趋势。1978年该比值为23.83%，2001年降至9.91%。M1占广义货币M2的比重也逐年下降，1978年该比值为65.24%，2001年降至37.82%。货币结构的变化，主要原因是经济的快速发展所带来的各类存款大幅度上升和银行的结算效率大幅度提高，这是中国快速走向富强和金融发展走向更高层次的重要标志。从货币总量与经济总量的关系看，1978年我国的货币总量占CDP的比重为24.55%，到2001年这一比重迅速提高到165.01%，M2/GDP的巨大增幅反映了经济货币化已达到了一个较高的程度，因为货币的增长发展已经远超GDP的增速。表3-3反映了中国货币总量及结构的变化情况。具体变化趋势如图3-1所示。

上述金融资产组成结构、货币结构等指标的变化反映了中国金融资产结构的基本情况。改革开放以来，金融资产结构发生深刻变化的原因是多方面的，其中最主要的原因在于体制转轨和金融发展两个方面。

在中国金融体制改革中，金融市场从无到有，获得了长足的发展，金融机构由过去的"大一统"模式转向多元化金融机构体系，信用形式由过去单一

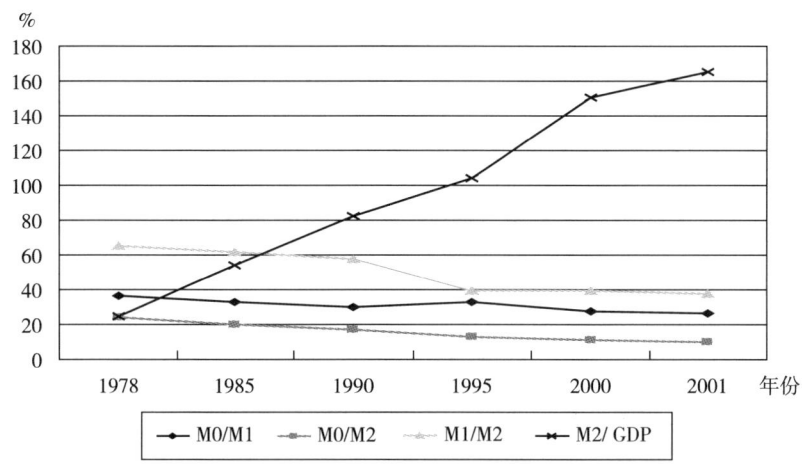

图 3-1 货币供应量结构变化图

的银行信用转向多种信用形式并用,特别是国家信用和企业信用的发展,使金融工具的种类增多和总量增加,同时,投融资体制和资金管理体制发生了很大变化。金融市场的发展、投资主体的多元化和融资渠道多样化,促使金融资产结构和融资结构发生了重要变化。另外,随着经济的快速发展和收入分配体制的改革,城乡居民的货币收支增长很快,居民储蓄存款占金融资产总值的比重快速上升,也是金融结构发生变化的重要原因。

在体制转轨引致金融结构变化的同时,金融总量的增长和金融业能力的增强也促进了金融结构不断优化。改革开放以来,中国的金融总量增长很快。中国金融资产总值从1978年的1512.5亿元增长到2001年的203234.13亿元,在总量的快速增长中,由于各个组成部分增长率不完全相同,金融结构发生了重要变化。金融发展的另一表现是金融业能力的增强,金融机构具备了强大的筹集资金和运用资金的能力,对社会金融资产支配力很强。特别是金融机构支付清算能力的增强,是中国货币结构逐步趋向优化的重要原因。

在体制转轨和金融发展这两个因素中,体制转轨是最基本的因素,若经济体制不变,金融总量增长中金融结构的变化不会很大;另外,若金融总量不增长,转轨中的金融结构变化则很难实现。

3.2.2 金融资产及其结构的变化促进资产管理市场兴起

Greenbaum and Heywood（1973）认为，财富的增长是决定对金融资产和金融创新需求的主要因素。社会财富的增长会直接导致人们对新的金融产品和服务的需求，金融机构只有通过金融创新活动才能满足市场的新需求，进而才能参与分享社会财富增长带来的好处，实现利润的持续增长。Greenwood Jeremy and Boyan Jovanovic（1990）、Greenwood Jeremy and Bruce Smith（1997）分析了金融中介机构和金融市场是怎样随着人均收入和人均财富的增加而发展起来的。他们指出，在经济发展早期，人均收入很低，人均财富匮乏，人们无力支付固定的进入费用，或者即使有能力支付也因为交易量太小、单笔交易负担的成本过高，而没有激励去利用金融中介和金融市场。由于缺乏对金融服务的需求，金融服务的供给也无从产生，金融中介机构和金融市场也就没有存在的基础。当经济发展到一定阶段时，一部分人收入不断提高，财富显著积累，到达了一个临界值，他们就有激励支付固定的进入费用去使用金融中介机构和金融市场，金融中介机构和金融市场也就开始发展。这样富裕的人们越来越多，对金融中介机构和金融市场的需求也越来越多，金融中介机构和金融市场也就不断得到发展。

Ross Levine（1993）的研究表明，固定的进入费用和固定的交易成本是金融复杂程度的增函数，即金融服务越复杂，进入费用和交易成本也越高。随着人均收入和人均财富的增加，金融体系由简单趋于复杂。当人均收入很低、人均财富甚微时，他们自然满足于简单的金融中介服务，而这些金融中介机构的主要功能是动员储蓄、分散风险和管理流动性风险。当人均收入提高和人均财富积累到达一定程度，人们就有激励去购买较为复杂的金融服务，利用更为高级的金融中介机构对投资项目和投资工具进行甄别，以充分利用各种投资机会，而这类职能相应地更费成本。可见，对不同类型的金融中介服务需求，是收入水平的一个增函数；金融发展与经济增长之间的相互促进，会引起"门槛效应"。

1. 国民收入提高和金融财富累积为资产管理市场提供物质基础

（1）货币供应量和 GDP 的增加提供了先决条件。中国货币市场从 1978 年到 2001 年，货币供应量呈现几何级数的增长趋势。这种趋势带来的结果是市场容量变大,各类资金同时增加,资金投向更多样化,而多样化的发展和整体经济实力的提高必将带来大量的社会财富和闲散资金,后者的产生为资产管理市场的良好发展提供了先决条件(见图3-2)。

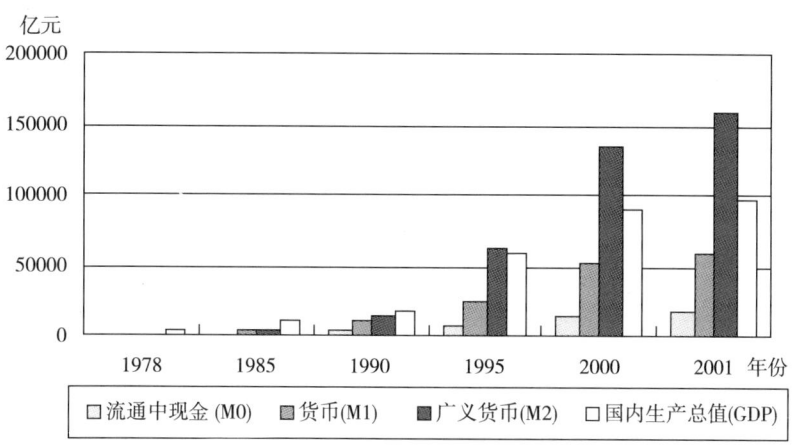

图3-2 货币供应量图

(2)国民收入的提高和储蓄积累为资产管理市场兴起打下了经济基础。对国民收入增长情况的分析可以发现,无论是农村居民家庭还是城镇居民家庭,其人均纯收入和储蓄存款余额都呈现出明显的上升态势。从1978年到2001年近20年的时间里,我国人均收入水平增长了近20倍。这样巨大的收入提高和储蓄积累,必然会产生资产管理的需求,专业的资产管理的兴起应运而生。表3-4列举了人均收入与存款的变化趋势:

表3-4 居民收入增长与城乡居民储蓄情况表

年份	农村居民家庭人均纯收入(元)	城镇居民家庭人均纯收入(元)	城乡居民储蓄存款年底余额(亿元)	城乡居民储蓄存款年增加额(亿元)
1978	133.6	343.4	210.6	29
1980	191.3	477.6	399.5	118.9
1985	397.6	739.1	1622.6	407.9
1986	423.8	899.6	2237.6	615.9
1987	462.6	1002.2	3073.3	842.9
1988	544.9	1181.4	3801.5	740.8

续表

年份	农村居民家庭人均纯收入（元）	城镇居民家庭人均纯收入（元）	城乡居民储蓄存款年底余额（亿元）	城乡居民储蓄存款年增加额（亿元）
1989	601.5	1375.7	5146.9	1374.2
1990	686.3	1510.2	7034.2	1923.4
1991	708.6	1700.6	9110.3	2121.8
1992	784	2026.6	11545.4	2517.8
1993	921.6	2577.4	14763.8	3444.1
1994	1221	3496.2	21518.8	6315.3
1995	1577.7	4283	29662.3	8143.5
1996	1926.1	4838.9	38520.8	8858.5
1997	2090.1	5160.3	46279.8	7759
1998	2162	5425.1	53407.5	7615.4
1999	2210.3	5854	59621.8	6253

资料来源：中国统计摘要（2000）。

（3）富裕人群的大量出现为资产管理市场的发展提供了良机。在收入增长的推动下，我国居民金融资产增速为GDP增速的2.43倍。其中，近20年来，我国居民的金融资产年均名义增长率为30%左右，物价指数简单平均值为6.23%，同期GDP平均增速为9.78%。金融需求结构改变的主要依据为储蓄率下降和富裕人群的扩大。随着居民收入的增长，个人资产配置需求将降低储蓄率，而信托产品可降低个人资产配置的成本。但是由于信托产品对个人的资金壁垒，中产阶级的变动趋势将影响到行业的有效需求，其中，富人阶层的扩大则是主要决定因素。

基尼系数是反映居民收入差距大小或收入不平等程度高低的综合型指标，利用该指标可以说明中国富裕人群的出现。

基尼系数值越大，表明居民收入差距越大或收入分配越不平等，系数值越小表明居民收入差距越小或收入分配越平等。国内外大多学者普遍认为：基尼系数低于0.2，表示收入绝对平均；0.2~0.3表示比较平均；0.3~0.4表示相对合理；0.4~0.5表示收入差距较大；0.6以上表示收入差距悬殊。国际上通常以0.4作为衡量收入差距的警戒线。

国家统计局课题组测算的基尼系数在2000年已经达到了0.417。中国社会科学院经济所和世界银行测算，早在1995年我国的真实基尼系数就达到了0.445，远高于发达国家的平均值0.35。从动态上看，20世纪90年代中期以来，我国基尼系数呈逐年递增的趋势。

在平均收入和基尼系数同时大增的情况下，可以得到平均收入大增和收入差距巨大的字面解释，而通过这个解释可以得到以下结论：我国产生了相当数量的更加富裕的人群。《2007年亚太区财富报告》（美林集团和凯捷顾问公司，2007）的研究表明，我国拥有百万美元以上可投资资产的家庭到2007年上升至34.5万人，同比增长7.8%，人均拥有可投资金融资产达500万美元，总计1.73万亿美元。按照田辉（2007）的测算，至2011年，我国富裕人群的增速使其可投资金融资产总计可达到2.5万亿美元。日本20世纪60年代至90年代信托资产流量占金融资产流量的平均比重为9.4%，按此水平测算，目前我国仅富裕人群所需信托产品规模为1.22万亿元人民币，至2011年信托产品需求则可升至1.7万亿元人民币。

（4）人均GDP增长促进信托资产管理市场"起飞"。根据众多国家和地区的统计经验，人均GDP达到1000美元，标志着经济进入一个新的重要发展阶段。而一个国家从低收入国家向中等收入国家迈进阶段（1000~3000美元），经济社会结构变化最为活跃，这一时期，是重要发展机遇期，各项经济活动空前活跃，资产管理市场的兴起更在情理之中。

我国2003年人均GDP已达到1000美元，从国家规划看，我国GDP的发展大致将经历几个阶段：

1996年：人均GDP超过650美元；

2000年：人均GDP超过800美元；

2003年：人均GDP达到1000美元；

2020年：人均GDP达到3000美元。

根据规划，我国整体发展目标是2020年全面建设小康社会，进入人均GDP达到1000~3000美元的发展阶段。

统计分析表明，当居民可支配收入和金融资产达到了一定的临界值之后，将会对居民持有的资产组合在安全性、收益性和流动性方面提出更高的要求，以储蓄为主的单一财富结构已经不能满足居民日益丰富的资产管理需求，财富结构多元化势在必行。2005年我国人均GDP已经达到1700美元，储蓄率在

40%之上，在每年新增金融资产的数量上等效于美欧等低储蓄率国家人均GDP达到10000美元，而10000美元正是发达国家资产管理市场"起飞"的临界点，于是有了2006年的资本市场大转折。

田辉（2007）研究指出，从美国、日本和我国台湾地区信托业的发展状况看，如平滑经济波动性的影响，一般人均GDP每增长1000美元，信托资产占比提升1.5个百分点左右。在国民经济由中下收入水平向中上收入水平过渡的时期，其信托业资产占GDP比重一般从4%左右提升至8%左右；在国民经济由中上收入水平向高收入水平过渡的时期，信托业资产占GDP比重一般将进一步提升至12%~15%。1948年美国人均GDP为2601.77美元，至1975年突破10000美元。在此期间，广义信托资产流量（含证券投资基金）占GDP比重上升了5个百分点左右，至7.05%；信托资产总量占GDP比重上升了12个百分点左右，至15.32%。

中国居民财富结构转型的征兆已经显现，股票和基金投资者的开户数量屡创新高，居民投资股票和基金的愿望前所未有地强烈，传统的储蓄资产开始出现松动，活期存款增多，定期存款减少，资金逐步分流进入资产管理市场，在中国当前经济高速增长、居民财富快速增加的宏观背景之下，资产管理腾飞的趋势一旦起动，将难以逆转。

2. 对未来不确定性的担忧产生信托资产管理需求

（1）未来生活支出的不确定性产生资产管理需求。对未来生活支出的不确定性在很大程度上来源于制度的变迁。在中国经济改革进程中，原先由国家统包的一系列福利制度都将改革。改革将使人们对未来支出产生很大的不确定，特别是医疗就业、教育、住房、养老金等项改革措施的陆续出台和有关宣传，强化了公众的谨慎动机，预期收入的不确定性和预期支出的增加，迫使人们重新决定整个生命周期的收入安排，而形成应付未来支出的不确定性的资产管理市场，为其合理地安排收入以从容地面对未来。

而中国的渐进式改革使制度变迁的进程十分缓慢，人们在这样一个较长期的过程中，一直处于对制度变迁预期的不确定状态，使他们更难以确定未来的变化，这就大大加强了人们资产管理升值的倾向和愿望，将命运掌握在自己手里是每个居民的本能动机。

（2）不确定的通胀率与储蓄收益的矛盾产生资产管理保值需求。通货膨胀率的变化没有规律可循,而实际利率的变化更是正负交替,由于不确定的通货膨胀带来的实际利率的不可确定性,实际财富的增加通常比不上通胀的增速,从而使人们产生了资产管理保值的需求,该种资产管理需求是长期存在的。

在近20多年中,个人储蓄存款年增长率均高于GDP和个人货币收入的年增长率,1987—1995年,平均通货膨胀率为5.9%,其中有6年(1985年、1988年、1989年、1993年、1994年、1995年)通货膨胀率高于10%,大部分年份的储蓄存款率实际利率为负利率,但储蓄存款仍然大幅度增长。但1999年开始,实际利率高达5.25%,储蓄增长速度却开始下降,储蓄存款增速从1999年4月的19.2%,连续13个月下降,至2000年5月共下降了13.7个百分点(见图3-3、表3-5)。

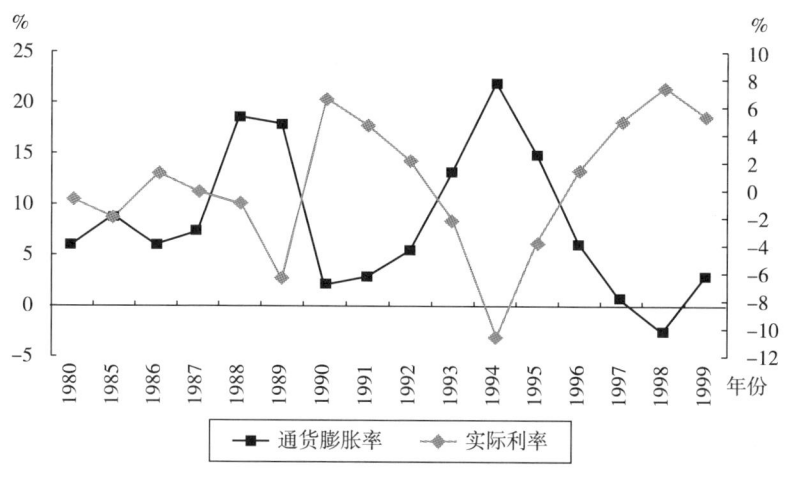

图3-3 通胀和利率比较图

表3-5 通胀与储蓄情况比较表

年份	通货膨胀率（%）	存款利率		城乡居民储蓄存款年底余额（亿元）	城乡居民储蓄存款年增加额（亿元）
		名义利率（%）	实际利率（%）		
1980	6.00	5.40	-0.60	399.5	118.5
1985	8.80	6.84	-1.96	1622.6	407.9
1986	6.00	7.20	1.20	2237.6	615.9

续表

年份	通货膨胀率（%）	存款利率		城乡居民储蓄存款年底余额（亿元）	城乡居民储蓄存款年增加额（亿元）
		名义利率（%）	实际利率（%）		
1987	7.30	7.20	-0.10	3073.3	842.9
1988	18.50	8.64	-0.96	3801.5	740.8
1989	17.80	11.34	-6.46	5146.9	1374.2
1990	2.10	8.64	6.54	7034.2	1923.4
1991	2.90	7.56	4.66	9110.3	2121.8
1992	5.40	7.56	2.16	11545.4	2517.8
1993	13.20	10.98	-2.22	14763.8	3444.1
1994	21.70	10.98	-10.62	21518.8	6315.3
1995	14.80	10.98	-3.82	29662.3	8143.5
1996	6.1	7.47	1.37	38520.8	8858.5
1997	0.8	5.67	4.87	46279.8	7759.0
1998	-2.6	4.77	7.37	53407.5	7615.4
1999	-3	2.25	5.25	59621.8	6253.0

资料来源：中国金融年鉴（2000）。

上述现象的原因在于，之前的单一储蓄市场被日益兴起的资产管理市场逐渐代替，资产保值的需求分流了原先的储蓄资金，资金找到了投资保值的方式，居民的资产管理意识从此被打开。

3.2.3 金融成熟度提高——金融产品的结构升级拉动资产管理需求

1. 金融资产的结构升级

从1979年到2001年，金融资产的增加一直呈现上升态势，从结构分析的绝对值来看，货币资产的增加数量最大，其次是存款和现金，股票和保险的总量增幅相比较小，国内有大量的货币和现金为资产的金融资产，这部分巨大的资产之中即使仅有一小部分对资产管理市场产生需求，也足以对当时相对较小的投融资市场产生强大的冲击，进而带来更多人资产管理的理念上的改变，来促进资产管理市场的进一步发展，尽管当时的资产管理市场尚不成熟，但生活的逐渐富裕和观念的改变必然会促进未来制度健全和资产管理市场的规范，使资本资产管理市场呈星火燎原之势，不可阻挡，资产管理资本相对货币资本百分比的不足，更为资产管理市场提供了巨大的增长空间。货币资本的增加伴随着金融产品的不断升级，两种力量的结合最后促进了资产管理市场的发展。

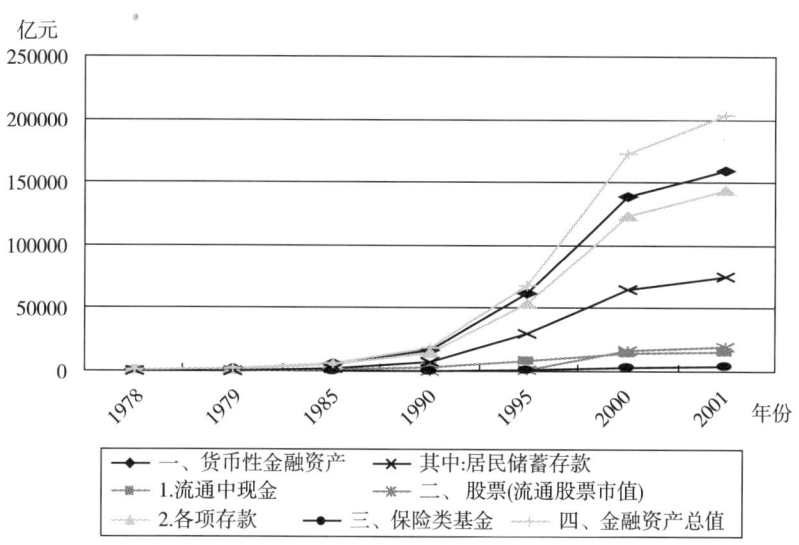

图 3-4　总量增长图

从图 3-4 分析可以得到另一个关于金融资产的变化必将促进资产管理市场以更快速度发展的佐证。从图 3-5 可知，股票和保险类基金等占百分比增速始终在 60%～70% 波动，大大高于货币市场 30% 的占比增速。

2. 直接融资的增加带给了资本资产管理市场机会

直接融资的增加，从资金需求一方培育了资产管理市场。由图 3-6 分析可知，在 1978 年到 2001 年之间的前 10 多年都没有股票融资，随着制度的变化和经济的好转，股票融资金额突飞猛进，到 1997 年突破了 1000 亿元，而直接投资的比例也基本上随着股票融资额的上升而增加到最高近 30%。由于直接融资比例的不断提高，提供给资产管理市场的金融资产的选择从总量到品种多样化上都有大幅提升，从前无法投资的金融资产在直接投资比例上升的情况下成为了可能，大大提升了资本资产管理市场的流动性和吸引力，资产管理市场的良好发展反过来也将促进直接融资市场的发展，形成良性循环。

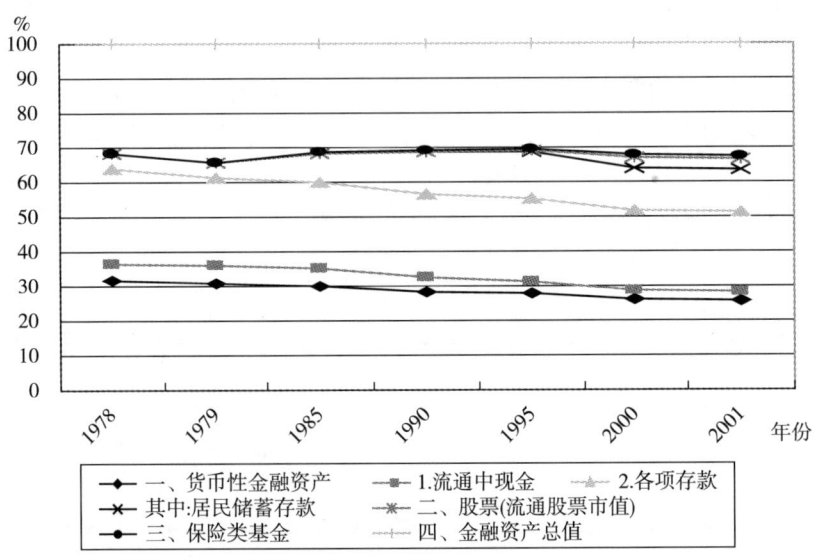

图 3-5　增速占比图

此外，赚钱效应的驱使和市场内容的不断完善，从侧面拉动了资产管理市场的蓬勃发展。

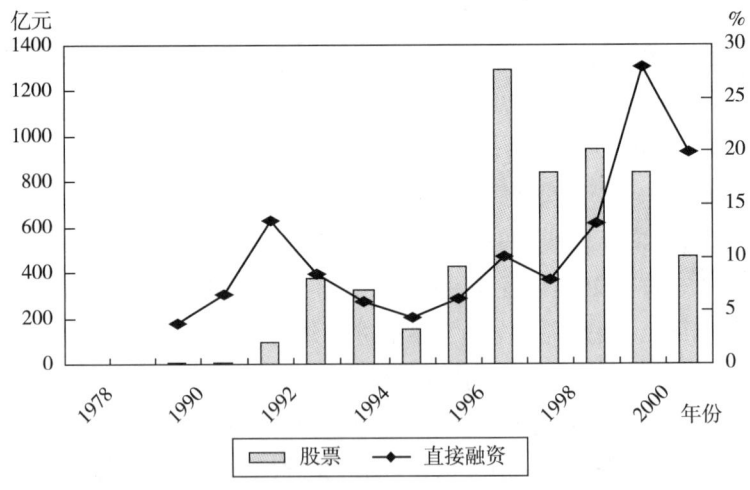

注：本书图片来源均统计自本书数据。

图 3-6　股票融资额和直接投融资比例

中国经济的发展和人均收入、财富的增长，必将带来金融资产结构的深刻变化，这种变化将促进资产管理市场的长久发展。随着生活水平的提高，金融市场的成熟，理财的理念将深入人心，资产管理也将成为人们生活和经济发展不可缺少的一部分，以财产管理为主要功能的信托业将迎来巨大的创新空间。

3.3 信托创新的内涵、结构与动因

运用金融创新的相关理论和分析方法，对属于金融创新范畴的信托创新进行研究，可以确定信托创新的内涵，解释信托创新的动因，划分信托创新的层次和结构。

3.3.1 信托创新的内涵

熊彼特（1942）在其创新理论中提出，"创新"是作为创新个体的企业家对生产要素实行"新的结合"，建立一种"新的生产函数"，亦即把一种过去从未有过的生产要素和生产条件的"新组合"引入生产体系。熊彼特创立的创新理论得到了后来的创新研究者的普遍认同和应用。但是，熊彼特的创新理论主要研究产业经济领域的技术创新。Philip Molyneux and Nidal Shamroukh（1995）在研究时发现，事实上，在相当长的一段时期，创新理论的研究重点是产业经济和实体经济企业，很少涉及金融问题。

在熊彼特之后，面对金融业发生的巨大变革和金融所发挥的越来越不容忽视的作用，经济学家开始把熊彼特的创新理论引入金融研究中，开展和深化了关于金融创新的研究。十国集团中央银行组织研究小组在1986年发表的总结国际金融领域创新的权威文献认为，金融创新就其最广泛的含义来说，是新金融工具与金融创新的三大趋势（即证券化的趋势、表外业务重要性日益增加的趋势以及金融市场日益全球一体化的趋势）两者之间的交互作用。Tufano（2002）指出，从广义上讲，金融创新是创造金融工具、金融技术、金融机构和金融市场的活动，并使这些创新成果得以推广。Rogers（1983）认为，金融创新包括新产品、服务、观念的创造活动和扩散两方面。这些对金融创新的定义，反映了研究者们从不同的角度对金融创新的理解与认识。十国集团中央银行组织研究小组的定义关注的是金融工具的创新；而 Tufano 与 Rogers 则从更

广泛的角度去理解金融创新。由此，对金融创新的内涵可从广义和狭义两个方面解释：狭义的金融创新主要指金融工具的创新；而广义金融创新则包括金融制度、金融市场、金融组织（机构）和金融工具的一切创新。

国内学术界多倾向于从广义角度认识金融创新的内涵。陈岱孙、厉以宁（1991）认为：金融创新就是在金融领域建立新的生产函数，是各种金融要素新的集合，是为了追求利润机会而进行的市场改革，它泛指金融体系和金融市场上出现的一系列新事务。徐进前（1993）对金融创新的定义是：金融创新是各种金融要素新的组合，是为了最大利润所追求的改革。许崇正（1996）认为，金融创新是指政府或金融组织为适应不断变化的外部经济环境和融资过程中的内部矛盾运动，防止或转移经营风险和降低成本，为更好地实现流动性、安全性、盈利性目标而逐步改变金融中介功能，创新或组合一个新的高效率的资金营运体系的创造性过程。

本书认为，作为金融创新有机组成部分的信托创新，主要是在具体的经济环境和法律法规政策的约束条件下，政府部门为了促进金融体系的演进，信托公司为了最大限度地追求盈利机会，而在信托产品、信托业务、信托组织、信托制度等方面所作的一切创新。

3.3.2 信托创新的动因

在金融创新理论中，对金融创新活动原因的分析和解释，构成了金融创新理论的基础和重要组成部分。根据分析金融创新原因的不同角度，大体上包括以下代表性的理论流派。

美国经济和金融学家Silber（1983）在《金融创新的发展》一文中，创造性地提出了约束引致型金融创新理论，阐述了金融创新的动因。Silber研究金融创新，是从寻求利润最大化的金融公司创新最积极这个表象开始的，由此归纳出金融创新是微观金融组织为了寻求最大的利润，消除或减轻外部对其产生的金融压制而采取的"自卫"行为。Silber认为，金融压制来自两个方面：一是政府的控制管理，这是外部约束；二是内部强加的压制，即为了避免经营风险，保证资产营运的安全，金融企业采取了一系列资产负债管理制度，这是内部约束。两个方面的金融压制，尤其是外部条件发生变化而产生金融压制时，实行最优化管理和追求利润最大化的金融机构，将会从机会成本角度和金融企业管理影子价格与实际价格的区别来寻求最大程度的金融创新。这就是微观金融组织的金融创新行为的逻辑。Silber 的金融创新理论,从运用分析企业的行为入手,侧重于金融企业与市场拓展相关联的金融工具创新和金融交易创新,较好地解释了金融企业的"逆境创新"。但是,对与金融企业相关的市场创新,以及由于宏观经济环境变化而引发的金融创新,这一理论的解释力则不够强。

美国经济学家 E. J. Kane(1984)提出了规避管制的金融创新理论,把金融创新看作是创新与管制的辩证与动态过程。他认为,政府管制在本质上等同于一种隐性税负,一方面提高了金融机构的经营成本,另一方面阻碍了金融机构充分利用规制以外的盈利机会。而规避管制,是指对各种规章制度的限制性措施实行回避。Kane 认为,当外在市场力量、市场机制与金融机构内在要求相结合回避各种金融管制规定时,就产生了金融创新行为。实际上,规避已经被认为是合法的了。对金融的控制和因此产生的规避行为,表现为一种辩证形式,即金融机构的经营自由与政府管制之间的博弈。为了达到利润最大化,金融机构在运营过程中,会设法通过创新来逃避政府的管制;但当这些金融创新对金融体系的稳健性产生较大不利影响时,政府又会进一步严格管制,而这种管制的加深,则又会导致新一轮创新。可见,金融制度的静态均衡基本上不存在,管制和为规避管制所引起的创新不断交替,形成一个动态的博弈过程。Kane 把市场创新和制度创新看作是相对独立的经济力量(被监管者)与政治力量(监管者)不断斗争的过程和结果。

其实在 Silber 和 E. J. Kane 之前,对金融创新与金融监管之间辩证关系的研究就已经开始。Holland(1975)将金融创新分为两类,其中一类是规避管制的创新(规避性创新),另一类是与管制无关的创新(先验性创新)。而 Goldfeld(1975)则证明,即使先验性创新也与金融管制有关,换言之,创新一定是与管制博弈的结果。Miller(1986)认为,金融创新是由于税收和管制上的障碍所引发的。

自 20 世纪 80 年代以来,这种"监管—创新—再监管—再创新"的假定实际上已经成为大多数学者的共识。但这种认识主要集中于对美国和英国的金融创新活动的研究,这一创新模式并不代表其他国家的普遍经验。意大利经济学家 Caranza and Cottarelli(1987)研究了 1975—1985 年之间引入的 20 余种金融创新，但发现政府管制只能解释 6 种创新的出现。日本经济学家 Suzuki（1987）认为大规模的政府债券、开放式金融市场、通货膨胀、利率变动、浮动汇率下的国际资本流动和电子电信技术的发展才是金融创新的主要因素。即便是在美国，Dufey and Giddy（1981）列举了 22 种国际金融创新，认为只有 4 种可以归因于现有的管制。Van Hornc. J．C.（1985）列出了 23 种金融产品和过程创新，只将其中 9 种列为受监管影响。但需要指出的是，这种分类方法是运用主观因素发展的，正如 Johnson（1987）所指出的，不同的研究者可能将一定的金融创新归因于不同的因素。进入 90 年代之后，这种假定在解释 90 年代后的金融创新活动方面进一步遇到了新的困难。按照这种假定，一旦金融管制被突破或者被放松，金融创新活动将进入一个"舒缓期"，需要等待新一轮影子价格的上升。但人们发现，90 年代金融管制的放松，并没有使金融创新进入"舒缓期"，金融创新的速度不仅没有放慢，反而较 80 年代更快，金融创新的深度和广度都有显著提高。

90 年代后关于金融管制对金融创新影响的研究进一步深入。Finnerty（1993）进一步证明了银行创新与银行监管之间的高度相关性。Bhattacharyya 和 Nanda（2000）则发现金融管制是刺激投资银行开发更多新产品的主要动因。

J. R. Hicks and J. Niehans（1976）提出，金融创新实质上是对科技进步导致交易成本降低的反应，降低交易成本是金融创新的首要动机。这个命题有两层含义：降低交易成本是金融创新的首要动机，交易成本的高低决定金融业务和金融工具是否具有实际意义；金融创新实质上是对科技进步导致交易成本降低的反应。Hicks 把交易成本和货币需求与金融创新联系起来考虑，认为交易成本高低使经济个体对需求预期发生变化，交易成本降低的发展趋势使货币向更为高级的形式演变和发展，产生新的交换媒介、新的金融工具，不断地降低交易成本就会刺激金融创新，改善金融服务。但交易成本理论把金融创新的源泉完全归因于金融微观经济结构变化引起的交易成本下降，把问题的内部属性看得未免过于简单，有一定的局限性。

Lie. Davies、R. Sylla 和 North 等从制度学派的角度阐述金融创新理论。主张从经济发展的角度来研究金融创新，认为金融创新并不是 20 世纪电子时代的产物，而是与社会制度紧密相关的。制度学派的观点将政府行为也视为金融创新的成因，实际上将金融创新的内涵扩大到包括金融业务创新与制度创新两方面。较之其他理论，该理论对金融创新探讨的范围更广。基于这样一种观点，金融体系的任何因制度改革的变动都可以视为金融创新。

Gurley and Shaw（1973）认为，金融中介是经济增长过程中必不可少的部分，金融创新是盈余或赤字企业的需求与金融部门提供的服务相匹配的结果。当旧的融资技术不适应经济增长的需要时，它表现为短期金融资产的实际需求静止不变，因此必须在相对自由的经济环境中，用新的融资技术对长期融资进行革新。事实上经济增长本身又为长期融资创造了市场机会，而金融创新就是对这种机会作出的反应。

除以上主要的理论流派之外，近几年还有许多国外学者从其他角度进一步阐述了金融创新的动因和功能。例如，Hannon、McDowell 等（1984）通过实证研究，发现20世纪70年代美国银行业新技术的采用和扩散与市场结构的变化密切相关，从而认为新技术的采用是导致金融创新的主要因素。Alien and Gale（1991）认为，金融创新是适应外部经营环境变化的结果，或者说是金融组织依据外生变量的变化对经营管理内生变量的调整，比如70年代通货膨胀率、汇率和利率变动频繁，刺激了金融组织致力于有关稳定投资回报率方面的产品创新。Molyneux and Shamroukh（1996）提出了理性效率假说（rational efficiency hypothesis）和群体压力假说（bandwagon hypothesis），从企业盈利预期和市场竞争两个方面揭示了金融创新发展的原因。

以上的理论流派和学说都是从古典经济学出发，假定金融创新的根本动因是金融组织对利润最大化的追求，只是角度有所不同。而"金融机构功能说"则另辟蹊径。尹龙（2005）指出，传统经济理论认为，金融组织存在的根本原因在于金融组织的信息优势；而"功能说"则认为信息革命已经使金融组织赖以生存的信息优势发生了变化，其结果是自20世纪80年代以来，商业银行的业务领域正在受到专业化金融服务机构的侵蚀，传统金融业与非金融业之间的界限日益模糊。在这种情况下，金融机构仅仅通过改良服务方式、提高服务水平，已经不能从根本上解决金融行业面临的产业退化趋势。作为一种"进化"适应性反应，金融组织必须在原有社会职能被侵蚀的情况下，补充新的社会职能。金融机构组织功能的改变和进化引发了金融创新。而倪云虎和丘在洙（2003）则从金融创新与金融职能的角度分析了金融创新的原因。

Tufano（2002）综合这一领域的主要研究成果，把金融创新的动因归纳为六个方面：（1）金融创新是弥补市场的不完美而存在的；（2）金融创新解决代理问题和信息不对称；（3）金融创新达到交易成本、搜索和营销成本的最小化；（4）金融创新对税收和管制的反应；（5）通过金融创新应对日益扩大的全球化趋势及其风险；（6）金融创新是技术进步冲击的结果。他认为，金融创新是上述因素共同推动的结果，而不是单一因素所能解释的，因此也没有必要区分这些因素所占的比重。

将以上关于金融创新动因的一般理论运用于对信托创新实践的分析，可以发现一些重要的研究线索：

首先，信托创新是信托公司适应外部经营环境变化的结果，依据外生变量的变化对经营管理内生变量的调整，其目的是为了快速响应市场需求。这样的例子包括：基于安全性考虑的信托产品创新、基于收益性考虑的信托产品创新、基于期限考虑的信托产品创新、基于流动性考虑的信托产品创新、基于价格考虑的信托产品创新。

其次，在响应市场需求、追求潜在盈利机会的时候，一些监管法规政策限制了信托公司的活动范围和活动方式，信托公司的许多创新便是为了在一定程度上规避这些对信托业务的监管。

再次，一大批信托创新是为了弥补金融制度和金融市场的不完美、非均衡而出现和存在的。比如，为了在分业经营的监管模式下，更有效地分别发挥商业银行募集理财资金的优势与信托公司运用理财资金的优势，银信连结理财产品应运而生，提高了金融市场的效率。又如，民间私募基金机构随着资本市场的发展而发展，但却始终处于半灰色的地带，投资者的资金安全无法得到法律的有效保护，私募基金机构也很难扩大影响，做大做强。通过信托方式加以"阳光化"，为私募基金机构这一类民间金融力量纳入正规化的轨道创造了条件，使信托公司特有的信托资产管理方式与私募基金机构擅长的证券投资能力有机地结合起来，丰富了投资者参加资本市场的选择，有利于金融安全的改善和金融市场效率的提高。再如，在地方政府事权与财权不对称的情况下，由于国外流行的市政债券融资的方式没有在国内采纳，许多地方政府面临资金筹集渠道匮乏的困境。通过信托方式，以创造性的方法引入地方政府信用，为各地的基础设施建设提供了资金筹集的新路径，虽然有所争议，但也不失为一种有价值、有意义的创新。

最后，不同金融业态之间的界限越来越模糊，一种金融机构的业务领域不断受到其他金融机构的侵蚀。在此情况下，信托机构若只是改善服务方式、提高服务水平，已无法真正从根本上解决所面临的产业退化的危险。信托公司必须自觉地进行"进化"适应性反应，大力进行创新，在原有的职能被侵蚀的情况下，补充新的职能。这样的趋势，从信托公司与商业银行之间建立策略联盟、开展股权合作、合作构建金融控股公司等不同层次的合作，业已清晰地显现出来。

后文将循着这些线索，对信托创新展开研究。

3.3.3 信托创新的结构

在讨论金融创新的概念时，实际上已经涉及金融创新的分类问题。分类是进一步对金融创新分析与研究的起点，也是理清金融创新逻辑、明确金融创新的特点和功能的基本要求。

国外对金融创新的分类主要是从狭义的金融创新概念出发，在金融工具的范围内从创新功能上对创新进行分类。国际清算银行（BIS，1986）提出了一种以金融中介功能差异为基础的分类，按照这种分类，金融创新包括以下四种：（1）风险转移创新；（2）流动性增进创新；（3）信用（或债务）创造创新；（4）股本创造创新。加拿大经济委员会将金融创新分为三类：（1）扩大市场的工具，这类工具通过为投资者和借款人提供新的机会来增强市场流动性；（2）风险管理的工具，这类工具具有风险的重新分配功能，有助于分散和降低金融风险；（3）套利工具，这类工具使投资者和借款人可以利用不同市场的成本收益差异进行套利交易，获取投机利润。Ross（1986）将金融创新分为两类：一是能更好地适应经济环境和市场需要的新型金融产品，二是使用这些金融创新产品的策略。Finnerty（1993）把60多种金融创新按照其实现的功能分类为重新配置风险、增加流动性、减少代理成本、规避税收和管制约束等。显然，这些分类的角度主要着眼于金融工具，实际上是把金融工具创新等同于金融创新。

国内金融理论界对金融创新种类的认识虽不一致，但都比较认同于从广义的创新内涵的角度对金融创新进行分类，特别从金融体系整体框架的层次来分类，生柳荣（1998）认为金融创新包括金融业务创新、金融市场创新和金融制度创新；李健（1998）认为金融创新包括金融制度创新、金融业务创新和金融组织结构创新；陈传兴（1996）认为金融创新指金融产品、金融市场和金融理论的创新。

关于信托创新，章琳（2005）的研究主要限于信托公司微观层面的三个方面：理念或观念创新、管理制度的创新和产品的创新。

本书认为：

（1）应认真研究信托业务创新。由于我国金融体制、投融资体制的诸多方面没有与时代环境因素变迁同步改革，造成许多具有多方共赢性质和提高金融市场效率的经济活动因制度缺失或制度障碍而无法顺利开展。在这种非均衡的制度条件下，具有巨大灵活性和高度弹性的信托功能发挥了开辟新的金融路径的作用。信托创新，从信托产品的创新，即对信托产品的收益、期限和流动性、安全性、价格等一系列特征的分拆与组合的创新，扩展到信托业务的创新，如通过连结银行理财产品与信托产品，在分业经营的金融体制下开辟综合经营的新路径；通过连结投资者与民间私募基金机构，开辟民间金融正规化的新路径；通过巧妙地连结政府信用开展基础设施信托融资，开辟市政融资的新路径。因此，信托业务的创新，不同于那些直接提供给投资者的信托产品的创新，应单独纳入信托创新的研究之中。

（2）应将信托组织创新纳入研究视野。随着金融业分业经营的监管政策有所松动，监管部门放宽了商业银行、保险公司、资产管理公司等金融机构投资信托公司的股权限制，信托公司在组织创新方面有了更多的选择。而由于银行具有广泛的销售网络和深厚的客户资源，信托公司具有跨市场的投资领域和多样化金融工具，二者的融合呈现宽阔的前景。可见，信托机构或信托组织的创新具有积极意义，应予以密切关注。

（3）制度创新是信托创新的重要组成部分。证券化趋势是20世纪金融创新的三大趋势之一。2005年，以"建元"、"开元"资产证券化产品为首的信贷资产证券化试点工作发端，标志着证券化正式引入我国，成为具有重要意义的金融创新活动。此后，信贷资产证券化试点工作不断推进，房地产投资信托（REITs）处于深入研究和积极酝酿之中，私募股权投资（PE）也纳入了信托公司的业务实践内容。这些国际上重大的金融创新能否在我国得以顺利引进和运用，最重要的条件是能否通过制度创新，构建满足其需要的新的制度架构。由于信托具有保障程度高、法律关系清晰、财产独立性强、可以享有税收优惠等独特的制度优势，恰好能够适应需要，从而作为关键制度，创造性地有机嵌入资产证券化、房地产投资信托、私募股权投资的设计之中。通过制度创新，信托在金融体系中的运用范围大大拓宽，信托所参与的领域不断延伸。

因此，在金融创新理论指导下，本书研究信托创新的整体框架，其分类的结构包括信托产品创新、信托业务创新、信托组织创新和信托制度创新。

本章分析支持信托创新的制度供给，认为信托制度为创新提供了广袤空间，信托业监管的市场化取向为创新营造了宽松环境，而经历多次整顿仍顽强生存下来的信托公司具有较强的创新能力。同时，经济的持续发展，居民收入大幅增加，社会财富显著积累，为围绕资产管理而进行的信托创新提供了物质经济基础。在运用金融创新理论，对信托创新的内涵、动因与结构进行深入分析后，确定了研究信托创新的主要对象，建立了本书分析信托创新的整体框架。

心有梦想不觉寒

4. 信托产品创新：
快速响应市场的需求

本章研究属于金融产品范畴的信托产品所具有的基本特征；运用金融产品创新一般理论，深入分析信托产品的创新方式。信托产品创新是迄今为止所有信托创新活动中最为丰富多彩和生动活跃的部分，本章将对信托产品创新成果进行细致梳理和合理分类，并探索创新扩散的过程。

4.1 信托产品创新的分析框架

4.1.1 信托产品的基本特征

中国人民银行 2002 年颁布的《信托投资公司管理办法》中，赋予了信托公司广泛的经营范围，诸如资金信托业务、动产和不动产信托业务；投资基金业务；经营企业资产的重组、购并及项目融资、公司理财、财务顾问等中介业务；债券承销业务等。由于制度配套、市场竞争等方面原因，信托公司除自营业务之外的信托业务，以资金信托业务为主；而在资金信托业务中，又以资金来源更广泛的集合资金信托业务为主。

2002 年中国人民银行颁布的《信托投资公司资金信托管理暂行办法》，对信托公司的资金信托业务进行了规范，将资金信托划分为单一资金信托和集合资金信托两类，单一资金信托是指信托公司接受单个委托人委托、依据委托人确定的管理方式单独管理和运用信托资金的行为；集合资金信托指信托公司接受两个或两个以上委托人委托、依据委托人确定的管理方式或由信托投资公司代为确定的管理方式管理和运用信托资金的行为。从 2002 年 7 月到 2007 年 3 月,信托公司主要按照《信托投资公司管理办法》《信托投资公司资金信托管理暂行办法》的相关要求开展集合资金信托业务。直到 2007 年,中国银监会对《信托投资公司管理办法》《信托投资公司资金信托管理暂行办法》(信托业内称为"老办法")进行了大幅度修改,于 3 月 1 日实施新的《信托公司管理办法》《信托公司集合资金信托计划管理办法》(信托业内称为"新办法"),信托公司方按照新办法开展集合资金信托业务。以 2007 年底为限,2002 年中国人民银行《信托投资公司管理办法》《信托投资公司资金信托管理暂行办法》比 2007 年中国银监会《信托公司集合资金信托计划管理办法》的实施时间更长,因此本章研究的信托产品的创新,主要是在 2002 年中国人民银行《信托投资公司管理办法》《信托投资公司资金信托管理暂行办法》的规范、约束下开展的。

按照 2002 年中国人民银行《信托投资公司管理办法》《信托投资公司资金信托管理暂行办法》,上海爱建信托投资有限公司于 2002 年 7 月 18 日(即《信托投资公司资金信托管理暂行办法》实施当日)推出"外环线隧道项目资金信托计划",这是第一个集合资金信托计划(以下简称信托计划或信托产品)。"外环线隧道项目资金信托计划"具有重要的创新意义,它创造性地把《信托投资公司资金信托管理暂行办法》所规定的集合资金信托业务转换为具体的金融产品——集合资金信托计划,从此,信托公司拥有了一种不同于当时任何其他金融工具的新的金融产品。

所谓集合资金信托计划,是信托公司从事"受人之托,代人理财"的资金信托业务活动所提供的一种金融产品,它由信托公司担任受托人,按照委托人(即投资者)意愿,为受益人的利益,将两个以上(含两个)委托人交付的资金进行集中管理、运用或处分。根据《信托投资公司管理办法》《信托投资公司资金信托管理暂行办法》的相关规定,信托计划这一新的金融产品具有以下特征:

(1)信托计划区别于存款类产品,"信托投资公司办理资金信托业务取得的资金不属于信托投资公司的负债",信托投资公司办理资金信托业务时不得以任何形式吸收或变相吸收存款,不得承诺信托资金不受损失,也不得承诺信托资金的最低收益。这些规定从根本上将信托计划与存款区别开来,从资金来源这一端,将信托公司的主营业务与其以往从事的银行存款业务划分了十分清晰的法律边界。同时,这一规定也使信托计划可以合法地提供给投资者比银行存款利息更高的投资收益,而不必受监管部门对存款利率上限管理的限制。

(2)加入信托计划的资金成为信托财产,取得独立的法律地位,这是其他金融产品所不具备的法律功能。首先,信托财产与作为受托人的信托公司的固有财产相互独立。若受托机构(信托公司)解散、被撤销或破产,信托财产不属于其清算或破产的财产。其次,委托人的信托财产与委托人的其他财产相互独立。最后,不同委托人的信托财产或同一委托人的不同类别的信托财产相互独立,由独立性带来的信托财产的安全性大大增强。

(3)信托计划的资金运用范围极其广泛,即通常所说的可以运用于货币市场、资本市场和实业领域;信托计划的资金运用方式十分多样化,"信托投资公司管理、运用信托财产时,可以依照信托文件的规定,采取出租、出售、贷款、投资、同业拆放等方式进行",这是在目前分业经营的金融体制下,其他金融机构的金融产品所不具备的优势。此外,2002年《信托投资公司管理办法》取消了2001年《信托投资公司管理办法》中关于"信托资金总余额不得超过注册资本金的10倍"的限制性规定,表明了监管部门终于以不同于从前银行资产负债比例管理的方式监管信托机构,为信托计划的增长提供了广阔的空间。

(4)信托计划是一种私募性质的金融产品。首先,信托公司办理资金信托业务时不得通过报刊、电视、广播和其他公共媒体进行营销宣传;其次,"信托投资公司集合管理、运用、处分信托资金时,接受委托人的资金信托合同不得超过200份(含200份),每份合同金额不得低于人民币5万元(含5万元)"。这是借鉴国外对特定的投资者进行定向募集的做法。对投资私募基金的"合格的投资者"的认定通常有两种方法:一是"投资者资质认定法",即投资者管理或者控制的金融资产能够证明其是一个富有经验的合格投资者。通过规定较高的"门槛",从而达到限制普通投资者进入的目的。另一种是为了防止私募基金的公募倾向,对私募基金的投资者人数进行限制,如美国《1940年投资公司法》规定豁免注册的"私募投资基金"的受益人应当在100人以下。将信托计划确定为私募性质,限定在特定投资者的范围内,有利于培育具备一定投资意识和风险承受能力的成熟的投资者群体,但也给信托公司开展业务增加了不少困难。

（5）由于对信托计划的私募性质的定位，对这种金融产品的监管也就相对宽松，不需要在事前报送监管部门审批、核准，仅要求信托公司"按照规定向中国人民银行及有关部门报送营业报告书、信托业务及非信托业务的财务会计报表和信托账户目录等有关资料"。这非常有利于信托公司根据不同的客户需求，大力进行创新尝试，为设计多样性的信托投资品种创造了良好的条件。

4.1.2　信托产品创新的基本分析框架

菲利普·莫利纽克斯和尼达尔·沙姆洛克（2003）指出，大多数金融产品都可以用一系列特征加以描述，例如收益、期限、流动性、价格风险和信用风险等。金融创新可以被看作是将单个工具的特点和风险进行"分拆"，然后将它们装配为不同的新组合。Dufey and Giddy（1981）指出，金融创新有赖于新的基本服务组合方式的发展。纵然组合和拆分可以表现出无限的变化，基本金融产品本身仍然很少有变化。正如 Desai and Low（1987）所指出的，金融创新不同于实体经济中的创新，它在多数情况下不是提供一个全新的产品，而是改变、增加或减少现存金融产品的某种特点。

Greenbaum and Heywood（1973）提出，从根本上说，金融产品是一份书面合约，并且所有可能的金融合约都可能在没有任何技术障碍的情况下被写下来。从这个意义上说，金融创新并非新事物，它们在暗中已存在，只是供给量为零。Niehans（1983）指出，最复杂的金融安排也可描述为金融体系所提供的三种标准产品或服务的组合：（1）将现在货币与将来货币进行交换的产品或服务；（2）将借款人和贷款人聚合在一起的产品或服务；（3）有益于客户的执行或便利支付行为。

Desai and Low（1987）基于定位理论（location theory）提出了一个关于金融创新的微观经济模型。Desai and Low 同意这一观点，即金融创新是一种走向市场完全型的方式。定位理论将商品看作是多种特征的组合，因此，可根据现存商品或公司在每种特征上所占的比重，将其在每一个特征空间上进行设计。简化起见，Desai and Low 只考虑了两种特征：（1）回报（return）或收益（yield）；（2）市场销路（access）或流动性（liquidity）。图 4-1 即是这样一种特征空间的例子。收益 R 在纵轴标出，流动性 A 在横轴标出，在零点处资产的流动性最大，离零点越远，则资产流动性越小。在无其他限制的情况下，从零收益、零非流动性［现金（ready cash）］的资产到收益最大同时非流动性最大的资产的持续变化范围，偏好多样化的消费者可沿着这样一种依靠两种特征间边际替代率的边界选择他们最喜欢的工具。Desai and Low 运用这一分析框架鉴定和测量金融市场中一系列可用产品间的空白，这一空白显示出开发新产品的潜在机会。在图 4-1 中，x_1 和 x_2 代表具有特定收益和流动性组合的两种现存金融产品。发行一种新产品的机会就是现有产品间空白的函数，它可以由 x_1 和 x_2 间的角 θ_{12} 来测量。随着时间的推移，有不同收益和流动性组合的新金融产品被引入了，这些产品将填补现有产品间的空白。随着时间的推移，θ_{12} 的变化可以作为市场创新程度的一个指标。市场的创新性越强，θ_{12} 越接近于零，它偏斜的比率也就越高。当产品多于两个时，任何两种产品间最大的 θ 也会被用于测度创新的机会。当资产挤满了双特征空间时，创新将通过开发新的特征来发生。

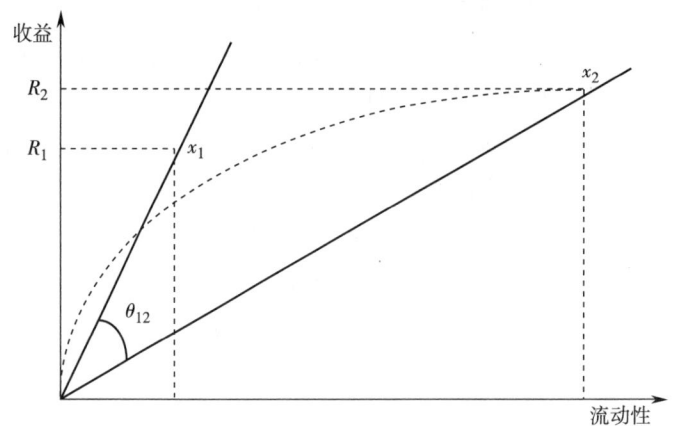

资料来源：Desai and Low (1987, p.116)。

图 4-1　金融产品 x_1、x_2 的二维特征空间

Desai and Low 指出，特征空间模型虽然测度了创新的机会，但它没有解释创新为何发生。特征空间模型不包含需求因素，引入一种新产品能否填补某一特定的空白，取决于对个别特征的需求以及两种特征间的边际替代率。Van

Horne（1985）认为，为了解释金融创新为什么发生，需要理解为什么在某一特定时间引入某一创新（而创新填补的空白早已存在）。Van Horne 的分析表明，在稳态市场均衡时，使市场更加完整和/或更有效率是不可能的，因为一切有利可图的开发空间都被金融创新利用了，要出现可利用的机会或发生金融创新，必须是市场环境发生变化。如果管制变化、通货膨胀、利率变化、技术革新、多层次的经济行为、金融知识的发展等改变了现存特征间的边际替代率，或者开发出了新的特征，并由此创造了对新组合的需求，就能促进金融创新。比如，利率变化的增强将导致收益和免除利率风险之间边际替代率的改变。又如，货币政策以及利率水平将导致收益和流动性之间边际替代率的变化。

翟立宏（2005）认为每一项信托产品首先都有两个基本要素，即法律制度要素和金融技术要素。信托产品创新的动态过程中要考虑两方面的内容：一方面，如何在既定约束条件下将制度要素和技术要素结合起来以形成创新性的信托产品，去满足特定的市场需求，实现信托产品创新的价值；另一方面，如何通过新产品的开发来引导消费，创造需求，从而形成市场创新，并以市场创新推动制度环境一定程度上的改善，或者通过创新主体的活动直接影响制度环境的改善，从而为下一轮的创新创造条件。

信托计划或信托产品，与大多数金融产品一样，可以从诸如收益、期限和流动性、安全性、价格等一系列特征来分析。事实上，正是通过对不同特点和风险进行"分拆"，然后将其装配为不同的新组合，信托产品创新才得以实现。

4.2 响应市场需求的信托产品创新

如前所述，随着中国经济的持续发展，居民收入不断提高，财产不断积累，客观上产生了保值增值的投资需求。但是，长期以来，我国金融市场的发展受到严格的管制，可供投资者选择的投资渠道和投资工具十分匮乏，主要的金融产品居于风险/收益特征的两端：一端是高安全性、低收益率的存款产品；另一端是高风险性、高收益率的股票和基金，缺乏兼顾收益性与安全性的金融产品，从而留下了大片的"空白"地带，可供信托公司充分发挥信托产品的种种优势，大胆进行创新，以响应金融市场上投资者的需求。

4.2.1　基于安全性考虑的信托产品创新

信托公司在设计信托产品时，充分考虑了安全性的问题，针对可能出现的信用风险、市场风险、操作风险，除采用通常的资产抵（质）押、第三者担保等风险控制措施之外，不断创新，以最大程度地保障信托财产的安全性。

1. 引入保险进行信用增级

国内工程贷款方面以往都是采取粗放式的全额担保形式。实际上，如果对项目预期现金流进行精确的测算，往往发现不可预期的资金缺口并不是那么大。而保险在这方面有许多非常灵活、针对性强的创新产品。而且保险对于偿付有严格的规范，能够在可预期的时间内给付资金，这也非常适合信托公司的即时兑付的特点。例如，中信信托公司2005年8月推出"国宾世贸中心（B座）项目集合资金信托计划"，规模2亿元，期限2年，预期年收益率6%，该项目是北京市政府重点建设工程——阜外大街危房改造工程的配套设施建设项目。平安财险公司比照信托资金两年内所可能发生的总体收益（含投资者预期收益，信托公司的信托事务管理费用及相关税费等），为该项目提供不少于人民币5000万元的"预期利润损失险"，即在相关房地产项目如期保质保量完工的前提下，应有不少于人民币5000万元的净利润，作为该项目相关风险控制与信用增级手段。该险种基本保障范围为：预计的租/售收入；延期支付的财务费用（包括滞纳金/罚息）；固定成本（管理成本和生产成本）和额外的其他成本等，从而使该项目成为国内首只获得保险信用增级的集合资金信托产品。

2. 引入优先/次级（一般）结构安排进行信用增级

借鉴资产证券化产品现金流分层的技术，把信托产品的受益人分为优先和一般两类，在信托计划中认购不同信托资金份额，次级受益人的义务是确保优先受益人的收益，权利是分享超过优先受益人收益部分的收益。由于次级受益人在确保优先受益人收益时，承担了风险，理应获得较高的收益。实际上次级受益人往往能获得杠杆效应。此种方式多用于证券投资类信托计划，其次是房地产类的信托计划。例如，上海国际信托投资有限公司于2005年4月推出"基金集合投资资金信托优先受益权信托计划"，规模5000万元，期限2年，优先受益人预期年收益率4.5%，信托计划中优先受益信托资金和次级受益信托资金的比例为3:1。

3. 引入知名中介机构

信托产品引入知名中介机构，以其专业优势，能加大对信托计划的监督和控制力度，有效降低风险；同时增加信托产品的公信力，给营销增加亮点。例如，联华信托2005年11月推出"联信·宝利七号中国优质房地产投资集合信托计划"，引入的中介机构为：托管银行——中国民生银行大连分行；房地产投资顾问——戴德梁行；专业法律顾问——北京市君泽君律师事务所；独立审计机构——普华永道中天会计师事务所。

4. 以土地使用权收益、收费权等作保证

信托产品将土地使用权收益、收费权等作为信托贷款的保证措施。中诚信托投资有限责任公司2006年4月推出"国开行·重庆市商业银行重组项目集合资金信托计划"，规模2亿元，期限2年，预期年收益率4.2%。采取的保障措施包括重庆市政府划拨的5000亩土地的出让收入和重庆市政府承诺对缺口资金的财政性资金支持。

5. 在证券投资类信托产品中设定止损平仓和资金追加线

在结构化的证券投资信托产品中，止损线设计一般按优先受益人的本金和预期收益之和上浮10%~20%设置，一旦触及止损线，信托公司将对信托财产采取相应措施，如强制平仓、变现等。如上海国际信托公司于2006年2月推出的上国投·锡泉证券投资资金信托计划，规模5000万元，期限2年，优先受益人预期年收益率为2.25%。优先受益信托资金和次级受益信托资金的比例为3:2。当信托资产单位净值达到0.85元时，受托人将对信托资产采取止损措施。在信托计划存续期内，次级委托人可以在信托计划财产单位净值低于0.92元但高于止损线0.85元的区间内向该信托计划追加增强信托资金，每次追加的增强信托资金计入净值后，使信托计划财产单位净值恢复至1.00~1.02元。

6. 取得地方财政支持，保证项目预期现金流的实现

信托产品获得财政支持，或者是信托贷款本息的偿还直接来源于地方政府财政资金；或者如果出现不能按期偿还贷款本息的情况，财政部门承诺对这一差额进行补偿；或者财政资金作为项目投资的一部分直接参与贷款，降低其他

投资者的投资风险。从现行法律法规看，地方政府、财政部门出具保函承诺项目本金和收益行为，与《担保法》中关于政府部门的任何担保无效的规定明显有冲突。因此，采取此类信用增强措施的产品为避免法律隐患，在具体实践中一般避免由地方政府直接出具保函或进行担保，而是变通地承诺将信托贷款本息的偿付纳入财政预算中，并通过地方人大常委会决议同意取得一定的合法性。例如中原信托 2005 年 12 月推出的"安阳城市建设项目贷款集合资金信托计划"，除了采用第三方担保外，引入了政府信用。由安阳市政府承诺由市财政统筹安排资金偿还信托贷款本息，并将还款本息纳入同期财政预算，安阳市人大常委会以安人常 [2005] 25 号文件批复同意。

4.2.2 基于收益性考虑的信托产品创新

在收益率方面，法规禁止信托公司为信托产品提供保底和保证收益的承诺。但信托产品往往会向客户宣示一个预期收益率，以此作为与其他理财产品相区别的特征和竞争的主要手段，来吸引客户。由于目前信托公司的信用等级事实上低于商业银行，信托产品的信用等级也低于储蓄存款、国债、企业债和人民币理财计划，信托产品的预期收益率大大高于同期银行存款、国债和人民币理财计划的收益率，一般也高于同期企业债的收益率。其间的差额部分，可以视为信托公司为客户提供的风险溢价报酬。

1. 按不同期限分别设计预期收益率

信托产品将同一信托计划的受益权分为不同期限的几类受益权，在信托计划中预先划分各期限合同份数和认购金额，根据不同信托受益权的到期时间确定不同的预期收益率，每一类型的信托受益权预期收益率不同。在同一期限的条件下，还可以根据单一信托合同的金额再设计不同档次的预期收益率，两种手段结合运用。

此类设计使预期收益率与受益权期限及信托合同金额紧密挂钩，充分体现了投资者投入的信托资金的时间价值，收益率在考虑到期限的同时还对可对投资量大的投资者倾斜，既增加了信托产品的灵活性，也是一种促销手段，一般运用于期限比较长的信托产品中。

例如，外经贸信托公司 2005 年 5 月推出的"凯晨广场贷款项目集合资金信托计划"，信托计划期限有一年、二年、三年三种，受益人预期收益率为一年期4.2%，二年期4.5%，三年期4.8%。又如，北国投2006年8月发行的"京沪高速公路天津段二期信托计划"，信托计划预期收益为：100万元≤信托资金金额＜200万元，第一个信托年度预期信托资金收益率为5.7%；第二个信托年度预期信托资金收益率为5.7%；第三个信托年度预期信托资金收益率为6.6%；200万元≤信托资金金额＜300万元，第一个信托年度预期信托资金收益率为5.9%；第二个信托年度预期信托资金收益率为5.9%；第三个信托年度预期信托资金收益率为6.8%；300万元≤信托资金金额＜3000万元，第一个信托年度预期信托资金收益率为6.2%；第二个信托年度预期信托资金收益率为6.2%；第三个信托年度预期信托资金收益率为7.1%。

2. 固定收益率加浮动收益率设计

在信托产品中设置预期固定收益率的同时附加浮动收益率条款，通过在资金使用合同（如借款合同）中增加利率浮动条款，使贷款利率与中国人民银行公布的贷款基准利率的变化挂钩，相应的信托产品中信托受益权预期收益率也和央行基准利率浮动挂钩，信托受益权预期收益率为固定利率加上利率浮动比例。另一种是不与央行基准利率浮动挂钩，在信托计划中特别约定，如果信托计划预期收益率超过某个设定的比例，受益人可以获得高于预期收益率的收益。

这种设计方式旨在降低信托资金面临的利率风险，同时也体现信托财产的收益和受益人收益同步增长的好处，使受益人分享信托财产运作的超额收益，增加信托产品对投资者的吸引力。

例如，外经贸信托公司在2005年5月推出的"凯晨广场贷款项目集合资金信托计划"为防止利率风险，该计划规定，信托贷款利率随央行基准利率的调整而调整，上浮时同比例上浮，下浮时按原贷款利率执行，利率调整时间为央行基准利率的调整公告日，信托预期收益率随贷款利率的调整同时、同比例调整。

再如，中诚信托公司2006年5月发行的"国家开发银行联合贷款——永州市城市道路建设项目集合资金信托计划"，预期年收益率为4.2%（预期年收益率随贷款利率的调整而变化，分阶段计算收益），以货币形式发放，每年支付一次收益。由于中国人民银行于2006年4月28日调整了贷款基准利率，按照《信托贷款合同》的约定，信托贷款的贷款利率将于2006年6月20日上浮 0.27%，在扣除相关税费后，信托计划 2006 年 6 月 20 日后的预期年收益率将上升为 4.353%。

还有天津信托 2006 年 6 月发行的"天信长信 3 证券投资信托计划"，其中约定，当信托资金年投资总收益率等于或小于 3.8% 时，受托人将不收取报酬和管理费用；当信托资金年投资总收益率在 3.8% 至 6.3% 之间（包括 6.3%）时，受益人享有 3.8% 的信托收益，受托人提取超过 3.8% 部分的信托收益作为管理信托事务的报酬；当信托资金年投资总收益率超过 6.3% 以上时，受益人享有 3.8% 的信托收益以及超过 6.3% 部分信托收益的 50%，其余信托收益将作为受托人管理信托事务的报酬。

3. 根据投资金额分档设置预期收益率

在同一信托产品中分档设置不同的预期收益率，根据委托人的投资金额、风险承受大小不同分别设计不同档次的收益率，一般是委托人投资金额越大，所得到的预期收益率越高。

这种设计将预期收益率和委托人投资金额挂钩，体现了大额资金的投资风险补偿，增加了对高端客户的吸引力。

例如，平安信托公司于 2005 年 11 月推出的"丰淳·国家开发银行担保贷款集合资金信托计划"，信托总规模 20000 万元，信托期限 1 年，投资者可获得的预期年收益率为：A 型受益权——认购金额达到 200 万元或以上，预期年收益率为 3.9%；B 型受益权——认购金额达到 50 万元但不足 200 万元的，预期年收益率为 3.7%。

4. 按优先级和次级受益权设计不同预期收益率

在信托产品中将信托受益权划分为优先级受益权和次级受益权两类，或优先级、次级、一般受益权三类。优先受益人享有分配信托财产的优先权，次级受益人次于优先受益人分配信托财产，根据不同受益权的特点确定不同的预期收益率，优先级受益人的预期收益率往往是固定的，一般受益人则收益浮动空间较大。

按受益权的不同风险承担给予不同的收益率，充分体现了信托财产风险承担与信托收益的关系，既保证了优先级受益人的资金安全和收益实现，也体现了次级受益人的风险补偿，是一种较好的业务创新和保证手段。此种收益设计方式一般运用于证券投资类集合资金信托计划。

例如，重庆国际信托投资公司2006年2月推出的"企业短期融资集合资金信托计划"，规模1亿元，A类投资者为优先受益权，预期年收益率为4.5%，优先分配信托本金及预计收益；B类投资者为一般受益权，预期年收益率为5.5%，仅次于A类投资者分配信托本金及预计收益；C类投资者为次级受益权，预期年收益率为15%，最后分配信托本金及预计收益。

5. 固定预期收益率设计

在信托产品中，约定投资者得到的是固定预期收益率，信托利益向受益人分配后余下的收益由次级受益人所有或由受托人所有。这种安排使受益人或优先受益人预先能了解可能获得的资金回报，可根据自身财务安排期望的资金收益率，选择购买信托产品；信托计划的超额收益由受托人或次级受益人所有，体现了次级受益人的风险补偿和对受托人的资金运用能力的奖励。

例如，华宝信托公司在2005年5月推出的"点金11号结构化证券投资（固定预期收益）信托计划"，在信托计划中引入次级受益人制度，并规定了止损平仓线，信托计划优先级受益人预期收益率4.25%。信托计划财产在扣除应当由信托财产承担的费用后，首先用于向优先受益人分配信托利益（含本金及预期收益），支付优先受益人信托利益后的余额为次级受益人的信托利益。联华信托2006年3月发行的"联信．诺金科集合资金信托计划"中对受益人预期收益率为4.8%，在信托报酬的约定中描述为：受益人的信托年收益率超过4.8%的部分，全部作为受托人的信托报酬及信托管理费。

6. 提前结束信托产品的补偿收益率设计

在信托产品中除了常规的预期收益率约定外，根据信托产品可能提前结束的情况，增加对受益人的信托收益率的补偿条款，明确补偿条件和补偿金额或补偿比例。

该类条款的设计一般适用于证券投资类信托计划，体现了信托公司作为受托人，管理信托财产的公允性。因为未来的不确定因素或次级受益人的要求，导致信托产品可能会提前终止，增加了投资者的再投资风险，应该由次级受益人给予补偿。

华宝信托2005年8月推出的"华宝信托结构性基金组合结构化投资信托计划"，优先受益人预期年收益率为4.5%。信托计划约定，次级受益人经与受托人协商后,可于信托计划成立满一年后终止本信托计划。次级受益人给予优先受益人年利3‰的补偿,即如果提前一年终止,信托期限则为1年,优先受益人收益将为4.8%。

7. 设计预期收益率区间

在信托产品中不确定单一预期收益率,根据信托资金运用安排预测一个预期收益率可能达到的区间,体现了信托产品的不保底承诺特点,是信托理财的真实体现,受益人承担了信托资金运用的风险同时也可能获取资金运用实现的超额收益。如北京国投于2004年4月发行的"债券投资资金信托计划"预期年收益率不低于4%,保守估计为4%~8%。但在信托资金年收益率低于4%(含)时,北京国投将不收取信托报酬。

8. 根据信托产品不同期间设计不同预期收益率

将信托产品在存续期限内划分几个区间,根据预先估计各区间信托资金运用可能实现的收益测算预期收益率,并在信托产品中向委托人明示。

此类设计主要适用于证券投资类信托产品,根据不同阶段市场可能面临的诸多情况分段预计投资者收益,便于受托人灵活管理信托财产。

如湖南信托公司2005年1月发行的"封闭式基金投资集合资金信托计划",受益人区分为优先受益人和一般受益人,对优先受益人而言,在信托计划第一期间,即自信托计划成立之日至第15个月最后一天,期间预期信托收益率为中国人民银行颁布的银行一年期储蓄存款基准利率上浮200个基点(如果信托计划在该期间提前结束,信托收益仍按照15个月计算);在信托第二期间,即信托计划存续的第十六个月至信托结束,期间预期年收益率为中国人民银行颁布的银行一年期储蓄存款基准利率上浮280个基点(如果信托计划在该期间提前结束,信托收益仍按照30个月计算)。

9. 预期收益率与定期存款利率挂钩设计

将信托产品的预期收益率与中国人民银行公布的定期存款利率挂钩,在信托计划中明示信托资金在不同年限的预期收益率分别为定期存款利率加各年限所对应的不同百分比。

将收益率和银行定期存款挂钩本质上是一种促销技巧,比一般的直接给定预期收益率不同,这种方式将信托产品的预期收益率与定期存款直接比较,能更加刺激投资者的购买愿望。

如湖南信托公司2006年2月发行的"高科技、高成长产业项目信托产品系列之股权投资集合资金信托计划",预期年收益率设计为:(1)信托资金的第一年的预计收益率为银行一年期定期存款利率+2%;(2)信托资金的第二年的预计收益率为银行一年期定期存款利率+3%;(3)信托资金的第三年的预计收益率为银行一年期定期存款利率+4%;(4)信托资金的第四年的预计收益率为银行一年期定期存款利率+5%;(5)信托资金的第五年的预计收益率为银行一年期定期存款利率+6%。

10. 新股申购信托产品中的收益分配设计

新股申购信托的信托财产分配主要涉及两方:受托人与受益人。受托人希望尽可能多地获取信托报酬,而受益人希望得到更多的投资回报,二者的利益冲突既矛盾又统一。

西安国投公司发行的"长安新股申购一号"信托产品,预期年收益率为6%~25%。信托期限届满后,信托收益若低于6%(含本数),该公司不收取信托报酬;如信托收益为6%~10%,则受益人的收益为6%~8%;如信托收益超出10%,则受益人的信托收益为8%加超出10%的部分,如新股申购年收益为14%,则受益人的收益为12%=[8%+(14%-10%)]。

将信托报酬与信托收益联系在一起,使对受托人的补偿与投资收益紧密相连,基于自利原则,受托人必然会尽职尽责履行投资管理义务,从而一定程度上解决了受托人与受益人在委托代理关系中的利益冲突。

重庆信托公司发行的"渝信壹号网下新股配售集合资金信托计划"不仅考虑了信托报酬对受托人的激励问题,还考虑了投资者的机会成本,并以机会成本为基础来确定受托人的信托报酬与投资者的投资收益:

若收益分配基础(收益分配基础=信托单元收益-投资机会成本)>0,则重庆信托公司管理报酬=收益分配基础×30%,其余部分归受益人;若收益分配基础≤0且信托单元收益≥0,则重庆信托公司收取信托单元收益的10%作为管理报酬,其余部分归受益人;若信托单元收益<0,则重庆国投不收取管理报酬。

机会成本则为投资者以同等资金同时参加网上申请所能获得的平均收益率,即

投资机会成本=信托单元的规模×网上中签率÷发行价×网上申购新股上

市交易首日成交均价与发行价之差

若信托单元同时配售多只新股,以每只新股申购资金占信托单元规模的比例为权重,加权计算投资机会成本。

以投资者的机会成本而不是投资收益作为确定受托人信托报酬的基础,更加符合经济学的规律,也更有利于实现信托报酬对受托人的激励和信托收益的提高,从而实现受益人与受托人的共赢。

11. 结构化证券投资信托产品中的收益分配设计

在采用优先/次级结构安排的证券投资信托产品中,优先受益人一般作为风险厌恶者加入信托计划,获得较为固定的投资收益率但放弃了获得更多收益的机会;次级受益人作为风险偏好者,一方面以其认购的信托资金份额来确保优先受益人的本金及收益,另一方面也可能因为承受更高的风险而获得超额收益。优先受益人与次级受益人的财产分配,一直是采用优先/次级结构安排的证券投资信托产品设计中的重要一环。

与一般信托产品中设定的优先受益人享有固定利率投资收益不同,中原信托公司发行的"中原理财-宏利1期-基金投资集合资金信托计划",允许优先受益人享有浮动利率投资收益,具体测算如下:

当信托计划年收益率低于20%时,优先受益人预期年收益率为6%;

当信托计划年收益率在20%~40%时,超过20%的部分,一般受益人与优先受益人按9:1的比例分享;

当信托计划年收益率大于40%时,优先受益人预期年收益率为9%。

该信托产品将优先受益人的投资收益与整个信托产品的投资收益联系在一起,使优先受益人类似于投资了一个"保本浮动收益性"的理财产品,丰富了证券投资信托的产品类型,增加了对特定投资者的吸引力。

12. 私募基金阳光化信托产品中的收益分配设计

投资顾问为私募基金机构的证券投资信托产品,其信托财产分配主要涉及受托人、投资顾问、受益人、保管人。其分配方式的设定应该体现信托的特色:在保持投资顾问利益与投资收益密切相关的同时,不能损害投资者的利益。

以深国投发行的"深国投·亿龙中国2期集合资金信托计划"为例,其投资顾问为上海涌金投资咨询有限公司,在信托财产的分配方面规定如下:

(1) 委托人认购信托单位时，需另外交纳认购费用，认购费用为信托资金的1%。

(2) 受托人报酬包括认购费用、固定信托报酬和浮动信托报酬。

某估值基准日（信托计划存续期内每月的10日）应计提的固定信托报酬 = 该估值基准日计算的信托计划资产总值 $\times 0.75\%/12$。

若某估值基准日计提浮动信托报酬及特定信托计划利益前的信托单位值高于历史最高信托单位净值，则在该估值基准日提取差额的3%作为受托人的浮动信托报酬。

固定信托报酬和浮动信托报酬在每个估值基准日之后的五个工作日内支付。

(3) 投资顾问报酬包括投资顾问管理费与特定信托产品利益。

其中，某估值基准日应计提的投资顾问管理费 = 该估值基准日的信托计划资产总值 $\times 0.5\%/12$，在每个估值基准日之后的五个工作日内支付。

若某估值基准日计提浮动信托报酬及特定信托计划利益前的信托单位值高于历史最高信托单位净值，则在该估值基准日提取差额的17%作为特定信托计划利益。支付方式为从该信托计划成立起的一年内，每一开放日特定受益人所享有的特定信托计划利益的50%将被转换为信托单位。转换的信托单位在转换期满一年后可赎回。

为了便于说明私募阳光化证券投资信托计划中信托财产分配方式对受托人、投资顾问以及投资者的影响，假设该信托计划与某公募基金[①]投资绩效一致[②]，并对四条资产总值变化路径下（三个月后的）单位信托财产和单位基金财产的分配情况进行对比（见表4-1）：

[①] 该基金规定基金管理人的管理费以基金资产净值的1.5%计提年费率。

[②] 假设：(1) 信托计划与该公募基金成立日为同一日（设立时，单位信托净值或单位基金净值均为1），信托计划信托报酬、投资顾问报酬与公募基金之管理费均按月计提，且计提日为同一日，支付日也为同一日；(2) 不考虑信托负债和基金负债，不考虑除信托报酬、投资顾问报酬以外的信托费用和除基金管理费以外的基金费用；(3) 上一个计提日之后到下一个计提日之前，信托资产和基金资产总值只有两种变动方向：上涨10%或者下降10%（概率各为50%），并且信托资产和基金资产总值的变动方向相同。

表4-1 四条资产总值变化路径下单位信托财产和
单位基金财产分配情况对比 单位:元

资产总值	信托			基金	
	信托报酬	投资顾问报酬	净值	管理费	净值
10%、10%、10%①	0.0118	0.0560	1.2565	0.0045	1.3260
10%、-10%、10%	0.0049	0.0181	1.0661	0.0040	1.0849
-10%、10%、-10%	0.0017	0.0012	0.8882	0.0035	0.8877
-10%、-10%、-10%	0.0015	0.0010	0.7267	0.0030	0.7263

可以得到如下结论:

一方面,对于私募基金机构,在第一条路径(投资绩效最高)下信托财产净值较第四条增长73%,但信托报酬、投资顾问报酬较第四条(投资绩效最低)却增长了678%与5415%。并且,当信托财产净值高于1时,无论是信托报酬还是投资顾问报酬,均显著高于基金管理费,但当信托财产净值低于1时,信托报酬与投资顾问报酬之和都不超过基金管理费,其投资绩效的好坏与其管理费收入相关性非常高;而对于公募基金,第一条路径下信托财产净值较第四条增长83%,但基金管理费较第四条却仅增长了49%,投资绩效的好坏与其管理费收入相关性相对较低。

另一方面,对于投资者来说,虽然在信托财产期末净值高于1的第一、第二条路径下,收益率(净值变化率)较公募基金低,但是,在信托财产净值低于1的第三、第四条路径下,收益率却不逊于公募基金。说明只是在信托财产取得正投资收益的时候,投资者收益率较公募基金低,而当投资者面临投资损失时,其损失额并没有进一步扩大。如果考虑到投资顾问在信托财产分配方式的激励下投资绩效与风险防范意愿的提高,投资者很可能取得不低于公募基金的投资收益。这说明,相对于公募基金,私募阳光化证券投资信托计划信托财产分配方式对投资者的利益没有造成明显的损害。

所以,该产品信托财产分配方式的设定实现了在保持投资顾问利益与投资收益密切相关的同时不损害投资者利益的目标,保证了信托作为私募基金阳光

---

① 10%、10%、10%表示三个月对应的三个信托费用计提期间内(上一个计提日之后到下一个计提日之前),信托资产或者基金资产总值的变化顺序为增加10%、增加10%、增加10%,表中其他变化以此类推。

化的金融路径对于私募基金自身优势的继承。

13. 不明示预期收益率

信托产品中不具体描述预期收益率,只需向委托人、受益人明示信托收益取得范围、收益来源、收益取得方式等。

由于受托人不向受益人明确信托计划的预期收益率,信托财产的管理体现了受托人"代人理财"而委托人承担全部投资风险的理财模式。例如,天津信托公司2005年9月推出的"渤海银行股权投资集合资金信托计划"没有明确的预期收益率,信托收益包括现金分红、股票分红和净资产增值等多种形式,实际收益情况视渤海银行的经营情况而定。又如,华宝信托公司2005年6月推出的"伊利股份法人股投资集合资金信托计划",没有设置预期收益率,在信托计划收益来源描述为:本信托计划既可使投资者获得现金收益(即伊利股份的年度现金分红),还有机会获得如下价值增长来源:伊利股份法人股获准上市流通带来的变现溢价;伊利股份经营盈利导致的净资产增值;伊利股份增发可转债、增发新股、配股以及其他再融资行为导致的净资产增值。再如,平安信托公司2006年6月发行的"平安价值投资一期集合资金信托计划"约定受益人只以信托单位方式收取获派发之红利,收取的信托单位份数 = 分红所得金额/(分红日之前最近之开放日每信托单位净值 − 每单位分红金额)。对于受益人以分红的方式取得的信托单位,受益人自分红日起享有相应的受益权。

4.2.3 基于期限考虑的信托产品创新

1. 固定期限设计

按照信托资金使用时间设计信托期限,在信托产品中明确信托期限。目前国内信托计划固定期限长短不一,最短的有0.25年,最长的有20年,另外还有无期限设计的。

固定期限信托产品的优点是简单明了,缺陷在于当信托产品运行后发生需要提前或延迟结束信托计划的情况时,不便于受托人灵活处理。此种模式适用于信托资金使用期限、资金运用模式固定,交易结构简单,能准确预见信托资金运用日期的信托产品。

例如,重国投2005年11月8日推出的"民生银行重庆分行票据资产集合资金信托计划"，规模 5000 万元，期限为 0.25 年，预期年收益率 2.632%（三个月预计收益率为 0.658%），募集资金用于受让民生银行重庆分行的票据资产，民生银行重庆分行于信托期满日一次性无条件回购该票据资产。又如，天津信托 2005 年 9 月推出的"渤海银行股权投资集合资金信托计划"，期限为 20 年。

2. 弹性期限

在信托产品中预先确定一个计划期限，同时增加可能提前或延迟附加条款，使受托人可根据借款人情况、市场情况或一般受益人的要求，选择提前或延迟结束信托产品。

此类期限设计条款灵活多变，便于受托人在信托产品运行期间根据预先估计可能遇到的不同情况提前结束或延迟信托产品，保证了委托人信托利益的实现和信托财产的安全，也体现了受托人为保证信托利益的最大化的尽职服务。弹性期限设计较多运用于证券投资类市场风险较大的信托产品和其他预见到信托目的可能提前实现的情况。

例如，重庆信托公司 2006 年 5 月推出的"重庆国投·润丰壹号集合资金信托计划"，规定信托计划期限为 2 年，信托计划存续满 1 年后（含 1 年），当一般受益人实际年收益率达到或超过预期年收益率 12% 时，则受托人有权根据市场情况决定提前终止信托计划。华宝信托公司 2005 年 11 月发行的"华宝点金二号结构化证券投资信托计划"期限为 2 年，信托计划约定一般受益权委托人经与受托人协商后，可于本信托计划成立满一年时或满一年后第二年的第一、二、三个自然季终止本信托计划，受托人将提前 15 个工作日通知优先受益人。华宝信托公司于 2005 年 6 月发行的"伊利股份法人股投资集合资金信托计划"期限为 5 年，信托计划约定到期可顺延，每次顺延为期 1 年。信托期内遇伊利股份法人股获准上市流通时，信托计划提前终止，信托财产变现清算。

3. 结构性期限设计

在同一信托产品中将全部信托受益权划分为 2 个或 3 个类型，每个类型的信托受益权到期期限不同，预先确定每类期限的信托受益权规模，委托人可以根据不同期限类型选择购买。

此类期限设计充分考虑了不同投资者对不同期限的需求，条款设计灵活，能够兼顾不同投资者的需求以及融资者在资金运用上的需要。此类设计一般适用于规模较大、期限较长的信托项目，信托期限的设计和各期限信托受益权的划分需要与资金使用方协商决定。

外经贸信托公司 2005 年 5 月推出的"凯晨广场贷款项目集合资金信托计划"，总规模为 6 亿元，将信托受益权持有期限分为三种，分别为一年、二年、三年。百瑞信托公司于 2006 年 5 月发行的"百瑞富诚 7 号（济源文化城建设）资金信托计划"，募集信托资金额度为三年期不超过 1000 万元；四年期不超过 2000 万元。

4. 无期限设计

在信托产品中明确说明无期限，只设定产品终止的条款，只要不符合终止条件，信托产品一直存续。

此类期限设计目前一般运用于开放式证券投资类信托产品，同时设计信托计划的开放日，在开放日委托人可随时根据需要赎回部分或全部信托份额，也可以在 200 份合同份额内增加或重新认购信托份额，因此无期限设计对委托人的资金流动性无影响，如果受托人的管理能力得到委托人的认可，信托产品可长期存续下去，使受托人的资产规模长期保持稳定，利于培养客户忠诚度和产品品牌的树立，减少重新发行信托计划的繁杂手续和成本，此类信托产品要求信托公司应具备较高的资产管理能力和业绩。

深国投公司 2006 年 8 月推出的"深国投·天马证券投资信托计划"对信托计划的期限描述为："本信托计划为长期信托，不限定信托计划存续期限，如发生本信托计划规定的信托计划终止情形时，本信托计划才予以终止"。

4.2.4 基于流动性考虑的信托产品创新

与证券、基金等理财产品相比，由于没有设立特定的市场流通交易，信托产品的流动性相对较差。在此约束条件下，信托投资公司仍然努力通过多种安排，在一定程度上使信托产品的流动性得到增强。

1. 信托受益权质押贷款设计

信托公司与商业银行协议，委托人在信托期间，可以持《信托合同》或信托受益权证明书到指定商业银行申请贷款，申请贷款的额度根据信托项目的情况和信托合同的标的，申请到按合同标的一定折扣比例的商业银行贷款。

按银行对金融产品的质量标准评判,能被银行认可的信托产品,银行就可以接受信托产品作为质押物,为信托产品提供流动性。

如北京国际信托公司在发行债券投资资金信托计划时,与中国民生银行签订了"信托合同质押贷款协议",参加其债券投资资金信托计划的受益人可持信托合同到民生银行申请质押贷款,以解决临时性的资金周转困难。又如,中诚信托公司发行的"北京太阳星城贷款项目集合资金信托计划",兴业银行北京分行接受受益人的信托受益权质押贷款的申请,承诺向受益人发放的信托受益权质押贷款的金额将不低于信托受益权价值(按照取得信托受益权所支付的信托资金金额计算)的60%,贷款期限不超过该信托存续的期限。

2. "做市商"设计

信托公司以自有资金或第三方资金作为信托产品受益权转让的部分准备金。在转让时可分为部分接受转让和全部接受转让。

中诚信托公司2003年4月推出"北京市车公庄危改小区贷款项目"信托计划,规模1亿元,期限2年,预期年收益率为4.6%。该信托产品设计了两种流通方式:其一,受益人可以自行转让信托受益权,即受益人自寻"下家",最终到信托公司办理过户登记;其二,为满足受益人的转让需求,受托人将提供不超过本信托计划资金20%(准备金为2000万元)的固有财产(资金),用于受让持有期在6个月以上(含6个月)的信托受益权。也就是说,在信托计划发行半年之后,委托人如果出现急需资金的情况,可以将信托受益权转让给信托公司。外经贸信托公司2005年5月推出"凯晨广场贷款项目集合资金信托计划",规模为6亿元人民币,期限1年、2年、3年,预期年收益率为4.2%(1年期)、4.5%(2年期)、4.8%(3年期),在流动性设计中采用了投资期限结构分层模式,以担保方(第三方)承诺在信托计划运行期间的年度时点上无条件受让拟退出信托计划的委托人所持信托受益权。

3. 赎回设计

在信托产品中设计赎回条款,包括无时间限制的赎回和有时间限制的赎回。

杭州工商信托公司推出的"证券组合投资集合资金信托计划"含有一个增强流动性的安排:在受益人提出转让他们所持有的收益权累计达到信托资金的30%,即600万元时,发行该产品的信托公司承诺发起一个新的集合资金信托计划，用于受让拟转让的受益权。中信信托公司推出的"国宾世贸中心（B座）项目"集合资金信托计划在流动性方面的安排则是，在信托计划执行期满一年后，由借款人北京中实恒业房地产开发有限公司以实际募集信托资金总额的20%为限，受让相关信托受益权。而联华信托公司推出的"联信·宝利七号"，为加强其流动性，运用成熟的做市商办法，由联华信托或其指定机构承诺提供不低于3000万元的资金，在信托计划满一年后，如部分客户急需现金，按照事先约定的溢价率受让拟转让的信托受益权。

4. 信托受益权的柜台转让设计

信托产品投资者可按约定在信托公司办理信托受益权的柜台转让，投资者既可以自己寻找交易对手，也可以委托信托公司代为寻找受让方。

5. 联系当地产权交易所挂牌转让信托受益权

产权交易所和信托公司的有效结合，为增强信托产品的流动性提供了一个现实的途径。如西安国际信托公司委托西部产权交易所、山东省国际信托公司委托山东省（鲁信）产权交易中心代理发售信托产品和转让信托受益权。北京产权交易所与在京各信托公司开展合作，信托受益权转让的相关工作已经启动。根据北京市产权交易所提供的资料显示，汇集在北京市产权交易所的95%以上为机构投资者，他们手中的间歇资金的期限一般以 2~7 个月为多，信托公司现有投资者结构与北京市产权交易所客户群体正好可以互补。由北京市产权交易所筹建信托产品交易市场，并探索建立信托产品做市商交易制度，在很大程度上顺应了市场发展的要求，也可为北京市产权交易所将来建立 OTC（柜台交易）市场积累操作经验。

4.2.5 基于价格考虑的信托产品创新

信托产品的价格表现为信托产品中载明的信托公司所收取的受托人报酬。信托产品价格具有以下三个特点：

其一，作为投资品的信托产品的价格，在营销组合中的作用，不如个人消费品的价格那样重要。由于同类消费品的使用价值大致是同质的，因此价格往往能够成为营销的利器，而被众厂家和商家一再使用。信托产品则不同，其在安全性、收益性和流动性等特征方面，不仅信托产品与其他理财产品有较大的差异，就是各个信托产品之间也颇不相同，个性化色彩很浓，标准化程度不足，价格差异往往不足以成为客户比较、取舍的主要依据，也不能作为信托公司营销信托产品的主要卖点。

其二，为了争取客户，目前绝大多数信托产品都设有预期年收益率，信托公司的信托报酬一般约定在客户获取了按照预期年收益率计算的信托收益之后才提取。客户更关心的是信托公司提供的预计收益率是否能够实现，在他们获得了期望的收益之后，往往不会过多计较信托公司拿了多少。况且，在信托产品所募集资金的运用方式多以贷款为主的情况下，所获取的收益来源于确定的贷款利息，在扣除客户的信托收益后，信托公司所获报酬的弹性已经很小了。

其三，虽然如此，信托产品在价格方面的设计创新仍可作为与相似理财产品相竞争的手段。比如，针对证券市场的信托产品与开放式基金相比，就在价格上具有一定的优势。信托公司一般都承诺当年收益低于某一确定值时，不收取信托报酬，而基金公司则不然，无论基金收益如何，基金公司都会提取1.5%的管理费。信托公司把创造的业绩与自己的报酬相挂钩，从这方面讲，信托产品对投资者更显公道，也更有吸引力。

1. 受托人按固定比例提取报酬设计

在信托产品中，将受托人提取的信托报酬设定为一个固定值，受托人报酬的提取比例与信托利益的高低无关。这种报酬提取方式使委托人得到信托利益扣除所有费用后的全部收益，有利于吸引投资者，但没有体现受托人报酬与其工作成果的关系。

华宝信托公司 2006 年 5 月发行的"点金七号结构化证券投资信托计划"，信托规模为 1.5 亿元，计划期限为 2 年，受托人每年收取的信托报酬为信托计划资金的 1.5%。深圳国际信托公司发行的"赤子之心·投资哲学集合资金信托计划"对信托报酬的提取为，以托管银行在估值日计算的信托资产净值为基础，按照 0.5% 的年费率计算估值日应提取的信托报酬。平安信托公司 2006 年 6 月推出的"平安价值投资一期集合资金信托计划"，受托人每年从信托财产中提取固定管理费，费率为 1.4%。固定管理费以在估值日计算的信托财产为基础，按每个估值日计提、收取。当期应计提的固定管理费的计算公式为：当期应计提的固定管理费 = 该估值日计算的信托财产 × 1.4% / 24。

2. 受托人浮动报酬设计

在信托产品中将信托报酬设计为浮动比率，先设定一个受托人报酬提取最低起点，在这个起点之上，信托报酬按信托资金的收益率不同而在不同区间内提取，一般分为2到3个档次，信托资金收益率越高，提取的受托人报酬越多。

这种方式充分体现了受托人理财能力和信托报酬提取比例的关系，更能鼓励受托人管理好信托财产，使之实现更高的收益，受托人报酬提取比例增高的同时也使受益人获得更高的收益，是双方都能接受的双赢条件，一般适用于证券投资类不确定未来收益的信托计划。

山东国际信托公司2003年推出的"鲁信2003年证券投资系列信托计划"约定，若信托计划年收益率低于5%，不提取信托报酬和投资顾问费；信托计划年收益率在5%以上，5%～6.5%的部分作为信托报酬和投资顾问费。天津信托公司2006年6月推出的"天信长信3证券投资信托计划"约定，当信托资金年投资总收益率等于或小于3.8%时，受托人将不收取报酬和管理费用；当信托资金年投资总收益率在3.8%～6.3%（包括6.3%），受托人提取超过3.8%部分的信托收益作为管理信托事务的报酬；当信托资金年投资总收益率超过6.3%以上时，受益人享有3.8%的信托收益以及超过6.3%部分信托收益的50%，其余信托收益将作为受托人管理信托事务的报酬。

3. 将信托资金收益率高于一定比例的部分与受益人分成

将受托人报酬提取设定一个起点，如果信托资金年收益率低于起点不提取信托报酬，高出部分由受托人和受益人分成。

这种设计信托报酬的提取方法对受托人较苛刻，既有限制性条款而且还要分成，属于受托人向投资者的让利行为，主要为吸引投资者的购买，一般采用较少。

北京国际信托公司2003年7月发行的"债券投资集合资金信托计划"中约定，信托资金的年预计收益率低于4%（含），作为受托人的北京国投不提取报酬；超过4%，仅提取超过部分的50%作为受托人报酬，其余为投资人收益。中信信托公司推出的"银杖私人理财"信托服务产品，对受托人报酬提取约定为，当信托财产的年化投资收益率不超过5%时，受托人不收取任何信托报酬；当信托财产的年化投资收益率超过5%时，受托人对5%以上的超额收益部分收取40%作为信托报酬。

4. 将信托资金收益率高于一定比例的部分全部作为受托人报酬

先设定一个受托报酬提取起点，起点数额一般为信托产品中设计的受益人预期收益率，高于起点的部分全部作为受托人信托报酬。

这种方式计算较简便，简单地将信托报酬和受益人预期收益率划分成两个部分，受益人最终实现的收益一定等于预期收益率，有观点认为这样做有变相承诺预期收益率之嫌，一般使用于能较准确计算收益率的贷款类信托项目。

联华信托公司 2006 年推出的"联信·诺金科集合资金信托计划"对受托人报酬提取约定为，受益人的信托年收益率低于 4.8%（不含 4.8），受托人不收取信托报酬；受益人的信托年收益率超过 4.8% 的部分，超过部分全部作为受托人的信托报酬及信托管理费。深圳国际信托公司 2005 年 6 月发行的"长沙项目受益权转让集合资金信托计划"，信托报酬提取为，若信托资金的年收益率为 6% 或 6% 以下，受托人不收取信托报酬；若信托资金的年收益率为 6% 以上，则超过 6% 的部分全部作为受托人的信托报酬由受托人享有。

5. 固定报酬和浮动报酬结合使用

将信托报酬的提取设定为固定提取比例和浮动比例相结合的方式，受托人在信托计划发行时收取一定固定比例的固定报酬，在计划运行完后如果实现的收益率超过预期收益率，受托人可以再另外收取部分浮动收益作为奖励。

受托人在收取固定报酬同时，还可以享受一定超额收益的分成，体现了对受托人理财成绩的一定奖励。

中融信托公司发行的"强生控股法人股投资资金信托计划"，该计划约定，信托报酬收取形式为，除了一次性收取信托计划额 2.4% 的发行费之外，如果预计收益率超过 5%，届时将收取委托人额外的信托报酬。

6. 按各信托合同资金总额分档次设计受托人基本报酬率

受托人基本信托报酬改变传统的固定比例方法，将受托人报酬率与信托合同金额挂钩，信托合同金额越大，对应的受托人基本报酬率就越低，信托合同金额达到一定程度，受托人收取的基本报酬率为零，受托人报酬计算公式为"各信托合同项下信托资金金额×年基本报酬率×信托计划存续年限"。

将受托人基本报酬率与信托合同金额挂钩是对委托人的让利，通过给予不同信托资金提取不同比例的受托人报酬率待遇，给予大额购买者一定比例的奖励措施，在信托产品销售过程中可以起到吸引大额资金购买人的目的。

北京国际信托公司 2006 年 8 月发行的"京沪高速公路天津段二期信托计划"，信托计划受托人报酬分为基本报酬和业绩报酬，各信托合同项下信托财产所承担的基本报酬为：各信托合同项下信托资金金额×年基本报酬率×信托计划存续年限。年基本报酬率按照以下规定执行：100万元≤信托资金金额<200万元，受托人年基本报酬率为1.0%；200万元≤信托资金金额<300万元，受托人年基本报酬率为0.8%；300万元≤信托资金金额<3000万元，受托人年基本报酬率为0.5%；信托资金金额≥3000万元，受托人年基本报酬率为0。

4.3 规避监管的信托产品创新

4.3.1 监管与创新的辩证法

1. 金融监管与金融创新

政府监管常常被认为是一种隐性税负，一方面提高了金融机构的经营成本，另一方面阻碍了金融机构充分利用规制以外的盈利机会。在经济学家探寻推动创新背后的诸多力量时，监管是最常被论及的一个因素，尤其是针对美国金融体系的研究（Kane，1977，1978，1980，1981，1984a，1984b）和针对英国金融体系的研究（英格兰银行，1983a，1983b）。Kane（1978，1981）发展了一个关于金融创新与监管的辩证法观点的斗争模型，用于描述监管者与被监管者之间永不停息的斗争。在这一模型中，将金融创新描述为敌对的被监管者（经济力量）和监管者（政治力量）之间持续争斗的结果。

产品替代行为通常是规避监管的主要形式。被监管者出于追求潜在获利机会的动机，倾向于将受到严格监管的金融产品或服务替换为不受监管或受监管较少的金融产品或服务。创新出现后，监管的调整一般不会马上发生，而往往是需要相当长一段时间的酝酿，因为从监管者的偏好来看，他们对监管的调整过度滞后于创新的容忍程度，远甚于对行动迅速但缺乏周密考虑因而显得鲁莽的容忍程度。除非一种金融创新会立即带来监管危机，否则监管者会在大量积累信息并反复研究后才作出监管回应。这样，被监管者就能够从创新中获得好处，因为在一项创新被商业化应用之前，其创造的机会必须能够带来足够的税后利润，以克服由于做事方式改变带来的制度惰性、管理和雇员抵制等方面的成本。受到严格监管的金融机构通过采用创新措施来规避监管，会吸引受到较少监管的金融机构采用创新以捕捉获利机会,从而推动监管的采纳和扩散。当大量的金融机构参与到创新中来的时候,监管滞后将被缩短,监管的调整最终会发生。然后,新的监管又孕育着新的创新活动。

Miller(1986)认为,显著成功的金融创新是那些不仅为竭力求生存,而且在促进创新的初始力量已经消失后,仍然得以增长的类型。Allen and Gale 举出零息债券的例子,它在 20 世纪早期由于税收漏洞而开始在美国被广泛使用。尽管在公司大规模地利用这一漏洞时,漏洞立即被补好了,但由于零息债券没有再投资风险,并且在日本的投资者仍可以享受某些税收优惠,因此,零息债券市场继续存在着。因此,在 Miller(1986)看来,显著成功的金融创新就好像"雪地里的种子,等待环境变化以生长",金融创新可看作是"存在金融合同但处于零供给状态"。

Holland(1975)区别了两种类型的创新:一种是规避型创新,即试图避免或遏制管制和货币控制影响的金融机构的一种自由市场反应;另一种是先验型创新,即所有与管制控制无关的创新类型。

总之,陈建华(2002)指出,金融监管对金融创新产生促进作用须具备三个条件:一是金融监管影响金融机构在市场上的活动,特别是威胁其经营地位和目标,这是创新主体的外在压力;二是金融监管有一定漏洞,创新主体有空子可钻,这样创新才能成为可能;三是金融机构通过创新产生的收益大于其接受监管的机会成本,这是创新主体的内在动力。

2. 规避监管的金融创新案例

米什金和埃金斯(2006)在《金融市场与金融机构(第 4 版)》一书中,描述了在美国发生的由金融监管引发金融创新的两个案例。

大萧条之后所产生的美国 1933 年银行法,对金融业实行了最严格的管制,包括实行存款准备金制度;严格限制银行的资金来源与资金运用,对定期存款施以利息高限(Regulation Q,Q 条例),活期存款不得支付利息。这使银行在吸收存款方面受到很大限制,不利于银行扩大存款规模并进而扩大贷款规模以提高盈利水平。尤其是在 20 世纪 60 年代以后,美国经济金融形势发生了很大变化,非银行金融机构数量显著增多,通货膨胀增加,利率开始上升。投资者减少了他们的银行定期存款,投资于收益率更高的证券。这时,银行规避 Q 条例关于利率管制的规定,寻找新的资金来源的动机增强了。通过发掘漏洞,银行发现了可以避开存款准备金制度存款利率封顶的两个资金来源：欧洲美元和商业票据。因为欧洲美元（Eurodollar，以美元度量的国外存款）是从美国之外借来的，因此它们不受准备金制度和 Q 条例的限制。银行控股公司的母公司发行的商业票据也不作为存款对待，所以不受这些管制的限制。无疑，这些发现导致了 20 世纪 60 年代后期欧洲美元和商业票据市场快速膨胀。70 年代，由于勤奋地发掘漏洞，马萨诸塞州的一个互助储蓄银行挖到了一个金矿，它发现了支票账户利息支付限制的一个漏洞。如果将支票称为"可转让提款通知书"（Negotiable Order of Withdrawal，NOW），那么这种 NOW 账户从法律意义上说就不是支票账户了，可以不受支票账户管制的限制，可以支付利息了。NOW 账户的创新在马萨诸塞州和新罕布什尔州迅速取得成功，使这两个州的储蓄贷款机构和互助储蓄银行获得了更高的利润。

美国 1927 年麦克菲顿法和道格拉斯修正案有效地禁止了银行跨州开设分行。这种限制，使美国有大量的银行存在，名为鼓励竞争，实际上却是缺乏竞争，因为客户需要和银行打交道时，往往无法在他们附近找到另一家银行的分行。这些限制性管制，激发了银行机构为追求获利机会而开展"漏洞发掘"工作。通过发掘漏洞，带来了规避管制的金融创新，从而绕开了关于禁止跨州设立分行的限制。相关的金融创新之一是设立银行控股公司。银行通过这种法人所有制形式，越过限制性分行管制，利用控股公司也能够拥有几家银行的控股权。此外，银行控股公司还能够从事与银行相关的其他业务，如提供投资建议、数据处理和传输服务、租赁、信用卡服务和其他州的贷款服务；能够发行商业票据，使银行获得非存款资金来源。美国很多州允许总部在其他州的银行控股公司收购本州的商业银行，其结果是麦克菲顿法对分行的限制不再能够限制这些公司在其他州提供银行服务了。经过发展，银行控股公司几乎拥有了全部大银行，超过 90% 的商业银行存款被控股公司下属银行持有。

美国银行规避分行限制的另一种金融创新是发掘 1956 年银行控股公司法的一个漏洞带来的。1956 年银行控股公司法将银行定义为接收存款并发放贷款的金融机构。银行控股公司意识到，如果它们开设限制性服务的银行，即要么只吸收存款而不发放商业贷款，要么不吸收存款只发放商业贷款，那么，这些非银行的银行（nonbank bank）就能够不受分行管制的限制了。这样，银行控股公司发现了跨州设立分行的新方法。不过，1987 年公平竞争银行法禁止这种新的非银行的银行,填补了这个漏洞。

4.3.2 规避监管的信托产品创新

1. 规避"一个信托计划200份合同"限制的信托产品创新

中国人民银行2002年《信托投资公司资金信托管理暂行办法》中第六条规定,信托投资公司集合管理、运用、处分信托资金时,接受委托人的资金信托合同不得超过200份(含200份),每份合同金额不得低于人民币5万元(含5万元)。这一规定,大大限制了信托公司通过发行集合资金信托计划募集资金的能力。在一个信托计划合同份数有限的情况下,信托公司要么为了吸引更多的中小投资者参与,降低每份合同的金额,使之不高于5万元太多,但这样的话,信托公司发行的一个信托计划就只能募集较小规模的资金,无法很好地满足大型企业和大型项目的资金需要;而大幅度提高每份合同的金额,固然有可能增加一个信托计划的筹资额度,但又会担心没有足够的高端投资者认购信托计划,同样会导致募集资金金额受限。可见,"200份,5万元"的管制,是信托公司开展资金信托业务所受到的最大限制。为此,信托公司努力"发掘漏洞",希望能够规避这一限制。

(1)分期发售信托计划。2002年,爱建信托公司发行"上海外环隧道集合资金信托计划",按照与委托人签订合同的先后顺序,将每200份合同设置为1期信托计划,希望通过发行多期信托计划筹集资金,满足项目融资需要。通过这种方式,有效地降低了每份合同的金额,既保证了项目融资的资金需要,也符合当时人民银行每期计划200份合同的限制。这种创新一经推出,就受到了其他信托公司的模仿。但信托公司的这种变通方式,导致信托投资者范围扩大,引起了人民银行对这一现象的关注,2002年10月出台了银发〔2002〕314号《中国人民银行关于信托投资公司资金信托业务有关问题的通知》,规定:"具有相同运用范围并被集合管理、运用、处分的信托资金,为一个集合信托计划。信托投资公司应当依信托资金运用范围的不同,为被集合管理、运用、处分的信托资金分别设立集合信托计划。对任意一个集合信托计划,在其存续期间的任一时点,接受委托人的资金信托合同总份数不得超过200份(含200份),每份信托合同金额不得低于人民币5万元(含5万元),一份信托合同只能够接受一名委托人的委托。"这一规定意味着原有的以分期发行的方式规避"200份合同"的行为被禁止了。

（2）信托财产受益权转让。利用财产信托原理，企业将其拥有的财产信托给信托公司，取得信托受益权，再委托信托公司转让其受益权，以募集资金。信托公司发掘的一个新的漏洞是，"200份合同"的限制是针对集合资金信托业务而规定的；办理财产信托，进而分割转让信托财产受益权，不属于办理资金信托业务，因此不受"200份合同"的限制。

中煤信托公司（现中诚信托公司）发行的"荣丰2008财产信托计划"便是一个案例。荣丰公司将其开发的市价为3.27亿元人民币的房产委托给中煤信托，设立财产信托，荣丰公司享有该财产的全部受益权，委托中煤信托向投资者转让其持有的信托财产受益权，融集资金近1.8亿元。信托公司的这种创新，规避了一个资金信托计划的合同份数不得超过200份的限制，为企业募集了更多的资金。但是，后来银监办通〔2005〕212号《关于加强信托投资公司部分业务风险提示的通知》指出，"个别地方在办理财产权信托时，以信托财产受益权转让等方式向社会变相违规筹集资金，将风险向社会扩散，其严重性必须加以高度重视"；要求"各银监局要按照审慎监管的原则，加强对财产权信托的监管，在财产权信托管理办法颁布前，以财产受益权转让等方式进行资金募集的业务，要按照资金信托业务的监管原则进行监管。信托合同的份数应以委托人和支付对价取得受益权的受益人个数之和计算，防止信托投资公司变相公募，违规向社会筹集资金。"这一规定将信托公司以财产收益权转让方式募集资金视为办理资金信托业务，要求按照后者的相关规定进行约束，从而填补了这一漏洞。

（3）信团贷款模式。由多家信托公司联合发行多个信托计划，每个信托计划不超过200份合同，同时投资于一个大型项目，从而规避了一家信托公司因受"200份合同"限制无法募集到足额资金的问题。例如，2005年12月，中信信托公司联合大连华信信托、华宝信托、平安信托、重庆国际信托、新华信托、云南国际信托、陕西国际信托、宁波金港信托、百瑞信托等10家信托公司，组成信托银团，各自发行信托计划，然后统一贷款给重庆市地产集团，用于替换国家开发银行对重庆市地产集团15亿元的贷款，投向建设工业（集团）有限责任公司"退二进三"建设项目和重庆市西部新城西永组团U标准分区基础设施建设项目。该批信托计划总规模为15亿元，分为1年期和2年期两种。1年期共5亿元,收益率为3.6%;2年期的10亿元,收益率为4.6%;国家开发银行重庆分行向各参加行发出不可撤销之承诺函,保证在信托计划到期日向重庆市地产集团发放项目贷款,及时偿付信托贷款本息。

(4) 银信连结信托产品。先由商业银行发行人民币理财产品募集资金;然后商业银行以自己的名义代表投资者与信托公司签订单一资金信托合同或者加入集合资金信托计划。通过这种方式,信托公司利用银行发行理财产品不受"200份合同"限制、可进行公开宣传、营销网络广、营销渠道宽的特点,有效地提高了信托资金募集规模。例如,2006年5月,民生银行推出"人民币非凡理财产品——T1、T2计划",将募集的资金加入平安信托"江珲高速公路项目贷款资金信托计划"。该方式一举解决了银行和信托公司各自的政策瓶颈和"短板"约束,形成了个人投资者、商业银行、信托公司、项目提供方等多方共赢的局面。

2. 规避房地产信托业务限制的信托产品创新

(1) "121号文"激发房地产信托产品。2003年1~9月,我国固定资产投资规模突破3.4万亿元,同比增长30.5%,成为历史上投资增长最快的时期之一。而在支持固定资产投资高速增长的外部融资中,银行贷款居于首位,其增速在2003年1~8月超过50%,投资于房地产行业的比例高达1/3。这一局面引发了人民银行的高度警惕,为了防范可能的金融风险,人民银行于6月出台了银发〔2003〕121号《关于进一步加强房地产信贷业务管理的通知》(以下简称"121号文")。

在"121号文"出台之前,房地产企业项目开发资金主要包括3个部分:自筹资金、银行贷款和房屋预售款。自筹资金中30%~40%来自开发商流动贷款,再加上建筑公司对项目的垫付款(这部分资金也多是向银行贷款);房屋预售款中绝大部分是银行个人住房抵押贷款。几项累加,房地产项目中80%~90%的资金来源于银行。

而"121号文"要求房地产商申请银行贷款,必须"四证"齐全且自有资金不得低于开发项目资金的30%,建筑施工企业只能将获得的流动资金贷款用于购买施工所必需的设备而不能用于对房地产开发项目的垫资,这就对房地产企业通过银行贷款获得项目开发资金构成了极大的限制;要求商业银行只能对购买主体结构已封顶住房的个人发放个人住房贷款并提高了购买第二套以上（含第二套）住房的首付款比例，这就对房地产企业通过房屋预售的方式获得项目开发资金形成了极大的制约。因此，"121号文"的出台，对房地产企业的资金筹措形成巨大的压力，如果不能寻求到新的融资渠道，房地产开发商将面临困境，一大批已经开发的房地产项目也可能因资金不继而成为"烂尾楼"。

正是房地产开发商的这种困境，为信托公司提供了业务发展的巨大空间，从图4-2可以看出，2003年下半年以来，房地产集合资金信托计划融资规模较上半年增长了109%，在信托计划总融资规模中的比例由14.5%提高到30.18%。信托公司利用其便捷的投融资渠道以及贷款、股权投资、租赁等多样化的资金运用方式，满足了房地产企业的融资需求，解决了政策变化给房地产开发商带来的困境。

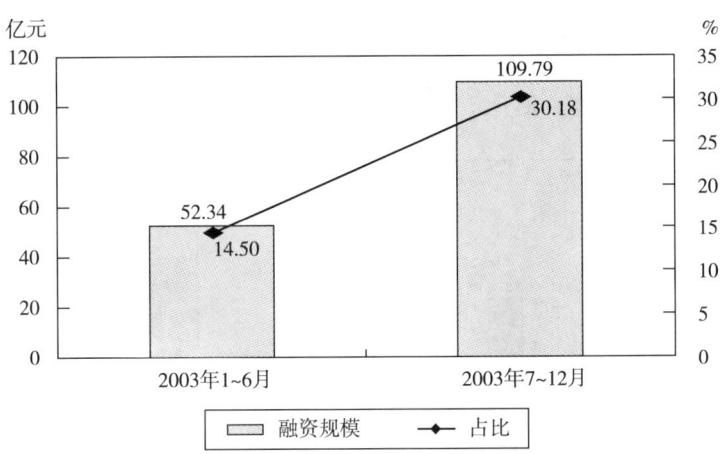

数据来源：《中国金融工具创新报告（2005）》。

图4-2 2003年上、下半年房地产信托计划规模对比情况

"（金融）企业在效用最大化的过程中受制于诸多资产负债表的约束。这些约束既来自外部，也来自内部。政府管制是最显著的外部约束之一。市场通过规定不同金融工具的供需条件，来对企业的最大化行为施加约束，同时限定企业可资利用的政策工具。"① 监管机构通过"121号文"收紧对房地产开发

---

① 菲利普·莫利纽克斯、尼达尔·沙姆洛克：《金融创新》，51-52页，北京：中国人民大学出版社，2003。

商的银行贷款,避免更多的风险分配到银行体系中。正是这种监管,缩短了房地产信托产品从发明到大规模商业化应用的创新滞后,使其在2003年下半年集中爆发。

(2) 规避"212号文"相关规定的信托产品创新。经过两年的监管滞后,在密切关注房地产信托的风险后,银监会于2005年9月出台银监办通〔2005〕212号《关于加强信托投资公司部分业务风险提示的通知》(以下简称"212号文"),提出"新开办房地产业务应符合国家宏观调控政策,并进行严格的尽职调查,对未取得国有土地使用证、建设用地规划许可证、建设工程规划许可证、建筑工程施工许可证('四证')的项目不得发放贷款;申请贷款的房地产开发企业资质不低于国家建设行政主管部门核发的二级房地产开发资质,开发项目资本金比例不低于35%。"这实际上对房地产信托贷款提出了较银行贷款更高的门槛,其目的是为了平衡房地产信托投资者的收益与其承担的风险。从图4-3和图4-4可以看到:由于政策的影响,房地产信托计划发行数量在10月锐减,房地产信托短暂陷入低谷。

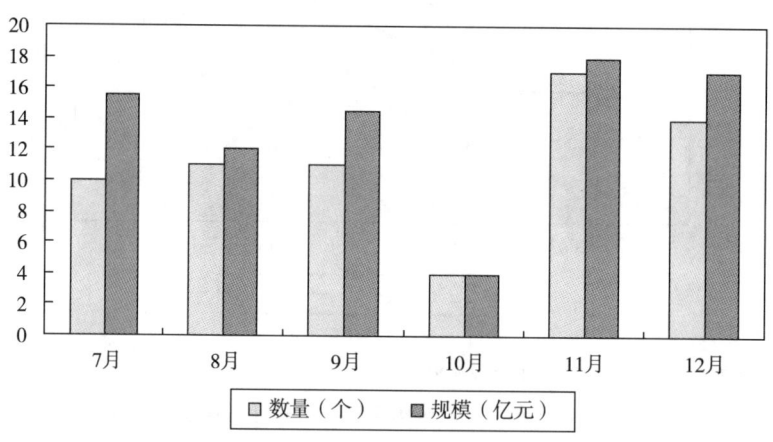

数据来源:《中国信托业发展报告(2005)》。

图4-3 2005年7~12月房地产信托计划数量与规模

在这种情况之下,信托公司引入了投资附加股权回购承诺的资金运用方式,即信托资金以股权方式运作,通过阶段性持股的方式为项目提供融资,并通过原有股东溢价回购实现固定回报,利用资产抵押、股权质押以及担保等风险控制措施保证信托资金的安全。由于不是以贷款的方式运用信托资金,所以

下篇 信托创新回顾

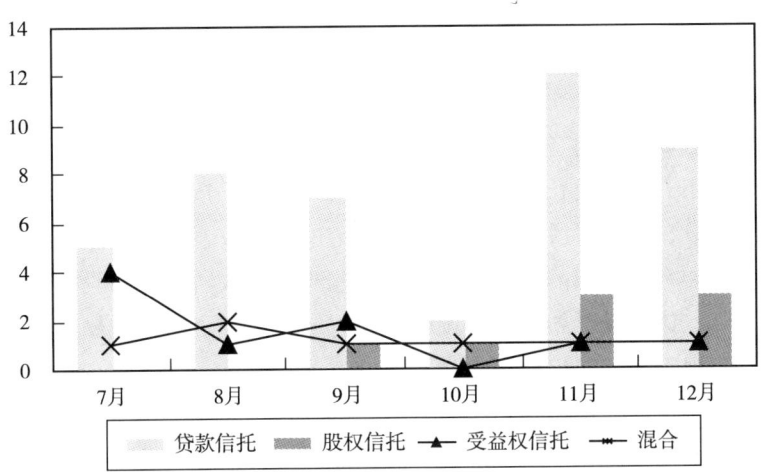

数据来源：《中国信托业发展报告（2005）》。

图 4-4　2005 年 7~12 月按资金运用方式分类的房地产信托计划

信托计划不受"212 号文"的限制；而溢价回购、抵押、质押以及担保等措施又有效地控制了风险，从而在一定程度上起到了对贷款信托的替代作用。

例如，联华信托公司率先引入"夹层融资"概念进行信托产品创新。"夹层"（mezzaninefinancing）的概念源自华尔街，原指介于投资级债券与垃圾债券之间的债券等级，后逐渐演变到公司财务中，指介于股权与优先债权之间的投资形式。从资金费用角度来分析，夹层融资低于股权融资，如可以采取债权的固定利率方式，对股权人体现出债权的优点；从权益角度来分析，夹层融资低于优先债权，所以对于优先债权人来讲，可以体现出股权的特点。这样在传统股权、债权的二元结构中增加了一层。联华信托 2005 年发行的"联信·宝利七号"集合资金信托计划，便是以类似优先股的方式参与房地产开发建设，受托人将信托计划资金投资于大连琥珀湾开发有限公司，获得其 60% 的优先股股权，信托预期年收益率为 5.3%~7.39%。信托财产收益来源为股权优先分红收益。由于我国《公司法》尚无关于优先股的规定，通过信托持股，然后在收益权上加以区分，这个问题就得到了解决。

基于夹层融资原理创新设计的信托产品，对房地产开发商来说有很大的吸引力，首先是资金回报的要求比较适中，其次是对项目的要求比较低，不要求四证齐全；再次是资金的使用效率比较高，房地产开发商接受信托资金的股权投资后，还可以向银行申请贷款；最后是信托公司对控制权的要求会相对低一些，不会参与得那么深。

又如，湖南信托公司在2006年6月发行了"湖南信托—房地产信托产品系列之丽都公寓项目集合资金信托计划"，总规模1000万元，期限18个月，信托资金运用方式为向长沙源丰实业有限公司进行股权投资，用于丽都公寓项目的开发建设，以获得股权增值收益等稳定的投资收益。信托计划期满，长沙广阔置业发展有限公司的股东彭国奇溢价购买受托人所持有的股权，价格由双方另行协商。该信托计划在股权投资的同时，又约定了回购条款，实际是在不违背当时法规下变相向房地产项目融资的方式。

（3）"54号文"引发信托产品再创新。为加强对房地产市场的宏观调控，控制房地产信托业务规模，中国银监会于2006年7月下发《关于进一步加强房地产信贷管理的通知》（54号文），强调："要根据房地产市场形势，及时分析房地产贷款风险状况，调整房地产贷款结构及投放策略，健全资本约束和稳健经营机制，确保房地产信贷审慎投放和稳健运行"，"信托公司以投资附加回购承诺等方式间接发放房地产贷款，要严格执行《关于加强信托投资公司部分业务风险提示的通知》（银监办发［2005］212号）有关规定"。"54号文"的政策调控效果非常明显，房地产信托产品的发行数量和融资规模均应声而落（见图4-5），一度有人认为"房地产开发通过信托融资的渠道基本被堵死"。

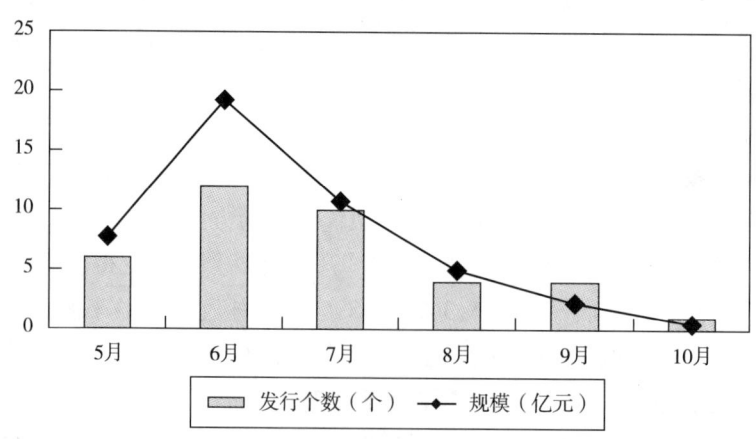

数据来源：《中国金融产品与服务报告（2007）》。

图4-5　2006年5~10月房地产信托计划数量与规模

但是，严格的监管政策再次催生信托产品在设计上的创新，信托创新在房地产信托领域再次规模性涌现。在产品的设计上，改变了以往直接抵押贷款或者投资附加股权回购承诺的方式，利用项目相关的债权、租金收益权或不动产收益权等权力设计交易结构。以华宝信托公司推出的"中华企业债权信托优先受益权转让及回购信托计划"为例进行分析。其交易结构如图4-6所示：

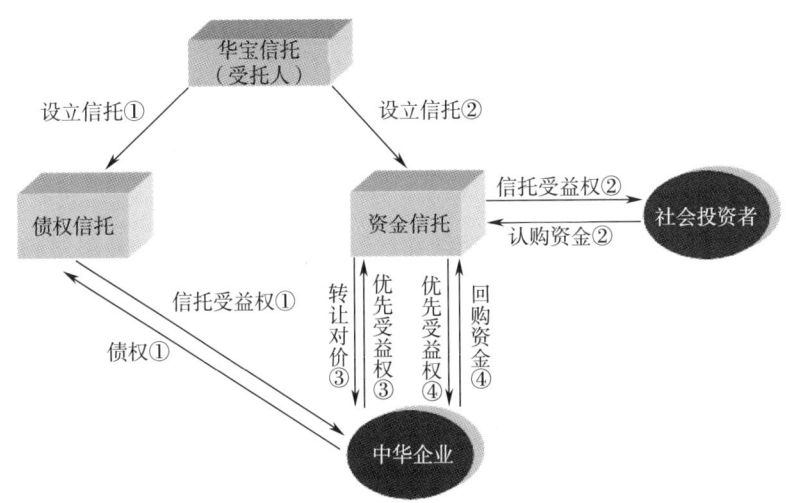

图4-6 中华企业债权信托优先受益权转让及回购信托计划交易结构图

第一步，中华企业将其拥有的银行委托贷款债权设立信托，中华企业在信托设立时成为信托受益人，并将受益权分为优先受益权与次级受益权两部分；

第二步，社会投资者认购华宝信托发行的信托计划的受益权，投资者本人或其指定的人成为资金信托计划受益人；

第三步，以资金信托所募集的资金购买债权信托的优先受益权。中华企业通过转让优先受益权获得转让对价，同时，投资者通过信托计划获得债权信托的优先受益权；

第四步，信托期满时，中华企业以一定的价格回购转让的全部优先受益权，并且，中国农业银行为回购方履行回购义务提供了无条件、不可撤销的连带责任担保。

该产品实质上是债权信托优先受益权的转让加回购，从而不受"54号文"对于投资加回购的限制。信托公司利用信托制度的灵活性、资金运用方式的多样性规避监管、进行业务创新的能力又一次得到发挥。

从这次创新本身来说，利用企业相关的债权、租金收益权或不动产收益权等权力设计交易结构，而不是直接建立债权债务或者是类债权债务关系，对投资者的保障度更高，更加有利于房地产信托投资者收益与其承担风险的平衡。

4.4 信托产品创新扩散的实证分析[①]

4.4.1 金融创新扩散理论

1. 金融创新扩散的文献

长期以来，对创新的评估、采纳和扩散研究一直集中在产业经济领域，由于金融企业的独有特征，缺乏将产业经济学研究和金融产业联系起来的方法。但Anderson and Harris（1986）、Kapadia and Purl（1995）已经出现了将产业经济学中的扩散和采纳模型运用于金融产业的案例。

Desai and Low（1987）基于定位理论提出了金融创新的一个微观经济模型。他们使用这一理论框架来鉴定和测量金融市场中一系列可用产品间的空白，由此显示出创造和发起新产品的机会。Ross（1989）提出了一种委托—代理模型，重点关注于机构在集中市场中的作用，并且将任一金融创新的市场成本结构化。在该模型中，金融创新被视为机构移回到一系列可接受组合的集合的恰当方式。

20世纪90年代，金融创新理论出现了一种新的思路，Allen and Gale（1994）开始在一般均衡体系下研究金融创新，并分析新金融证券的分担机制。Duffie and Rahi（1995）对金融创新的证券设计模型进行总体评价，并将其分为一般均衡模型和基于指数标准集的证券设计模型两大类。这一思路提供了将金融创新理论模型化的正式框架。

Philip Molyneux 和 Nidal Shamroukh（1995）将产业经济学文献中对创新的采纳和扩散的研究成果引入金融产业的创新过程研究中。创新环境中的战略性竞争以及网络和信息的外部性对个别银行采纳某一项创新的决策以及对创新在

---

① 本节的数量分析部分由余磊先生提供支持。

银行间的扩散都有重要的影响。该理论区分了两种类型的创新采纳者：外部采纳者和内部采纳者。解释创新扩散的有两种假设：理性效率假设和攀比效应假设。理性效率假设指出，那些没有较早地采纳创新的企业次第采纳创新是建立在它们对创新收益性的评价更新的基础之上的。攀比效应理论则指出，一些企业采纳某项创新不是因为它们自身对创新收益的评价，而纯粹是由于受到已经采纳这种创新的企业数量所产生的制度上或竞争性的攀比压力。

国内的学者也从不同角度对创新的运行和扩散机制进行了研究，并对我国的金融创新提出系列建议。陈子季（2000）探讨了金融创新活动的主要构成因素、构成因素之间的相互作用以及这种相互作用的最终结果，分析了金融创新的运行机制。苑德军（2001）提出金融创新是金融领域中的一种"生产行为"，通过对金融创新的成本与收益分析，研究了导致中国金融创新成本与收益之间关系不甚理想的基本原因。喻平（2001）从多角度分析金融创新扩散的形成机理，构建了金融创新扩散速度与在国际间扩散的理论模式。姚铮、朱强（2002）从技术共同体的分析框架对金融创新进程进行考察，发现只有保持技术共同体中三大要素（资源禀赋、专有功能、制度安排）同步协调发展，才能使金融创新健康有序进行，并据此提出防范金融风险的一些措施。

2. 金融创新的分析框架

对创新采纳的实证观察发现：在一般情况下，采纳都会被延迟，且企业并不同时采纳创新。换句话说，从创新到扩散使用是要经过较长时间的。影响企业采纳创新的因素主要有两方面：一是外部影响，二是内部影响。由于一个或多个外生因素（初始刺激变量）的出现，使创新对于一组特定的企业来说是可行的，这种初始刺激变量就称为外部影响；内部影响是指早期采纳者对随后采纳者采纳创新的影响，因内部影响而采纳或者拒绝一种创新是由于企业更新了对创新收益的评价（理性—效率假设）或者是由于竞争性和制度攀比效应（攀比假设）（见表4-2）。

在此基础之上，我们将受到外部影响而采纳创新的企业称为外部采纳者，将受到内部影响而采纳创新的企业称为内部采纳者。通过分析各时点两种采纳者的构成以及该构成随时间的变化情况，可以得出金融创新的扩散模式（菲利普·莫利纽克斯，尼达尔·沙姆洛克，2003）。

表4-2 扩散模型的理论基础

外部影响
外部因素（如管制的变化、与需求相关的因素和技术进步）使创新对于一组特定的银行来说是可行的，采纳时间则是企业具体特征的函数。

⇩

这些银行中的一部分在它们自己对创新效率或收益的评价基础上采纳了创新

内部影响

攀比效应假设	理性—效率假设
采纳创新的企业数量产生了攀比压力并促使其他的银行采纳创新	银行在外生因素的作用下，根据它们更新的对创新效率和收益的评价，采纳（或拒绝）创新

制度上攀比	竞争性攀比	更新的信息
·对未采纳的银行的攀比压力来自失去合法性和股东支持的威胁	·对未采纳的银行的攀比压力来自失去竞争性优势的威胁	·从采纳的银行到未采纳的银行的信息促使后者更新它们对创新效率和收益的评价 ·由于正（负）外部性，创新收益随采纳者数量的增加而增加（减少） ·由于新市场开发的固定成本性质（随奖励行为的水平而上升），采纳成本随采纳者数量增加而减少（增加）

资料来源：菲利普·莫利纽克斯、尼达尔·沙姆洛克，2003。

4.4.2 信托创新扩散的实证分析

1. 采用模型介绍

下面用以下两个数学扩散模型来分析金融创新扩散过程的结构：

（1）NUI 模型

$$N_{t-1} - N_t = a(\overline{N} - N_t) + b\left(\frac{N_t}{\overline{N}}\right)^\delta (\overline{N} - N_t)$$

其中：

N_t = 在时间 t 的累计采纳者数量；

$\overline{N}$ = 潜在采纳者数量；

a、b、δ、$\overline{N}$ 为待估参数，通过非线性最小二乘法估计。

模型中：

$N_{t-1} - N_t$ = 在 $t+1$ 期第一次采纳者的数量；

$a(\overline{N} - N_t)$ = 在 t 期受外部影响的第一次采纳者数量；

$b\left(\dfrac{N_t}{\overline{N}}\right)^{\delta}(\overline{N} - N_t)$ = 在 t 期受内部影响的第一次采纳者数量。b 决定采纳者数量对扩散速度影响的方向，δ 决定了作为采纳者数量的这种函数的变化速度。

进一步，为了探究内部采纳者采纳创新的原因，我们需要将内部影响 $w(t)\left(= b\left(\dfrac{N_t}{\overline{N}}\right)^{\delta}\right)$ 作为因变量，创新企业的比例 $\dfrac{N_t}{\overline{N}}$ 作为自变量，绘制散点图。递增的内部影响说明内部采纳者因为攀比压力因素采纳了创新，递减的内部影响则说明内部采纳者因为理性—效率因素而采纳创新。

（2）NUIR1 模型

上述模型的局限性在于它们只考虑了对创新的单一采纳，即模型只考虑了一个企业只采纳一次创新的情况。NUIR1 模型通过引入一个重复采纳系数 c 并对第 t 期采纳者数量 n_t 进行模型化来分析对创新的多重采纳。

$$n_{t+1} = a(\overline{N} - N_t) + b\left(\dfrac{N_t}{\overline{N}}\right)^{\delta}(\overline{N} - N_t) + cN_t$$

其中：

n_t = 在时间 t 的采纳者数量；

$\overline{N}$ 使用 NUI 模型估计出的相应值；

a、b、c、δ 为待估参数，通过非线性最小二乘法估计。

2. 结构化证券投资信托产品

优先/次级（优先/一般）结构安排是指把信托计划的受益人分为优先和一般两类，在信托计划中认购不同信托资金份额，一般受益人以其认购的信托资金份额来确保优先受益人的本金及收益。在证券投资集合信托中，优先/次级结构安排可以降低优先受益人的投资风险，并且，投资管理人通过认购次级信托受益权将自身的利益与投资业绩挂钩，可以起到督促其尽职尽责履行投资管理责任，有效降低委托—代理关系中道德风险的作用。2007 年，采用优先/次级（优先/一般）结构安排的证券投资集合信托共有 151 个，融资规模为 187.85 亿元，在证券投资集合信托发行数量及融资规模中的占比分别为 41%

与42%。在以投资二级市场为主的证券投资集合信托中，采用此结构安排的信托产品数量和融资规模占比达到了74%与83%，体现了优先/次级（优先/一般）这种结构安排在防范市场风险方面的作用。

图4-7给出了2003年10月至2007年12月间发行结构化证券投资信托产品的信托公司累计数量。在这个时期内，共有25家信托公司发行过结构化证券投资信托产品。在2003年10月至2006年6月，发行过结构化证券投资信托产品的信托公司数量增长较为缓慢，仅有9家。但进入2006年7月以来，大量的信托公司进入结构化证券投资信托产品市场，其数量迅速增加到2007年底的25家。

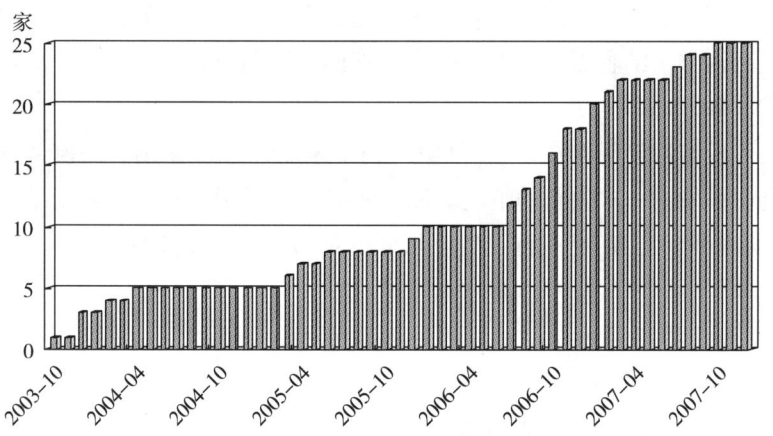

数据来源：用益信托工作室、西南财经大学信托与理财研究所网站、各信托公司网站。

图4-7 发行结构化证券投资信托产品的信托公司累计数量（N_t）

通过图4-8可以发现：2006年7月以前，结构化证券投资信托产品受信托公司欢迎的程度不高，每月发行该类产品的信托公司最多不超过3家。但是，6月以后，发行该类产品的信托公司数量明显增加，最多的时候达到每月8家，受到了信托公司的热烈追捧。

3. 信托产品创新扩散的实证分析

下面，我们利用上述数据对NUI模型与NUIR1模型进行估计，结果如下：

(1) NUI模型（见表4-3）

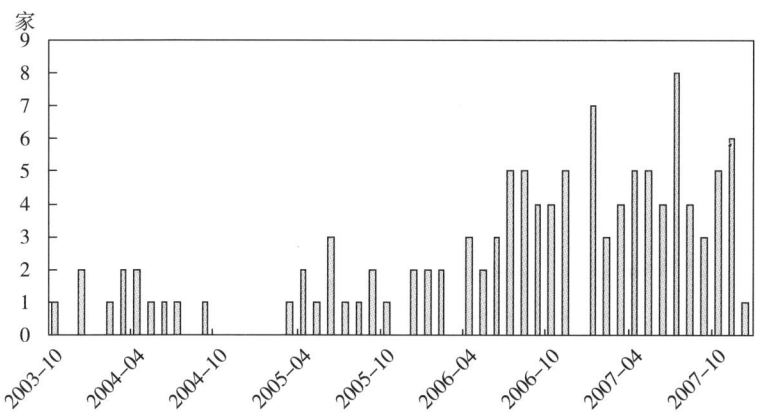

数据来源:用益信托工作室网站、西南财经大学信托与理财研究所网站、各信托公司网站。

图 4-8 发行结构化证券投资信托的信托公司逐月数量(n_t)

表 4-3 NUI 模型——结构化证券投资集合信托

$$N_{t-1} - N_t = 0.012(24.74 - N_t) + 0.368 \left(\frac{N_t}{24.74}\right)^{2.886} (24.74 - N_t)$$

参数	单侧值		置信度为95%的单侧置信区间	
	估计值	标准误差	下区间	上区间
a	0.012138872	0.009164561	-0.006308433	0.030586176
b	0.368460978	0.150269135	0.065984898	0.670937058
$\bar{N}$	24.735023259	0.850570888	23.022912862	26.447133656
δ	2.886247841	0.965625404	0.942544715	4.829950968

对于结构化证券投资信托产品,仅仅在早期(2006年7月以前),外部采纳者的数量超过内部采纳者,此后内部采纳者的数量占据了绝对优势(见图4-9)。从总体上看,在25家采纳创新的信托公司中,16家是内部采纳者(占64%),仅9家是外部采纳者(占36%)。

为了探究内部采纳者采纳创新的原因,我们将内部影响 $w(t)\left(=b\left(\dfrac{N_t}{N}\right)^{\delta}\right)$ 作为因变量,创新企业的比例 $\dfrac{N_t}{N}$ 作为自变量绘制散点图,如图4-10所示。

分析结果表明:内部影响事实上是采纳创新信托公司累计数量的增函数。

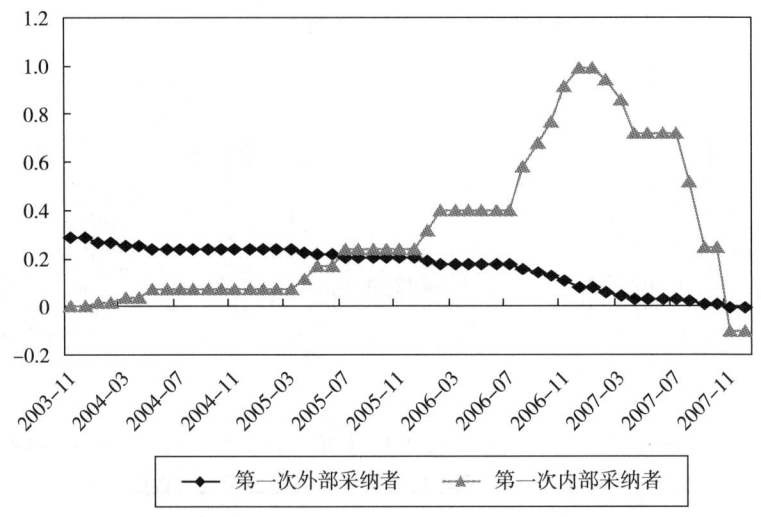

图4-9 结构化证券投资信托产品的第一次内部采纳者和外部采纳者

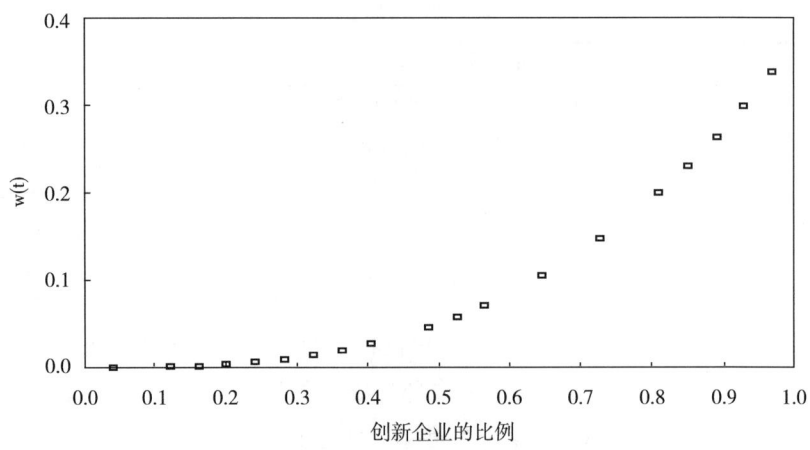

图4-10 结构化证券投资信托产品的内部影响

但如果内部影响能带来流动性的增强和不确定性的减少,那么内部影响应该是引入创新企业的减函数,所以,递增的内部影响说明内部采纳者主要是因为制度上或竞争性的攀比压力而采纳了创新。并且,在扩散早期,内部影响比较小,后期则急剧增强。

(2) NUIR1 模型（见表 4-4）

表 4-4　　　　　NUIR1 模型—结构化证券投资集合信托

$$n_{t+1} = 0.001(24.74 - N_t) + 0.655\left(\frac{N_t}{24.74}\right)^{2.698}(24.74 - N_t) + 0.150N_t$$

参数	单侧值		置信度为 95% 的单侧置信区间	
	估计值	标准误差	下区间	上区间
a	0.001051607	0.022609789	0.044459538	0.046562752
b	0.655240804	0.391968958	0.133751786	1.444233395
c	0.150469975	0.029108211	0.091878186	0.209061764
δ	2.697572939	1.049550268	0.584937824	4.810208055

$R^2 = 1 - \text{Residual SS} / \text{Corrected SS} = 0.53160$

图 4-11 对全部的创新采纳者进行了区分：内部影响所产生的第一次采纳者；外部影响所产生的第一次采纳者和重复采纳者。可以看到：在创新扩散的过程中，大多数采纳者为重复采纳者，特别是在扩散的后期（2006 年以后），第一次内部采纳者与第一次外部采纳者数量均减少，发行结构化证券投资信托产品的信托公司主要为重复采纳者。

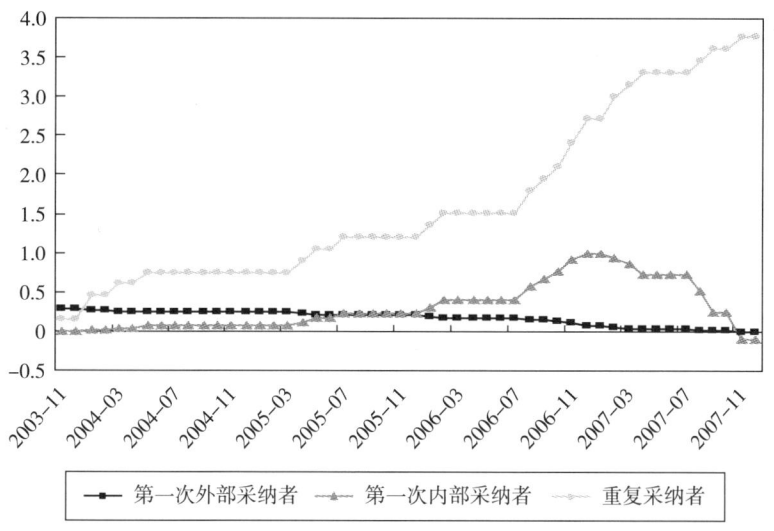

图 4-11　结构化证券投资信托产品采纳者的分类

(3) 结论

在创新扩散的早期阶段（2006年6月以前），信托公司采纳结构化创新都是基于其对创新收益性与效率的初始评价，他们对该市场的进入也没有对其他的信托公司形成太大的压力，原因是2006年以前，股票市场并不活跃，证券投资集合信托在集合资金信托中的比例也不大，采纳这种创新对于大多数信托公司来说，收益并不高。而2006年6月以后，大量信托公司采纳结构化证券投资集合信托这种创新，而其采纳创新的原因不是由于不确定性的减少、固定成本的降低或是网络外部型增加了预期收益，而是因为：2006年以来，股票市场的升温（2006年年初至2007年年末，上证综合指数、深证综合指数和股市总市值分别上涨了353.17%、419.11%和1089.12%，见图4-12）与证券投资信托产品投资收益率的高企[①]使大量信托公司进入证券投资信托产品领域，鉴于以投资二级市场为主的证券投资信托产品广阔的市场前景（2007年，其发行数量和融资规模在证券投资信托产品中的占比分别为69%与57%）与结构化设计对于防范该类信托产品市场风险的重要作用，由于竞争性攀比压力，积极拓展证券投资信托产品市场的信托公司面临着因未采纳该创新而失去以投资二级市场为主的证券投资集合信托业务的威胁，因此具有采用该创新对此加以弥补的动力（见图4-13）。

在整个创新扩散过程中，创新的采纳者大部分为重复采纳者，这主要是由于结构化设计对于防范以投资二级市场为主的证券投资信托产品的市场风险有着重要的作用，一个采纳过创新的信托公司如果再次发行以投资二级市场为主的证券投资集合信托产品，就通常会成为创新的重复采纳者（这一点从2007年以投资二级市场为主的证券投资集合信托中采用结构化安排的信托计划数量和融资规模占比达到74%与83%的数据中可以得到证实）。在扩散的后期（2006年以后），第一次采纳者数量迅速减少，潜在采纳者基本完成了对创新的采纳过程，从而使在证券投资信托产品中采纳结构化设计这种创新的信托公司主要表现为重复采纳创新者。

---

① 据测算：2006年，信托投资收益率提高到 12.57% $\left(\frac{股权投资收益}{短期投资+长期投资} \times 100\%\right.$，短期投资与长期投资中包含了证券投资），接近信托贷款收益率 $\left.\frac{利息收入}{信托贷款} \times 100\%\right)$ 的3倍，而2005年信托投资收益率低于信托贷款收益率0.6个百分点。

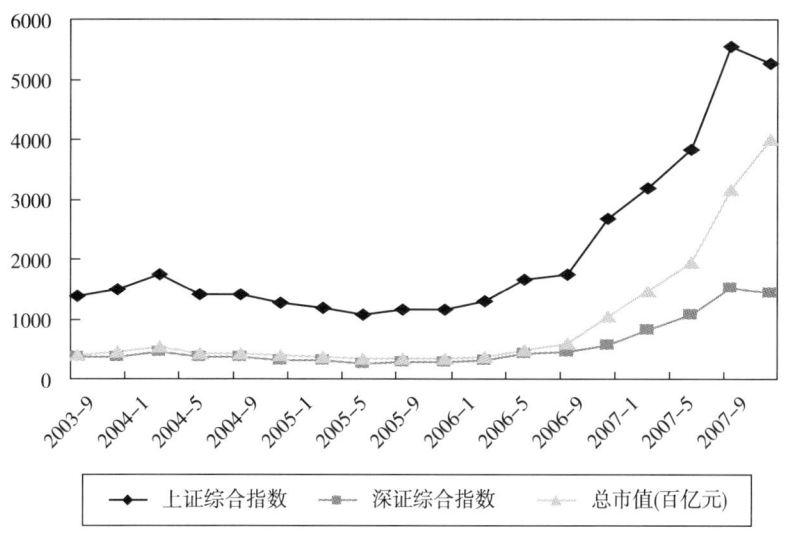

数据来源：Wind 资讯。

图 4-12 上证综合指数、深证综合指数和股市总市值

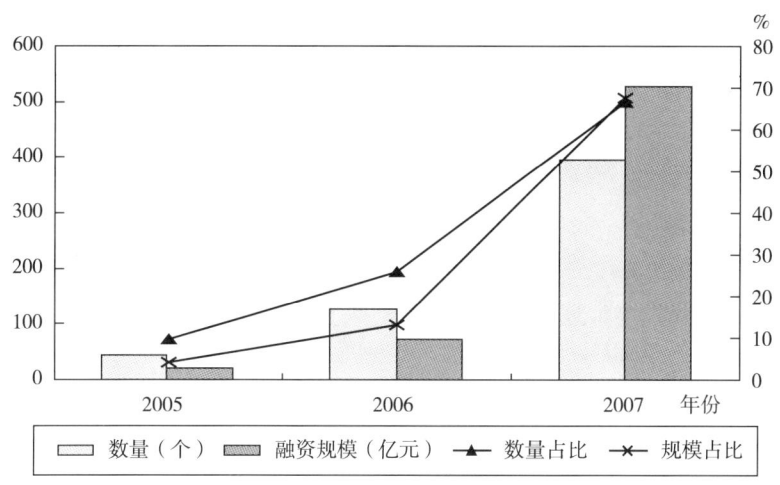

数据来源：用益信托工作室网站、西南财经大学信托与理财研究所网站、各信托公司网站。

图 4-13 2005—2007 年证券投资信托产品发行数量、融资规模及占比情况

本章分析了信托产品的基本特征，指出信托产品与大多数金融产品一样，

是通过对不同特点和风险如收益、期限和流动性、安全性、价格等一系列特征进行"分拆",然后将其装配为不同的新组合,以此实现创新的。这样的案例有:基于安全性考虑的信托产品创新、基于收益性考虑的信托产品创新、基于期限考虑的信托产品创新、基于流动性考虑的信托产品创新、基于价格考虑的信托产品创新,以及规避监管的信托产品创新。

5. 信托业务创新：制度非均衡下创造新的金融路径

本章考察在目前非均衡的制度下，通过信托业务创新，如何将信托方式运用于各个不同领域，创造出现有金融市场中所没有的新的路径，从而在增强金融市场安全的同时，提高金融市场的效率。

5.1 金融制度的非均衡性

5.1.1 制度均衡与非均衡

张曙光（1992）对制度均衡与非均衡进行了比较系统的分析。他指出，所谓制度均衡是指人们对既定制度安排和制度结构的一种满意状态或满足状态，因而无意也无力改变现行制度。当一种制度安排和制度结构的净效益大于零，并且在各种可供选择的制度安排和制度结构中净效益最大，这项制度就是最好最优越的制度；此时，人们对制度服务的需求等于制度服务的供给，人们既无改变现行制度的动机和要求，也无改变的能力与力量，更不会采取变革的行动。而所谓制度非均衡，就是指人们对现存制度的一种不满意或不满足，欲意改变而又尚未改变的状态。这种不满意或不满足，是由一种新的盈利机会的出现所引发的。如果现行制度安排和制度结构的净效益小于另一种可供选择的制度安排和制度结构，就会出现新的盈利机会，从而产生新的潜在制度需求和潜在制度供给，并且潜在制度需求大于实际制度需求，潜在制度供给大于实际制度供给。为了捕捉和利用这一新的盈利机会，人们有动机改变原有制度安排和制度结构,选择和建立一种新的更有效的制度。但由于变革成本的关系,制度变革的动机和力量还不够强大,或者说有动机而无力量,潜在的制度需求虽然变成了现实的制度需求,潜在的制度供给却不能变成现实的制度供给,因而出现一种"欲意改变而尚未改变"的制度状态,即制度非均衡。

卢现祥(2003)指出,在社会发展过程中,制度非均衡是一种"常态",而制度均衡则是一种暂时的、理想的状态,即使"偶尔"出现也不会持续存在,影响制度供求的成千上万个"变量"在不断变化;另外,制度非均衡又成为制度变迁的诱致因素,正在不断出现的潜在利润促使人们不断进行制度创新,制度非均衡的轨迹就是制度变迁的轨迹。制度非均衡的类型主要有:(1)制度供给不足,即对新制度服务的需求的产生往往先于该制度实际供给的形成,从而造成制度有效供给不足。(2)制度供给过剩,即相对于社会对制度的需求而言,有些制度是多余的,或者一些过时的制度或无效的制度仍然在发挥作用。

5.1.2 制度不均衡原因的一般分析

张曙光(1992)认为,引起制度非均衡的因素很多。从外部因素看,外部环境的变化、资源条件的改变、外部发展的变化等,一方面会使原有的制度安排和制度结构变得不再是净收益最大的制度,因而产生了制度变革的动机和需求;另一方面有可能会改变可供选择的制度集合和选择范围,从而产生制度的有效供给。从内部因素来看,当制度运行一段时间以后,由于内部矛盾不断发展,各种制度障碍开始出现,制度摩擦不断发生,制度接受者的不满逐渐积聚,降低了制度运行效率,增加了制度运行成本,减少了制度的净效益,制度决定者也对现行制度感到不满意和不满足,于是出现制度非均衡。

林毅夫(1994)指出,一种制度安排是从一个可供挑选的制度安排集合中选出来的,其条件是,从生产和交易费用两方面考虑,它比这个制度安排集合中的其他制度安排更有效。特定制度安排的交易费用还取决于其他诸如法律、习惯、意识形态等制度安排;最有效的制度安排是一种函数,尤其是制度结构中其他制度安排的函数。要发生制度变迁,必须要有某些来自制度不均衡的获利机会。也就是说,由于某种原因,现行制度安排不再是这个制度安排选择集合中最有效的一个了。从某个起始均衡点开始,有四种原因能引起制度不均衡：

1. 制度选择集合的改变

提供特定制度服务的可行性制度安排集合，取决于人们在社会科学方面的知识。对经济学、其他社会科学及其有关职业（如法律，商业和其他社会服务业）方面的知识需求，其最初的诱发原因是制度变迁以及对制度执行所实现的改进。社会科学的进步能改进人心的有界理性，因而不仅能提高个人管理现行制度安排的能力，而且还能提高他领会和创造新制度安排的能力。

正如与其他经济接触能增大适用性技术选择集合一样，与其他经济接触能扩大制度选择集合。通过借用其他社会制度安排来完成本社会制度变迁的可能性，极大地降低了在基础社会科学研究方面的投资费用。然而，制度移植可能比技术移植更困难，因为一个制度安排的效率极大地依赖于其他有关制度安排的存在。已经移植过来的制度安排要实现其功能，则需要作更大的适应性调整。

最后，制度选择集合还可能因政府政策的改变而扩大或缩小。由于某些原因，政府可能将某些制度安排从制度选择集合中剔除出去。因此，取消一种带有限制性的政府政策的效应，相当于扩大制度选择集合。此外，当政府在制度选择集合中建立某种新的限制且这种限制又有约束力时，就可能产生制度不均衡，而且原先效率较低的制度安排可能在这种有限制的选择集合中成为占优势的制度安排。

2. 技术的改变

马克思认为，社会制度结构基本上以技术为条件。而技术变化除了在制度结构方面起决定性作用之外，它还能改变特定制度安排的相对效率并使某些其他的制度安排不再起作用。技术变化的影响可以从它对生产和交易的作用来进行分析。从生产方面看，新的制度安排往往需要利用新的潜在外部效果，或者需要修改要素所有者和经济部门之间新收入流的分割。技术的变化也可能影响交易费用并使原先不起作用的某些制度安排起作用。私有产权的确立特别需要的条件是（指与其他条件相比时）：产权所有者得自产权的收益要大于他排除其他人使用这一产权的费用。当费用过高时，财产将成为共同所有。

3. 要素和产品相对价格的长期变动

要素和产品相对价格的长期变动，是历史上多次产权制度安排变迁的主要原因之一。某种要素相对价格的上升，会使这种要素的所有者相比其他要素所有者而言获得相对更多的利益。某种产品价格的上升，也会导致用来生产这种产品的要素的独占性使用更具吸引力。

4. 其他制度安排的变迁

某个制度结构中制度安排的实施是彼此依存的。因此，某个特定制度安排的变迁，可能引起对其他制度安排的服务需求。如刘易斯所说的，一旦制度开始变迁，它们会以一种自动强制实施的方式发生变迁。老的信念和制度在变化，新的信念和制度彼此之间，以及新的信念和制度与相同方向上的未来变迁之间都逐渐变得调和一致。

5.1.3 在非均衡的金融制度下探寻新的金融路径

陈柳钦（2000）认为，金融制度的性质和结构受特定的经济发展水平、经济结构状况、货币金融化程度和社会经济制度等诸多时代环境因素的影响。随着时代环境因素的变迁，金融制度也将发生变迁，不同的国家在不同的历史时期有着不同的金融制度。金融制度的变迁体现为金融制度的改革和创新过程，这是一个复杂发生、进展、完善和新制度确立的过程，其中又必然涉及许多因素和不同力量的相互联系与作用机制。金融制度的改革与创新往往并不与时代环境因素的变化同步，从而就出现了金融制度的非均衡性问题。金融制度的非均衡主要就是指现行的金融制度不是最优的和成本最低的，对现行金融制度加以改进能增加其收益。这种非均衡性正是金融制度与时代环境因素不适应的反映。当金融制度处于非均衡时，恰好说明现行金融制度已经不适应既有的时代环境因素，必须对现行金融制度进行改革和创新。从这个意义上讲，金融制度的非均衡性正是金融制度改革和创新的必要条件。

目前我国金融体制、投融资体制的诸多方面，由于没有与时代环境因素变迁同步改革，造成许多具有多方共赢性质和提高金融市场效率的经济活动因制度缺失或制度障碍而无法顺利开展。例如，在国际金融混业经营、我国金融业对外开放、证券市场发展导致"脱媒化"趋势加剧等大背景下，我国商业银行有强烈的动机希望通过开发和提供多样化的、用途广泛的理财产品（即商业银行的人民币理财计划）以留住客户，从而增强对证券市场和外资银行的竞争力。但是，在分业经营体制的限制下，商业银行受经营范围的约束，无法进入包括证券投资、股权投资等更广阔的金融领域，理财资金运用范围狭窄，投资回报率很难提高。此种情形下，商业银行期望找到一条金融路径，既能够不与现行分业经营体制冲突，又能够扩大资金运用范围，有效地提高理财产品的投资收益。而信托公司恰好能够提供这样的路径，通过接受商业银行（代表所发行的理财计划）的资金信托，发挥投资领域最广泛、可运用金融工具最丰富的特点，为银行理财资金提供高效的运用方式，从而增加商业银行、投资者、信托公司等交易各方的收益：商业银行可以提供给客户富有竞争力的理财产品，增加了中间业务收入，在留住客户的同时，改善了收入结构；投资者获得更高的投资回报；信托公司扩大了业务规模，缓解了资金来源渠道不畅的瓶颈问题——整个金融市场的效率得以提高。

又如，随着近年来证券市场的繁荣，一大批民间私募证券投资基金蓬勃发展。与公募基金相比，民间私募基金具有投资方式高度灵活和对基金经理高度激励的优势，因此取得了不俗的投资业绩，也吸引了一大批投资者加入。但是，迄今为止，我国没有针对民间私募基金的专门法规，民间私募基金游走于合法与非法之间的"灰色"地带，一方面自身难以做大做强，另一方面其非正规化的运作也给投资者带来潜在的市场风险、操作风险和信用风险。而信托则提供了民间私募基金"阳光化"（正规化）的路径。通过设立资金信托计划，在投资者与民间私募基金机构之间加入信托关系，原来投资者与民间私募基金之间直接的委托关系，转化为投资者作为委托人加入信托计划，信托公司作为受托人受托管理信托计划资金，信托公司聘请民间私募基金机构作为投资管理人负责信托计划资金的实际运用。通过信托化，首先，民间私募基金得以"阳光化"，与投资者的关系变得合法而清晰，并且获得了正规化的通过信托公司的资金募集渠道，有利于扩大规模，也有利于提高其公信力和品牌信誉。其次，投资者的资金信托给信托公司成为信托财产，取得独立性和破产隔离功能，并且由合格的商业银行保管，安全性大大增加，投资者面临的操作风险和信用风险显著降低；同时，信托公司作为受托人定期披露基金净值和信托计划运营状况，提高了透明度。最后，信托公司借助民间私募基金机构的专业力量与品牌号召力，弥补自身证券投资专业能力不足的缺陷，吸引投资者通过信托投资的方式参与证券市场，不失为信托公司发展证券投资业务的一条便捷道路。总之，信托路径有利于降低民间私募基金蕴含的风险，提高金融市场的效率。

再如，在城市化进程中，地方政府面临基础设施建设资金需求巨大与资金筹集能力不足之间的矛盾。由于种种因素的制约，国外通行的由地方政府发行市政债券融资的方式在我国尚未获准，而地方政府又非常愿意以自身信用和未来收入为基础获得融资，加快基础设施建设，在城市之间的竞争中取得优势。通过信托路径，由信托公司发行信托计划向社会募集资金，提供给地方政府的窗口公司运用于基础设施建设或直接投资于基础设施项目，地方政府承诺以补贴的方式或未来预算资金偿付的方式实现还款。这样，社会投资者获得兼顾安全性和收益性的长期投资基础设施领域的渠道，地方政府获得了急需的建设资金，在市政债券获准发行之前，信托融资事实上在一定程度上成为替代市政债券的市政融资工具。

5.2 银信连结理财产品创新——创造综合经营新路径

5.2.1 银信连结理财产品兴起的原因

2006年5月16日，民生银行发行了"人民币非凡理财产品T1和T2计划"，该产品投资于平安信托公司发行的吉林江珲高速公路项目贷款资金信托计划。T1、T2计划的认购起点金额分别为5万元、20万元，预期年收益率分别为2.76%、2.88%，期限均为一年。T1、T2计划由民生银行管理，民生银行代表投资者以自己的名义加入"吉林江珲高速公路项目贷款资金信托计划"，并对信托计划的受托人以及高速公路项目进行监控。通过这种创新，将信托产品和银行理财产品连结起来，标志着银行产品与信托产品由理财市场上竞争对手，结成了"亲家"，大力推进了银信双方的深层次合作。

金融创新被认为是一个持续地为满足企业利润最大化而存在的经济活动。而它之所以可以服务于满足企业利润最大化的目标，关键是因为目前我们处在一个不完全市场。如果该市场没有交易成本、监管、税收、不对称信息等"不完美因子"，则金融创新只会成为金融系统中一个中性的突变；它不会给个人以及社会带来任何附加好处（Tufano，2002）。因此，在研究金融创新时，往往会将导致金融创新发生的原因归咎于某一特定的市场"不完美因子"。银信连结理财产品这种金融创新又是因何而产生的呢?

西尔伯(1975)通过假设以下情况来给予约束引致的创新假说一个时间维:随着时间的推移,遵守一项限制的成本会提高(或者随着时间的推移,公司会经历持续的效用降低),因此公司将从事或加强搜寻新的金融工具和/或实务。影子价格遵守某约束的成本的升幅越大(或者效用的降幅越大),创新的动力就越大。在西尔伯的术语中,不是这些限制的强迫接受,而是在过去的时间里面附属于这些限制的成本(影响价格)不正常地提高了,从而促进了规避性创新。米勒(Miller,1986)将金融创新描述为"雪地里的种子,等待环境变化以生长"。

通过以下分析可以看出,政策的变化和市场的需求是导致银信连结理财产品这种金融创新出现并大行其道的主要原因。

1. 银信连结理财产品的基本模式

信托公司与商业银行合作,引入银信融合的模式,实现银行的人民币理财产品与信托产品对接,其交易结构如图5-1所示:

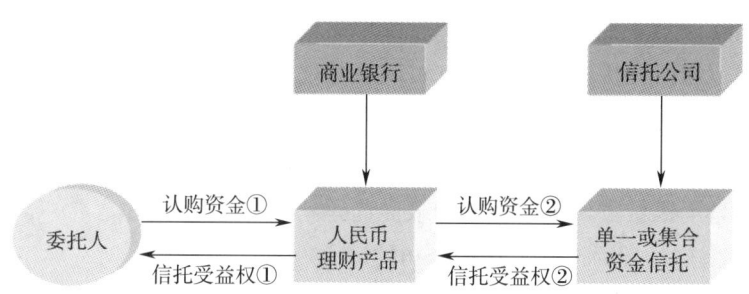

图5-1 银信连结理财产品交易结构图

2. 银信连结理财产品:商业银行的动因

(1)商业银行面临"脱媒化"的挑战和改善收入结构的需要。历史、体制等多方面原因的长期影响,造成了我国商业银行以信贷扩张为主导经营模式的局面。因此,我国的商业银行在业务结构和收入结构上均十分单一。在我国逐渐开放的金融市场的激烈竞争中,商业银行传统的单一盈利模式和过于依赖利差的传统收入结构,很难与国际水平接轨。

从国际经验看,多层次金融市场的建立和发展必然伴随着金融不断"脱媒"的过程,这一变化成为推动银行业务模式变革的根本力量。目前,我国银行发展的外部环境正发生着深刻的变化,利率市场化、鼓励创新、资本市场的发展和财富的增长,这些变化都促使着银行业从依靠单纯的利息产品向综合产品转变。社会财富的快速增长和资本市场的日益发达,为我国银行业务的丰富化创造了条件,也使银行亟须向金融理财等中间业务转型。而大型企业的传统信贷业务规模的降低也是促使我国商业银行进行战略转型的一个重要原因。商业银行逐渐认识到,在传统业务之外,还应着力发展投行、资产管理等其他业务,因此,银行的人民币理财产品就应运而生了。

(2) 合理规避分业经营监管的需要。但是,目前我国实行分业经营的金融体制,对于商业银行而言,关于分业经营,我国《商业银行法》规定:"商业银行在中华人民共和国境内不得从事信托投资和证券经营业务,不得向非自用不动产投资或者向非银行金融机构和企业投资,但国家另有规定的除外"。这意味着银行的人民币理财产品只能直接投资于货币市场和银行协议存款,不能投资于保险产品、信托产品、证券、基金等其他金融产品,也不能进行实业投资。这就大大限制了银行理财业务的发展,减少了银行理财产品的用武之地。而信托公司是金融机构中唯一可以跨越货币市场、资本市场和产业市场的机构,银行与信托机构合作,正好可以规避这一制度约束,通过银行理财产品与信托产品的对接,实现间接投资于原来被禁止的领域。

可见,银行通过与信托公司合作,间接投资更广泛的金融市场,成为在目前制度背景下银行发展理财业务的最优选择。

3. 银信连结理财产品:信托公司的动因

从 2003 年到 2006 年,信托产品的增长是较为稳定,但增长幅度不大。例如,2006 年信托资金计划发行数量、发行规模和募资规模比 2005 年分别增长了 6.50%、8.70% 和 10.40%[①](见图 5-2)。

相较于信托产品的增长速度,银行人民币理财产品的增长速度要快得多。从 2004 年 9 月到 12 月,短短三个月时间,银行人民币理财业务规模就达 300 亿元。2006 年,开展个人理财业务的商业银行有 22 家,全年发行外汇理财产品 744 种,人民币理财产品 345 种,银行理财产品市场规模约达到 4000 亿元,

---

① 《中国金融产品与服务报告 2007》,322 页,北京:社会科学文献出版社,2007。

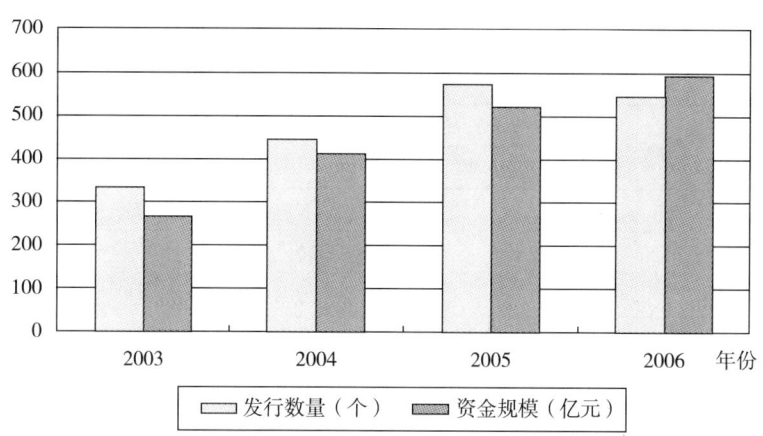

图 5-2　2003 年-2006 年信托产品发行情况统计

比 2005 年翻了一番。

信托产品在金融属性方面并不逊于银行理财产品,那么为什么难以在理财市场的竞争中与银行理财产品抗衡呢?据分析①,其原因有:一是银行对于信托公司开说具有较高的品牌、拥有 VIP 客户、可进行宣传、可利用网点在全国范围内销售、不受一个信托计划只允许 200 份合同的限制,其中最主要的一点是银行在投资者心目中的品牌优势及其给投资者带来的安全性;二是信托公司承担着不合理的风险溢价,因为其一直被认为是金融风险高度集中的行业,一般认为信托项目风险大于一般的银行理财产品,所以需要信托公司付出一定的补偿。

在金融实践中,各类金融机构的理财产品具有很强的替代性,存在直接的竞争关系。而目前,我国的金融市场实行的是"分业经营、分业监管"原则。这样就造成了监管标准的不统一以及各类金融机构在竞争条件事实上的不平等。其实,早在《商业银行个人理财业务管理暂行办法》刚推出之时,就引起了信托公司的不满②。表 5-1 罗列出了《商业银行个人理财业务管理暂行办法》和 2002 年《信托投资公司资金信托业务管理暂行办法》中对银行理财

---

① 资料来源:刘丽华:《银行理财蚕食市场份额　信托公司应协力自救》,中国信托网,http://www.nitic.com.cn。

② 秦利:《银行理财产品优势尽显　信托公司五建议求公平》,载《证券时报》,2005-11-01。

业务以及信托理财业务在监管上的差异：

表 5 – 1　　银行人民币理财产品与信托产品在监管方面的差异

监管规定	银行人民币理财产品	信托产品
产品认购起点	5 万元	5 万元
同一产品认购人数	无限定	信托计划的客户人数不得超过 200 人，即 200 份合同
营销宣传	可以公开宣传	不得公开宣传
资金托管	没有明确规定	必须由有资质的银行托管
地域限制	无	不允许设立分支机构在异地销售
规模限制	没有明确规定	一个产品签订的合同不得超过 200 份

　　从表 5 – 1 可以看出，监管规范的差异制约了信托理财产品的发展。首先是融资规模的限制。200 份合同数量的限制直接导致了信托公司在融资规模上面的不足；人民币理财与资金信托的资金门槛都是 5 万元，如果假设双方面对的投资者都是以 5 万元作为本金进行投资的话，那么银行明显能比信托公司募集到更多的资金；而融资规模的限制在很大程度上制约了信托公司的发展，比如不能参与一些优质但需要较大投资规模的项目。另外，信托公司不能开展异地理财业务的这一地域限制，也使信托公司少了很多资金来源。其次是营销方式的限制：信托产品不能公开进行宣传，因此直接导致无法接触到更多的投资者，无法传递给大众更多的信息。而从前面的分析中，我们知道，信托公司在品牌影响力上已经逊于银行，而不得公开宣传的规定，使信托公司更难在市场影响力上与银行抗衡。

　　面对信托公司受到的以上种种限制，陈赤提出[①]，信托公司可以加强与商业银行的合作关系，探索打通信托产品与银行理财产品之间连结的途径和方式，在开发的具体信托产品得到商业银行认可的前提下，将信托产品纳入银行人民币理财产品选择的投资范围之中，从而达到双赢的结果：一方面，商业银行理财产品所集合的资金，借助投资其认可的信托产品，能够把投资范围扩大到更广泛的产业领域，捕捉更多的投资机会并分享更多的投资成果；另一方面，信托产品也因此而拥有了购买能力超强的机构投资者，建立起新的销售通

---

① 陈赤：《信托市场：产品营销路径的选择》，载《中国信托业发展报告（2005）》，北京：中国经济出版社，2006。

道,信托资金的募集可以得到更大保障。

5.2.2 银信连结理财产品的发展方兴未艾

随着时间的推移,银信连结理财产品在银行人民币理财产品中的地位越发重要。从图5-3可以看出,银信连结理财产品在人民币理财产品中的占比不断加大。到2007年2月,约40%的银行人民币理财产品都是以与信托公司合作的方式推出,而这个数据在2006年6月仅仅为10%。这说明,银信连结理财产品得到了信托公司、商业银行以及投资者三方的认可。

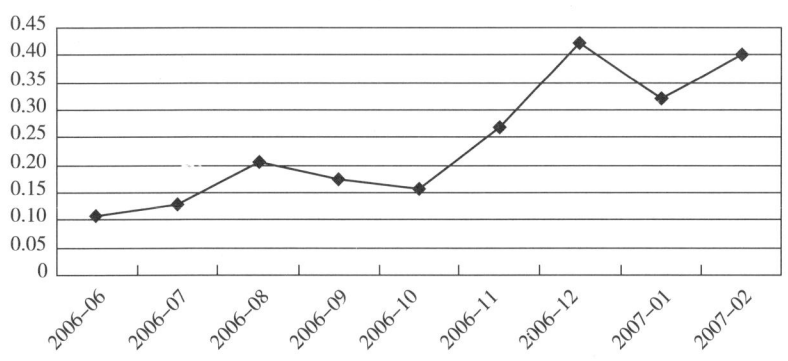

资料来源:根据公开披露的数据整理而成。

图5-3 银信连结理财产品占银行人民币理财产品比重变化

1. 2006年银信连结理财产品概况

2006年5月,民生银行率先和平安信托推出了"银信连结理财产品"——人民币非凡理财产品T1和T2计划,即民生银行以"人民币非凡理财产品T1、T2计划"对接平安信托"江珲高速公路项目贷款资金信托计划"。此后,银信连结理财产品成为投资热点。开始阶段,银信连结理财产品主要由全国性股份制商业银行推出;到2006年8月,中国工商银行推出了"稳得利"系列银信连结理财产品,同月,中国建设银行也与中信信托合作推出了"利得盈"第7期理财产品,从而使这一理财产品模式广泛发展起来。

据不完全统计,在2006年,包括工商银行、建设银行、民生银行、招商银行等在内的9家银行发行了共计77只银信连结理财产品,中信信托公司、北京国际信托公司、安信信托公司、平安信托公司、华宝信托公司等8家信托公司参与了这种合作，发行情况如表 5-2 所示：

表 5-2　　　　2006 年发行银信连结理财产品的银行一览表

银行名称	产品数量（只）	合作伙伴
民生银行	17	平安信托、安信信托、北京国际投资信托
招商银行	12	平安信托、中诚信托
光大银行	11	不详
建设银行	11	中信信托、华宝信托、金港信托
工商银行	10	不详
北京银行	9	中国对外经济贸易信托
兴业银行	5	不详
杭州联合银行	1	不详
上海银行	1	不详
合计	77	

资料来源：陈赤等：《信托产品》，载《中国信托业发展报告（2006）》，北京：中国经济出版社，2007。

从产品的期限来看，银信连结理财产品的投资期限非常灵活，从最短 50 天到最长 3 年。最短的一个产品是招商银行"金葵花"人民币资金信托理财 50 天期限计划，投资于平安信托推出的招商银行武汉分行信贷资产单一资金信托产品；期限最长的产品是工商银行 2006 年第七期"稳得利"人民币理财产品，投资于由国家开发银行提供贷款本息连带担保的大型国企用于基础设施建设的资金信托项目。大部分产品的期限集中在一年（77 只产品中有 37 只期限为一年，占比 47%），产品期限统计如图 5-4 所示。

银信连结理财产品的收益率一般都高于其他的银行理财产品。在 37 只一年期的银信连结理财产品中，有 2 只用于新股申购的产品，分别是工商银行"稳得利"人民币理财第十一期和招商银行"金葵花"迎新系列新股申购理财计划 2 期，其预期年收益率分别为 10% 和 9%，明显高于其他用于贷款或者资产转让的银信连结理财产品，在不考虑这 2 只用于新股申购的理财产品的情况下，35 只一年期的银信连结理财产品中，最高的是建设银行推出的利得盈第七期理财产品，资金投向"东方资产京、津、宁三地不良资产处置信托之优先级受益权 I"，预期年收益率为 4.0%；最低的早期民生银行推出的 T1 计划，预期年收益率仅为 2.76%；35 只 1 年期"双层信托·银信连结理财产品"

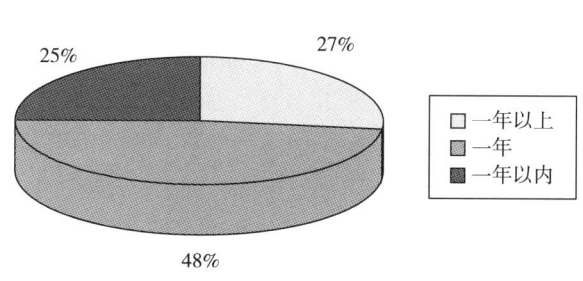

图 5-4 2006 年银信连结理财产品期限统计

的平均预期年收益率为 3.32%，在银行理财产品中属于较高水平。

从风险角度来看，银信连结理财产品的预期收益的实现和本金的安全，都紧密联系在资金投向的信托产品到期后的兑付情况之上，如果对应的信托项目出现兑付危机，理财产品也将面临风险。理论上讲，银信连结理财产品的投资风险是由投资者承担的，但是在 2006 年推出的一部分银信连结理财产品，将其筹集的理财资金用于信托贷款，并且由国家开发银行对信托贷款本息偿还提供连带责任保证担保。由于此类产品得到银行信用担保，所以风险较低，例如，北京银行推出的全部银信连结理财产品和工商银行、建设银行以及民生银行推出的部分银信连结理财产品都属于此类。

2006 年银信连结理财产品按照资金投向的信托产品可以分为指定用途和不指定用途两种：一种是银行用募集所得资金购买信托公司现有信托产品，银行不指定信托产品的资金用途，仅代表投资者按照比例享有信托受益权；另一种是由银行指定信托产品的资金用途，银行代表投资者作为单一委托人享有全部信托受益权，例如民生银行推出的 T1、T2 计划和建设银行利得盈第十一期。后一种方式比银行单纯地筛选和购买信托公司现有信托产品更加深入，银行可以筛选信托公司的储备项目，甚至可以推荐一些项目给信托公司，在信托公司进一步审查后成立信托项目，最后由银行募集资金投向这一信托产品。基于银行和信托公司的双重审核筛选，这样的项目风险也会相对较小。

另外，也有银行选择将信托产品作为其理财资金投资组合的一部分，例如光大银行推出的 6 只阳光理财"套餐计划"，就是将 50% 资金用于购买信托计划，这也显示了银信合作的灵活性。在工商银行推出的大部分稳得利产品中，也是将优质信托项目搭配部分国债、央行票据或其他银行间市场债券进行组合投资。

2. 2007年银信连结理财产品概况

2007年银信合作的步伐逐步加快,包括北京银行、建设银行、招商银行、工商银行、光大银行、中信银行等在内的30家银行共发行了631只银信连结理财产品,中信信托、重庆国投、北京国投、中诚信托、中融信托、华宝信托、外贸信托等在内的24家信托公司参与了合作。发行情况如表5-3所示:

表5-3 2007年银信连结理财产品数量、银行、合作信托公司分布表

序号	银行	产品数量（只）	合作信托公司
1	北京银行	180	北京国投等
2	建设银行	76	中信信托、中融信托、衡平信托、外贸信托等
3	招商银行	79	中诚信托、中信信托、重庆国投、新华信托、云南信托等
4	工商银行	45	中融信托、重庆国投、华信信托等
5	光大银行	53	中海信托、外贸信托、衡平信托、平安信托等
6	中信银行	35	中信信托等
7	民生银行	28	重庆国投、北京国投、中诚信托等
8	其他城市商业银行	27	中信信托、浙江国投等
9	浙商银行	23	浙江国投、中信信托
10	徽商银行	18	国元信托、新华信托
11	中国银行	17	中诚信托、湖南信托、上海国投
12	农业银行	11	中信信托、平安信托、衡平信托、重庆国投
13	兴业银行	11	中诚信托、华宝信托、云南信托等
14	交通银行	10	华宝信托、上海国投
15	浦发银行	9	中海信托等
16	华夏银行	6	北京国投
17	深发展	3	深圳国投
合计		631	

与2006年发行的银信连结理财产品纵向对比来看,2007年银信融合理财产品发行数量净增长719%,发行银行数量净增长233%,合作信托公司数量净增长200%,2007年是银信融合产品的丰收年(见图5-5)。

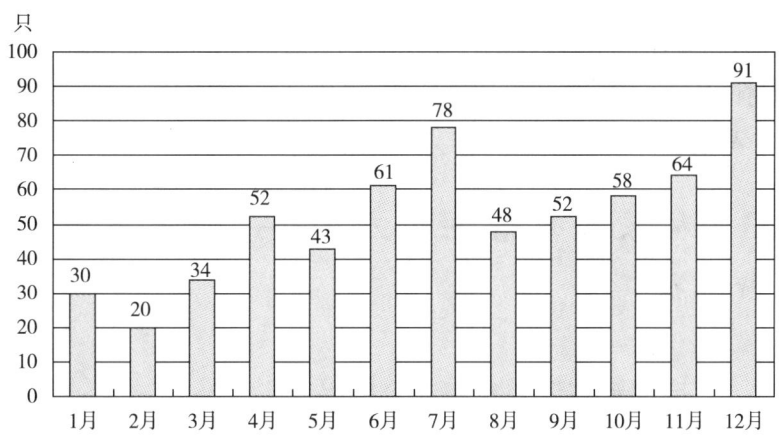

图 5-5 2007 年银信连结理财产品逐月发行数量

5.2.3 银信连结理财产品的创新意义

1. 银信连结理财产品对于银行的意义

银信连结理财产品对商业银行最重要的意义，大大拓展了银行人民币理财产品的投资范围，使人民币理财的资金投向有了更多的选择，增加了人民币理财的收益，从而显著增强了银信连结理财产品的市场竞争力，有助于提高商业银行中间业务收入的比重，推动了我国商业银行的业务模式和盈利模式的战略转型。过往的人民币银行理财产品一般多投资于货币市场或债券市场，而通过连结信托产品，银行理财产品的资金就会流向基础设施、房地产、证券市场等多个领域。银行还可以通过与信托公司的合作，为自己的优质客户提供更加灵活的融资服务，巩固银企关系。

2. 银信连结理财产品对于信托公司的意义

对于信托公司而言，银信连结理财产品最明显的益处是解决了信托产品在发行规模上的瓶颈制约。2002 年中国人民银行《信托投资公司资金信托管理暂行办法》关于 "200 份信托合同" 的规定、2007 年中国银监会《信托公司集合资金信托计划管理办法》关于 "50 个自然人" 的规定，限制了信托公司募集资金的能力，使信托产品难以满足规模化投资的需要。银信连结理财产品的创新，拓宽了信托产品的营销渠道，增加了客户资源。信托产品的私募性质决定了其狭窄的营销渠道。而通过众多银行网点销售银信连结理财产品，信托公司分享到银行成熟的营销网络和丰富的客户资源。此外，银信连结理财产品有利于提升信托公司和产品信誉。各商业银行与信托公司合作创新推出的银信连结理财产品，表现了它们对信托公司及其产品信誉的高度认可，有利于信托公司和产品信誉和品牌的建立。

5.3 私募基金信托阳光化——创造民间金融正规化新路径

5.3.1 民间私募证券投资基金的兴起

私募基金是指以非公开方式，面向特定的投资者（包括个人及机构），以投资意向书等形式募集的资金。私募基金并非地下的非法的不受监管的基金。私募（Private Placement）一词相对于公募（Public Offering）而言，就资金募集方法之差异，主要以是否向社会不特定公众发行或公开发行证券为区别。目前我国私募基金可以分为两大类：一类是正规的官方私募基金，主要有：证券公司客户资产管理计划、信托公司的集合资金信托计划和管理自有资金的投资公司；另一类是没有官方背景的民间私募证券投资基金（以下简称民间私募基金），这类基金常常以投资咨询公司或投资管理公司等名义，以委托理财的方式，为投资者提供集合理财服务（王霞，2006）。后一类私募基金尚未取得法律明确认可的形式，其业务的合法性在很大程度上存在着模糊性。

民间私募基金作为一种非正式融资制度，从诞生之时起，就游离于政府的直接监管之外，以其灵活的操作方式、非公开的信息披露要求及高投资收益在投资基金领域占有了一席之地。民间私募基金的投资策略及运作方式保持着高度保密的行业惯例，但随着其对金融体系及宏观经济的巨大影响，又成为关注的焦点。

1. 全球私募基金发展概况（王霞，2006）

由于各国政府对私募基金的监管宽松，私募基金通常无须在金融监管部门注册，因此不容易获得私募基金行业的统计数据。尽管早在1949年，私募基金就已经存在了，据市场观察者估计，1968年以前大约有200只对冲基金，但是，到1984年时只能找到68只对冲基金。私募基金行业的发展主要集中在

20世纪90年代以后。1988年以后，私募基金数量以平均每年超过17%的速度增长，并在进入21世纪后继续保持高速增长。图5-6分别描述了全球私募基金数量和资产规模的历史发展状况和未来估计。

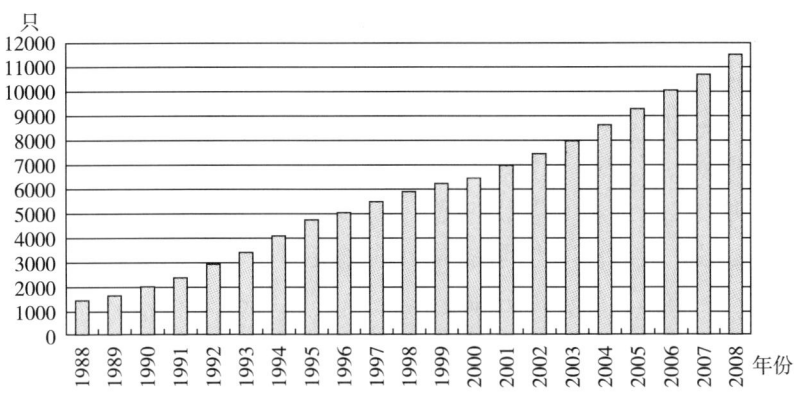

图5-6　全球私募基金数量

从图5-6、图5-7可以看出，无论是从基金只数还是管理资产规模看，私募基金行业在1988年后一直保持持续稳定的发展。1988年时，全球私募基金仅仅有1373只，管理资产规模不足420亿美元，到2003年年底，全球私募基金的数量已超过8000只，管理资产规模已超过8000亿美元，在15年的时间里，基金数量增加近5倍，管理资产规模增加约20倍。私募基金近几年的实际发展速度更是远远高于预测，在2004年达到9500亿美元，2005年则达到14000亿美元的规模。

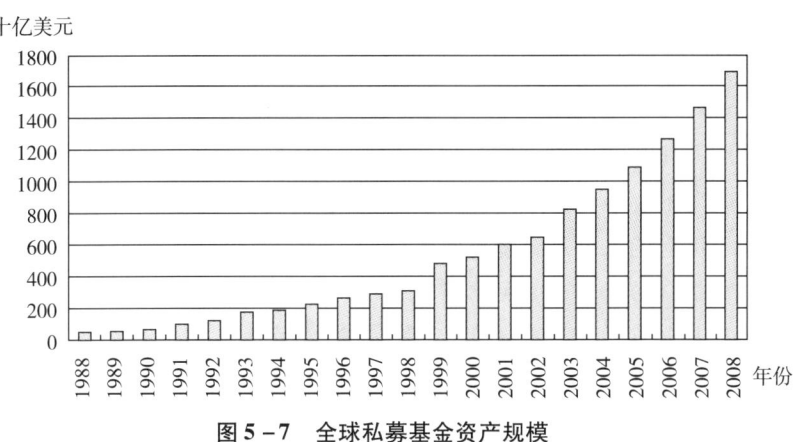

图5-7　全球私募基金资产规模

在1988年后的15年间，私募基金所管理资产的增长速度是基金数量增长的4倍，单只私募基金管理资产平均规模由3 000万美元增加到1亿美元。

2. 民间私募基金在我国的发展

20世纪90年代初，随着中国证券市场逐渐形成和发展，私募基金开始萌芽。从我国私募基金的发展来看，大致经历了四个阶段：1993年到1995年为我国私募基金萌芽阶段，私募基金的雏形出现于这个阶段。此时，由于证券公司的主营业务由经纪业务转变为承销业务，需要定向引进大客户，便开始接受委托代为理财，形成了最初意义上的私募基金；1996年到1998年为我国私募基金形成阶段，此阶段产生的民间私募基金更接近于严格意义上的私募基金，众多上市公司将闲置的资金交由证券公司管理，出现了众多以委托理财方式设立的咨询公司、投资顾问公司等；1999年到2000年可以称为我国私募基金扩张阶段，私募基金的规模急剧上升，出现了多种不规范的机构和操作，很多私募基金以操纵股价等违规操作的手法取得利润；2001年以后是我国私募基金的规范、调整阶段，操作方式开始重视价值投资的方法。伴随着全球股市的不断上涨及新兴市场的开放，私募基金近年来以30%以上的速度发展，在我国的金融市场中占据了越来越重要的地位（夏斌，陈道富，2002）。根据中央财经大学课题组2004年7月的调查显示，目前私募基金占投资者交易资金的30%～35%，整体规模超过公募基金一倍，在我国资本市场扮演着极为重要的角色（王珏，2005）。

与公募基金相比，私募基金有较高的灵活性、较好的流动性，在规避风险上有更多的主动性。这些特点使私募基金更具有优势。无论从激励机制、投资模式，还是从投资效率来看，私募基金无疑是最贴近市场的一支力量。私募基金不存在对证券仓位比例的要求，没有对某只股票投资额度的限制，也没有密集的排名压力和赎回压力，拥有完善的激励机制，即不以固定管理费为主要收入来源，收入主要来自累进的管理费提取机制，从而与客户的收益紧密结合在一起。由于优秀的私募基金经理收入优厚，吸引业绩优异的公募基金经理纷纷跳槽去私募基金，充分证明私募基金在市场上具有旺盛的活力。

3. 传统模式民间私募基金的"阳光化"需求

传统的民间私募基金常常以工作室、投资咨询公司、投资顾问公司和投资管理公司等名义，以委托理财方式为投资者提供投资服务。私募基金的资金通常以委托人的名义开户：如果委托人资金规模较大，通常单独开立账户；如果单个委托人资金规模较小，则以几个委托人商议好的一个名义开立，同时与开立资金账户的营业部约定，经几个委托人或指定投资者代表一致同意；才允许从该账户中转出资金。采用该操作方式时，作为委托双方的投资者与投资管理人商定投资收益分成比例后，委托人将账户名称、开户地址、账号和交易密码等信息告知投资管理人，投资管理人负责日常交易；但由于没有资金密码，不能转移账户上的资金。委托人可以监督交易情况，但不能直接进行证券交易。近年来，这种操作方式也在不断改进中，例如，委托双方开始事先就投资理念等问题进行沟通，有的会在协议中明确限定资金投资方向，如不得买入权证、不得买入ST、不得买入近期涨幅过大的股票等，有些合作中甚至注明双方在投资合作过程中进行信息交流和沟通的方式和频率。

但是，在缺少明确的法律法规保障的情况下，民间私募基金实际上更多地受到来自市场的约束，来自投资者严格挑选的约束。由于缺少必要的制度基础、游戏规则不清晰，一些劣质的民间私募基金能够依靠欺骗生存，出现纠纷时，投资者的利益无法保障；同时也使优秀的私募基金经理难以脱颖而出，管理更大规模的资产。而在缺乏相关的法律法规下，投资者对私募基金会产生成见，这也会影响私募基金的发展。由于市场在缺少监管的情况下对私募基金产生不信任的情绪以及心理，私募基金很难获得大量的认可以及相应的客户资源。这对私募基金的运作及发展都不是件好事。因此，这样的格局迫使处于非正规金融状态的民间私募基金必须走"阳光化"即正规化的道路。

5.3.2 民间私募基金阳光化的方式

目前，我国民间私募基金可以选择的正规化途径主要有：一是组建有限责任公司，二是组建有限合伙企业，三是信托模式。

1. 有限责任公司模式

有限责任公司模式主要是一些掌握有巨额资金的大企业，独自出资成立投资公司，管理企业自有资金。这类投资公司用于证券投资的是自有资产，目前是合法的。如果若干企业联合出资成立此类投资公司，实际上就是以公司的形式进行集合投资理财，也属于合法的私募基金。

但是，采取公司模式的私募基金存在一些限制。首先，是人数上的限制。

按照《公司法》的规定，有限责任公司股东人数需在 50 人以下，股份有限公司发起人数量需在 200 人以下。这样投资人的数量就受到了严格的限制。其次是流动性比较差，吸引新资金也比较麻烦，一旦出现增加投资人或者投资人增加投资，或投资人赎回、退出时，都需要股东会通过，并需要变更工商注册资料，法律程序上比较麻烦，使本来只应存在于投资人和基金管理人之间的关系，扩展为各投资人之间的关系（刘亮，2007）。

2. 有限合伙企业模式

2006 年《合伙企业法》使有限合伙企业的组织形式成为市场人士关注的一种私募基金模式。根据 2006 年《合伙企业法》的规定，有限合伙企业由有限合伙人和普通合伙人组成。有限合伙人负责提供资金，不承担日常经营管理，只以出资额为限承担有限责任；普通合伙人负责企业的经营，并以个人和家庭财产承担无限责任。其核心是在有人承担无限责任的基础上，有更多人承担有限责任来解决资金募集的问题。在私募的情况中，这主要涉及：有限合伙人（个人或机构投资者）、一般合伙人（作为投资顾问负责证券投资的个人或机构）。有限合伙人在企业中主要扮演出资人的角色，而普通合伙人则更多地承担着管理人的职责。举例来说，在这种合伙企业中，普通合伙人以 1% 的出资额就能管理 100% 的资产，并分享 20% 的收益，同时，对债务承担无限连带责任；而有限合伙人则仅以出资额为限承担有限责任，并且分享 80% 的收益。这种"不平等的责任"实际上承认了智力在证券投资中的价值，同时也保护了那些希望有高回报的投资人的私人财产不会因承担高风险而被株连。

合伙企业的形式具有很多优点，一方面，作为合伙企业，不用缴纳企业所得税，对投资者来说可以避免双重征税的问题；另一方面，由于允许一些投资者和投资机构承担有限责任，降低了投资风险；而对于无限合伙人来说，具有资本放大效应，即用较少资本和信誉就筹集到大量资金，资本运作成本低、效率高。

但这种合作模式在目前看来并非畅通无阻。首先，由于目前中国金融监管部门奉行的基本上是"法有明文规定方可为"，而不是一般意义上的"法无明文禁止皆可行"的执法规定，因此，在专门的私募基金立法或更为细致的监管措施出台之前，以有限合伙企业组建私募基金的运作方式仍有困难。其次，风险控制是监管者进行私募基金制度建设的一大问题，是阻碍我国合伙制私募基金制度建设的真正动因。根据2006年《合伙企业法》，普通合伙人对合伙企业债务承担无限连带责任，有限合伙人以其认缴的出资额为限对合伙企业债务承担有限责任，合伙企业的合伙人可以包括自然人、法人和其他组织。显然，这种组织设置在为私募基金的规范化运作提供新选择的同时，也无形中提高了具体负责投入资金运作的管理人的道德风险，容易在一些特殊情形出现时诱发金融风险，并使这些私募基金长期处于不确定状态。

3. 信托模式是目前最适合的方式

信托模式是目前民间私募基金最为规范的一种操作方式。在信托模式下，由信托公司面向特定的投资者发行信托计划，加入信托计划的委托人即是受益人；筹集的资金由投资顾问机构负责证券投资运用；收益按照信托计划的约定进行分配。在我国目前的体制下，信托模式的民间私募基金"阳光化"无疑是发展最成熟，且最具有可行性的合作模式。

民间私募基金在信托架构下得以规范如下：作为私募基金载体的信托计划依据《信托法》和《信托公司集合资金信托计划管理办法》设立，拥有明确的法律地位；加入信托计划的人士必须是中国银监会认可的合格投资者；信托财产具有独立性，基金的安全性受到很大保障；基金的管理属性与利益属性相分离；基金的受托人信托公司对委托人（投资者）负有信赖义务；基金财产具有连续性；信托计划的受益人大会、信托财产保管银行、受托人信托公司的三方监管大大降低投资管理人的道德风险；信托计划的设立、运行以及清算均在中国银监会的监管下完成。此外，信托业本身的稳固发展，也为民间私募基金提供了一个良好的成长空间。正因为信托模式特有的这些性质，中国人民银行原副行长吴晓灵指出，"采取信托方式的私募基金是目前国内最为规范的方式"。

信托模式的民间私募基金"阳光化"运作模式如图5-8所示：

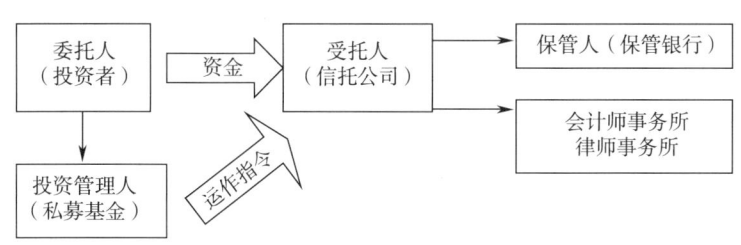

图5-8 民间私募基金"阳光化"运作模式

以深圳国际信托公司 2007 年发行的"深国投·亿龙中国 2 期证券投资集合资金信托计划"为例,该信托产品是深圳国际信托公司与上海涌金投资咨询有限公司经过磋商,由深国投发行设立的。上海涌金投资咨询有限公司在其中担任投资顾问,对信托财产的投向和运用提供专业的建议。交通银行作为信托财产的保管银行,中国国际金融有限公司、广东金地律师事务所分别作为证券经纪商和法律顾问提供辅助服务,各主体间的具体关系见图 5-9:

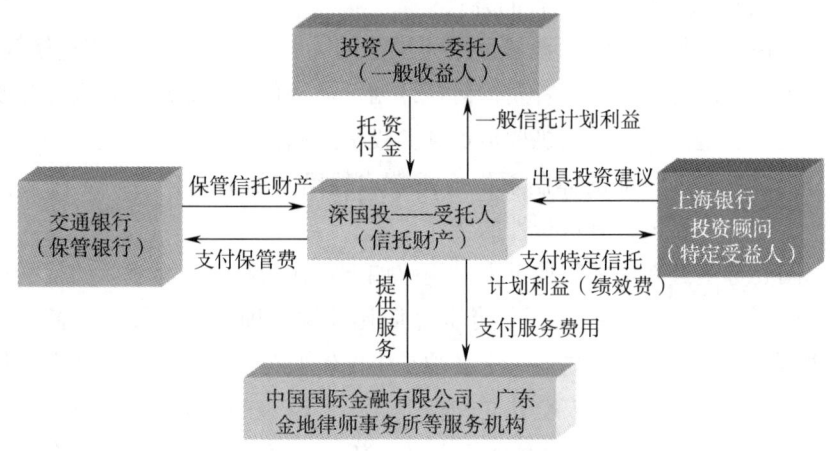

图 5-9　深国投·亿龙中国 2 期证券投资集合资金信托计划交易结构

这种模式中,信托产品的投资者直接分享投资收益,但是没有保底承诺。私募基金机构的身份是作为此信托产品的投资顾问,通常对投资收益按一定比例分成。私募基金以信托计划为载体,而信托计划依据《信托法》和《信托公司集合资金信托计划管理办法》设立,拥有明确的法律地位。作为信托计划受托人的深国投作为正规的金融机构,对委托人(投资者)负有信赖义务。信托财产具有独立性、连续性,基金的安全性就能受到很大的保障;信托财产保管银行交通银行的第三方监管降低了投资管理人的道德风险。此外,在这个信托产品中,托管银行交通银行和受托人深国投还需在每个估值基准日后的三个工作日内,在网站上对信托单位的净值进行公布;按季向委托人及受益人进行信息披露,且规定受托人在实施本信托计划过程中发生信托计划目的不能实现、因法律法规修改严重影响信托事项时,应在知道该等事项发生之日起的 3 个工作日内向委托人与受益人披露。这些信息披露的约定使信托财产的运作更加规范化、透明化。在该信托计划中,深圳国际信托公司以其明确的法律身份为信托财产的安全性提供了保证,而上海涌金投资咨询有限公司则以投资顾问的身份,发挥其在投资方面的专业优势,为信托财产的运用提供更专业的意见,以保证给投资者带来最大化的收益。

从案例分析可以看出,与传统的民间私募基金相比,私募基金借道信托实现阳光化,对于投资者而言是一种安全和专业并重的投资方法,信托公司和私募基金机构发挥各自所长,为投资者提供最大程度上的保障。对于私募基金而言,在信托计划中,原来的私募基金成为了信托财产,由于信托财产的独立性,以及交通银行作为保管银行的第三方监管作用,增加了私募基金的安全性。另外,信托公司的介入,使基金的运作更加规范化、透明化,更能确立投资者对私募基金的信心,这就为私募基金规模的扩大提供了良好的条件。对于私募基金机构(本案例中的上海涌金投资咨询有限公司)而言,通过合法的信托计划,明确了自己的法律地位,树立了良好的社会形象,为其之后募集资金打开了渠道。对于深国投而言,借助私募基金机构的专业优势,有助于使信托财产取得更大的收益,以吸引更多的投资者投资信托产品。

5.3.3 民间私募基金通过信托"阳光化"的积极意义

无论从我国资本市场长期健康发展的角度,从满足我国居民理财需求,还是从金融产品不断创新的角度看,民间私募基金都具有不可替代的特点。将民间私募基金纳入正规化,无论对于我国的资本市场、投资者还是民间私募基金自身都十分重要。由于目前法律法规的制约,公司制和有限合伙制度尚不能成为民间私募基金合法化的较好途径,信托成为民间私募基金"阳光化"、正规化的最佳选择。民间私募基金借道信托正规化对于规范我国资本市场,降低投资者的风险,发展壮大民间私募基金和信托行业金融产品创新都有积极的意义。

1. 有利于民间私募基金纳入法制化轨道

民间私募基金通过信托"阳光化"有利于将民间私募基金纳入法律的框架内进行监管。引导私募基金规范发展,必须将私募基金纳入我国整个法律框架内,从而为该行业的长远发展奠定必备的法制基础。信托拥有《信托法》《信托公司管理办法》和《信托公司集合资金信托计划管理办法》所明确的法律地位，民间私募基金借道信托，必然要受到相应法律法规的制约和相应部门的监管，使民间私募基金摆脱了无法可依、无人可管的局面。

2. 有利于控制投资者的风险

民间私募基金通过信托"阳光化"有利于控制投资者的风险。信托模式中包括保管银行、证券经纪商、信托公司、投资管理人在内的各主体职责明确，相互监督、相互制约，保证了委托人的财产按照信托契约合理运用。信托财产的独立性与破产隔离功能，能够为投资者的权益提供更完备的法律保障，加之信托公司拥有严格的风险控制制度，能够将投资者的风险控制在一个可以预期的范围之内。

3. 有利于我国资本市场的稳定和规范

民间私募基金通过信托"阳光化"有利于我国资本市场的稳定和规范。随着经济的发展和公民理财需求的不断增加，民间私募基金的规模也在不断扩大，将其合法化、正规化，有利于我国资本市场的稳定。法律地位和法律规范缺失，是阻碍私募基金规范发展的核心问题。由于制度等方面的原因，私募基金的发展长期受到制约，市场竞争环境开始失衡。目前通过信托引导私募基金规范发展，有利于优化我国资本市场的竞争环境，让民间私募基金可以在一个相对公平的环境中参与市场竞争。对股市而言，私募基金合法化的最大意义不是充当"救市"英雄，而是让数千亿元资金得到法治上的硬性约束，使之成为一位合格的机构投资者，并最大程度地规避"洗钱"嫌疑。

4. 有利于提高私募基金的透明度和市场监管效率

民间私募基金通过信托"阳光化"，有利于提高私募基金的透明度和市场监管效率。按照目前模式，民间私募基金大多以各种各样的个人名义开户，其投资行为非常隐蔽，监管难度很大。采用这种隐蔽操作方式，为民间私募基金进行内幕交易、市场操纵提供了便利，大大增加了对其运作过程中违规行为的监管难度。选择信托引导私募基金规范发展，给予规范运作的私募基金更多政策优惠和更大发展空间，增加私募基金"阳光化"的动力。这样，可以在为私募基金提供更广阔的持续发展空间的同时，提高其交易的透明度，提高市场整体监管效率，使政府监管和自律监管，尤其是金融衍生品市场的监管措施，更加有的放矢。

5. 有利于信托公司的业务发展

民间私募基金通过信托"阳光化"为信托公司自身的业务发展也提供了

机遇。信托公司与私募基金的合作是一种有利于促进自身发展的战略选择，也是信托公司响应监管法规的变化作出的反应。

2007年3月1日实施的《信托公司集合资金信托计划管理办法》明确规定，"向他人提供贷款不得超过其管理的所有信托计划实收余额的30%"。通过这一限定，监管部门对信托公司长期以贷款为主要资金运用方式的做法加以限制，力图进一步使信托业务与银行业务区分开来。

信托监管的"新办法"对集合资金信托计划贷款占比的限定，使信托公司不得不收缩贷款类信托计划的规模。2006年，信托公司发行的贷款类集合资金信托计划共284只，融资规模为393.22亿元。如果2007年保持贷款类集合资金信托计划融资规模不变，按照"新办法"对集合资金信托计划贷款占比的限定，集合资金信托计划的融资规模需增加233%，达到1310.73亿元，高出2007年实际融资规模的98.7%，显然，就集合资金信托在融资市场上的市场占有率以及信托公司的投资管理水平而言，是很难办到的。而目前看来，唯一有能力取代贷款类信托业务的，就是证券投资类信托业务。原因是：（1）证券市场具有足够的厚度容纳信托投资；（2）证券投资信托由于投资标的为股票、债券等金融产品，对融资规模的要求非常灵活；（3）证券投资信托由于其投资标的的流动性好，提高了产品对高端投资者的吸引力。所以，发展证券投资类集合资金信托产品，就成为信托公司集合资金信托业务的现实选择。

随着我国证券市场的复苏，私募基金行业日益受到市场关注，一大批证券投资精英加入了私募基金的行业。作为投资管理人，他们具有很强的证券投资经验与能力。而这些精英人物在证券市场上的号召力，成为吸引投资者的重要因素。与具有良好口碑的民间私募基金合作，由其担任信托计划的投资管理人，可以弥补许多信托公司在证券投资领域缺乏人才和经验的缺陷，有利于信托计划的发行和取得较好收益。

2007年，大量私募基金选择了通过信托方式进行"阳光化"。信托公司共发行私募"阳光化"证券投资信托计划99只，募集资金64.25亿元，占证券投资信托计划发行数量和融资规模的27%与14%。其中，同时投资于一、二级市场的产品占到了私募"阳光化"证券投资信托计划数量和融资规模的90%与94%。这表明，私募基金"阳光化"，不仅为私募基金提供了可靠的制度供给，也显著拓宽了证券投资信托的投资范围和资产管理能力。

5.4 基础设施建设信托融资——创造市政融资新路径

5.4.1 我国基础设施建设资金供求矛盾突出

1. 基础设施建设资金缺口巨大

据世界银行统计,我国基本建设投资额"九五"期间和"十五"期间分别为701.43亿美元和811.75亿美元,"十一五"期间预计将投入876.38亿美元,比"十五"期间增长7.96%。虽然我国"十一五"期间直接投入增幅不大,但前几年固定资产投资高速增长,基础设施基数不断扩大,基础设施建设的运营和维护的费用直线上升。用在已有基础设施的运营和维护方面的费用投入"九五"期间和"十五"期间分别为271.26亿美元和349.66亿美元,增长28.90%,"十一五"期间预计投入443.87亿美元,比"十五"期间增长26.94%,具体情况见表5-4。

表5-4　　　　　我国基本建设投资及维护投入情况　　　　单位:百万美元

序号	类别	项目	"九五"期间 1996—2000年	"十五"期间 2001—2005年	"十一五"期间 2006—2010年
1	电力	投资额	34035	44132	51668
		维护费	11159	15573	20739
2	电信	投资额	13377	10174	11735
		维护费	5770	6322	8232
3	公路	投资额	13764	22105	19345
		维护费	3555	5765	7424
4	铁路	投资额	803	980	963
		维护费	1063	1161	1258
5	水务	投资额	3333	2013	2097
		维护费	3474	3776	4090
6	卫生设施	投资额	4831	1771	1830
		维护费	2104	2370	2644
	总计	投资额	70143	81175	87638
		维护费	27126	34966	44387

资料来源:ADB-JBIC-World Bank East AsiaPacific Infrastructure Flagship Study,August2006。

近年来，我国城市基础设施建设取得了巨大成就，投资环境、生存环境大大改善，人民生活质量不断提高，为国民经济健康稳定发展奠定了坚实的物质基础。但基础设施的发展仍然满足不了国内 GDP 高速增长和城市化进程加速带来的巨大需求。

从城市基础设施投资总额占同期 GDP 的比重上看，"七五"期间，城市基础设施投资占 GDP 比重为 1% 以下，"八五"期间占 1.3%，"九五"期间占 1.8%，虽然 2004 年达到 3.8%，但是同国外大规模建设时期的 3%~8% 相比，这一比例对于我国目前的发展状况来说还是不足的[①]。

仅以污水处理为例，"十一五"期间，中国城镇的污水处理以及再生利用设施建设规划新增加的投资额有 3300 多亿元人民币；在城市建设和老城区的改造中，大批陈旧管网的更新和污水管网雨污分流的改造需要 500 亿元以上的投资。再加上水安全体系建设、海水淡化以及相应水工程建设的投资，需要的总投资实际上将超过 1 万亿元人民币，而中央和地方政府大约只能投入 2000 亿元到 3000 亿元，仅此一项，就有 7000 亿元到 8000 亿元的缺口[②]。

2. 基础设施建设资金来源结构不合理

基础设施是社会经济发展的必要前提，需要优先发展。我国投资融资体制改革以来，基础设施建设的融资方式发生了很大的变化，逐步由单一的国家财政拨款发展到财政拨款、银行贷款、国外贷款、证券融资、BOT 等多种方式并存的局面。从城市基础设施的建设资金来源来看，已形成自筹资金和贷款资金为主，中央财政投入、外资、债券[③]项目为辅的多元化的资金来源格局。地方财政资金、债券资金正成为未来城市基础设施的发展趋势（见图 5-10）。

从图 5-8 看出，我国基础设施的资金来源中，长期以来项目自筹比例过高，而本应是受益主体的地方财政投入过少。虽然从 2000 年之后，地方财政投入比例上升较快，自筹资金的比例也降幅明显，但仍然与合理的投资结构有较大差距。而且从 1997 年以后，中央政府实施了积极的财政政策，基础设施建设中，贷款比例也一直稳步上升，基础设施建设的风险也越来越多地累积于银行体系当中。

---

① 根据《中国财政年鉴2005》相关数据统计。
② 参见《"十一五"我国水务市场投资达 1 万亿元》，载《人民日报》，2006-08-22。
③ 在统计范围内的"债券"指目前分别在银行间市场的企业债和交易所市场的公司债。

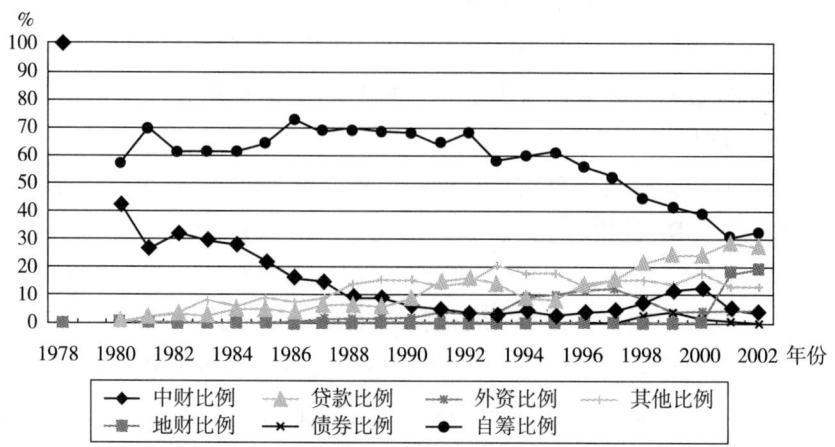

数据来源：国家统计局网站《发展回顾报告系列：基础设施建设成绩显著》，2007年9月22日。

图5–10 城市基础设施建设资金来源结构

因此，积极深化投融资体制改革，积极推进基础设施项目的市场化、产业化进程，建立和完善多元化的投资渠道，积极鼓励民间资金和外资投入，同时创新融资方式以吸引民间资金进入基础设施建设项目就成为改善城市基础设施建设融资结构的当务之急。

3. 地方政府资金困境制约了城市基础设施建设投入

（1）地方政府的财政自给能力薄弱。对地方政府而言，1994年分税制改革之后，地方政府财政收入与支出变得极不对称。赵晓和董栋（2006）根据《中国统计年鉴》的数据，统计出1996年地方财政一般预算内收入和支出分别为全国财政收入及支出的50%；2000年，这一比重分别为48%和65%；2004年的比重分别为45%和72%。

例如证券交易税，1997年中央与地方的分成比例是各占50%，而后调整为中央80%、地方20%，再后又进一步调整为中央占88%、地方占12%，现如今又改为中央占94%、地方仅占6%。再如所得税，从2002年1月开始改为共享税，最初中央与地方五五分成，2003年起中央与地方的比例又调整为六四分成。赵晓和董栋（2006）认为，在分税制改革之后，地方政府与中央政府的财政自给能力产生了互换，中央政府财政自给能力的加强在相当程度上是在地方政府财政自给能力大大削弱的基础上实现的。

尽管中央政府将很大一部分收入通过转移支付的形式返回给省级政府，但是地方政府缺乏征税权，加上日益加剧的与收入不对等的财政支出水平，导致地方政府存在财政缺口。在地方财政收入占全国财政总收入比例不断减少的同时，其财政支出占全国财政总支出的比例却不断加大，到2004年，地方财政收入占全国财政总收入的45.1%，但财政支出却占全国财政总支出的72.3%。①

据国务院发展研究中心《关于中国的地方债务问题及其对策思考》（2004）研究报告估算，全部地方政府债务至少在1万亿元以上；全国2470个县级单位，一般预算赤字县2001年共计731个，赤字面为35.6%，乡镇财政负债保守估计也在2000亿~2200亿元；全国5万个乡镇平均每个乡镇负债400万元，有的乡镇负债甚至超过数千万元。

（2）地方政府财权与事权逆反配置。"十一五"计划提出，要推进城市化进程，走符合我国国情、大中小城市和小城镇协调发展的多样化城镇化道路，逐步形成合理的城镇体系。全国各地均将城市化建设工作列入了地方政府工作的重要内容，对各个城市的发展与规划制定了明确的目标。但是，城市化过程中涉及的基础设施建设，如公共建筑、给排水、交通道路、邮政电信、城镇能源、园林绿化等市政工程及其他项目，事情繁杂，财政支出水平很高，需要巨额的城市建设资金，而这一资金的来源和落实始终是各地政府最为困扰的难点问题。

曹红辉（2004）以我国经济较为发达的东部城市上海和南京为例分析了市政基础设施建设的投入缺口问题。上海市在1992年到1996年用于城市基础设施建设的投资累计达1143亿元，而政府每年用于承建的财政拨款仅30亿元，5年间资金缺口达千亿元。南京市1995年到1999年城建投资累计达61.9亿元，而财政安排累计仅8亿元，加上两个专项资金的22.1亿元，其资金缺口为32亿元。

中央财经大学马海涛（2007）认为，当前我国财税体制中事权划分不清、财力与事权不相匹配，导致政府事权重心偏低，财权与事权不对称，事权下

---

① 根据《中国财政年鉴2005》相关数据统计。

移、财权上移，事权配置与各级政府行政和财政能力不适应，较低级次的政府承担着较多的事权。

（3）投融资体制改革滞后制约市政基础设施建设投资。我国市政公用事业市场化进程缓慢，城市建设投融资体制改革滞后，制约市政公用设施经营管理走上良性循环轨道。康锐（2006）提出，当前我国基础设施投融资领域存在三大矛盾：经济建设资金缺口越来越大与银行储蓄存款余额节节攀升之间的矛盾；以间接融资为主的现行投融资体制与市场经济运行要求之间的矛盾；社会资本参与基础设施建设的巨大潜能与体制工具匮乏之间的矛盾。当前虽然在规模上形成了信贷融资、财政投入与项目自筹资金的基本融资格局，但常常受到根深蒂固的财政融资方式和观念的侵蚀，三种融资形式不能相互协调配合。

由于我国正处于城市化加速期的起点上，资金需求巨大。如何筹措每年数千亿元的城建资金，是亟待解决的关键问题。从这个意义说，城市化过程，也将是推进我国投融资体制改革与创新的过程，需要新思路、新机制、新方法。

5.4.2　国外基础设施建设融资的方法

在许多西方国家，地方政府投资修建公路、桥梁、自来水厂、学校和医院等公用事业时，一般借助发行市政债券来筹资。市政债券（Municipal Bonds）是指地方政府或其授权代理机构发行的有价证券，所筹集资金用于市政基础设施和社会公益性项目的建设。一般而言，市政债券主要有两种形式：以发行机构的全部信用即税收收入作为担保的一般责任债券和一般以项目收益来偿还的收益债券。

市政债券起源于19世纪20年代的美国，当时城市建设需要大量的资金，地方政府部门开始通过发行市政债券筹集资金，到了20世纪70年代以后，市政债券在世界部分国家逐步兴起。

1. 美国市政债券

美国实施联邦、州和县三级财政管理。张介岭（2006）介绍了美国基础设施建设投资与市政债券的总体情况。美国州一级政府，尤其是州以下的地方政府是城市基础设施投资的主角。其资金来源包括税收、基础设施企业的收入、市政债券、赞助捐赠等，但地方政府财力同样是有限的。为此，美国建立了一套行之有效的基础设施投融资机制，几乎所有的地方政府和地方政府代理机构均通过组织发行市政债券募集了大量低成本社会资金，不仅对推动美国城市基础设施建设的发展起到了重要作用，而且还解决了城市基础设施投资的代际公平负担问题。

经过了20世纪90年代中后期下降的过程（占比降至27%左右）之后，市政债在政府债务中的比重又有所上升，在2005年第三季度已经恢复到34.82%的水平。尽管比重低于联邦政府债务，但仍在整个政府债务体系中占重要地位。

市政债券由政府信用作为担保，州、市、县、镇各级地方政府及代理机构或授权机构发行，品种繁多，主要分为"一般责任债券"和"收益债券"两大类。收益债券收益率较高，但风险也要高于一般责任债券。20世纪70年代以来，全美收益债券发行总量已超过一般责任债券。

市政债券的发行方式分为公开发行和私下配售两种。一般责任债券均为竞争承销，收入债券则通常采用协议承销。免税特征是市政债券最吸引人的地方。根据美国《1986年税收改革法案》规定，用于公路建设、污水处理等公共目的的债券的利息收入免缴联邦所得税。用于购物中心、体育馆等私人目的的债券虽需缴联邦所得税，但可免缴地方所得税。

市政债券的投资者不仅有银行、各类基金和保险公司等，而且个人投资者数量日益扩大。2003年年底，美国市政债券发行额为3850亿美元，存量约2.4万亿美元，占美国债券市场总规模的13%左右，其中绝大多数是用于公共目的的免税债券。受财税政策调整和市场风险影响，美国商业银行投资市政债券的比例不断下降，目前个人投资者已成为市政债券的最大投资者。市政债券已与股票市场、国债市场、企业债券市场并列为美国四大资本市场。

美国市政债券从建立到发展成熟走过了一条曲折的道路。20世纪70年代以前，在美国，发行市政债券无须按照证券法要求进行注册，也不受定期报告规制的约束。随着个人购买市政债券的不断增多及不规范行为的频频发生，美国国会通过了《1975年证券法修正案》，并据此成立了市政债券法规制定委员会（MSRB）。该委员会系独立的自律性机构，由商业银行、投资银行和公众代表15人组成，其职责是提出市政债券市场监管方案，规范券商银行、经纪人和交易商的行为。但这一修正案在债券发行登记注册和定期报告方面仍无明确要求。直到1989年市政债券披露法规才规定市政债券发行人和使用人需及时、定期披露和更新有关信息。

2. 日本的市政债券

杨辉（2007）认为，市政债券发行与一国金融体制选择密切相关。在市场主导型金融制度下，市政债券发展更为迅速，例如美国；而在银行主导型金融制度下，市政债券发展则相对滞后，例如德国。但在金融制度变迁过程中，许多国家借鉴英美模式，呈现出金融市场化趋势，这推动了市政债券在一些银行主导型国家（例如日本）和一些新兴国家的迅速发展。

日本属于比较典型的银行主导型金融系统，但是20世纪90年代以来，金融机构授信能力的恶化、股票市场发行规模的萎缩，使社会资金的供给能力急剧下降，政府和企业不得不转向债券市场，因此，日本债券市场结构发生了较大的变化。

日本地方政府原来没有自治权力，不能发行地方公债，第二次世界大战之后新修改的日本《宪法》增加了允许地方自治的内容，地方政府开始拥有了债券融资权力，发展成为债券发行主体。日本的地方债券包括地方公债和地方公企业债两种类型，其中，地方公债是日本地方债券制度的主体。地方政府发行的债券主要包括投资者范围广泛的一般公募地方债和向特定对象发行的私募地方债两种。日本发行公募地方债的地区有东京都、大阪府、京都市、福冈市等。地方债每月发行，偿还期为10年，享受小额储蓄免税待遇，原则上不在证券交易所上市，主要认购者是城市银行和长期信用银行，个人的认购比例为10%左右。

3. 德国的市政债券

与德国典型的银行主导型金融体系（全能型的银行体系）相适应，德国债券市场自产生之日就与银行结下了不解之缘。银行不但是债券市场最重要的中介机构和投资者，还是最重要的发行者。各类银行发行的金融债券是市场的绝对主体，发行比重达到了80%。相对而言，德国的企业债和国债市场则不发达。

由于德国的金融体系管制较为严格，市政债券发行也较为严格：市政债券必须满足严格的保险规定，即未清偿债券额必须用至少等值且至少产生等值收益的公共债务贷款担保，立法机构对于用作保险的抵押贷款的长期价值也有严格规定。这些法律规定使能够发行市政债券的机构主要是抵押银行和政府信贷机构，同时也使市政债券成为很安全的投资工具。

4. 新兴市场与转轨国家的市政债券

受美国影响的新兴工业化、新兴市场转轨国家以及其他一些发展中国家，为了满足各种融资需要，都试图加快长期债券市场尤其是市政债券的发展。同时，美国市场债券发展模式被许多国家所推崇，认为市政债券对满足地方市政融资具有重要意义。亚洲和南美洲一些发展中国家在推动市政债券市场发展方面尤为积极，例如印度尼西亚、菲律宾、波兰等。

计国忠（2004）认为，波兰经济是一个较为典型的转型经济，改革和建设过程中，其特色在某些方面与我国有些相似。波兰的地方政府在资本性投资中往往扮演主要的角色，尤其是在基建工程的建设和实施上，因此，地方政府会非常积极地寻求除银行贷款之外的长期资金渠道。近几年来，它也开始采用市政债券来发展地方经济。

波兰1993年出台的关于市政融资的第25项法案规定，市政当局有权发行证券，但法律还严格限定了市政当局的累加债务的限额。1995年出台的《债券法》中具体规定了债券发行操作指引。1991年的《证券与共同基金公开交易法案》也对公开发行的债券作了明确规定。尽管当时缺乏经验，也没有专业的法律条文或证券监管条例，但在1996年，波兰的一些市政当局就开始了债券的发行，例如，格丁尼亚发行了3000万兹罗提的债券，以用于购买公共交通工具。

在进入市政债券市场时，波兰的地方市政当局也面临着一些困难。一方面，他们没有发行证券的经验。另一方面，潜在投资者对于市政债券比较陌生。同时，发行商也要求建立一个二级市场。为了使波兰市政当局摆脱这些难题，波兰的银行也参与到了这个新兴的债券市场的建设中来，特别是在债券发行体系和结构的设计上作出了一定的努力。另外，市政发展署（MDA）也给予了帮助。

经过近几年的高速发展，虽然现在债券还只占了债务融资的一小部分，但相当一部分的波兰城市已经很少使用银行贷款，转而依靠债券作为他们主要的外部融资方式。市政债券市场要比银行信贷市场发展更加迅速，越来越多的金融机构对组织发行市政债券感兴趣。

5.4.3 中国市政债券受到各种因素制约

财政部财政科学研究所原所长贾康（2003）指出"发行市政债券是加快地方基础设施建设和经济发展的需要，尤其是当前加快我国城市化建设进程以及促进各专项事业发展的需要"。2006年9月14日，财政部原部长金人庆在亚太经合组织（APEC）财长会议上表示，中央政府正考虑在有限制的条件下，授权地方政府发行债券。此后，关于是否允许地方政府发债的问题再次成了经济界热论的焦点。

但总体而言，我国市政债券受到多方面因素的制约，目前还无法直接进入发行募集阶段，要完成一系列的政策法规和配套制度建设还需要一个长期的过程。

1. 法律法规的限制

《贷款通则》规定："借款人应当是工商行政管理机关（或主管机关）核准登记的企（事）业法人、其他经济组织、个体工商户或具有中华人民共和国国籍的具有完全民事行为能力的自然人。"地方政府不符合借款人定义，无法获得借款主体身份。同时《担保法》规定："国家机关不得为保证人，但经国务院批准为使用外国政府或者国际经济组织贷款进行转贷的除外。"地方财政对债务提供担保也是被禁止的。1995年起实施的《中华人民共和国预算法》规定：地方各级预算按照量入为出的原则编制，不列赤字；除法律和国务院另有规定外，地方政府不得发行地方政府债券。各种法律、法规都限制了地方政府直接融资的方式。

2. 债券管理体系的制约

我国目前已经初步形成了以国债、企业债、金融债、公司债、短期融资券为基础的债券市场，分别在银行间市场和交易所市场进行流通交易。2007年年末，中国债券托管存量规模达到12.33万亿元，债券市场总规模占GDP的比重达到53%左右，与国外金融发达国家150%左右的比例相距较远，而且国内债券市场中，国债占了一半以上。总体而言，我国债券市场规模过小、市场容量有限、发行流通机制欠完善，无法对各地的直接融资需求起到直接的支持作用。

近些年来，许多地方政府纷纷成立了法人制的投融资主体，承担募集资金进行基础设施建设的任务。但目前在分业监管的体制下，无论是公司债、还是企业债都无法替代市政债券的效用。2007年6月，证监会出台了《公司债管理办法》，但目前公司债主要是面向上市公司，发债门槛较高。而企业债主要面向承担国家重点建设项目的国有大型企业，发行审批受到国家发改委的核准，申报程序较复杂和审批难度较大，发行周期较长。更重要的是，企业债和公司债体现的是公司信用或政府信用，最多只是类似于国外成熟市政债券市场的"一般责任债券"，与体现有限追索的"收益债券"相距甚远。

3. 配套体制和环境缺乏

首先，缺乏长期收益曲线。由于缺少长期国债或企业债收益率曲线作为基准，市政债券缺乏定价基准。投资中介机构一般对市政债券的发行者不够熟悉，也无法区分信用高低。虽然从2007年开始，央行规定发行的固定利率企业债，申报利率时必须以一年期Shibor（上海银行间同业拆放利率）作为基准，但Shibor的运行时间较短，还无法对市场化运作的市政债券起到直接借鉴和参照的作用。在这种非常脆弱的市场环境中，投资者对长期市政债券的信心是非常低的，新发行人的违约风险可能较高。

其次，流通市场需要完善。二级市场通过提供到期前将债券转让的机会，使投资者避免长期持有债券。但是，要建立发达的二级市场，首先必备的是具有相当规模的债券池，这样投资者才能获得关于信用水平更为精细的信息。同时，还需要存在基础债券，以有利于定价；建立卖空机制，以规避利率风险；取消制约交易的双重税负和费用，以降低投资者成本；此外，需要建立便于买卖双方进行沟通的交易系统和交易机制，以及及时的债券清算系统。

再次，投资者队伍需要培养。在国外，市政债券以其回报期限长、收益稳定的特点受到银行、保险、养老基金、共同基金等保守投资者的青睐，一直以来是市政债券的主要投资者，而且发达的债券信用评级体制也使投资者可以通过公开信息渠道识别信用风险。

但在国内，上述的机构投资者受到分业监管体制的制约，投资范围和投资渠道的扩充需逐项核准。但市场化运行的市政债券，特别是直接体现项目风险和收益的"收益债券"，其风险水平和信用等级无法直接估量。在这种情况下，投资者队伍的扩充和培育需要一个长期的过程和一系列制度建设。

最后，对地方政府的过度负债冲动缺乏制约。我国现有法律体系对地方政府不合理的盲目负债行为也缺乏法律的制约和限制。如果没有严格的约束机制，一些地方政府过度举债之后，地方政府发行债券将会产生一系列的法律问题，特别是破产问题，所有这一切都必须通盘考虑。

5.4.4 信托融资开辟市政基础设施融资新路径

在城市化进程中，地方政府面临基础设施建设资金需求巨大与资金筹集能力不足之间的矛盾。各地方政府纷纷启动基础设施建设投融资体制的建设，实现投资主体多元化和融资渠道多样化，实现基础设施与资本市场的结合。但由于种种因素的制约，国外通行的由地方政府发行市政债券融资的方式在我国尚未获准，而地方政府又非常愿意以自身信用和未来收入为基础获得融资，加快基础设施建设，在城市之间的竞争中取得优势。信托公司具有灵活全面的投融资中介功能，基于长期以来积累的从事基础设施项目投融资经验，从2002年开始，在城市基础设施投融资改革中越来越发挥积极作用。通过信托路径，由信托公司发行信托计划向社会募集资金，提供给地方政府的窗口公司运用于基础设施建设或直接投资于基础设施项目，地方政府承诺以补贴的方式或未来预算资金偿付的方式实现还款。这样，社会投资者获得兼顾安全性和收益性的长期投资基础设施领域的渠道，地方政府获得了急需的建设资金。在市政债券的制度供给不足和配套环境不成熟的情况下，市政基础设施信托融资事实上成为在一定程度上替代市政债券的市政融资工具。

1. 市政基础设施信托实现了资金募集功能，并为投资者提供了稳定的投资渠道

采用集合资金信托方式投资市政基础设施建设，一方面可以使多元化投资战略继续实施，项目资金需求通过社会融资渠道得以满足；另一方面为机构投资者和社会闲散资金拓宽了投资领域。

信托的融资功能在这里就不再论述，而对信托公司而言，市政基础设施领域也是一个非常稳定的投资渠道。

国内机构投资者投资基础设施的需求旺盛。近年来，银行、保险、社保基金、年金等机构投资者资产规模不断扩大。根据央行公布的数据，2007年6月，国内银行总资产突破47万亿元，保险业总资产大约为2万亿元，全国各项社保基金总资产超1.8万亿元。并且，银行的存贷差不断扩大，保险资产总

额和社保基金总额的年增长率都将保持在20%左右。这些机构都是保守的长期投资者,需要能够产生稳定现金流的长期资产与其负债相匹配。市政基础设施资产具有稳定收益、周期长以及能抵御通货膨胀风险的特性,无疑是该类投资者青睐的对象。例如,2005年年末,全国社保基金通过中海信托公司投入30亿元用于铁路和城市轨道交通建设;2007年9月,社保基金借助平安信托公司的平台,向北京市轨道交通项目5号线及机场线投资10亿元。此外,中国保监会也于2006年3月发布了《保险资金间接投资基础设施项目试点管理办法》,鼓励保险资金通过信托、资产管理公司等机构投资于基础设施建设领域,反映了基础设施建设以其固有的特点,已经越来越受到机构投资者的青睐。

另外,国内自然人投资者的投资能力逐渐增强,投资意愿强烈。2006年,我国城镇居民人均可支配收入11759元,农村居民人均纯收入3587元,扣除价格因素,分别比上年实际增长10.4%和7.4%。社会上部分群体经营性收入和财产性收入增长较快,个人投资者尤其是高端个人投资者有强烈的投资需求。从2002年"一法两规"实施以来,基础设施领域,特别是带有政府信用的市政基础设施建设一直是信托公司的主要投资方向,据此开发出来的信托理财产品受到社会个人投资者的广泛欢迎。市政基础设施投资信托,对于高端个人投资者来说是一个重视和认可的投资模式。

2. 基础设施信托引入政府信用

政府信用作为一种重要的风险控制措施,被广泛运用于信托计划。对政府信用这一方式利用的最大法律障碍,是《担保法》中规定"国家机关不得作为保证人"。这意味着以政府承诺或政府担保的形式规避信托产品开发过程中可能存在的违约风险是不可行的,因为这种担保意味着政府以整体信用,为某一单个项目提供了本金和收益率保障,对于以弥补市场失灵,承担公共义务为主要目的的政府而言,这意味着潜在的投资风险可能波及政府其他的公益性资金安全,对于项目不涉及的其他纳税人而言不公平,所以被禁止。但是,这并不意味着在产品的风险控制过程中绝对不能利用政府信用,关键是以什么方式进行利用。在利用政府信用的方式创新上,通过财政支出的金融化的方式规避了相关的法律风险,是利用政府信用的一个相对安全的方式。所谓财政支出的金融化,是指对于某些市政基础设施项目而言,由于其公益性特征,需要财政资金支持，但财政投入只能以分期、低投入的方式进行。在这种情况下，利用财政支出金融化的方法，即以某时点后一段时期财政支出的现金流为基础，通过金融的手段实现现金流的折现，在该时点当期获得足够的现金现值，用于市政基础设施项目的投资建设，实现了现金流在时间上的重新分配[1]。而陈志武指出，"谁能以更低的成本把更多的未来收入作证券化变成今天的钱，谁就能在未来拥有最多的发展机会。因此，证券融资不只是简单地把未来的收入提前花，而是为未来创造更多的发展空间，也会决定在竞争中谁会赢。"[2]

以财政支出为保证的未来现金流风险虽低，但存在由于政府换届或者财政困难等原因造成财政支出的延期支付或者支出力度小于预期的情况，为了控制这种风险，信托产品要求相关市政基础设施建设项目的财政支出得到当地人民代表大会常委会以议案的形式批准通过，这意味着这部分财政支出被纳入同期年度的财政预算，信托产品本金和收益偿付的足额性和及时性得到更充分地保证。通过这种创新方式，在很大程度上规避了可能因对政府信用的滥用而带来的法律风险，提升了信托产品的安全性[3]。

虽然国内目前的基础设施信托与国外的市政债券在流通和追索上有一些差异，但在收益和安全保证上却体现着相同的特征，并有所结合并提升。

目前信托公司开展基础设施信托业务有两类：（1）一种以基础设施项目的未来现金流或资产处置收益作为投资回收的来源，如水务、电力、供热、污水处理设施、土地开发等，在风险控制上注重抵押物的价值变化，一般引入大型企业集团或银行的担保，具有国外"市政收益债券"的特征；（2）另一种则是不产生现金收入或现金流无法弥补投入的市政基础设施的投资建设，如市政道路、桥梁、轨道交通、隧道、城市绿化等，收入来源基本由政府支出，在风险控制上主要体现政府信用，此类信托产品类似于"一般责任市政债券"。

这两类市政基础设施信托产品虽然操作方式不同，但在收益和风险控制方面分别与国外成熟的市政债券模式相契合。特别是第二类，许多市政基础设施信托产品直接引入了政府信用，一般由地方财政收入负责还本付息，并由地方

---

[1] 孟辉：《创新：信托业发展的原动力——2003年信托产品创新回顾》，载于杨如彦主编《中国金融工具创新报告（2004）》，北京：中国人民大学出版社，2004。

[2] 陈志武：《西方的兴起真如〈白银资本〉所言吗?》，载《证券市场周刊》，2006-08-07。

[3] 孟辉：《创新：信托业发展的原动力——2003年信托产品创新回顾》，载于杨如彦主编《中国金融工具创新报告（2004）》，北京：中国人民大学出版社，2004。

政府作出承诺,具有典型的"一般责任市政债券"属性。以下是两个具有代表性的案例,更清楚地解释说明了这一属性。

(1) 爱建信托"上海外环隧道项目资金信托计划"。外环隧道工程是上海外环线北环中的一个重要节点工程,是当前我国建设规模最大的沉埋管隧道,总投资达 17.34 亿元。2002 年 7 月,上海爱建信托投资有限责任公司推出"上海外环隧道项目资金信托计划",募集 5.5 亿元的信托资金注入项目公司,再向银行贷款以达到建设所需。爱建信托将多个指定管理资金信托的信托资金聚集起来,形成具有一定投资规模和实力的资金组合,以资本金形式投资于上海外环隧道建设发展公司,用于上海外环隧道建设项目的建设与营运(见图 5 – 11)

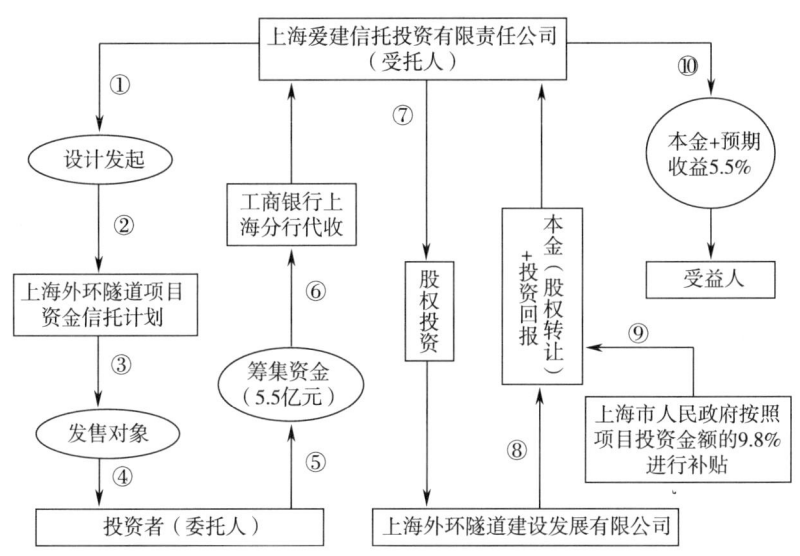

图 5 – 11　上海外环隧道资金信托计划运作流程图

为了鼓励社会投资于不收费的基础设施,上海市政府出台了相关扶持政策,即自项目开始建设起,市政府将按照总投资额的一定比例对投资商进行补贴。外环隧道本身建成以后是不收费的,项目本身不产生收益,所有投资回报来自于政府补贴。政府补贴归根结底来自于政府征税收入。根据爱建信托与市政府的协议,外环隧道项目公司从运营期开始,每年可得到与上海市政府约定的项目投资余额 9.8% 的补贴,该补贴率与长期贷款利率变化同步调整,本次信托计划的收益最终来源于政府信用。

（2）中原信托"洛阳市洛南新区道路建设项目贷款资金信托计划"。洛阳市洛南新区道路建设工程主要是洛阳市新区展览东路建设工程，项目总投资为7057.18万元。2004年9月，中原信托发行了洛阳市洛南新区道路建设项目贷款资金信托计划，募集资金5000万元，期限为4年，将信托资金以向洛阳市市政工程管理处贷款的方式，运用于洛阳市洛南新区展览东路道路工程的建设。还款来源则由洛阳市政府承诺由洛阳市财政局列入同年度财政预算负责偿还，并得到洛阳市人大常委会批准。洛阳市土地开发中心提供连带责任担保（见图5-12）。

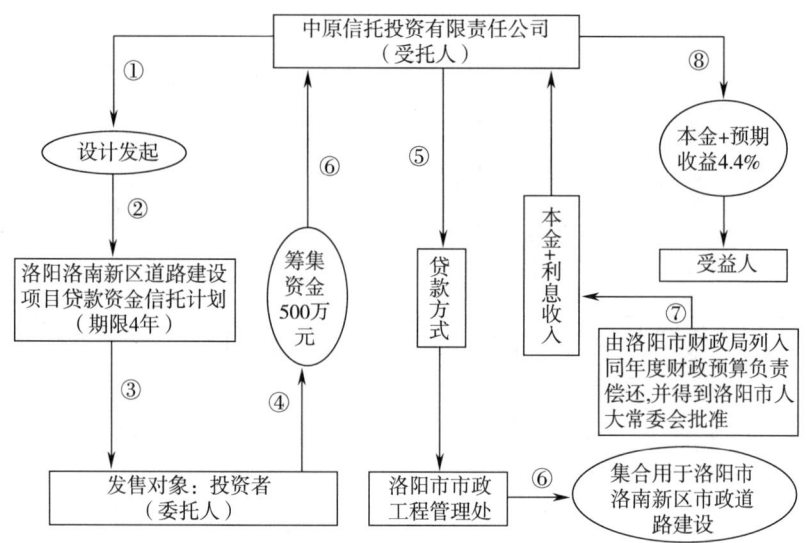

图5-12　洛阳洛南新区道路建设项目贷款资金信托计划运作流程图

对此次资金信托而言，市政道路本身是没有任何收入的，不能偿还信托公司的贷款，政府将动用财政预算资金来代为清偿，从而保证广大委托人的利益不受损失。从本质上来说，本次资金信托属于政府行为，明显体现了政府信用。

爱建信托的"上海外环隧道项目资金信托计划"和中原信托的"洛阳市洛南新区道路建设项目贷款资金信托计划"虽然各自的操作模式有较大差异，一个是通过补充项目资本金以达到银行贷款条件，一个是直接贷款给资金使用方,但还款来源都来自于政府,在运行和安全保障方面体现着政府信用。本质上都是一种市政债券性质的金融创新产品,而且一个是比较典型的一般责任型市政债券,这样体现政府信用的集合类基础设施信托产品在信托公司的相关产品中占比很大。

3. 近年来信托资金投向中基础设施位居前列

信托公司的基础设施信托缓解了地方政府城市建设资金投入不足的压力,为机构投资者和民间闲散资金提供了投资渠道,而且也促进信托公司自身有效改善业务结构、丰富自身产品线,实现了"三方"共赢。因此从 2001 年 "一法两规"重新修订颁布开始,基础设施信托就成为信托公司的重要业务品种,是信托公司近年来的主要收入来源之一。在近几年的资金信托业务中,基础设施信托始终位居前列。

表 5-5　　　　　　　　基础设施信托计划规模和所占比例

年份	信托计划总规模（亿元）	基础设施信托计划规模（亿元）	基础设施信托计划占比（%）
2004	381.54	158.14	44.14
2005	485.79	188.21	38.74
2006	606.73	200.01	32.97
2007	780.90	44.8	5.74

数据来源:《中国信托业发展研究报告》(2004—2007 年)。

从表 5-5 可以看出,2004—2006 年信托公司发行的集合资金信托中,基础设施信托资金规模稳步上升。虽然相对比例在下降,但一直保持在 30% 以上的比例,在信托公司的经营业务中始终位居前列。

今后,基础设施投资信托业务仍将是信托公司赖以生存和发展的重要业务之一,并将随着经济、社会的发展和政策环境的不断向好而获得更快的发展。

综上所述,资金信托运用于城市基础设施建设项目,使资金信托计划具有了一定的市政债券的特点,在国内目前不允许地方政府发行市政债券的情况下,通过发行资金信托计划募集项目建设资金是一条可行之路。同时,由于资金信托自身的特点,资金信托有着贷款融资、债券融资所不具备的优势,这些优势有利于吸引机构投资者和社会闲散资金,拓宽了城市基础设施建设项目的融资渠道,有利于加快我国城市基础设施建设的进程。资金信托是我国信托公司重新登记后的一项核心业务,作为一种全新的投融资工具,通过与城市基础设施建设项目的结合,已显示出强大的生命力,虽然还存在着许多不足和自身的局限性,但已具备了大力推广的制度基础和市场基础,尤其是在城市基础设施建设项目上的应用,受到社会各界的大力认同,必将成为今后中国地方政府投融资体制改革与创新的一个重要方向,成为城市基础设施建设投融资的有效金融创新工具。

  本章研究了信托方式如何被有效地运用于在目前非均衡的金融制度下探寻新的金融路径。通过银信连结理财产品的创新,信托方式创造了金融业综合经营新路径;通过民间私募基金的信托阳光化,信托方式创造了民间金融正规化新路径;通过基础设施建设的信托融资,信托方式创造了市政融资的新路径。信托业务的创新,不仅有助于增强金融安全,而且提高了金融市场的效率。

6. 信托组织创新：信托公司与银行的融合

20世纪末，全球范围内兴起了金融混业经营的大趋势。通过信托组织创新，促进信托公司与商业银行进行不同层次的融合，有利于在我国目前分业经营的金融监管格局下，灵活地探索综合经营或混业经营的可行途径。

6.1 发达国家金融业从分业经营走向混业经营

金融是现代经济的核心。随着经济全球化和中国加入世界贸易组织（WTO），国内金融业日益融入全球金融市场。无论是业务结构、产品开发、营销手段，还是制度构建、管理方法，我国金融业必将按照国际规则迎接全球化的挑战。而纵观世界金融业发展的趋势，可以看到，发达国家的金融业逐渐摒弃传统的分业经营模式，纷纷走上混业经营的道路。

金融分业经营即是银行、保险、证券、信托机构等都限制在各自的传统业务领域内经营，不得超越既定业务范围；金融混业经营则是银行、保险、证券、信托机构等可以相互进入对方业务领域甚至非金融领域，进行业务综合化、多元化经营。

6.1.1 发达国家金融业混业经营现状

目前，发达国家金融业从制度上结束了分业经营的历史，混业经营已是大势所趋。除德国、瑞士等少数国家一直采用混业经营外，世界各国金融业的发展大都经历了混业—分业—混业交替发展的道路，即初期阶段的混业经营—发展阶段的分业经营—发达阶段的混业经营。这是金融业为符合市场化要求而日趋完善的发展之路（李国丽、刘春玲，2006）。英联邦国家中的发达国家在20世纪80年代中期到1992年间完成了从分业经营向混业经营的过渡；日本在1998年彻底放弃分业经营；1999年11月，美国《金融服务现代化法》的颁布，标志着分业经营的始作俑者美国也开始全面进入混业经营时代。

混业经营主要有两种模式：一种是综合银行制，即银行设置内部业务部门，全面经营商业银行、投资银行、证券经纪、保险、信托等业务，德国、瑞士、荷兰、卢森堡等国的金融机构采取这种模式；另一种是全能银行制，即在总行基础上设立不同的控股机构分别经营不同的业务，英国、日本、美国在经历了分业经营制度后转向混业经营，采取了这种模式。可以看出，前一种方式是较为全面的混业经营；而后一种方式从外部看是混业，从内部看则是分业。

6.1.2　我国现有分业经营模式出现的缺陷与弊端

我国目前实行分业经营制度。1993年《中共中央关于建立社会主义市场经济体制若干问题的决定》关于银行业与证券业实行分业管理的要求，是这一制度最早的勾勒。1995年《中华人民共和国商业银行法》从法律的层面进行了分业经营的明确规定：商业银行在中华人民共和国境内不得从事信托投资和股票业务，不得投资于非自用不动产；商业银行在中华人民共和国境内不得向非银行金融机构和企业投资。对处于经济转型期的我国金融业而言，实行分业经营的模式，与我国当时社会经济发展水平以及金融机构、金融市场和金融制度的发展状况是大体吻合的，对稳定金融秩序、化解金融风险、促进金融发展起到了积极的作用。但是，随着金融体制改革的不断深入和外资银行的不断进入，分业经营模式日益暴露出固有的缺陷和弊端：一是在全球经济一体化、金融自由化和金融服务多元化的背景下，分业经营的商业银行无法为企业提供全面综合的金融服务，无法实现资金在不同金融市场的自由流动和有效配置，增加了信息不对称性和服务成本，降低了金融体系的效率；二是随着外资金融机构不断进入国内，它们在信息共享、全面服务、融资便利等方面具有明显优势，而实行分业经营的中资银行在与之竞争中处于先天不利地位；三是随着金融业竞争的不断加剧，商业银行的资产经营缺乏灵活性，难以利用证券市场实现资产的分散经营，有效地规避风险；而证券公司则由于缺乏必要的融资渠道和融资手段，难以提高竞争力和客户服务能力；四是在世界金融一体化的格局下，如果完全割裂资本市场与货币市场，必然会大大限制金融机构的创新能力，束缚我国金融业的发展，不利于经济体制改革的深化和金融体系的演进。

6.1.3 混业经营模式将成为我国金融业发展的趋势

在向市场经济过渡初期，银行业与证券业的混业经营曾经引发了金融危机和经济混乱。正是在这种情况下，我国借鉴国外的一些经验，做出了分业经营、分业管理的规定。这是在市场经济不健全、信贷需求膨胀、经济秩序混乱的特定历史条件下作出的理性选择。但是，现在外部条件发生了重大的变化，几乎所有的发达国家都放弃了分业经营模式，中国加入了世界贸易组织，2006年年底金融市场已全面对外开放，这些变化将有力地推动我国金融业逐渐放弃分业经营，走混业经营或综合经营的道路。具体而言，我国金融业格局向混业经营转变具有必要性：

1. 混业经营是金融创新的需要

随着金融产品、金融业务创新的不断涌现，银行、证券、保险、信托各行业之间的交叉和融合趋势越来越明显。金融机构推出的"银证通"、"投资连结保险"、"银信连结理财产品"，以及允许商业银行设立基金管理公司、金融租赁公司、投资信托公司、保险公司和进行资产证券化试点等，均带有浓厚的混业经营色彩。

2. 混业经营是应对全面开放的需要

2006年年底，按照加入世贸组织的承诺，我国金融市场全面对外开放，大量外资金融机构进入，市场竞争日益激烈。许多实行混业经营的跨国金融集团公司将其混业经营业务移植到国内，从各种渠道分别进入我国的银行业、证券业、保险业、信托业，开展一站式金融服务，形成了在我国外资银行的混业经营与中资银行的分业经营相竞争的格局（邢成，2006），中资银行将会因分业经营体制限制而在竞争中处于不利地位。从分业经营逐步走向混业经营，一方面可以提高我国金融机构的国际竞争力，另一方面也可以避免服务贸易业的过度摩擦。

3. 混业经营是市场竞争的需要

加入世贸组织以及外资银行经营人民币业务的开放导致竞争压力加剧，混业经营对于更有效利用现有资源具有重要意义。分业经营容易形成一家或几家金融机构在某一业务领域的垄断，这有悖市场经济的自由竞争原则，也会损害金融运行效率，不利于增进金融消费者的社会福利。有效的专业分工是通过市场竞争自然形成的，而不是凭借行政权力人为划定的。在银行、证券、保险、信托等金融各行业之间的依存关系愈来愈强的情况下，在对金融机构的规模经营提出相当高要求的情况下，如果片面强调专业分工，必然造成较多的市场壁垒，抑制金融竞争，从而导致金融效率损失。从现实情况看，金融机构对混业经营有强烈的内在需求。

4. 混业经营是增强盈利能力的需要

从我国银行业的角度出发，混业经营的内在要求已经出现。银行存贷款增长趋势减慢，利差收益递减，特别是开放式基金的迅猛发展，加剧了"金融脱媒化"进程，已对银行的存款资金来源产生了较大的冲击。分业经营导致商业银行形成以利差为主要收入来源的收入结构和以信贷资产为主的资产结构，无法通过业务多样化分散经营风险。实行混业经营，有利于商业银行形成众多利润增长点，优化业务收入结构，实现风险载体多样化和风险分散化。商业银行设立基金公司、投资信托公司、保险公司，将显著拓宽商业银行的业务领域，增加银行业的收入来源，对商业银行自身发展及我国金融业发展都有重要意义。

面对经济全球化和全面对外开放的冲击，面对金融机构自身发展的要求，我国金融业将逐步放弃分业经营，走向混业经营，这是业已出现的发展趋势。它是由国际经济环境、世界金融业发展规律以及国内经济金融发展的要求等诸多因素共同决定的。

6.2 信托公司与商业银行融合的必要性

6.2.1 在混业经营趋势下，信托公司与银行需要融合

传统经营模式下的信托业已经远远不能适应发展的需要，必须从满足不同的市场需求出发，全方位地开拓信托市场，创新信托业务、产品，打破传统的金融业务分工与界限，将功能范围渗透到经济生活的各个领域，向为客户提供

全方位金融服务的全能化方向发展。信托业的实力规模一直和其作为金融业四大支柱之一的地位不相匹配，目前，银行业通过股份制改造和上市极大地提升了资产状况和资本充足率，增强了竞争力；证券业也在经历了多年整顿之后，为下一步发展打下了良好的基础；保险业经过了几年的快速发展，也有长足的进步；但信托业由于业务模式不清晰、不稳定，核心竞争力薄弱，面临的形势严峻（赵颖，2007）。从国际经验来看，与银行有着良好互补性的信托业，大多与银行有着紧密的联系。因此，通过适当的途径与银行实现战略合作，紧密融合，对于我国的信托公司而言，将是当前混业趋势下的现实选择和重要方向。

对于银行业来说，当前，发达国家纷纷放弃分业经营模式，使混业经营成为全球金融业发展的必然趋势，银行混业经营的竞争优势愈加明显。银行通过与信托公司的合作，可以在合作中促进金融创新、扩大业务范围、提高自身的资产质量，进一步加强自身实力。因此，银行与信托进行融合对我国银行业的发展十分必要。

6.2.2　从发展来看，信托公司需要与银行融合

信托和银行、证券、保险一起并列为金融的四大支柱，拥有资产管理、投资、融资、中介、代理等诸多功能，同时也是唯一可以横跨货币市场、资本市场和实业市场的金融行业。但我国信托业从开始至今的发展道路却甚为曲折，在 20 多年的发展历程中经历了多次大规模的清理整顿。2007 年 3 月，信托新办法的实施使我国信托业又一次面临着严峻的考验。

1. 信托公司发展的外部困境

相关法规制度不完善，监管体系不完善："一法两规"的相继颁布和修订，为我国信托业的发展建立起基本的法律框架，促进了信托业合法规范化的发展，但与此同时，与信托业配套的法律制度还远未健全。虽然信托与银行、保险、证券并列为金融业的四大支柱，但其他三大金融领域有独立的监管体系，而信托业的监管机构则由银监会的非银行金融机构部门负责，面对具有独特产业特征和庞大产业规模的信托业，当前的监管部门往往在精力上和能力上力不从心。

来自同业间的激烈竞争：经历五次整顿的我国信托业正逐渐回归到"受

人之托,代人理财"的主业上来,但在理财市场上却要同时面对来自银行、证券、基金、保险机构的激烈竞争。商业银行的个人理财业务、证券公司的客户资产管理业务、保险公司的投资型保险业务以及基金业务等,都对信托公司的业务开展造成了巨大的压力。

金融开放对中国信托业的冲击:2006年年底,中国的金融业全面开放,在当前金融格局下,信托业是金融业中受到冲击最大的金融机构之一。中国快速成长的理财市场对所有的金融机构都充满了极大的诱惑力,几乎所有的外资金融机构都将中国的理财市场作为其在中国开展业务的战略重点,这对于刚刚确立以理财作为本业的我国信托业而言,形成一个巨大的挤压态势(邢成,2006),增加了很多强有力的外资竞争者。而从目前来看,国内信托业似乎尚未充分做好应对开放的准备,行业发展尚处于定规建制阶段,诸多限制尚未放开,国内信托业面临的形势十分严峻。

2. 信托公司发展的内部困境

信托规模偏小,自身实力不强:与金融同业相比,我国的信托业规模偏小,整体力量较弱。根据相关规定,信托公司不能设立分支机构,信托资金不能公开募集。这些规定对信托公司业务的开展进行了严格的限定,信托公司的发展受到很大的约束。信托业资产规模偏小,单一信托公司的资产总量更是不高,加之开展规范意义上的产业投资基金业务和具有公募性质的资产证券化业务、房地产投资信托业务的政策环境和市场环境尚未具备,导致其体制上受到瓶颈约束。

市场定位模糊,缺乏核心业务模式:信托业最基本的职能是财产管理。信托业一直在试图找到准确的市场定位,实现"受人之托,代人理财"的初衷,强化财产管理的职能。但是,信托公司虽然是唯一可以跨越货币市场、资本市场和实业市场的金融机构,号称"金融百货超市",却没有自己擅长的有较大竞争优势的业务领域,开办的业务内容、产品种类缺乏鲜明的信托特色,信托业一直以配角的地位存在于中国的金融体系当中。

信托人才匮乏:我国信托业历经整顿,导致了大量优秀人才的流失,信托公司作为专业性的金融投资理财中介机构,从业人员中受过专业教育的较少,且经验积累的基础薄弱,真正精通业务的人员较少,与其他金融机构相比,差距仍然很大,非常缺乏各个专业市场和领域的投资管理能力和对资本市场的各细分市场的专业管理能力等。信托人才的匮乏已成为制约中国信托业发展的重要因素。

面对严峻的发展形势,我国信托业的整体实力仍然偏弱,如果仅仅依靠自身的建设发展,不寻求外部强有力的战略合作者,势必很难在激烈的竞争中得到发展。通过与银行的融合,一方面可以巩固提升自身的地位,另一方面也可以通过在信贷资产证券化、企业年金受托管理和理财产品开发合作中寻求自己的核心业务模式,找到信托业务发展的突破口(赵颖,2007)。此外,从国外发展经验来看,与银行有着良好互补性的信托大都与银行有着紧密的联系。考虑到我国银行业的实力以及在金融体系中所处的地位,信托公司应将银行作为自己首选的战略发展伙伴,尤其是那些希望通过组建金融控股集团,利用信托业务优势实现发展的大中型股份制商业银行。

6.2.3 从发展来看,商业银行也需要与信托公司融合

长期以来,间接融资是我国融资的主要渠道。但20世纪90年代以来,随着我国经济市场化水平不断提高和金融市场不断完善,非银行金融机构利用新的金融产品,不仅与商业银行争夺存款市场,而且还争夺银行的优质客户。一些优质客户凭借自己的信用直接绕过银行的传统信用媒介,通过发行股票和债券等方式从金融市场上取得资金,使我国金融市场结构发生了变化:直接融资地位上升,间接融资地位下降,即出现了"金融脱媒"现象(买建国,2006)。

"金融脱媒"是20世纪60年代在美国出现的一个新概念。狭义地讲,是指在定期存款利率上限管制条件下,当货币市场利率水平高于存款机构可支付的存款利率水平时,存款机构的存款资金就会大量流向货币市场工具的现象。广义地讲,"金融脱媒"不仅是指存款资金直接流向高息资产,而且是指资金需求方抛开金融中介,直接在货币市场发行短期债券工具(闫璐,2007)。目前,随着金融体制改革进一步深化的相关政策措施的逐步落实,我国"金融脱媒"的长期趋势已基本确立并将加速发展(李军,2006)。这一融资非中介化行为将对我国商业银行未来经营产生重大的影响。

1. 金融脱媒给商业银行传统业务的总量和结构造成负面影响

从资产业务的总量看,金融脱媒将导致商业银行的贷款增长速度降低,银

行贷款占非金融部门融资总量的比重下降。从资产业务的结构看，更多的大型优质企业更倾向于通过发行股票、债券以及资产证券化等低成本的直接融资方式来募集资金，多层次资本市场的发展使有潜力的小企业可以通过创业板获得资金支持，从而对商业银行的优质客户造成显著的双重冲击。从对负债业务的影响看，随着金融脱媒的发展，证券市场产品的品种将日益丰富，人们的投资方式更加多元化，从而对商业银行的一般存款也会产生一定的替代效应。虽然这些存款最终以同业存款的形式回到商业银行，但现金漏损增加，商业银行存款总和的增长会受到一定影响。此外，由于商业银行的贷款需求受到影响，其派生存款的增长被抑制，也会降低一般存款在商业银行负债中的比重。

2. 金融脱媒对商业银行的风险管理能力提出了更高要求

首先，商业银行信用风险管理的对象将发生一定的变化。由于更多的大型优质企业将以直接融资方式来募集资金，中小企业在商业银行信贷业务组合中的比重会逐步提高，如何有效管理中小企业的信用风险将日益成为商业银行风险管理的重要课题。其次，商业银行的市场风险日益突出。随着直接融资的发展，利率、汇率、股票、商品价格敏感型业务的比重将显著提高，因此，商业银行对市场风险的管理更显重要。再次，信用风险与市场风险交织在一起，加大了管理的难度。由于商业银行的客户更加广泛地应用各种衍生金融工具，企业和个人的市场风险将可能转化为商业银行的信用风险，这是对商业银行的风险管理能力的更大考验。最后，对流动性风险的管理不再无足轻重、可有可无。在金融脱媒水平较低的情况下，商业银行的流动性基本不存在问题，流动性风险在商业银行的各类风险中居于次要地位。随着直接融资比重的提高，商业银行负债的稳定性将显著降低，资产负债期限不匹配的问题将更为突出，对银行有效管理流动性风险提出了更加迫切、更加现实的要求。

3. 金融脱媒对商业银行的盈利能力带来显著的负面影响

金融脱媒对商业银行盈利能力的负面影响有"总量效应"、"价格效应"和"成本效应"三种（李军，2006）。所谓"总量效应"，是指在利率受到管制的情况下，由于商业银行的存贷款利率与市场利率相比没有竞争优势，直接融资的发展会使银行传统业务的增长受到抑制，从而影响其盈利的增长。所谓"价格效应"，是指在利率市场化的情况下，金融脱媒导致商业银行的利差收窄，从而使其盈利能力受到影响。所谓"成本效应"，是指商业银行优质客户的流失会造成其资产质量的下降,提高其风险成本,影响其盈利能力。

从各国银行发展的历程来看,金融脱媒化的发展必然推动银行向混业经营、全能服务发展。面对金融脱媒的挑战,在加快金融创新和改进服务质量的同时,可通过同业合作和兼并来实现商业银行的战略性调整。现阶段,我国金融业还处于分业经营阶段,但客户的需求是无边界、多元化的。客户需要更好的、综合的、全面的一揽子服务。所以要留住优质客户,商业银行就必须能为客户提供全面的解决方案,要和信托公司建立合作关系,为客户提供银行与信托的组合服务。商业银行有信誉、网点优势,但缺乏信托业大规模组织社会资金的能力,这就需要银行与信托加强合作,共同开发市场,共同服务客户,共同分享利益。

6.3 信托公司与银行融合的可能性

6.3.1 当前我国分业监管有所松动,分业经营有所突破

当前,随着我国金融对外开放的全面展开,分业监管有所松动,分业经营有所突破。

首先,在宏观政策层面上出现了不小的松动。从 1999 年 8 月开始,我国允许部分证券公司参与同业拆借市场,从而打开了银行信托货币资金流向证券市场的通道。2001 年 6 月央行发布了《商业银行中间业务暂行规定》,在法律不变的条件下使商业银行能够跨业经营。《中国人民银行法(修订)》草案、《商业银行法(修订)》草案、《中国银行业监督管理法》草案三审稿中,也出现了有利于混业经营的突破性改动。2004 年 10 月 24 日,中国保险监督管理委员会联合中国证券监督管理委员会正式发布了《保险机构投资者股票投资管理暂行办法》,这标志着保险公司正式以机构投资者的身份进入资本市场。2005 年 2 月 20 日,人民银行、银监会、证监会联合公布并开始实施《商业银行设立基金管理公司试点管理办法》。按照规定,我国商业银行可直接出资设立基金管理公司。2005 年 4 月 7 日,工行、建行、交行获准首批试点设立基金管理公司,成为首批直接设立基金管理公司的试点银行。这些都为金融业的混业经营奠定了一定的基础。

其次，在实践领域，我国金融机构一直没有停止在混业经营上的探索和发展。从20世纪90年代末期开始，中信集团、光大集团、平安集团等大型综合性金融集团，通过资本运作将商业银行、保险公司、证券公司、信托公司、基金公司不同性质的金融机构招致麾下，搭建了统一的业务平台，为消费者提供综合服务。银证通、投资连结保险、货币市场基金、信贷资产转让等产品的开发，突破了分业经营、分业监管的限制，而类似的产品创新步伐还在不断加快：2000年9月5日，我国推出第一只具有保底基金概念的投资工具；2000年10月17日，中国银行和平安保险公司签署协议，3年之内中行70%的优质网点销售平安保单，并且共建中国银行保险部。2003年年底，平安保险的资金清算和结算将统一到中国银行账下，中银国际成为平安境外上市的主承销商之一，双方可以交叉销售产品。银保合作方兴未艾的同时，银信合作也加入进来，2007年，交通银行收购湖北国投，成为其第一大股东，并将原湖北国投更名为交银国际信托有限公司；2008年，中国民生银行入股陕西国际信托投资公司，成为并列第一大股东。这些动作为金融企业混业经营创造了条件，为综合性银行的发展积累了经验。

6.3.2 信托公司与银行融合的可能性

1. 市场定位具有交叉性

信托公司与银行在市场定位上具有交叉性。目前我国信托业正在回归到"受人之托，代人理财"的财产管理主业上来。2007年3月，信托新办法的实施，表明信托公司回归主业的步伐在加快。商业银行间的竞争日益激烈，传统信贷业务的发展面临严峻的挑战，大力发展中间业务成为其必然选择，而个人理财业务正是这其中极具发展潜力的一种业务。各银行投入了大量的人力、财力进行理财产品开发，如中国建设银行的"利得盈"系列产品、招商银行的"金葵花"系列产品、中信银行的"理财宝"系列产品等。此外，信托公司的房地产信托等重点业务领域也与商业银行的主要业务如房地产开发贷款、住房按揭贷款业务等重点服务领域有着很强的重合性，信托公司与商业银行的一些主要业务市场定位非常接近，为双方开展合作、共享资源、降低成本奠定了一个坚实的基础。

2. 业务内容具有关联性

按照中国银监会2007年《信托公司管理办法》规定，信托公司的经营范围主要包括受托经营资金信托业务；受托经营动产、不动产及其他财产的信托业务；有价证券业务；受托经营法律、法规允许从事的投资基金业务，作为投资基金或基金管理公司的发起人从事投资基金业务以及其他中介业务和自有资金投融资业务等。

信托公司上述广泛而特有的业务手段和经营范围为与商业银行开展深层次的合作提供了良好的平台，商业银行不仅可以灵活运用信托的融资功能，直接为银行开展的各种基本建设贷款、技术改造贷款、设备储备贷款的传统业务提供多元化的融资渠道，而且还可以组合运用信托的其他功能，开展联合贷款、直接银团、间接银团、委托管理资产等业务，筹集和引导社会资金用于经济建设，催化新型的投融资体制。

3. 业务手段具有互补性

信托公司作为我国目前唯一能够横跨三大市场进行直接投资和融资的金融机构具有独特的制度优势，其业务手段具有多样性和灵活性。但由于历史上的原因以及一些政策的约束，信托行业规模相对较小，实力较弱。而银行金融功能和相关资源十分强大，但在分业经营的体制下，业务模式和领域上存在着很大的政策制约，在开放格局下，与境外金融机构竞争时处于劣势。信托的制度性优势可以帮助银行有效规避目前分业经营的诸多政策限制，拓展银行理财的投资范围，增强竞争实力。

正是基于上述信托公司和银行各自的优势和局限性以及政策约束的差异性，信托与银行的业务手段具有极强的互补性，二者通过优势互补，可达到战略双赢的目的。

4. 发展战略具有契合性

我国信托业当前正处在一个关键的历史转折期，信托公司的资产质量、管理水平、人才建设以及整体实力都有了较为明显的改善和提升，为下一步快速发展打下了基础。尤其是近年来，信托独特的资产管理制度优势被广泛应用于重大的金融创新领域，如信贷资产证券化、企业年金基金管理、社保基金管理等，为与银行进行高层次、大规模的合作搭建了一个广阔的平台。在当前混业经营的大趋势下，信托公司努力依靠自身特色，通过与其他金融机构开展深层次、全方位战略性合作，并以金融控股公司作为中长期的发展目标，将整个信托业一步步发展壮大起来。

我国的银行业正在发生着一场深刻的变革，商业银行的角色正在发生重大转换。造成这场变革的原因在于银行业资本约束的加强和企业直接融资的发展，迫使银行寻求新的盈利模式，扩大中间业务在利润构成中的比例，通过向投资银行业务、资产管理业务等综合化经营方向发展，扩展商业银行的业务范围和利润来源。而综合化经营在我国目前分业经营的环境下，金融控股公司成为最为可行的发展目标，在向这一目标迈进中，商业银行自然需要加大与其他金融机构的广泛融合，为实现这一目标奠定下坚实的基础。

此外，从可操作性上看，在当前的监管体制下，因为银信融合不涉及跨部门协调，在操作上就显得更加简单易行。在银监会 2006 年 2 月 1 日施行的《中资商业银行行政许可事项实施办法》中，涉及中资商业银行收购其他银行业金融机构设立的分支机构应当符合的条件时，有这样的表述："收购对象为地方性信托投资公司的，其资产质量应当较好、规模较小。"可以认为，银监会促进银信融合的意图已经显现。

6.4 信托公司与银行融合的优势

在我国分业经营向混业经营转变的呼声日高的情况下，面对实行混业经营的外资金融控股集团的冲击，我国的信托业适逢信托新办法的颁布实施，银行业面临金融脱媒的巨大挑战，银行和信托的融合带来了更大的业务发展空间和多样化的综合金融服务，即信托与银行之间的合作产生了新的发展机遇及规模经济效益。

6.4.1 突破间接融资界限，向直接融资渗透

在分业经营体制下，我国商业银行只能进行间接融资。在间接融资比重下降、直接融资比重上升的金融脱媒化背景下，信贷规模的比重不可避免会下降，商业银行要摆脱此困境，最关键的就是寻求进入直接融资的通道，而信托融资模式恰好能满足此要求。信托融资是间接融资的直接化，打通了间接融资与直接融资的通道，加速了金融体系从银行本位向市场本位的转化（曾小普等，2003）。这种转化对于提高金融效率有着非常重要的意义。信托融资是通过专业资产管理机构作为信用中介进行的，资金供需双方借助这个信用中介提

供的信托机制调剂资金余缺。这种融资资金在形式上类似于银行中介融资，有间接性的一面，但是，作为信用中介的受托人在整个信托过程中仅仅处于金融服务层面上，提供的是金融平台，并非真正的融资主体，融资过程中的任何风险和收益仍归属于资金供给方，即投资者，可见信托融资的实质仍是直接融资，是间接融资形式的直接化。信托融资的这种转化突破了传统的银行存贷融资的局限，创造了一种有别于股票、债券的新型的直接融资模式，一定程度上有利于解决困扰资本市场的信息不对称问题，有助于金融资源通过市场的优化配置，提高金融效率。

6.4.2 共享销售渠道

按规定，信托产品不得公开进行营销宣传，信托公司不得开设分支机构，因此，信托公司营销体系和网络的匮乏，始终困扰着信托产品的发行。相比而言，我国的商业银行拥有众多的营业网点，尤其是国有商业银行，营业网点遍布全国各地，信托公司与银行共享销售渠道，是信托公司进行融合得到的一个很大的利益。通过银信融合，促进了信托公司与商业银行的合作，信托可以运用银行的营业网点，银行也可以运用信托的高端客户资源。这样不仅降低了运行费用，而且提高了商业银行营业网点的利用效率，节约了经营成本。通过共享销售渠道和客户资源，可以大大缩短进入新市场的时间，增强彼此综合经营能力。通过向客户提供银行和信托的金融服务，银行、信托公司和客户都可以获益，客户节约了交易成本和寻找成本，银行和信托公司实现了规模经济和范围经济，从而达到共赢的效果。

6.4.3 共享品牌和商誉

金融业属于高风险的行业，金融机构的商誉和品牌形象对客户而言，显得格外重要。良好的商誉可以增加客户对公司的信任感，客户对购买的服务产品的安全感强，更容易吸引大量的客户。相反地，对于商誉差的公司，即使自己的产品或服务给客户更多的利益，但这种不安全感和不信任感，仍然无法保持大量客户；客户开发成本要远远高于那些商誉好的公司。在同等经营水平下，资本实力强的企业一般具有较高的商誉，这一点在金融行业表现得更为突出。信托公司由于资本金少，其经营规模、网点设置、技术设备、风险承受能力等方面均不及银行，公信力一般也低于商业银行。因此，要在激烈的市场竞争中获得更大的发展空间，信托公司有必要与银行融合，通过融合提高自身的商誉和品牌。

6.4.4 共享信息系统

信息技术已经渗透到经济活动的各个方面。在金融业，信息技术的作用越来越重要。信托与银行的融合可以实现信息系统的共享。银行和信托的客户信息、业务信息不尽相同，彼此都可以挖掘潜在客户，降低开发新客户的成本，而且也能发现新的市场需求，开拓新的业务，减少市场研究费用。此外，信息系统的共享使得对同一客户提供多种服务更为便利，能有效地降低客户维护的成本，提高客户的忠诚度。

6.5 信托公司与银行融合的路径选择

6.5.1 发达国家信托与银行融合的借鉴

1. 美国的银行兼营信托制

美国的信托业是在独立战争之后由英国传入的，经历了民事信托、商事信托，逐步发展为现在的金融信托。

美国的信托业与银行业相互兼营，且以银行兼营信托占主导地位。美国信托业经营机构包括专门信托公司和兼营信托机构两种，专门信托公司数量较少，兼营信托机构较多。商业银行在经营银行业务为主业的同时，允许开办信托业务，目前大部分商业银行都设立了自己的信托部门来从事信托业务、美国的信托业务基本上由大的商业银行设立的信托部垄断，这是美国实力雄厚、声誉可靠的大银行与信托竞争的结果。在美国的金融体系中，信托机构与商业银行享有同等地位。

在美国，信托业务和银行业务在商业银行内部实行严格按照部门职责进行分工，实行分别管理、分别核算、信托投资收益实绩分红的原则。同时，禁止银行业务人员担任受托人或共同受托人，以防止信托当事人违法行为的发生。这种经营模式上的兼业与业务独立分离管理方法体现了美国信托制度的独立性，反映了银行业务和信托业务的区别和联系。

美国信托业中，有价证券业务开展最为普遍，在信托财产结构中，有价证券是主要的投资对象。这是因为，美国是世界上证券市场发达程度最高的国家，几乎各种信托机构都办理证券信托业务，商业银行为了规避不允许直接经营买卖证券和在公司中参股的法规限制，大多设立证券信托部代理证券业务，为证券发行人服务，也为证券购买人或持有人服务。

2. 日本的信托银行制

日本作为大陆法系国家成功运用信托制度的代表，在信托发展史上具有重要的地位，日本对信托制度的成功运用，以及所制定的一系列成文的法律法规，为推进信托业在世界范围内发展提供了成功的经验。日本的信托法是明治维新时期从美国引进的。日本的信托业务是由"担保公司债"发展起来的，第二次世界大战后实行信托与银行的兼营，在1953年实现信托和银行的分离，此后日本的信托业务逐渐集中于7家大的信托银行。

目前，日本信托业的主力是信托银行，其业务主要分为信托业务、兼营业务和银行业务三大类。其中信托业务是信托银行的主业，约占其业务量的60%以上、银行业务约占30%、兼营业务约占10%（中国人民大学信托与基金研究所，2004）。日本严格实行信托、银行的分业经营制度。除7家信托银行和3家商业银行外，其他银行都不得经营信托业务，而兼营银行业务的信托银行也仅限于在信托有关的范围内进行。在具体的业务经营中，日本的信托业还根据政府的"长、短期金融相分离"的原则，利用日本的信托财产大都是长期稳定财产的优势，确立起了自己在长期金融领域中的重要地位，与长期信用银行成为日本长期金融业务领域中的金融机构（王礼平，2004）。

6.5.2 发达国家信托与银行融合模式的启示

1. 完善的法律制度是信托业规范发展的基础

从各国的发展经验来看，信托业每一步的发展都离不开相关配套的法律法规作基础，每个国家在信托方面都制定了一系列的法律法规。在这方面日本堪称典范，除了制定信托行业的基本法律外，伴随着每一项信托业务的创立，都有相关的法规出台。而我国虽然有"一法两规"，但还有一些与信托业务紧密联系的一系列相关配套法规制度没有建立起来，使开展具体业务时无法可依。

2. 银信混业经营势在必行

美国的信托业务基本都集中在大商业银行设立的信托部，同时在银行内部对信托业务和银行业务加以严格区分，既反映了信托与银行业务的区别，又依靠商业银行的信誉与实力推动了信托业的发展；日本的信托业实行信托银行制度，通过允许信托机构经营与信托相关的银行业务，明确了市场定位，取得了快速的进展。上述各国的发展经验显示出银行业与信托业的关系密切，对信托业的发展有着积极的作用，这为中国信托业开展与银行业的合作带来了重要的启示。

3. 建立与本国国情相符的信托模式

当前世界各国信托业的发展都各具特色，比如美国高速发展的经济积累了巨额的信托财产，同时又有着发达的资本市场和较完善的法制为美国的证券信托提供了发展空间；而日本居民因为持有的证券及其他资产较少，财产主要以货币形态存在，发展起了金钱信托，并很好地适应了日本国民经济发展的需要。可见，一国的具体国情对信托业的发展起着决定性的影响。

6.5.3 信托公司与银行融合的路径

借鉴国外发达国家信托与银行融合的经验，在我国当前金融监管政策和金融市场的大环境下，我国信托公司与银行的融合可分三步走，逐步深入，直至达到银行、信托、证券及保险的混业经营状态。

1. 初级融合：建立银信策略联盟

加强信托公司与银行合作，现实有效的途径就是扩大开办与银行合作的信托业务，加快推出创新产品，通过与银行密切的业务往来，寻求业务突破，逐步建立与银行深层次的业务合作关系。

例如，信托公司应与商业银行加强信贷资产证券化领域的合作。目前商业银行"短存长贷"的矛盾突出，资产负债期限明显不匹配，导致流动性风险不断加大。不少银行的中长期贷款比例上限已接近或超过监管部门的规定。通过特殊目的信托（SPT）方式将信贷资产证券化，可以将流动性差的中长期贷款转为表外贷款，从而缓解商业银行流动性风险压力。截至 2006 年年底，我国证券化产品累计发行规模达 471.51 亿元，其中，专项管理计划（SAMP）263.45 亿元，信贷资产支持证券 129.24 亿元，不良资产证券化产品 66.50 亿元（资产证券化网研究部，2007）。从发达国家的市场情况来看，以银行信贷资产，尤其以按揭资产主导了证券化市场的规模，是证券化市场的主要基础资产。因此，我国在银行信贷资产证券化业务上有非常大的发展空间。

又如，在企业年金基金管理方面的合作。随着《企业年金基金管理试行办法》等一系列法规的出台，一个成长迅速、潜在资金规模巨大的企业年金市场受到了众多金融机构的重视。我国的企业年金是信托型基金，根据相关法律制度，信托公司可以担当法人受托机构。此外，信托公司在所有金融机构中具有最为广阔的投资渠道，是企业年金投资管理人强有力的竞争者。银行是法律规定的托管人，同时银行也具有丰富的个人账户管理经验，在托管人和账户管理人上具有非常大的优势。目前，还没有哪一类金融机构可以独立开展企业年金的全部业务，而在年金管理过程中涉及的机构数目越多，机构间的管理成本、营销成本和协调成本就会越大，越不利于年金业务的开展。加强企业年金领域的合作，发挥信托与银行的各自优势，一方面可以降低企业年金的运营成本，另一方面也有助于信托与银行调整经营结构，增强综合服务和竞争能力，形成长期稳定的业务合作模式，为更深更广的银信合作提供了业务平台。

2. 中级融合：银信股权合作

股权上的融合是更深层次的合作。从2006年中国人寿集团参股中信证券成为其第二大股东开始，我国金融领域跨行业的资产融合就渐成趋势。银行与证券公司、银行与保险公司以及信托公司与银行等都在参与这场融合。

银行与信托股权的融合得到了监管政策上的支持。1993年，信托业进行第四次整顿，监管层按分业经营、分业管理的思路将信托业与银行业分开。而按照1995年实行的《商业银行法》的规定，银行不得控股信托公司，获国务院特批的除外。但是，在最近，银监会公开表示鼓励金融机构对信托公司进行并购。监管层促进银信股权融合的意图已表现出来。

2007年10月，交通银行收购湖北国际信托投资公司，并更名为交银国际信托有限公司。这是近15年来首家银行控股的信托公司。交银国信注册资本为12亿元人民币，交通银行持有85%的股份。这是境内信托业经历多次整顿后第一次引入商业银行作为战略投资者，也是交通银行继设立交银施罗德基金公司之后，在信托业综合经营方面的新突破。交银国信将利用交通银行的网络优势和客户基础，不断提升旗下信托品牌的竞争力，同时也将在交通银行推进战略转型过程中扮演重要角色。

2008年3月,陕国投A对外公告,公司接到《中国银监会关于同意陕西省国际信托投资股份有限公司增加资本金等有关事项的批复》,该文件批复同意陕国投A的股本由3541万股变更为53841万股;同意中国民生银行股份有限公司认购公司股份1400万股,持股比例为26.56%。中国民生银行时任行长董文标表示,从长远看,多元化是银行业的发展趋势。目前,民生银行的信托资产每年都有500亿元,在有了陕国投这个金融平台之后,将来就可以整合起来。而对于陕国投而言,民生银行绝不只是23亿多元资产的注入,还将带来先进的管理理念等各种金融资源。

继交通银行收购湖北国投、民生银行获准参股陕国投之后,建设银行在国有四大行中首先出手,以34.09亿元代价控股兴泰信托67%的股权。兴泰信托注册地位于安徽省合肥市,原有股东为合肥兴泰控股集团有限公司和合肥市国有资产控股有限公司。据合肥兴泰控股集团公司网站公布的消息,建设银行与该集团、合肥市国有资产控股公司签订战略合作协议,以现金34.09亿元人民币,投资控股合肥兴泰信托有限责任公司,增资后兴泰信托注册资本将达到40亿元人民币,一举成为全国最大的信托公司之一。交易完成后,建设银行将控股该信托公司67%的股权,相信该注资将有助于建行打造混业经营平台。业内专家分析,对建设银行来说,通过参控股信托机构,可以使其全面整合资产证券化、本外币理财、企业年金以及不良资产处置信托等创新业务,大大拓展银行的业务空间,提升其竞争力。而信托公司也可依托银行广泛的客户基础和独有的资源优势取得快速发展。

3. 高级融合:建立金融控股集团

分业经营作为一项体制来规范我国金融业的发展,已经产生了不容回避的负面效应。在分业经营体制下单兵作战,我国的商业银行、证券公司、保险公司、信托公司等金融机构不仅无法在国际金融市场上与综合化全能经营的职能制银行和全能制银行进行竞争,甚至难以在国内市场上应付外资银行的冲击。尽管目前我国金融业全面推行混业经营体制还不具备充足的制度基础和技术条件,但从发展的观点来看,混业经营体制必将成为我国金融制度变迁的目标选择。根据国外金融业改革发展的实践经验并结合我国的现实情况,金融控股集团应当是我国金融业从分业经营体制到混业经营体制转变过程中可选择的组织模式。

目前，以金融机构为主体组建的（准）金融控股集团主要分为四种情况（余海丰，2006）：一是以国有信托公司为主体组建的金融控股集团。最典型的是中信集团，2002年年底中信控股公司获批挂牌经营，成为中国第一家获得授权的金融控股公司，业务涉及银行、证券、保险、信托、资产管理、期货、基金、信用卡等领域。二是以商业银行为主体形成的（准）金融控股集团。最有代表性的是光大集团，控股光大银行、光大证券、申银万国证券和光大永明人寿等金融机构。同时，国有大型商业银行的综合经营发展步伐也很快。如中国银行目前已控股中国建设财务公司、中银国际证券公司、中银保险公司等金融机构。三是以保险公司为主体建立的金融控股集团。典型的是平安集团，涉足证券、保险、银行、信托等多种业务。另外，人保集团、人寿集团等开始金融服务多元化布局，也正向金融控股模式发展。四是以证券公司为主体建立的金融控股集团。2005年8月8日，中国银河金融控股公司正式成立，这是经国务院批准第一家正式冠以"金融控股"名称的公司，其旗下有三家公司，即银河证券、银河投资和银河基金。

在我国实行分业经营、分业管理制度的前提下，金融控股公司成为最可行的混业经营形式，与银行、证券、保险相比，实力相对弱小的信托公司只有在融入金融控股公司后才能得到更大的发展空间。因此，信托公司应顺应发展趋势，积极开展与银行等同业机构的合作，主动加入到金融控股公司的组建中来，建立起以金融控股公司为目标的中长期发展规划。

本章借鉴国际金融业的混业经营现状，剖析了我国分业经营模式产生的缺陷与弊端，指出混业经营模式将成为我国金融业发展的趋势，而在混业经营的趋势下，许多信托公司将走上与商业银行相互融合的道路。本章具体分析了信托公司与商业银行融合的必要性和可能性，说明信托公司与商业银行融合可以产生的优势，提出信托公司与商业银行融合可选择的路径。

7. 信托制度创新：
未来信托创新的主方向

本章研究未来信托创新应重点关注的主要领域，分析如何开展信托制度创新，大力运用最能够发挥信托制度优势的信托功能，有效促进资产证券化、房地产投资信托等重大金融创新活动，并促成信托业进一步汇入我国金融发展的主流。

7.1 信托创新的未来方向

孟子云："虽有智慧，不如乘势；虽有镃基，不如待时。"思考信托业未来的创新方向，需要审时度势，顺势而为。这里的"势"，应是未来金融结构演变与金融市场发展的方向。信托业应从中国金融结构的变化中，分析并抓住重大的发展机会。那么，在可以预见的未来，推动我国金融结构发生变动的主要内在力量是什么呢？

目前我国金融市场的突出矛盾是间接融资与直接融资的比例严重失调，企业融资高度依赖于商业银行体系，直接的股权融资和债权融资渠道狭窄、审批严苛、环节繁多、数量受限。这种情况造成的结果是，一方面，巨大的金融风险在商业银行累积；另一方面，企业的融资需求难以得到有效满足，与此同时，居民手中积累的大量金融资产又缺乏多元化的投资渠道和投资产品加以吸纳，导致金融市场效率低下。

以中央银行为首的金融当局已经高度重视这一结构性失衡问题，一再呼吁和促成扩大直接融资渠道，丰富直接融资方式，降低直接融资门槛，提高直接融资比例。有理由作出判断,间接融资与直接融资之间的结构性矛盾,以及由此产生的投资需求与融资需求难以有效沟通的矛盾,将显著地改变中国金融结构的现状,推进直接融资发展壮大。对照发达国家和地区金融市场中庞大的直接融资规模,我国的直接融资将有非常广阔的发展空间。

直接融资领域包括证券市场和实业投资①。其中,信托公司能够充分发挥其制度优势和功能优势而大有可为的创新方向,在证券市场上,主要是资产证券化的受托和发行、承销;在实业投资方面,则主要是发起设立并有效管理房地产投资信托基金(REITs)和私募股权投资(PE)信托基金。在美国,信托资产的规模之所以超过银行资产,正是得益于资产证券化产品和REITs的蓬勃发展。因此,信托公司在这些领域大力创新发展,便有机会真正成长为具有巨量业务规模和重要金融功能支撑的金融支柱产业。

而从监管政策的导向上看,资产证券化、REITs和PE信托也应成为信托公司探索业务转型的重点方向。中国银监会新修订的《信托公司管理办法》和《信托公司集合资金信托计划管理办法》于2007年3月1日开始生效实施,业界称为信托新政。信托新政的核心内容是引导信托公司转型,从传统的类银行的融资机构转为专业的资产管理机构,信托资金的运用形式从过去以贷款为主的短期融资转向以投资管理为主。中国银监会在《关于实施〈信托公司管理办法〉和〈信托公司集合资金信托计划管理办法〉有关具体事项的通知》中指出,银监会优先支持换发新的金融许可证的信托公司开展PE信托、资产证券化、受托境外理财、房地产投资信托等创新类业务。因为,资产证券化、REITs和PE信托,使信托公司能够最充分地利用信托制度的特有功能,为众多企业的直接融资需求与广大投资者的资产管理需求建立新的连接方式,在创新地满足企业融资需求的同时,也创造了新方法以满足具有不同偏好的机构和个人的资产管理需求。

---

① 当然,这一划分具有局限性。比如在此处属于实业投资领域的房地产投资信托基金(REITs),在国外大都在证券市场上得以发行和交易。

7.2 资产证券化

7.2.1 资产证券化是 20 世纪最重要的金融创新

"资产证券化通常是指将缺乏流动性,但具有稳定未来现金流的资产作为信用交易基础,通过结构重组和信用增级,发行证券的融资方式"[1]。可以证券化的资产包括金融与非金融资产,例如住房抵押贷款,分期付款及信用卡应收款、不良贷款、应收账款等。肇始于20世纪70年代初的资产证券化,由于相关产品在特性与设计上具有特殊的优点,满足了市场各方的需求,在美国兴起后,在世界各主要金融市场都取得了迅猛发展,被称为是20世纪30年代以来金融市场上最重要、最有生命力的创新之一(斯蒂文·L. 西瓦兹,2003)。

由于适应经济发展的需要,资产证券化在国外取得了蓬勃发展,市场地位日益重要。以美国和欧洲为例,1996年美国的资产证券化产品发行额约6760亿美元,通过10年的高速发展,2006年达到了约32550亿美元,年发行额增长了近5倍。2006年年末,美国固定收益证券余额23.49万亿美元,其中资产证券化产品达8.95万亿美元,占38%,居各类固定收益证券之首。资产证券化在欧洲的发展虽然晚于美国,但同样取得了非常迅速的发展。2000年,整个欧洲市场的资产证券化产品发行额约780亿欧元,而2006年达到了约4590亿欧元,增长了近6倍。日本、澳大利亚、韩国的资产证券化产品在2000年为400亿美元,2006年则达到了近1000亿美元的规模(见图7-1、图7-2)。

7.2.2 信托创新与资产证券化

1. 信托制度的供给促进了资产证券化在我国开展

资产证券化的关键制度设计,是发起人(原始权益人)将其拥有的资产合法有效地转移到特定目的载体(SPV),形成"资产池",使已转移的资产与发起人的其他资产进行合法有效地隔离,从而达到"破产隔离"的目的,将资产池中基础资产的信用等级与发起人自身的信用等级分割开来。资产支持证

---

[1] 斯蒂文·L. 西瓦兹著,李传全等译:《结构金融——资产证券化原理》,5页,北京:清华大学出版社,2003。

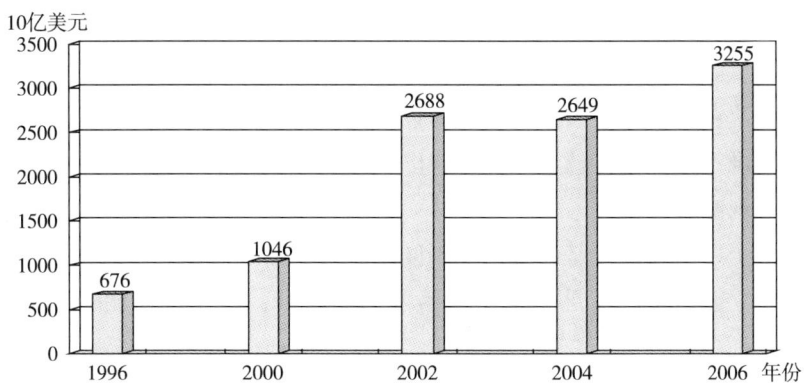

数据来源：http://www.sifma.org/。

图7-1 美国资产证券化产品发行情况

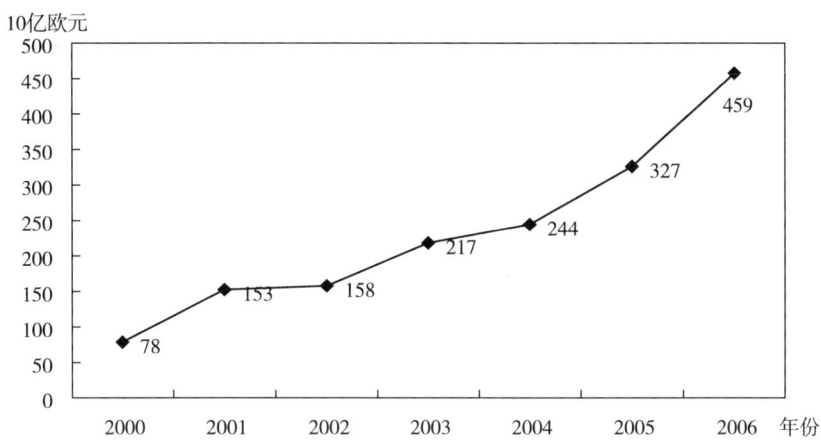

数据来源：http://www.sifma.org/。

图7-2 欧洲资产证券化产品发行情况

券吸引投资者的一个重要方面，便在于由"破产隔离"而产生的特殊信用；"破产隔离"是SPV的主要功能，是资产证券化运行机制的核心。国外的SPV模式有两种：特定目的公司（SPC）与特定目的信托（SPT）。

在资产证券化中，特殊目的公司（SPC）与普通经营公司有着根本的区别，它是纯粹为了达到风险隔离这一特殊目的的法律实体，其经营范围和经营活动受到严格限制（特别是禁止从事发售资产支持证券之外的负债业务），从形式上看类似于空壳公司，没有或基本没有资本金，也不需要专门的工作机构和工作人员。从目前来看，在我国设立这种特殊目的公司存在着较大的法律障碍，它无法获得公司法人注册，不能以公司债的形式发行资产支持证券，在税收上也很难得到优惠待遇，因此在我国当前法律框架下，SPT模式的资产证券化不具有现实可行性。

而由于以信托法为基础的信托制度能够有效确立信托财产的独立性，信托财产的独立性则可以满足SPV对风险隔离的要求，因此信托能够运用于资产证券化。

根据2001年中国信托法，信托一旦设立，信托财产即由发起人（原始权益人）转移到受托人名下，受托人对信托财产享有信托法上的所有权，但信托财产具有很强的独立性：首先，委托人的信托财产与其自有财产相隔离，即在信托设立以后，信托财产从委托人的自有财产中分离出来，具有一定的独立性。其次，委托人的信托财产与受托人的固有财产相隔离。《信托法》第十六条规定："信托财产与属于受托人所有的财产（以下简称固有财产）相区别，不得归入受托人的固有财产或者成为固有财产的一部分。"最后，受托人管理的不同的信托财产相互区别。这样，信托财产成为一种从属于信托目的并在受托人名下独立运作的财产，无论是委托人的债权人，还是受托人固有财产的债权人，或是受托人所管理的其他信托财产的债权人，均不得主张强制执行该信托财产，从而达到了风险隔离的目的。可见，在我国现有的法律框架下，由对信托财产独立性的保护而形成的信托制度所特有的财产隔离机制，能够满足资产证券化运行机制的本质要求，以信托方式构建SPV成为我国开展资产证券化的合理选择。

2005年4月20日，中国人民银行、中国银监会发布实施《信贷资产证券化试点管理办法》，揭开我国信贷资产证券化业务的序幕。该办法第二条规定："在中国境内，银行业金融机构作为发起机构，将信贷资产信托给受托机构，由受托机构以资产支持证券的形式向投资机构发行收益证券，以该财产所产生的现金支付资产支持证券收益的结构性融资活动，适用本办法。"第十六条规定："受托机构由依法设立的信托投资公司或中国银监会批准的其他机构担任。"这从法规的层面确定了以特定目的信托模式作为我国信贷资产证券化的基本模式。

2. 体现在资产证券化中的信托制度创新

（1）扩展了营业信托的应用领域。2002年中国人民银行《信托投资公司管理办法》允许信托公司开展的信托业务主要是受托经营资金信托业务和受托经营动产、不动产及其他财产的信托业务。由于信托登记制度和信托税收制度的缺失，动产、不动产及其他财产的信托业务无法规范地开展，信托公司主要的信托业务集中在资金信托上。信托公司重新登记开展业务之初，信用等级不够高，获得机构的信任还比较困难，因此，在资金信托方面，主要以机构作为委托人的单一资金信托业务占比较小，以个人投资者作为委托人的集合资金信托业务占比很大，成为信托公司向社会提供的最主要的金融产品。

信托公司的集合资金信托业务主要采取信托贷款的资金运作方式。这种方式虽然负有直接融资之名，实际上属于同银行信贷正面竞争的同质业务。尽管集合资金信托具有某些运用范围和监管政策上的优势，但由于商业银行信贷资金在规模和成本方面的领先地位远非信托公司可比，这些优势仅可形成局部的、暂时的甚至是脆弱的竞争优势，不足以从根本上形成大规模的竞争优势，信托公司同商业银行竞争优质客户的难度非常大。对那些寻求信托贷款的企业进行分析，他们大多数要么是因政策的要求仅仅需要解决过桥资金或配套资金，一旦这个环节的问题得到解决就去投奔银行；要么是本身资质不符合商业银行的放贷条件，带着很多瑕疵来找信托公司；要么是仅仅出于未雨绸缪的考虑，尝试一种新的融资方式，但对控制融资成本的要求很高。可见，如果长期依靠传统的信托贷款业务，信托公司既难以获得大规模的发展，又有可能大量累积风险，并且不可避免地把商业银行出于安全考虑要规避的风险引入信托业，从而难以摆脱边缘化的地位。可见，尽管集合资金信托业务模式在很大程度上支撑着信托业一时的繁荣，并使之赢得社会的大量关注，但其先天缺陷使之无法支持信托业扮演国民经济中举足轻重的角色。这就向信托公司提出了今后向何处去的严峻问题。对于信托业来说，将信托运用于资产证券化业务中，这一创新的重要意义首先在于大大拓宽了信托领域，有助于信托公司在集合资金信托业务之外的前景广阔的资产证券化业务中大展身手，扮演专业而重要的角色，从而融入中国金融业发展的主流。

（2）推动信托由私募型业务发展模式迈向公募型业务发展模式。根据2002年中国人民银行《信托投资公司管理办法》和《信托投资公司资金信托管理暂行办法》等相关法规的规定，信托公司开展的信托业务定位为私募模式。例如《资金信托业务管理暂行办法》第三条规定，信托公司办理资金信托业务，不得"通过公开发行的报纸、电视、广播进行营销宣传"，第六条规定"信托投资公司集合管理、运用、处分信托资金时，接受委托人的资金信托合同不得超过200份（含200份），每份合同金额不得低于人民币5万元（含5万元）"，这实际上是把信托产品的发行限定为私募性质，从而不可避免地给信托公司为有效销售信托产品而开展的营销传播活动设置了极大障碍。《关于进一步加强信托投资公司监管的通知》（银监发［2004］46号）要求"加强信托投资公司的机构监管。按照属地监督原则，由信托投资公司注册地银监局对信托投资公司是否设立分支机构、是否有参股或控股的子公司办理信托业务进行清查。对信托投资公司在注册地以外擅自设立或变相设立分支机构办理业务的，要依法取缔，并依据《中华人民共和国银行业监督管理法》《金融违法行为处罚办法》《非法金融机构和非法金融业务活动取缔办法》等法律法规给予处罚。" 2007年中国银监会《信托公司集合资金信托计划管理办法》虽然不再限制信托计划的合同份数，但第五条规定"委托人为合格投资者"、"单个信托计划的自然人人数不得超过50人"，第八条规定"信托公司推介信托计划时，不得进行公开营销宣传"；第二十九条则规定"信托受益权进行拆分转让的，受让人不得为自然人。机构所持有的信托受益权，不得向自然人转让或拆分转让"。这些规定使信托公司的主要金融产品——集合资金信托计划在发行渠道、资金规模、流动性等方面都受到严格的约束，在这个框架下开展营销工作，被形容成"戴着镣铐跳舞"。

2005年中国人民银行、中国银监会《信贷资产证券化试点管理办法》在资产支持证券的发行上突破了以上限制。其中第三条规定："资产支持证券由特定目的信托受托机构发行，代表特定目的信托的信托受益权份额。资产支持证券在全国银行间债券市场上发行和交易"。其意义在于：一方面，不将信托公司发行的资产支持证券纳入集合资金信托计划范畴，因此不接受后者所受的相关约束。另一方面，该办法明确允许受托机构在全国银行间债券市场发行资产支持证券，且可按《全国银行间债券市场债券交易管理办法》等有关规定，在全国银行间债券市场对资产支持证券进行登记、托管、交易和结算。这样，首先资产支持证券是在一个公开市场上向不特定的投资机构发行，因而具有公募的特征,打破了信托公司业务集中于私募领域的局限;其次,解决了产品标准化的问题,资产证券化产品属于标准化的金融产品;最后,解决了信托受益权缺乏有效流通方式的弱点,使之在公开市场上交易,并能用于质押式回购交易。

可见,在资产证券化试点中,从规则上选择将信托运用于关键的 SPV 构建,是一项重要的制度创新。这项制度创新,既为在我国现有法律环境下引进开展资产证券化探索出一条可行之路,从而使资产证券化核心特征(破产隔离和真实销售)在我国的实践中得以完整保留,又为信托公司开辟了新的业务方向,使之与资产证券化(包括目前试点的金融资产证券化和将来开展的企业资产证券化)这一金融领域中的发展主流有机地结合起来,对于提升信托公司的综合素质和行业地位都具有不可低估的作用。

3. 信托公司在我国信贷资产证券化试点中扮演重要角色

信托公司作为受托人,在信贷资产证券化过程中处于核心地位,从与发起人共同组建资产池,到资产支持证券的发行,以及与银行签订服务合同和资金保管协议,在证券存续期间对受托资产进行信息披露和聘请信用评级机构对资产支持证券进行评级等,在这一系列证券化过程中,信托公司实际上是担负着总牵头人、总调度人和总协调人的角色,几乎在每一个环节里都离不开其协调和沟通功能。

信托公司在信贷资产证券化中的具体职责包括:

(1) 参与前期交易结构设计,引入各交易第三方。在信贷资产证券化中,信托公司参与前期的交易结构设计以及会计处理方案、信息披露流程等信托服务文件的编写,并引入贷款服务机构、证券登记托管机构和信托资金保管机构,以便有效地行使"信托合同"赋予自己的各项权利和职责。另外,信托公司按照相关法规的要求引入跟踪评级机构和审计机构,并对各服务机构进行监督,进一步确保了信托当事人和投资人的权益免受损害。

(2) 负责资产支持证券的发行。信托公司需就资产支持证券的发行向银监会提出申请,经银监会核准后,应组织资产支持证券的承销工作。在全国银行间债券市场发行资产支持证券需同时向中国人民银行提出申请,并将最终的发行说明书、评级报告及所有最终的相关法律文件报中国人民银行备案,并按中国人民银行的要求披露有关信息。资产支持证券在全国银行间债券市场发行结束之后2个月内，信托公司可根据《全国银行间债券市场债券交易流通审核规则》的规定，申请资产支持证券在全国银行间债券市场交易流通。

（3）担任特定目的信托主会计。在信托期间，作为受托机构的信托公司将为该项目设置特定目的信托项目账簿，记录、计算信托资产权益变化和财务收支，并依照信托合同的约定分配信托利益、编制信托项目财务会计报告，以便及时地对信托财产的营运质量做出判断。受托机构代表特定目的信托财产确认、计量和支付给若干外包服务机构的报酬，应单独编制财务报告。

（4）负责信息披露。信托公司所披露的信息来自资产支持证券和信托财产两个方面，既要披露已发生的状况和目前的状态，也要披露预期的进展和可能的风险。同时，还应根据不同情形及时向中国人民银行、中国银监会、全国银行间同业拆借中心和中央国债登记结算公司等进行事前报送或者事后备案。信托公司将定期收集各服务机构报告并完整、准确地制作受托人报告，然后及时进行信息披露。遇有特定事件尤其是在有影响投资人利益的重大事件时，信托公司应及时制作重大事项报告并及时进行信息披露。

（5）组织信托终止的清算。根据我国《信托法》第五十八条的规定，"信托终止的，受托人应当作出处理信托事务的清算报告。受益人或者信托财产的权利归属人对清算报告无异议的，受托人就清算报告所列事项解除责任。但受托人有不正当行为的除外"，即在信贷资产证券化中，受托机构须对各种可能发生的清算情形作出周全的安排，尤其是未能完全实现预期的资产证券化计划或信托目的时，信托公司应通过适当的工作程序决定剩余信托财产的确认、计量、归属分配和交付事宜。

（6）负责相关资料的保管以及配合贷款服务机构对债务人进行追索等其他工作。

4. 资产证券化业务对于信托公司的意义

开展信贷资产证券化业务，对于信托公司具有重要的意义，体现在：有利于信托公司充分发挥制度优势，拓展新业务领域和市场空间；有利于信托公司增强驾驭复杂金融产品的能力，提高团队的专业水平。

（1）破除两个误区。一个误区是，尽管有让信托公司充当SPT的制度安排，但在试点阶段资产证券化业务机会太少，只有少数公司可能参与，对大多数信托公司来说是纸上谈兵或画饼充饥。如前所述，资产支持证券起源于20

世纪 70 年代末美国住房金融市场,在世界各国得到广泛发展,已成为国际上非常成熟的融资工具,是美国固定收益证券市场最主要的增长动力。作为证券化资产的基础资产的类型极其宽泛,包括居民住宅抵押、担保贷款;汽车销售贷款、私人资产抵押贷款和消费贷款;信用卡应收账款;计算机租赁、办公设备租赁、汽车租赁等;人寿、健康保险单;航空机票收入、收费公路及其他公共设施收入等各种有固定收入的贷款;商业房地产、汽车以及工商企业等各商业贷款;租金、版权专利费收入;各种有价证券(包括高收益/垃圾债券)组合等。

目前,我国资产证券化的试点除了由信托公司在银行间债券市场发行的信贷资产证券化产品(如"2005 年第一期开元信贷资产支持证券"、"建元 2005－1 个人住房抵押贷款支持证券")外,还有由证券公司作为计划管理人设立并在上海证券交易所、深圳证券交易所大宗交易系统办理转让业务的非规范的企业资产证券化产品(如"中国联通 CDMA 网络租赁费收益计划"、"莞深高速公路收费收益权专项资产管理计划")。事实上,尽管目前业务运作还不规范,但证券公司已经对资产证券化表现出相当积极的姿态。证券公司的经营活动长期以来受制于证券市场行情波动,只要大盘向下运行,各种业务类型都会受到冲击,因此证券公司急切地想要改变这种被动局面,而资产证券化产品恰好带给他们解决问题的希望。这类产品一旦规模化以后,将可以为其带来稳定的收入和新的利润增长点,因而对证券公司产生了巨大的吸引力,很多证券公司都在加紧培育上市公司的资产证券化项目。同时,调查显示,保险资金、社保资金甚至 QFII 等机构投资者,对证券公司的资产证券化产品表现出浓厚的兴趣。而由于信贷资产证券化有助于调整金融资源和金融风险的配置结构,有利于商业银行调整资产结构,帮助银行减轻信贷风险压力,这对改善金融资产和金融风险高度集中于银行体系的现状具有重要意义,因此中国人民银行和中国银监会也一直持有积极支持和促进的态度。

从发达金融市场的实践和我国金融政策的导向可以得出明确的结论,资产证券化领域确实蕴藏着丰富的业务机会,是众多金融机构未来发展的一个高地,信托投资公司必须从战略发展的高度认真对待,积极参与,不可行动迟缓,失去先机。

另一个误区是,目前信托公司参与资产证券化业务的收入微薄,与所花的力气不成比例。这要以长远的和综合的眼光加以分析。如担任建元 MBS 受托人和发行人的中信信托所总结的①，参与资产证券化业务，完全遵照国际标准执行，严格按公募和资本市场要求进行规范操作，规范化程度很高，这会促进信托公司建立完善的治理结构和风险控制体系；证券化产品在中国是一种全新的投资和交易工具，在与发起机构和多个中介机构的合作过程中，可以学到很多东西，对信托公司的人才培养和业务创新十分有利。

（2）有利于信托公司拓展市场空间。从国外的发展经验和我国的实际情况来看，资产证券化（尤其是信贷资产证券化）业务将具有十分广阔的发展空间。我国金融市场稳健发展需要资产证券化，因此，资产证券化的发展与我国金融市场的整体发展是协调一致的。

（3）有利于信托公司形成具有专属性的业务领域。目前信托公司尚没有形成自身具有专属性的业务领域。从信托公司的发展角度看，信托公司需要逐步形成具有自身专属性的业务领域。而资产证券化业务的特点与信托公司以信托制度为基础开展受托资产管理的职能正好契合，这为信托公司在这项业务的发展方面提供了有利的契机。这有利于信托公司以此为依托，在这项业务中逐步形成自身专属性的业务领域。另一方面，将信托这一优秀的财产管理制度进行创造性地运用，也是信托公司的历史使命。

（4）有利于信托公司驾驭复杂金融产品，提高资产管理能力和创新能力。资产证券化产品属于较为复杂的金融产品。这需要参与其间的信托公司具备较强的项目运作能力、风险管理能力。这对于提升信托公司的内部管理水平、资产管理能力都有较大的促进作用，对现金流的重组、产品的设计富于变换，有更高创新要求。

（5）有利于信托公司培养高层次金融人才。开展资产证券化业务，履行受托机构职责需要信托公司具有相关的管理团队。由于业务的复杂性，需要管理团队不断提升管理水平以适应业务发展的需要。同时，通过公司内外部的培训、交流，也有利于信托公司整体人员水平的提高。

从目前的情况看，整个信贷资产证券化业务中起主导作用的是发起机构。在产品发行前，信托公司主要是配合其他机构开展尽职调查（甚至没有参

---

① 金立新：《为信托业开辟新市场》，载《金融时报》，2005－12－19。

与),基本不涉及产品设计和定价的工作。信托公司的作用主要是作为制度平台设立特定目的信托。在产品发行后,受托管理信托财产,并进行证券兑付、财产清算和信息披露等。从整个信贷资产证券化业务来看,信托公司所发挥的作用还比较有限。

因此,信托公司需提高对资产证券化法律法规、产品的理解和认识,学习国外机构开展该业务的先进技术、成功经验,同时汲取失败的教训;加强与金融同业机构、研究机构的交流与合作,不断提升业务水平。

7.2.3 我国发展资产证券化的必要性

在我国金融市场发展处于关键时期、银行业进入全面对外开放的背景下,实施资产证券化特别是信贷资产证券化,不仅有利于金融市场整体持续稳健地发展,还有利于商业银行防范和化解流动性风险,有利于信托公司形成专业化的经营模式,从而对我国金融业的改革、创新与发展产生深远的影响。

1. **资产证券化有利于我国金融市场的建设**

(1) 资产证券化帮助企业获得低成本融资方式。尽管近年来采取了一系列的改革措施改善融资结构,但我国目前的融资方式仍以银行信贷为主,融资结构十分单一。这一方面导致了风险过度集中于银行系统;另一方面也使作为融资方的公司承担较大的财务负担。斯蒂文·L. 西瓦兹(2003)指出,资产证券化作为一种灵活有效的融资方式,通过把公司的所有应收款或其中的一部分与公司整体风险隔离开来,在资本市场上获得低成本的融资。由于吸引投资者购买证券的利率是SPV发行的债务证券的信用等级的函数,这种信用等级由各种评级机构评出。对于证券评级低于投资级或没有评级的公司来说,通过SPV发行投资级的证券,证券化交易可以带来明显的成本节约。即使对于证券评级属于投资级类别的发起人来讲,只要SPV发行的债券高于原来的评级,证券化同样可以带来利息节约。因此,资产证券化可以为广大融资机构提供一种有效的财务管理工具。

(2) 资产证券化促进各类市场中介机构的发展。资产支持证券是一种以资产作为偿付基础的证券,它在信用评级、信息披露和会计处理等方面与其他有价证券不尽相同,对信用评级机构、会计师事务所和律师事务所等市场中介机构有着更高的要求。资产证券化的开展,客观上要求中介机构提高素质,特别是提高公信力，这必将促进其发展。

（3）资产证券化有利于证券市场基础设施的建设。为了搞好信贷资产证券化试点，银行间债券市场的交易系统和托管结算系统已经作了必要的改造。随着资产证券化规模和品种的扩大，基础设施的改造还将继续进行，这将极大地改善全国银行间债券市场的技术系统，为整个债券市场的进一步发展提供更好的系统服务。

2. 资产证券化有利于丰富我国金融市场的产品

扈企平（2007）指出，资产支持证券是一种新的投资工具和基础性金融产品，它有着自己特有的风格，可以更好地满足机构投资者的需要。首先，资产支持证券的偿付基础是明确的。资产支持证券所代表的是已经被证券化的那些资产，即使发起人、资产管理机构破产，这些资产也不在清偿之列。因此，资产证券化提供信用等级较高的投资品。其次，资产支持证券虽属固定收益类证券，但实际收益取决于资产现金流的状况。而资产支持证券最主要的特点是通过对现金流的分割重组，可以设计出具有不同风险收益特征的证券化产品。最后，随着我国社会养老事业和保险业的发展，社保资金和保险资金的规模不断增大，迫切需要安全性较高的长期投资工具。而由于住房抵押贷款能够产生长期稳定的现金流，以此为基础发行MBS，恰好可以满足社保资金、保险资金等机构投资者对长期投资工具的需求。此外，与普通债券相比，资产证券化产品的发行十分便利，只要有合适的资产，即可进行证券化，适用范围更广，效率更高。

3. 资产证券化有利于改善银行体系

（1）有利于商业银行转换经营模式。通过资产证券化，银行一边向借款人发放贷款，另一边在资本市场上以资产支持证券的形式将刚刚发放的贷款出售给投资者，其间，银行仅有短期的资金需求，即在贷款发出之后、证券化出售之前需要一笔周转资金，但不再需要吸收存款为其募集长期资金，也无须为吸储而进行激烈的竞争。一旦银行不再依靠吸收存款来发放贷款，他们就从存贷利差型银行转变为发放收费型银行，后者收入来源于贷款发放费，并且不再面临利率风险。因此，信贷资产证券化有助于商业银行经营模式的转变（扈企平，2007）。

（2）有利于改善银行期限错配和利率错配。信贷市场是一个间接融资的市场，银行作为资金运作的中介，不仅集中大量的资金，也集中大量的风险。特别是当银行吸收的存款与发放的贷款在期限上错配时，更容易出现流动性风险。因此，应扩大直接融资的比例，使间接融资的比例保持在合理的范围内。同时，还要通过调整银行的资产和负债结构，把风险控制在一定的程度内。信贷资产证券化就是银行调整资产结构的一项重要措施。

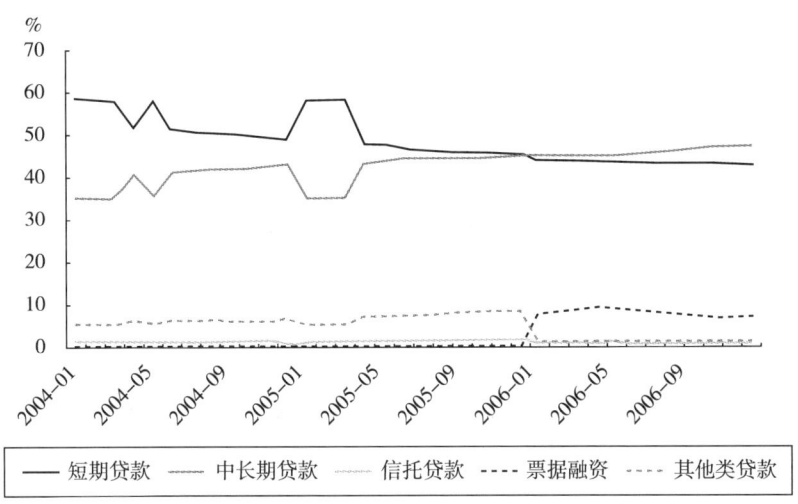

资料来源：中国人民银行。

图7-3 2004年1月至2006年12月信贷结构占比

表7-1 我国银行活期存款占储蓄存款总额的比例

时间	2004年1月	2005年1月	2006年1月	2007年1月	2007年11月
活期存款占比	34.41%	34.58%	34.84%	36.60%	38.75%

资料来源：根据中国人民银行发布的原始数据计算得到。

从图7-3和表7-1可以看出，从2004年起，我国银行信贷机构中长期贷款所占的比例逐年增加，2004年1月至2006年年底，已经从35%增加到50%左右，截至2007年11月，该比例为49.5%。而另一方面，在银行的资金来源中，活期存款占储蓄存款总额的比例也是逐年上升的，在2004年1月至2007年11月这段时间里，该比例由34.41%上升到了38.75%。从目前的经济形势来看，以上两项指标仍有不断向上攀升的可能。由此看来，银行系统内存贷款结构不匹配的问题已越发严重。长此以往，将对我国银行业乃至整个金融系统的稳定和健康发展带来非常不利的影响。从这个角度出发，开展信贷资产证券化业务，有助于银行更有效地管理资产负债比例，解决期限错配和利率错配问题。

7.2.4 我国信贷资产证券化试点概况与成果

1. 相关法律制度逐步完善

目前我国规范意义上的资产证券化，主要是尚处于试点阶段的、在中国人民银行和中国银监会等监管部门指导和控制下的信贷资产证券化。随着相关法律法规的相继出台，其为信贷资产证券化试点的开展构建了必要的法律框架，使我国开展信贷资产证券化的法律制度环境逐步趋于健全。这有利于信贷资产证券化向着更加有序规范的方向发展，具体表现在：明确了通过设立特定信托（SPT）的形式构建开展资产证券化业务所必需的特定目的载体（SPV）；明确了信贷资产证券化试点的交易结构；明确了信贷资产证券化试点的监督管理主体与要求；明确了各参与机构的职责、权利和义务，以及市场准入管理、资本要求与风险管理要求等内容；规定了各参与机构的会计和税收处理方式；规范了资产支持证券的发行、交易流通、登记托管、信息披露的操作规则。

信贷资产证券化试点相关的法律法规包括：

（1）法律基础——《中华人民共和国信托法》。2001年中国《信托法》中对信托财产独立性的法律界定，使我国采用信托形式组建SPV开展信贷资产证券化试点具备了法律基础。

（2）基本规章——《信贷资产证券化试点管理办法》。2005年4月，中国人民银行与中国银监会联合发布了《信贷资产证券化试点管理办法》，为金融机构开展信贷资产证券化试点奠定了基础。该办法的主要内容包括利用特殊目的信托的结构、合格机构与资产、监管部门、交易平台、主要参与方的权利与义务、信息披露要求等。

（3）配套政策法规、规章及公告。各相关部委陆续为支持信贷资产证券化试点制定了相关规定和行政管理指引，其中包括：

➢ 2005年5月16日，财政部颁布《信贷资产证券化试点会计处理规定》。

➢ 2005年5月16日，建设部颁布《关于个人住房抵押贷款证券化涉及的抵押权变更登记有关问题的试行通知》，简化了试点项目有关的抵押权变更登记手续，从而提高了完成该手续的可操作性。

➤ 2005 年 6 月 13 日，中国人民银行发布《资产支持证券信息披露规则》（2005 年第 14 号公告），就受托机构在资产支持证券发行前和发行后信息披露内容、时间等提出了要求。

➤ 2005 年 6 月 15 日，中国人民银行发布《关于资产支持证券交易结算等有关事项的公告》（2005 年第 15 号公告），就资产支持证券在银行间债券市场的登记、托管、交易和结算等有关事项做出了规定。随后，全国银行间同业拆借中心和中央国债登记结算有限责任公司分别依据该公告制定了《资产支持证券交易操作规则》和《资产支持证券发行登记与托管结算业务操作规则》，规定了资产支持证券登记、托管、交易、结算和本息兑付的操作细则，并报经中国人民银行批准后实施。

➤ 2005 年 11 月 7 日，中国银监会颁布《金融机构信贷资产证券化试点监督管理办法》，详细规定了参与各方的准入资格、资本要求和风险管理要求等相关内容。

➤ 2006 年 2 月 20 日，财政部和国家税务总局发布《关于信贷资产证券化有关税收政策问题的通知》，规定了相关交易各方应缴纳的印花税、营业税、所得税。

➤ 2007 年 8 月 21 日，中国人民银行发布《信贷资产证券化基础资产池信息披露有关事项》（2007 年第 16 号公告），就信贷资产证券化基础资产池信息披露提出了具体要求。

➤ 2007 年 9 月 30 日，中国人民银行发布 2007 年第 21 号公告，允许经中国人民银行批准在全国银行间债券市场交易流通的资产支持证券可用于质押式回购交易。

2. 资产证券化产品类型不断丰富

法律制度的逐步完善为我国信贷资产证券化的试点工作提供了有力保障，也使我国信贷资产证券化试点逐步朝着规范和纵深的方向发展。从 2005 年我国首只信贷资产支持证券的问世到 2007 年年末，在银行间债券市场共成功发行了 9 只信贷资产证券化产品，包括资产支持证券（Asset-Backed Securities，ABS）、住房抵押贷款资产支持证券（Residential Mortgage-Backed Securities，RMBS）和不良信贷资产支持证券（Non Performance Loan，NPL）三种类型。

具体情况如表7-2所示：

表7-2　　　　　　　信贷资产证券化产品概况

序号	时间	产品名称	类型	规模
1	2005年12月	建元2005-1个人住房抵押贷款证券化信托资产支持证券①	RMBS	30.17亿元
2	2005年12月	2005年第一期开元信贷资产支持证券②	ABS	41.77亿元
3	2006年4月	2006年第一期开元信贷资产支持证券③	ABS	57.30亿元
4	2006年12月	东元2006-1重整资产支持证券④	NPL	10.5亿元
5	2006年12月	信元2006-1重整资产证券化信托项下资产支持证券⑤	NPL	48亿元
6	2007年9月	浦发2007年第一期信贷资产证券化信托资产支持证券⑥	ABS	43.83亿元
7	2007年10月	2007年工元一期信贷资产支持证券⑦	ABS	40.21亿元
8	2007年12月	建元2007-1个人住房抵押贷款资产支持证券⑧	RMBS	41.61亿元
9	2007年12月	兴业银行2007年兴元一期信贷资产支持证券⑨	ABS	52.43亿元
10	2008年1月	通元2008年第一期个人汽车抵押贷款证券化信托资产支持证券⑩	ABS	19.93亿元（计划发行）
合计				326.37亿元（不包括通元）

注：2007年第一期开元信贷资产支持证券发行未成功。

---

① 以下简称建元2005-1。
② 以下简称开元2005-1。
③ 以下简称开元2006-1。
④ 以下简称东元2006-1。
⑤ 以下简称信元2006-1。
⑥ 以下简称浦发2007-1。
⑦ 以下简称工元2007-1。
⑧ 以下简称建元2007-1。
⑨ 以下简称兴元2007-1。
⑩ 以下简称通元2008-1。

3. 参与试点的机构范围逐步扩大

《信贷资产证券化试点管理办法》明确规定了该业务的交易结构和各个参与主体的职责、权利和义务。其中，参与证券化交易主要机构包括信贷资产证券化发起机构、受托机构、贷款服务机构、资金保管机构、证券登记托管机构等。由于信贷资产支持证券在全国银行间债券市场上发行和交易，证券登记托管机构均为中央国债登记结算有限责任公司；受托机构由获得特定目的信托受托资格的信托公司担任。作为发起机构、贷款服务机构、资金保管机构参与信贷资产证券化试点金融机构的范围也不断拓宽，由国有商业银行、政策性银行逐步拓宽到全国性股份制商业银行和金融资产管理公司。具体情况如表7-3所示：

表7-3　　　　　参与信贷资产证券化试点的主要金融机构

产品名称	发起机构	受托机构	贷款服务机构	资金保管机构
建元2005-1	中国建设银行	中信信托	中国建设银行	中国工商银行
开元2005-1	国家开发银行	中诚信托	国家开发银行	中国银行
开元2006-1				
东元2006-1	中国东方资产管理公司	中诚信托	中国东方资产管理公司	中国银行
信元2006-1	中国信达资产管理公司	中诚信托	中国信达资产管理公司广州办事处	中国民生银行
浦发2007-1	上海浦东发展银行	华宝信托	上海浦东发展银行	中信银行
工元2007-1	中国工商银行	华宝信托	中国工商银行	中国建设银行
建元2007-1	中国建设银行	中诚信托	中国建设银行	中国工商银行
兴元2007-1	兴业银行	外贸信托	兴业银行	中国民生银行
通元2008-1	上汽通用汽车金融有限责任公司	华宝信托	上汽通用汽车金融有限责任公司	中国工商银行上海分行

其中，国有商业银行和政策性银行明显走在了试点的最前面，建行和工行都曾作为发起机构、贷款服务机构和资金保管机构不同的身份参与过不同产品的试点。国开行则分别多次作为发起机构、贷款服务机构参与试点，中行则多次作为资金保管机构参与试点。全国股份制商业银行走在前面的是浦发银行、民生银行和中信银行。信托公司先后有7家获得了特定目的信托受托机构资

格,其中有4家设立了特定目的信托并发行了信贷资产证券化产品。

为证券化提供服务的中介机构还包括信用评级机构、会计顾问、法律顾问、财务顾问、交易安排管理机构等。

7.3 私募股权投资

近年来,私募股权投资在全球范围内蓬勃发展,管理的资金规模增长迅速,形态包括合伙制风险投资基金、杠杆购并基金、夹层融资基金、增长基金等,已经成为各国和国际金融市场的重要参与力量,发挥着重要的作用。

7.3.1 私募股权投资在世界范围内蓬勃发展

1. 私募股权投资的概念

私募股权投资(Private Equity,PE)是指对任何一种既不能自由在公开交易所进行交易,也不能公开对外出售的代表被投资资产权益的证券的股权投资。它通过私募形式投资于非上市企业的权益性资本,在交易实施过程中即考虑了将来的退出机制(如通过上市、并购或管理层回购等方式,出售持股获利)。也有的PE部分采取债权型投资方式。PE的投资范围涵盖了企业IPO(首次公开发行)前各阶段的权益资本,即对处于种子期、初创期、发展期、扩展期、成熟期和Pre-IPO各个时期的企业所投资的资本,按照投资阶段可划分为创业资本/风险资本(Venture Capital)、发展资本(development capital)、收购资本(buy-out/buy-in fund)、夹层资本(Mezzanine Capital)、重振资本(turnaround),Pre-IPO资本(如过桥基金)等。可见,PE是以股权形式为主的一种高投入、高风险、高收益的投资,其核心理念是使投资的资产在增值后卖出,从中获益。

PE的投资对象是未上市的公司的股权,PE的投资是一种权益性投资。PE总是通过一定的组织载体存在,这种组织载体在国外一般而言是基金,包括信托契约型基金(单位信托、投资信托)、公司型基金(投资公司)、合伙制基金。这些基金的共同特点是,投资者与基金资产的管理人分离(合伙制基金因为一般合伙人担任投资人,因此是部分分离),基金资产独立于投资管理人的其他资产。从投资者的资金汇集方式看,PE几乎都通过私募(Private Placement）方式募集资金。也正因为这个原因，才命名为"私募股权投资"。

2. 私募股权投资在国外的发展状况

现代意义上的PE兴起于上世纪的中后叶。

PE最早出现在美国，并且目前发展规模最大。据研究机构Thomson Venture Economics估计，截至2005年，PE控制着8000亿美元资本，20世纪90年代初，管理资金达10亿美元的PE机构颇为罕见，而现在这样的公司超过了260家。截至2005年，3家最大的PE公司——凯雷、KKR和纽约的黑石集团，雇员规模达到90.7万人。据《收购》（Buyouts）杂志统计，有1740亿美元的新资金于2005年流入了美国的PE领域。

普华永道2005年关于全球私募股权资本市场的报告指出，欧洲私募股权资本市场占据了世界市场39%的份额，仅次于北美（美国和加拿大）的私募股权资本市场。其中，英国占据欧洲市场50%以上的份额，法、德紧随其后，分别占据欧洲私募股权资本市场14.27%和10.28%的份额。与美国以创业风险投资为主，欧洲则是以收购投资为主。欧洲PE的主要资金来源于银行，加上其他资金和政府出资，构成PE的主体。

PE逐渐成长为21世纪全球资本市场的重要力量。麦肯锡全球研究院预测2007年全球PE基金总额将达7100亿美元；普华永道公布的全球PE基金总额2007年将达5000亿美元；而Thomson Venture Economics认为PE行业在2005年就已控制着8000亿美元，并预计5年内将实现翻番，即在2012年达到1.4万亿美元的规模。

从投资对象看，普华永道2006年全球PE研究报告表明，目前全球私募股权基金投资额占全球GDP的0.31%。其中约49%投资于并购市场，35%用于科技风险投资，其余主要投资于扩展期的公司股权。

就地区分布而言，北美（美国、加拿大）是PE基金最为密集的地区，约占全球总量的35%；该比重在欧洲为40%，在亚太地区为22%，另外3%由南美和非洲分享。2006年获得PE金额最多的前三个国家依次为美国、英国和日本，而中国在此排行榜上位居第八。

3. 私募股权投资产生了广泛而深刻的影响

虽然私募股权投资基金在国际融资总额中所占比重并不算大，如PE基金所投资的上市公司占美国股市市值的5%，占欧洲股市市值的3%。但PE的强劲增长和独特功能，引起社会的高度关注。

（1）PE 在全球并购市场中发挥了日益重要的作用。自 2001 年，全球私募股权基金规模以接近 20% 的速度增长，成为支撑资产重新配置的重要动力。在美国本土并购市场中规模为 1.5 万亿美元，其中私募股权基金支持的并购，就占了所有并购交易量的 35%。世贸组织《2007 年世界投资报告》指出，2006 年私募股权投资基金参与的跨国并购交易金额达到 1580 亿美元，较 2005 年增加了 18%。据英国调查机构 Dealogic 统计，2006 年有 1010 家上市公司被私募股权投资基金收购，并成功实现退市。

（2）PE 在直接融资体系中比重持续提高。美国的纽交所、纳斯达克和美国证交所 2006 年公开发行股票的筹资总额为 1540 亿美元，而私募发行股票的筹资总额高达 1620 亿美元。2005 年，英国、日本等发达金融市场中，PE 在总量上超过了在证券交易所 IPO 融资额。可见，在成熟的发达金融市场上，PE 成为企业在上市之前资金来源的重要渠道，在融资体系中扮演着日益关键的角色。

（3）全球 PE 进入爆发式增长期。世界银行的一份分析报告指出：PE 基金对于企业和金融市场的影响远远大于其现阶段的规模。因为 PE 基金正在世界范围促成一种新的公司治理结构，这种公司治理结构适合那些业绩欠佳的企业。因为 PE 基金管理人在所投资企业的管理中拥有较强的发言权并具有强烈的财务动机来提升企业业绩，他们可以通过策略上的建议、帮助管理和培训新员工、协助扩张海外市场以及实现规模经济改善企业经营绩效。随着私募股权收购步伐的加快以及规模的增长，PE 开始对全球所有的上市公司产生影响，后者积极吸取 PE 的策略和技术，来提高股东价值和建立更有竞争力的企业。正因为如此，许多养老金、保险公司以及其他机构投资者纷纷增加其投资组合中的私募股权投资。例如，美国的养老金将其分配给私募股权投资基金的份额从 4% 提高到接近 6%。

4. PE 的主要模式

根据组织结构的不同，PE 主要有 3 种模式：公司型（投资公司）、信托型（单位信托或者投资信托）、有限合伙型。

（1）公司型。公司型 PE 基金是早期 PE 基金常见的组织形式。美国 1940 年 8 月出台的《1940 年投资公司法》奠定了公司型基金运作的法律基础，投资公司（Investment Company）包括了以证券和未上市公司股权为投资对象、以发行股份的方式募集资金的投资公司，也包括了信托型基金即单位投资信托（Unit Investment Trusts）。因此，美国对于投资公司的界定完全不同于中国对于投资公司的界定，不能简单地将美国的投资公司等同于中国的投资公司。美国的投资公司没有注册资本，没有管理层和总经理，只有一个董事会，并且这个董事会其实就是信托意义上的受托人，履行和受托人一样的职责。董事会的主要职责也不是管理基金资产和投资运用，而是选择和监督外部的基金管理人或外部的投资管理人。所以国内法学界、信托研究者很多人都认为这种基金其实也是建立在信托关系基础之上的。而日本则通过法律将其明确界定为信托关系。公司型基金的主要优势有：一是可以实现基金财产的独立性，具有破产风险隔离的功能；二是可以通过发行股票的方式募集资金，并且通过选择开放式模式，可以有效地扩大募集规模；三是基金财产的所有权与管理权相分离，由选定的外部投资管理人运作，有利于发挥专业管理的优势，提高基金运营的效率和投资回报率。

公司型基金的一个主要缺点是，投资管理人只能领取工资薪金，而这些工资与合伙制 PE 基金中的普通合伙人所能赚取的高额报酬相比，显得微不足道。因此，有限合伙人制度渐渐成为吸引投资管理人的主流方式。

我国目前缺乏公司型基金运作的法律制度基础，因此，早期的本土创业投资基金，几乎都选择了股份有限公司的形式，只有北京鼎晖创业投资中心根据北京市的地方法规选择了有限合伙制形式。而在 2001 年《信托法》以及中国银监会相关信托法规颁布实施后，信托公司则利用集合资金信托计划的形式介入了 PE 领域。

（2）信托型。信托型基金的运作建立在信托法理基础上，投资者通过认购信托单位（基金份额）成为受益人，受托人在名义上拥有基金资产。基金财产为信托财产，是一种独立财产，与受托人的固有财产和受托管理的其他财产相分离。受托人可以亲自管理和运作信托财产，也可选择外部投资管理人管理运作信托财产。

信托型基金的主要优势包括：信托财产是独立于委托人、受托人、受益人的独立财产，信托财产具有破产风险隔离作用；信托可以实现财产所有权与管理权分离，让专门的受托机构和专业的投资管理人对财产进行管理运作，发挥专业管理的优势;信托不是法人机构,本身无须缴纳所得税,从而可以避免公司企业遭遇的股东和企业重复缴纳所得税问题。

(3) 有限合伙型。合伙制企业分成普通合伙企业与有限合伙企业两类。其中,有限合伙企业由普通合伙人与有限合伙人组成,普通合伙人对合伙企业债务承担无限连带责任,有限合伙人以其认缴的出资额为限对合伙企业债务承担责任,而合伙企业的合伙人包括自然人、法人和其他组织。

有限合伙制基金的优势在于:基金的管理人一般作为普通合伙人,承担更大的风险,但是享有比出资额大得多的投资收益,从而有效地解决经理人的激励机制问题;与信托相似,合伙企业不是法人企业,不作为经济实体纳税,其净收益直接发放给投资者,由投资者作为收入自行纳税。由于有限合伙企业在管理权限、激励约束机制、财务杠杆放大效应和税收上都满足了 PE 行业的特定需要,因此,这种组织形式也越来越多地被 PE 机构所采用。从而导致有限合伙制 PE 基金大行其道。

7.3.2 私募股权投资在我国的现状与需求

1. PE 在我国的发展状况

PE 在中国初有发展,并处于日渐成熟之中。早在 1992 年前后,一批海外 PE 基金进入中国,与国内各部委合作,但由于当时体制没有理顺,符合 PE 标准的项目难觅,加之通过境内外上市的渠道不畅,这些基金几年后大多撤出或解散。1999 年,大量 PE 基金进军中国互联网行业,但由于中小企业板没有建立,退出渠道仍不够畅通,加之世界范围网络泡沫的破灭,PE 的投资项目难尽如人意。2004 年以后,PE 基金开始获得成功,相关案例不断,其中著名的有 2004 年 6 月美国新桥资本(New bridge Capital)以 12.53 亿元人民币收购深圳发展银行 17.89% 的股权,这是国际知名 PE 基金在中国的第一起收购案例;2004 年年末,美国华平投资集团等 PE 机构,联手收购哈药集团 55% 的股权,是第一宗国际 PE 基金收购大型国企案例;2005 年第三季度,国际著名 PE 机构成为中国银行、建设银行等商业银行的战略投资者;2005 年 9 月 9 日,凯雷投资集团投资太平洋人寿 4 亿美元,因此将获得太保人寿 24.975% 股权;2007 年 9 月,黑石集团宣布出资 6 亿美元购入蓝星集团 20.0% 的股权。而与此同时,本土 PE 近年来以较快速度增长,其中脱胎于中金公司的鼎晖投资、联想控股旗下的弘毅投资处于领先地位。

PE基金投资国内企业获利甚丰。例如，凯雷以800万美元投资携程网，上市后变现1亿美元，获取了12.5倍的回报；软银4000万美元投资盛大网络发展，则获得十余倍回报；摩根士丹利、鼎晖、英联3家境外投资机构向蒙牛投入约5亿元人民币，在短短3年内获约26亿港元投资回报，投资收益回报率约500%；而高盛以2500万美元参股的无锡尚德，使其投资增值为4亿美元，一年时间投资收益超出10倍；2007年，高盛在西部矿业公司上的股权投资，更是获得了上百倍的投资收益；鼎晖投资先后在蒙牛乳业、平安保险、新浪网、分众传媒等一系列成功PE项目上显示出其实力，其投资回报率始终保持在30%以上。

国内信托公司也纷纷参与PE领域。到2007年年底，深圳国投、中信信托、湖南信托、天津信托、平安信托等信托公司已发行数十只PE类集合资金信托计划，总金额超过百亿元人民币。而证券公司也在监管机关的支持下开始直投试点，开展PE业务，如中信证券全资设立专营股权投资的金时公司。

2. 我国发展私募股权投资的需要

PE作为一种卓有成效的创新的投资组织，对我国金融市场和实体经济的健康发展来说，有着重要的战略意义和现实需求。

（1）有利于完善金融体系，支持中小企业融资。在我国目前的金融结构中，金融资源主要通过银行体系配置。银行出于风险控制的需要以及规模经济的要求，融资对象主要是大型成熟企业；而由于中小企业和创业型企业资产规模、资本金等方面存在的制约与不足，一般难以向银行提供足额的抵（质）押物，加之管理粗放、较少规范，一般不能达到银行风险控制的标准，导致银行的风险与收益不对称，因此，中小企业和创业企业往往难以获得贷款。中小企业融资难的问题，在间接融资为主的格局下无法得到很好地解决。而通过IPO融资（即使是创业板），绝大多数中小企业和创业型企业也存在门槛太高、周期长和费用及精力支出大等不易逾越的障碍。

由于缺乏PE机制，我国大量的创业企业和成长型企业得不到资金支持，要么丧失大量的商业机遇，在竞争中被淘汰，要么成长缓慢。中国并不缺乏具有战略眼光的企业家，不缺乏有冒险精神的投资人，也不缺乏有效利用的各种资源，但是缺乏的是可以有效整合各种要素的创新金融工具。

PE 基金正是这种能满足中小企业融资需求的创新金融工具。PE 基金通过搜寻并投资具有良好成长前景企业的股权，满足其在不同发展阶段的资金需求。PE 通过派专家参与管理，对企业的发展战略、组织构架、管理团队、业务流程等方面进行调整改善，帮助企业降低风险、提高价值。PE 基金还往往运用"对赌"合约等杠杆激励措施，将企业管理层利益与企业捆绑，激发其管理和创新能力的发挥，达到"正向激励"的效果，实现各方共赢。因此，在我国大力发展 PE，将有利于推进中小企业的成长，进一步提升我国经济竞争力，增加就业机会。

（2）有利于实现产业重组和产业结构提升。面对日益迅猛的全球化趋势，我国目前存在着企业规模不大、效能不高和行业集中度较低的问题，需要有效地进行产业重组整合，提高资源利用效率。PE 基金高度关注所投资企业的价值增长，有极强的动力和成熟的经验来实现人才、组织和资金等资源合理配置。PE 基金通过对成长期或扩张期企业的股权投资，能帮助企业克服资金、管理和人才等方面的困难，提高核心能力；PE 基金通过对成熟期企业的并购，可以将优秀的管理者和高效的运作模式运用于更广阔的领域，实现资源的集约使用，优化行业结构。因此，PE 基金是颇为便捷和有力地推动产业重组的力量。

（3）有利于扩大投资渠道，提高国民的财产性收入。由于投资渠道狭窄，大量资金进入股市和房市，造成股市市盈率和房地产市场价格快速提高。我国目前正处于经济增长的黄金期，巨大的消费市场和日益完善的投资环境为各类企业的发展提供了良好的基础。PE 的运作模式是以对市场的深度研究为基础，凭借管理团队丰富的投资经验，发现不同产业部门中有价值成长空间的企业，投资并较长期地持有该类企业的股权，通过提高企业价值，在退出时获取较高收益，同时辅以多元的投资组合和灵活的财务工具来分散投资风险。这不仅在宏观上具有引导长期投资的功能，吸纳机构和个人投资者将资金投入产业部门；更能帮助投资者实现与经济同步增长的收益，拓宽投资渠道。

7.3.3　PE 信托——我国发展私募股权投资基金的合理选择

1. 我国发展 PE 信托的优势

（1）PE 信托拥有完整规范的法律法规支持。2001 年《信托法》以及中国银监会 2007 年《信托公司管理办法》和《信托公司集合资金信托计划管理办法》，为发展 PE 信托奠定了坚实的法律基础，PE 信托的运作不存在任何实质性的法律障碍。PE 信托作为一种资产管理信托，符合信托业的功能定位，能够有效发挥信托制度的优势。

同时，在现行的分业经营的金融监管体制下，在众多的金融机构中，只有信托公司具有信托投资实业的独特功能。与非金融机构的 PE 基金相比，PE 信托可以充分运用金融机构的优势，高效、便捷地集合大量投资者的资金统一管理运用，有利于 PE 业务的规模化经营。

此外，在实际运作中，信托计划层面也没有所得税的征收，所以不会出现双重纳税的问题，PE 信托具有较强的税收优势。

（2）PE 信托便于政府监管和市场监管。在监管方面，由于信托公司是金融机构，其经营活动受到中国银监会及其派出机构的监管，PE 信托必须严格按照信托法律法规的要求规范地进行运作管理，有利于保障投资者利益，社会公信力较高。而其他类 PE 不受监管，投资者的利益保障机制相对薄弱。

在市场监管方面，信托的优势也具有很强的优势。按照中国银监会 2007 年《信托公司集合资金信托计划管理办法》的有关规定，信托财产应由有实力的商业银行保管，这样，在市场层面，银行成为信托公司的制衡者。又如，集合资金信托计划必须设立受益人大会制度，受益人大会构成了投资者利益保护的一个重要机制。

（3）PE 信托运营效率较高。PE 基金一般运作期限较长，资金运用具有阶段性，不要求投资者的资金缴付一次到位，而主要采取承诺制，按实际需要分批到位。因此，PE 基金应具备分期募集资金的便利，在这个方面，PE 信托的效率最高。法律法规不限制信托成立生效后的扩募。只需信托文件加以约定，PE 信托就可以根据投资规模的需要进行多轮资金募集，募集对象只需限定为合格投资者，其中自然人投资者限定在 50 个以内，机构投资者则没有数量限制。而在投资退出机制上，PE 信托的效率也较高。当投资收回时，在退还投资者方面，信托公司高度灵活，并且可以根据信托文件的约定适时操作，而其他类型的 PE 操作则比较复杂。

PE 有效运行的一个前提条件是将基金财产的所有权与管理权分离，利用专业投资管理人的投资管理能力，而 PE 信托恰好能够通过方案的灵活设计，合理配置投资者与投资管理人的激励机制。

理论上讲，有限合伙制 PE 也能够发挥专业管理优势，并且全国人大常委会新修订的《合伙企业法》已于 2007 年 6 月 1 日起施行。在有限合伙型 PE 基金中，普通合伙人作为投资管理人全权负责基金的运作，有限合伙人不参与经营管理。一般来说，通过要求普通合伙人对合伙企业债务承担无限责任，可以制约普通合伙人，保护作为投资者的有限合伙人的利益。但由于我国目前并没有建立自然人的破产制度，逃废债务的情况非常普遍，所谓承担无限责任，在实践中往往无从落实。此外，有限合伙企业在人数与参与对象上存在限制。《合伙企业法》第六十一条规定，有限合伙企业由 2 个以上 50 个以下合伙人设立（法律另有规定的除外）；第三条规定，国有独资公司、国有企业、上市公司以及公益性的事业单位、社会团体不得成为普通合伙人，这就限制了投资者和投资管理人的范围。再者，有限合伙制企业缺乏透明度，又不受金融监管机关的监管，市场认知度不高，目前投资者也不易接受有限合伙的制度安排。

因此，PE 信托基金在主要方面都比其他类型的 PE 更具有优势，应是目前比较适合我国国情的 PE 模式。

2. 我国信托公司开展 PE 业务的现状

银监会原主席刘明康在"全国非银行金融机构监管工作会议"上表示，目前最活跃且备受青睐的私募股本投资公司出现了大有替代传统资本市场上融资手段和形式的趋势，而我国信托公司与之类似，具有这方面的潜力①。

而目前我国市场对 PE 的需求也十分旺盛。一方面，虽然股权分置改革的成功给证券市场带来了显著的改善，企业通过 IPO 的方式取得融资日益活跃，但如前文所述，对于那些尚处于成长中的中小企业而言，一时还不容易具备上市的条件；而在银行体系中，这一类企业获得信贷的渠道也不通畅，中小企业融资难的问题远未解决，因此，它们迫切需要通过 PE 等多种渠道获得资金支持。另一方面，证券市场的财富效应使居民的理财理念发生了很大的变化，尤其是其中的富裕人士，越来越认同风险高、期限长、回报大投资方式，从而给设立 PE 基金提供了充足的资金来源。同时，从竞争的角度看，目前国内还没有从事 PE 投资的主流金融机构，现行法律限制商业银行、证券公司（除正在

---

① 于海涛：《风控渐趋完善 PE 信托模式成型》，载《21 世纪经济报道》，2007-07-16。

试点的中信证券和中金公司)、基金公司以及保险公司直接投资非上市公司股权,只有信托公司可以无限制地运用信托资金开展 PE 业务,PE 业务面临难得的发展机遇和广阔的市场前景。

许多信托公司积极顺应监管部门的政策引导,在 2007 年陆续设计并推出 PE 类信托产品(即 PE 信托),从目前的发展趋势看,私募股权投资完全可能构成信托公司未来的核心业务。

2007 年 4 月 6 日,湖南信托与深圳达晨财信创业投资管理有限公司合作推出"深圳达晨信托产品系列之创业投资一号集合资金信托计划",揭开了 PE 信托产品的序幕,随后中信信托、深国投、新华信托、内蒙古信托也相继推出 PE 信托产品。据公开资料不完全统计,2007 年共有 6 家信托公司推出 14 只 PE 信托产品(见表 7-4、表 7-5)。

表 7-4　　　　　　　　　2007 年 PE 信托产品一览表

信托公司	PE 信托产品	资金规模(万元)	期限
湖南信托	深圳达晨信托产品系列之创业投资一号集合资金信托计划	7000	6 年
湖南信托	高科技、高成长产业项目信托产品之股权投资 III 期集合资金信托计划	4000	2.5 年
湖南信托	深圳达晨信托产品系列之创业投资二号集合资金信托产品	2710	6 年
湖南信托	高科技、高成长产业项目信托产品系列之股权投资四期项目集合资金信托计划	1518	5 年
湖南信托	湖南信托——高科技、高成长产业项目信托产品系列之华鸿股权投资集合资金信托计划	2000	5 年
湖南信托	华鸿财信信托产品系列之华鸿一号私募股权投资集合资金信托计划	10000	6 年
中信信托	中信锦绣一号股权投资基金信托计划	103000	5 年
中信信托	中信锦绣二号股权投资基金信托计划	204700	7 年
深国投	深国投·铸金资本一号股权投资集合资金信托计划	11000	5 年
深国投	深国投·创新资本一号股权投资集合资金信托计划	8400	6 年

续表

信托公司	PE 信托产品	资金规模（万元）	期限
深国投	深国投·创富股权投资集合资金信托计划	10000	5 年
新华信托	天慧投资一号集合资金信托计划	14210	3 年
华宸信托	祥利华宸—鼎鑫 1 号私募股权投资集合资金信托计划	43500	3 年
百瑞信托	百瑞恒益五号集合资金信托计划	10000	5 年

资料来源：各信托公司网站、用益信托工作室、西南财经大学信托与理财研究所。

表 7-5　2007 年 PE 信托产品的投资管理人/顾问与资金投向一览表

信托公司	PE 信托产品	投资管理人/顾问	资金投向
湖南信托	深圳达晨信托产品系列之创业投资一号集合资金信托计划	深圳达晨创业投资管理有限公司	参与 Pre-IPO，投资拟上市公司，投资拥有核心技术或者创新型经营模式的高成长型企业
湖南信托	高科技、高成长产业项目信托产品之股权投资 III 期集合资金信托计划	深圳达晨创业投资管理有限公司	参与 Pre-IPO，投资拟上市公司；投资拥有核心技术或者创新型经营模式的高成长型企业
湖南信托	深圳达晨信托产品系列之创业投资二号集合资金信托计划	深圳达晨创业投资管理有限公司	参与 Pre-IPO，投资拟上市公司，投资拥有核心技术或者创新型经营模式的高成长型企业
湖南信托	高科技、高成长产业项目信托产品系列之股权投资四期项目集合资金信托计划	深圳达晨创业投资管理有限公司	参与 Pre-IPO，投资拟上市公司，投资拥有核心技术或者创新型经营模式的高成长型企业
湖南信托	湖南信托——高科技、高成产业项目信托产品系列之华鸿股权投资集合资金信托计划	湖南华鸿财信创业投资有限公司	参与 Pre-IPO，投资拟上市公司，投资拥有核心技术或者创新型经营模式的高成长型企业
湖南信托	华鸿财信信托产品系列华鸿一号私募股权投资集合资金信托计划	湖南华鸿财信创业投资有限公司	参与 Pre-IPO，投资拟上市公司；投资拥有核心技术或者创新型经营模式的高成长型企业
中信信托	中信锦绣一号股权投资资金信托计划	中信锦绣资本管理有限责任公司	中国境内金融领域股权投资、IPO 配售和公众公司的定向增发项目

续表

信托公司	PE信托产品	投资管理人/顾问	资金投向
中信信托	中信锦绣二号股权投资资金信托计划	中信锦绣资本管理有限责任公司	中国境内地产、金融、能源、通信等领域优秀企业的股权投资、IPO配售和公众公司的增发项目
深国投	深国投·铸金资本一号股权投资集合资金信托计划	深港产学研创投公司管理团队，松禾投资管理公司	直接或间接投资拥有核心技术或者创新型经营模式的高成长型拟上市企业；收购有增长潜力或有管理改善空间的成熟企业；投资于其他符合IPO上市条件的高成长企业；投资于已上市企业向机构投资者非公开募集的股份；尚未进行股权投资的资金或股权投资项目退出后尚未进行分配的资金可用于低风险稳健型投资品种
深国投	深国投·创新资本一号股权投资集合资金信托计划	深圳市创新投资集团有限公司	投资有巨大增长潜力的中小型高科技企业股权、在传统产业升级中占有优势地位的中小型企业股权、符合国家产业政策的中小型企业股权、创新经营模式的高成长型中小企业股权、至少拥有国家级核心技术的初创期企业股权、投资后经过培育有望在国内外资本市场上市的中小企业股权、有可能被战略并购的中小型企业股权
深国投	深国投·创富股权投资集合资金信托计划	深圳高特佳投资集团有限公司	主要投资于拥有核心技术或者创新型经营模式的高成长型拟上市（Pre-IPO）企业股权
新华信托	天慧投资一号集合资金信托计划	深圳市天慧投资有限公司	投资于稳定成长、预计1~2年内可以申请公开发行上市的拟上市企业股权，以深圳证券交易所的中小企业板和创业板为主

续表

信托公司	PE 信托产品	投资管理人/顾问	资金投向
华宸信托	祥利华宸—鼎鑫1号私募股权投资集合资金信托计划		
百瑞信托	百瑞恒益五号集合资金信托计划	上海力鼎投资管理公司	主要投资于拟上市的企业

资料来源：各信托公司网站、用益信托工作室、西南财经大学信托与理财研究所。

3. 目前 PE 信托业务的主要特点

（1）资金投向具有成长性的未上市企业。从目前各信托公司发行的 PE 信托产品的资金投向来看，主要投资于 Pre－IPO 拟上市公司或投资拥有核心技术或者创新型经营模式的高成长型企业股权。Pre－IPO 是指投资于企业上市之前，或预期企业可近期上市时，以退出方式上市后，从公开资本市场以出售股票退出。同投资于种子期、初创期的风险投资不同，Pre－IPO 的投资时点在企业规模与盈收已达可上市水平时，甚至企业已站在股市门口。因此，Pre－IPO 投资具有风险小、回收快的优点，并且在企业股票受到投资者追捧的情况下，可以获得较高的投资回报。

（2）合作方式多元化。在 PE 信托中，信托公司负责信托财产的受托管理，投资管理人则负责投资项目的初期筛选、中后期管理和变现退出等智力支持。在此过程中，信托公司拥有最终的否决权。

目前，信托公司与作为投资管理人的创业投资机构的合作方式呈多元化的趋势，有湖南信托模式和深国投模式等。在湖南信托模式中（如深圳达晨信托产品系列之创业投资一、二号集合资金信托产品），信托公司主要负责信托资金募集，投资管理人主要负责信托财产的管理运用和变现退出。而在深国投模式中（如深国投·铸金资本一号股权投资集合资金信托计划），信托公司负责资金募集，其中投资管理人以部分资金参与信托计划，实现两者利益一致化。深国投模式中投资管理人的收入主要由两部分组成：一是每年收取的管理费，二是绩效，投资项目获得盈利时所获得的提成。合作虽然都是"信托公司+投资管理人"的方式，但在深国投模式中，信托公司扮演更主动的角色。

（3）以上市为主要退出方式。从退出方式来看，目前发行的 PE 信托产品大多数采用 IPO 上市、股权转让给第三方、回购等方式实现退出,其中,以 IPO 上市为主要的退出方式。这种单一的退出方式将阻碍 PE 信托产品的发展。

(4) 投资期限较长。PE 的盈利模式决定了股权投资的长期性和不确定性,因此通常应根据所投资对象的期限设置一定的封闭期,保证投资计划不会因为部分投资者的赎回影响整个投资计划的利益最大化。2007 年 PE 信托产品的投资期限均在 2.5~7 年。

4. 促进 PE 信托健康发展的制度创新

(1) 逐步完善与 PE 信托相配套的规章制度。随着我国多层次资本市场体系建设的稳步推进,为引导信托公司的 PE 业务健康、快速地发展,监管部门应加强 PE 信托在准入条件、法人治理、信息披露、退出机制、监管标准等方面的规定和业务指导。

(2) 逐步完善 PE 信托的治理结构。PE 信托有别于传统资金信托业务,具有期限长、风险高、收益丰厚、参与主体多、环节复杂的特点,为促进受托人、投资管理人、受益人大会各司其职、相互制衡,信托公司在设计 PE 信托时,应细化各参与主体履行职责的内容和要求,明确参与各方的法律责任。

(3) 强化信息披露的要求。PE 业务的健康发展,离不开有效的市场监督;而有效的市场监督,则需要完整、正确、及时的信息披露。监管部门应引导信托公司建立高效的信息披露制度,强化信息披露的效率性与公平性,从而为 PE 信托营造良好的市场氛围。

(4) 建立和完善退出机制。建立和完善私募股权投资信托的退出机制,建立多层次资本市场,有步骤地推出创业板市场,建立和完善场外交易市场,降低未上市股权的交易成本,为非上市公司的股权交易创立良好条件。首先要加快推出创业板市场,完善中小板市场。创业板市场和中小板市场是为运作良好、成长性较强的新兴中小公司提供融资的场所,是私募股权信托基金退出的主要途径。创业板市场主要针对高新技术企业和中小企业,在上市要求和条件、上市审批、股票交易规则等方面与主板市场有较大差别。现阶段我国发展 PE 基金不仅要有步骤地推出创业板市场,而且要不断完善中小板市场。对深圳证券交易所的中小板市场,应适当放宽上市条件,如放宽连续盈利年限、连续经营记录以及公司股本规定。其次,应建立场外交易市场。仅仅依靠创业板市场和中小板市场难以满足 PE 基金的退出需求,需要场外交易市场的健康发展。在场外交易市场有效运行的情况下,由于在各地场外交易市场交易股权的一般都是本地企业,当地投资者对它们比较容易了解,如果再加上交易价格和买卖费用低等优越性,对于吸引投资者相当有利。

(5)引进外部管理人与逐步培养信托公司自身的投资管理能力。信托公司发展 PE 信托业务需要四种能力(蔡卓思,2007),首先是项目判断的专业能力,包括资料的甄别、现场考察水平、可行性研究、经济测算、外部智囊团的建设及水平等;其次是行业经验,包括项目所处各阶段投资风险识别、对应的投资合作模式创新设计、投资关键数据的行业动态数据、定价能力、谈判控制能力;再次是投资管理能力,包括企业管理问题症结及解决方案、行业管理先进经验的本土化、全部商业模式的了解及控制、公司财务结构的优化、管理人才的储备及指导帮助、战略制定、国际拓展、公司文化的建设、行业并购整合机会把握及实施能力;最后是资本市场对接能力,包括投资项目资本扩张路径设计、上市等项目退出渠道的安排、实施能力。只有当信托公司具备了上述专业能力,PE 信托的投资收益水平才会提高,竞争力才会增强,信托公司的市场地位才会提高。

在自己的投资管理团队得以建立之前,信托公司仍可通过与有实力的创业投资公司、证券公司以及其他类型的 PE 基金合作,建立策略联盟,引入外部投资管理人,弥补人才和经验匮乏的缺陷。在这种模式下,信托公司发挥资金募集平台和受托管理的作用,与专业投资管理公司合作,前者主要负责资金的募集与清算、信托财产的管理;后者则负责投资项目的寻找、投资项目的管理、股权变现的路径设计及完成(李建华、张立文,2007)。

(6)建立对投资管理人有效的激励和约束机制。PE 信托的投资管理人尽其所能地管理运作 PE 信托,是 PE 信托成功的保证。国外通行的做法是把投资管理人的收入与 PE 信托的业绩紧密挂钩。与公募型证券投资基金不同,PE 信托的投资管理人一般会以一定比例的自有资金参与投资,而他们主要的收益来源不是每年 2%~3% 的管理费,而是 20%~30% 的超额业绩提成奖励。这种制度安排对投资管理人形成强有力的激励和约束,是促使其最大限度地挖掘潜力帮助 PE 信托取得良好投资回报的动力源泉。当信托公司作为 PE 信托的投资管理人时,在制度上应允许其用自有资金来参与 PE 信托,以有效地实现信托公司与 PE 信托投资者的利益捆绑,使之通过开展 PE 信托业务,获得超额的收益。

（7）加强投资者教育工作。信托公司在发展 PE 信托业务时，其目标投资者应该是具有较高风险偏好和较强风险承担能力的富裕人群。信托公司必须长期地加强投资者教育，要实事求是地揭示 PE 信托产品蕴含的风险，不能误导投资者。信托公司应采用科学的方法对投资者的风险承担能力进行测度，切实纠正那些不成熟的投资者可能抱有的一夜暴富的急功近利的幻想，从而逐渐形成一支能够长期参与 PE 信托运作的理性投资者队伍。

7.4 房地产投资信托基金

房地产投资信托（Real Estate Investment Trusts，REITs）又称为房地产投资信托基金，最早产生于 20 世纪 60 年代的美国，它是一种通过发行股票或者单位受益凭证来募集大众投资者的资金以形成基金，由专业投资机构投资经营房地产及法定相关业务，并将绝大部分的投资收益定期分配给投资者的特殊的集合投资制度（向永泉，2007）。REITs 作为一种创新的金融产品，为投资者分享房地产市场的高额回报提供了可能，由于其拥有风险低、回报稳定等特点，可以弥补本市场上缺乏长期投资产品的缺陷，因此对机构投资者具有较强的吸引力。此外，REITs 通过委托专业的管理公司和专业队伍进行物业资产的投资、运作管理，可以提高物业资产的利用效率，有效地抑制房地产市场上的投机行为，有利于推动房地产价格理性回归和房地产业健康发展。

随着我国房地产贷款在银行贷款资产中的比重不断提高，为避免房地产市场的风险大量转嫁给商业银行，金融界达成的共识是应大力发展直接融资。REITs 作为不同国家和地区普遍接受的、较为成熟的直接融资金融工具，正是合适的选择。目前 REITs 在我国的基础条件已经基本具备，发展时机也较为成熟。由于信托型 REITs 不仅与现有的法律制度冲突较小，能够真正确保财产的独立性，在税收政策上也具有一定优势，同时以信托公司为代表的房地产信托业务已经积累了丰富的经验，因此借鉴国际房地产金融发展成功经验和做法，有效地运用信托的基本原理和构架，大力进行制度创新，发行和设立信托型 REITs，对于缓解房地产企业对银行过度依赖、化解金融风险具有很强的现实意义。

7.4.1 房地产投资信托基金发展概况

UBS《全球不动产分析》指出,截至2006年6月,共有20多个国家和地区设立了各自的REITs产品。到2005年年底,REITs的总市场容量超过了5000亿美元,大约有70%上市交易的房地产股票是以REITs的形式流通[①]。

1. 美国

1960年9月14日,美国总统艾森豪威尔签署了《房地产投资信托法案》,并经美国国会正式决定创建房地产基金,标志着美国房地产投资信托基金的正式设立,让美国投资者可以通过汇集资金投资于较大的收益型商业房地产项目。同年,《国内税收法》(the Internal Revenue Code)的通过赋予了REITs税负优惠,将REITs作为利润传递(Pass-Through)的特殊税收条例推动了REITs的发展。此后,一系列立法及对原有法案的修改使REITs相关法律法规更加完善,促使REITs进入了高速扩张时期。截至2006年年底,美国REITs总数达到183家,总市值达到4380.71亿美元。

2. 澳大利亚

与美国一样,澳大利亚的REITs发展也是税收驱动型的。澳大利亚LPT始于1971年。20世纪90年代初,随着澳大利亚经济的复苏特别是新移民带来的房地产市场增长,同时政府开始允许LPT在二级市场上交易,推动了REITs市场的迅速扩张。截至2007年9月,根据澳大利亚证券交易所统计,澳大利亚总共有69只LPT,总市值为1462.94亿澳元(约为1288亿美元),平均每只LPT市值为21.20亿澳元。

3. 日本

2000年11月,日本重新修订并实施的《投资信托与投资法人法》使设立J-REITS成为可能。2001年3月,东京证券交易所制定了J-REITS上市交易的相关规则。根据《投资信托与投资法人法》规定,日本J-REITS可以采用投资信托与投资法人两种基本制度,具体形式包括投资法人REITs、委托者指定型投资信托REITs和委托者非指定型投资信托REITs三种。在符合东京证券交易所规则的前提下,三种形式的REITs发行凭证均可上市交易。截至2007

---

① UBS Global REIT Perspective, 2006.

年 5 月底,已经有 41 只 J-REITs 在日本的证券交易所上市,总市值约为 558 亿美元。

4. 新加坡

新加坡证券交易所审核委员会于 1998 年 7 月提出设立上市财产信托(listed property trusts)即 REITs,希望增加市场投资品种和促进房地产市场的发展。新加坡金融管理局采纳了该建议,并于 1999 年 5 月颁布了《房地产投资基金准则》,并在 2001 年的《证券和期货法则》中对上市 REITs 做出相关规定。2002 年,新加坡金融管理局颁布了《集合投资计划守则》,规定了 S-REITs 的身份。根据《房地产投资基金准则》的规定,在新加坡,REITs 可以采取公司制或信托契约的形式组建。它可以在证券交易所上市,也可以作为私人实体存在。所有以信托契约方式组建的 REITs,必须符合集合投资计划(CIS)和《证券期货法》(SFA)的条款规定。自 2002 年 7 月,嘉德置地以 CapitaMall Trust(CMT)为名成功发行 REITs 以来,新加坡的 REITs 进入了高速发展时期。到 2007 年 11 月底,在新加坡证券交易所上市的 REITs 达 20 只,总市值增长到 220 亿美元。

5. 中国香港

香港证监会于 2003 年 7 月公布了《房地产投资信托基金守则》及有关咨询总结文件,允许以信托的方式成立房地产投资信托基金。香港 REITs 受到《房地产投资信托基金守则》和《证券及期货条例》(SFO)以及香港联合证券交易所上市规则的监管。2005 年 11 月 8 日,香港房屋委员会(HKHA)发起的领汇基金成功发行。2005 年 12 月 17 日上市的越秀 REITs 是第一只包含内地物业的上市 REITs。截至 2007 年 11 月底,香港已有 7 只 REITs,总市值为 90 亿美元。

6. 中国台湾

台湾地区在 2003 年 7 月公布并实施了"不动产证券化条例",规定了两种不同的不动产证券化的形式:不动产投资信托和不动产资产信托。不动产投资信托即一般所称的 REITs。与美国和日本不同,中国台湾 REITs 仅采用信托契约制,利用信托的破产隔离功能保障投资者的利益,受托机构也仅限于台湾"信托业法"中所称的信托业者。2005 年 3 月,第一只不动产投资信托"富邦一号"在台湾证券交易所上市。截至目前,共有 7 只 REITs 在证券交易所上市交易，募集金额 518.4 亿元新台币。

7. 韩国

韩国于 2001 年 4 月颁布了《房地产投资信托法》，允许设立房地产投资信托（K-REITs）。为了鼓励向在经济危机中遭受损失的房地产企业投资，该法于 5 月 24 日进行了修改，准许设立"公司重组房地产投资信托"（Corporate Restructuring Real Estate Investment Trusts，CR-REITs），于 7 月 1 日正式实施。韩国 REITs 必须采用公司制，而且必须是股份公司。目前韩国设立的 REITs 均为 CR-REITs。截至 2007 年 5 月，共有 10 只 CR-REITs 在韩国证券交易所上市交易，总市值为 10.4 亿美元。

8. 马来西亚

马来西亚早在 1989 年就尝试通过房地产信托基金（Property Trust Funds—PTF）进军 REITs 市场，但发展一直缓慢。直到 2005 年 1 月重新颁布《房地产投资信托准则》以后，才允许以信托契约的方式组建房地产投资信托基金。2005 年 11 月颁布了《伊斯兰房地产投资信托准则》，作为《房地产投资信托准则》的补充。PTF 也更名为 REITs。2005 年 8 月，新《准则》颁布后的第一只马来西亚 REITs——AXIS REITs，在吉隆坡证券交易所正式上市。到 2007 年 5 月，马来西亚共拥有 13 只 REITs，市值约为 14 亿美元。

9. 欧洲

随着 REITs 影响在世界范围内的不断扩大，自 1969 年荷兰率先引入 REITs 制度以来，比利时、法国等其他欧盟成员国纷纷效仿，形成各具特色的 REITs 市场。目前欧洲 REITs 占全球的比例为 20%，以比利时、荷兰和法国发展最快，英国、德国市场也正在积极推进 REITs 立法和市场建设。在欧洲普遍人口老龄化的发展趋势下，市场对收益稳定的金融产品需求将会不断提高，因此欧洲 REITs 前景相当看好，市场规模将继续扩大。

欧盟对于在泛欧领域中建立"欧洲不动产投资信托"（Euro-REITs）的意识不断加强。投资者对不动产投资的流动性（liquidity）、欧洲不动产市场较大程度的公开性以及跨界税收效率改进的要求已经成为 Euro-REITs 发展最主要的推动力。欧盟认为，虽然已经有一些成员国引入了 REITs 或者与 REITs 相类似的制度安排，但其在整个欧洲资产市场上所占比例仍然相对较小。如果欧盟成立一个称为"欧洲不动产投资信托"（Euro-REITs）的统一的房地产投资信托制度和工具，就可以在欧盟全部二十五个成员国中迅速开放更多的不动产投资机会，而且这一制度一旦建立，它也将随着欧盟的扩张在地理上得到大范围普及，更将有助于跨国不动产投资的广泛开展。

7.4.2 国外 REITs 的模式与特点

REITs 作为一种新型的金融投资产品，它把个人及机构投资者的资金募集起来，再投资于能产生稳定现金流和收益的房地产。REITs 可以通过公司或者信托的形式成立，并且可以在证券交易所上市交易。REITs 通过证券化的形式，将流动性较差的房地产资产转化为流动性强的 REITs 份额，提高了房地产资产的变现能力，缩短了资金占用时间，提高了资金利用效率。因此，从本质上讲，REITs 是一种房地产证券化产品①。

1. 基本模式

REITs 的参与机构包括投资者、受托人、物业管理人等基本的当事人。其中，投资者为 REITs 提供资金支持，成为其股东或持有者，并享有最终受益权。受托人受托代表 REITs 投资者行使相关权利，对 REITs 的运作进行管理，包括确定投资策略、收购房地产、出具财务报告等。为了提高 REITs 运作和收益水平，一些国家允许受托人聘请其他专业机构进行物业的经营与管理。物业管理人由受托人聘任，负责日常的物业经营与管理，比如经营维护、保安、卫生、招租等各种各样的活动。

2. 主要类型

各国和地区的 REITs 产品各具特色，按组织形式来分，REITs 基本可以分为公司型和契约型两大类（见表 7-6）。

表 7-6　　　　　　　　公司型与契约型 REITs 比较

项目	公司型	契约型
资金属性	公司财产	信托财产
资金的使用	依据公司章程	依据信托契约
与投资人关系	公司与股东的关系	信托关系

---

① 房地产证券化（Real Estate Securitization）是指把流动性较低但具有稳定现金流的房地产资产转化为可以在资本市场上流通的证券形式，据以融通资金的过程。

续表

项目	公司型	契约型
与受托人关系	本身即为受托人	独立受托
利益分配	股利	信托收益
存续期限	无存续期限规定	信托契约规定

资料来源：UBS, Thomson Financial Datastream.

契约型 REITs 根据投资人能否赎回可以细分为封闭式和开放式两类。封闭式 REITs 是指经核准的基金份额总额在基金合同期限内固定不变，基金份额可以在依法设立的交易场所交易，但基金份额持有人不得申请赎回的基金。开放式 REITs 是指基金份额总额不固定，基金份额可以在基金合同约定的时间和场所申购或者赎回的基金。

从 REITs 资金运用方式来看，各国 REITs 普遍可以分为权益型、抵押型和混合型三类。权益型 REITs（Equity REITs）是投资者拥有房地产并对其进行经营以获得收入，每个投资者都是股东并依其所持有的份额分享投资收益。其收入来源主要是物业的租金收入，以及买卖房地产获利。权益型 REITs 的收益表现主要受房地产行业的经营绩效影响，具有类似于股票的投资特征。抵押型 REITs（Mortgage REITs）是直接向房地产所有者和开发商贷款或通过购买抵押贷款或抵押贷款支持证券（Mortgage - Backed Securities）间接提供融资，其收益来源主要是利息收入。混合型 REITs（Hybrid REITs）是权益型 REITs 和抵押型 REITs 的混合体，它不仅进行房地产权益投资，还可从事房地产抵押贷款。

从 REITs 的资金投向来看，几乎凡是能够获得租金收益的商业房地产都可能成为 REITs 的投资对象，如商业中心、公寓、办公楼、仓库、工业厂房、酒店、高尔夫球场、医院、健康中心等，其中又以购物中心、商业中心、办公楼、公寓为主。随着 REITs 市场的不断细分，许多 REITs 产品在发展中也逐渐形成了偏重某一领域的特色。

从 REITs 经营管理方式看，主要包括内部管理和外部管理两类。内部管理（Internally advised）REITs 是指 REITs 公司或受托人自己运营和管理所投资的资产。外部管理（Externally advised）REITs 是指 REITs 公司或受托人雇用独立第三方人员进行 REITs 持有资产的日常管理和运营。

3. REITs 的主要特征

与其他房地产投资形式相比，REITs 是一种投资收益稳定、风险较小的金融产品，具有专家理财、分散投资、低门槛、高流动性等基本特点。

首先，REITs 投资收益稳定，投资风险较小。目前我国证券市场的产品结构存在两大缺陷：第一，风险结构不合理，风险结构倒置，高风险产品占主要地位。目前在我国证券市场上的可交易品种，大约百分之八十为风险较高的股权类产品，只有大约百分之二十为债券类低风险产品。这种投资产品的风险结构极不合理，与广大投资者的长期理财需求不匹配。第二，低风险产品品种单一，不但市场规模小，而且品种极为单调，只有少量流动性较差的国债及少量的企业债、金融债、可转债，不能满足广大投资者的投资理财需求。因此，有侧重地发展低风险市场产品，尽快使我国证券市场的产品结构趋于合理，是我国证券市场发展的重点之一（毛志荣，2004）。一般来说，REITs 的平均股利回报率略高于其他投资产品，并且在市场波动的情况下保持相对稳定。根据 2004 年 12 月的统计，美国国家房地产投资信托基金协会（NAREIT）的综合 REITs 指数总回报率，在一年、三年、五年、十年、十五年和三十年的周期中都超过了标准普尔 500 指数、拉塞尔 2000 指数、NASDAQ 综合指数和道琼斯工业平均指数。而且除了标准普尔 500 指数外，NAREIT 的综合 REITs 指数在 25 年周期的总回报率也超过了以上各个指数[1]。此外，由于 REITs 与股票、债券的相关度较低，在资产配置中加入 REITs 的投资组合，能够降低风险。

其次，通过 REITs，人们可以享受专家理财的投资收益和集合投资、降低风险的便利。投资房地产业专业性强、技术含量高。REITs 经营权与所有权高度分离，一般都聘请了专门的经理人员和专业人士来负责房地产资产的日常事务与投资运作，对宏观经济金融政策形势，甚至每家房地产公司的运营状况进行深入分析，进而作出科学理性的投资判断，实现专业化经营管理。通过专业化的经营管理，可以使房地产营运绩效大幅度提高。同时，房地产业属于资金密集型行业，对于大多数中小投资人而言，难以直接参与投资房地产开发而分享收益。REITs 提供了一种简单方便的渠道投资于商业地产，大大降低了投资房地产的进入门槛，可以满足广大中小投资者投资房地产业的需求。此外，

---

[1] 陆一：《REITs 在中国产品创新还是制度创新》，载《中国证券报》，2006-02-09。

REITs 的资产是组合化的房地产资产，除可通过不同的房地产种类、区位、经营方式和承租人等投资组合来降低风险外，也可以在法律规定范围内从事政府债券、股票等有价证券投资以分散投资风险。

最后，REITs 可以提高投资于房地产的流动性。目前，绝大多数的 REITs 都在公开市场交易，其交易方式及程序与股票相同，投资者可以在交易时间内随时买卖，故流动性、变现性相当高。投资者可以把风险控制在自己可以承受的范围之内，降低了交易风险，有利于促进房地产资本的有效配置。

4. 发达国家和地区 REITs 发展的经验

首先，REITs 发展的一个主要驱动力来自税收优惠规定。自 REITs 产生以来，其消极地位一直是各国立法中普遍认可的一个基本理念，即无论 REITs 采取公司模式或信托契约模式，都必须将 REITs 作为获得消极收入并将其大部分分配给投资者的一个导管，从而在 REITs 层面免予征税。为了确保 REITs 的这种消极地位，各国在立法中都在 REITs 的资产、收入来源构成、收益分配制度等方面有严格的规定。正是由于 REITs 能够享有税收优惠，房地产开发商往往愿意将资产从房地产上市公司转入 REITs，实现资产的价值重估，同时 REITs 作为一种新的投资工具，也可以使广大的投资者通过持有 REITs 份额而有机会直接参与到房地产投资领域，取得较为稳定、高额的投资回报。

其次，REITs 的发展需要相应的配套法律。REITs 的发展必须立法先行，通过出台专项法规，明确 REITs 在结构、投资目标、收入分配等方面的各项规定，对 REITs 产品提出设立条件和监管要求，从而规范与引导 REITs 作为新的金融产品健康、理性地发展。

再次，REITs 的发展需要持续的、因地制宜的创新。在美国，一开始 REITs 并没有得到投资者的广泛认可。此后，通过改革创新，REITs 取得了长足进步，先后出现了双股和合股、纸夹、UPREIT、DOWNREIT 等创新结构，适应了不同条件下的市场需求。而日本、韩国、新加坡、中国香港等国家与地区在引入 REITs 的同时，认真考虑了本国或地区资本市场发展的约束条件，在坚持 REITs 主要特点的前提下，设计出符合本地的 REITs 产品。

最后，REITs 的发展离不开机构投资者的培育。事实证明，机构投资者的引入大大提高了 REITs 管理决策的质量，提高了 REITs 的绩效，减少了投资波动，提高了市场透明度，促进了 REITs 行业的健康发展。REITs 在 2003 年就进入了美国企业社会保障401（k）的投资对象行列。同时，教师保险和养老金协会大学退休金基金也在其中包含了一个类似于投资期权的房地产基金，这只基金建立在403（b）计划平台上。2005年美国国会将REITs指数期权加入联邦政府的缴费确定型计划和节俭储蓄计划的推荐投资对象中[①]。对1991—2006年公开交易REITs的平均日交易规模的统计发现，随着投资者对REITs的认同和各机构投资者对REITs产品的积极配置，REITs的平均日交易金额快速增长，2006年年底已经超过了50亿美元。目前美国REITs中50%以上为机构投资者持有，其中约半数集中在养老基金、保险公司等机构手中。

7.4.3 我国发展REITs的现实需求

REITs自1960年在美国产生以来，作为房地产金融领域的重大创新，在20多个国家和地区得以广泛运用，市场规模不断扩大，运作经验日益成熟，逐渐成为各国房地产金融体系中重要的金融工具。出于以下因素考虑，在我国目前的经济和金融形势下，对房地产投资信托有着迫切的需求。

1. 完善房地产金融体系的需要

借鉴国际经验，发达房地产金融体系能够实现房地产业和金融业的有机融合，在为房地产业提供丰富、便利的融资渠道和工具的同时，将汇集于房地产业的风险在金融市场进行分散。第二次世界大战后，为了满足房地产开发、房地产买卖交易等方面的需求，美国形成了目前世界上最成熟、最完善的房地产金融体系。其中，20世纪70年代以来兴起的REITs，是推动美国房地产金融发展的重要力量。

我国需要发展REITs为房地产市场提供新的中长期稳定的资金来源渠道，改变以往单一依靠银行贷款的房地产融资结构。REITs作为一种房地产证券化产品，受益凭证可以公开交易和转让，从而使不动产流动起来，有利于房地产价值的发现和风险分散转移，解决房地产流动性差、资金循环不顺畅的问题。正如中国人民银行原副行长吴晓灵在"2005年中国地产金融年会"上所指出的，"用公开发行股票，或在专业化管理的前提下，用公开发行受益凭证的方式设立房地产投资信托基金，才是房地产直接融资的方向和可持续发展的模

---

① 陆一：《REITs在中国产品创新还是制度创新》，载《中国证券报》，2006-02-09。

式"①。

2. 化解房地产贷款过度集中于银行体系的风险的需要

近年来,房地产贷款被银行视为优质贷款项目,银行为了争夺此项业务,不断降低门槛,导致房贷规模成倍扩大。我国80%左右的土地购置和房地产开发资金,都直接或者间接地来自银行贷款。据建设部统计数据显示,2007年1~9月全国房地产开发企业资金来源为25379亿元,其中国内贷款为5123亿元,同比增长30.1%②。此外,商业银行个人住房消费信贷也快速增长,通过按揭贷款买房的人,占全部购房总数的比例高达90%。这意味着房地产市场的绝大部分风险系在银行。随着国家针对房地产开发投资一系列宏观调控政策的出台,长期依赖于银行的国内房地产开发商开始感受到了前所未有的压力。在缺乏资本市场等其他融资渠道的情况下,银行收缩地产贷款业务后,房地产开发企业资金链条日趋紧张,一旦资金链断裂,风险就会暴露,银行的不良资产将大幅度上升,进而可能危及整个金融体系的安全。

因此,在宏观调控、银行快速退出部分房地产金融业务的同时,必须拓宽房地产行业的资金获得渠道,使房地产行业不至于出现大的波动,也就降低了房地产行业波动给金融体系造成冲击的可能性。通过REITs的发展,房地产商可以将已经完成开发或持有的物业资产转让给REITs,借助盘活存量资产获得滚动发展的资金,提高直接融资比例,进而从根本上改变目前房地产贷款开发的运作模式,使房地产开发的风险真正由开发商来承担,真正给银行体系"松绑"。

3. 满足投资者对多样化金融产品的需求

我国资本市场中,金融产品存在着结构失衡的问题。金融产品的期限、流动性和风险/收益性有待丰富,市场尤其缺少风险较低、收益适中的金融产品。从另一个角度讲,我国的房地产行业通过一段时间的快速发展,为行业参与者提供了大量的财富增值,但普通投资人却缺少参与渠道。REITs产品与其他金融产品不同,它的长期收益由其所投资的房地产价值决定,与其他金融资产的相关度较低,有相对较低的波动性和在通货膨胀时期所具有的保值功能。从美国REITs发展经验看,REITs无论在短期走向还是中长期趋势上都表现出良好

---

① 吴慧:《吴晓灵:股本融资是房地产突围主攻方向》,载《第一财经日报》,2005-11-07。
② 《房地产市场形势分析报告(2007年第三季度)》,建设部政策研究中心,2007年11月25日。

的市场业绩，长期保持着较高的股息收益。作为有效的风险分散工具，REITs 受到企业年金、社会保障基金、退休基金、保险基金等机构资金的广泛青睐。

随着我国经济的发展、财富的积累，个人、机构和社会的投资需求日益旺盛，为了满足多样化的投资需求，必须尽可能地丰富市场上的金融品种。加快在我国推出 REITs 这种风险较低、收益适中的金融产品，既丰富了我国资本市场的产品结构，也为社会大众参与投资房地产行业，分享其中的收益提供了良好渠道。特别是对于保险、社保和企业年金等长期性的资金，REITs 能够很好地满足他们对于低风险、收益适中的长期金融产品的需求特点。

4. 促进房地产业和房地产市场健康发展的需要

我国房地产业尚处于初级阶段，房地产投资和开发企业规模小、实力弱、专业化程度不高，资产的利用效率较低。特别是在商业地产领域，由于总投资规模大，资金占用时间长，开发商因资金的压力，往往采用类似于住宅开发的方法，在项目结构封顶时即开始分割出售，这就导致我国的商业地产只重经营增量市场（新建房的销售），而忽视存量市场经营。同时这种只重开发不重持有和经营的模式也使房地产市场投机氛围浓烈，市场上缺乏能够长期持有物业的实力机构，导致商业地产的整体物业品质下降，长远来看，不利于商业地产市场的稳定和运营品质的提升。

在 REITs 的运作模式下，通过专业的管理公司和专业队伍进行物业资产的投资、运作管理，可有效降低房地产投资运作的风险，提高物业资产的利用效率。在 REITs 发展的过程中，房地产开发、管理、评估、处置等各个环节专业分工进一步细化，整个房地产价值链得到进一步完善。此外，REITs 是以物业租赁收入支持的金融产品，其交易价格主要取决于租金状况，因此不会过度偏离不动产的内在价值，可以有效防止物业资产价格虚高，有利于房地产市场价格机制的形成。由于 REITs 持有物业的时间较长（许多国家的法律都规定 REITs 持有各项物业的时间最低不得少于一定的年限，如 3 年或 5 年），因此由 REITs 长期持有物业能够有效地抑制市场上的投机行为。REITs 通过所拥有的资金能力、专业能力、谈判能力和定价能力，能够使房地产行业内的利润在各个环节进行合理的二次分配，有利于房地产价格回归理性，挤出房地产发展中的泡沫成分，有利于房地产行业健康、长期和稳定地发展。

7.4.4 运用信托制度创新发展信托型 REITs

经过多年的实践，REITs 在各国房地产金融市场中取得了长足的发展，其制度体系的构建和管理运作模式均已比较成熟。尽管我国目前尚未出台正式的 REITs 相关法规，但无论是央行、银监会、证监会、建设部、商务部等政府部门，还是房地产公司、证券公司、信托公司等房地产市场参与机构，都对 REITs 高度关注，积极探索。而我国房地产市场经过十几年的快速发展，形成了数量巨大的存量房地产资源，为 REITs 发展提供了雄厚的资产基础。另外，随着我国经济的持续增长，居民财富日益积累，保险公司、社会保障基金、企业年金基金等机构投资者实力不断壮大，对具有低风险、适中收益特征的 REITs 这一类中长期金融产品需求十分迫切。可见，我国发展 REITs 的时机逐渐成熟。

1. 利用信托制度的特有功能，在我国发展信托型 REITs

从国外实践来看，REITs 的组织模式可分为公司型和信托型两大类，在许多国家和地区，这两类都纳入了法定许可范围，并无优劣之分。当然，受各地市场环境和运作便利性等因素的影响，在一国或地区往往形成以某种类型为主的市场格局。例如，美国、日本以及欧洲地区的 REITs 以公司型为主的组织模式，而新加坡和我国的香港、台湾地区则选择了以信托型为主的组织模式。在我国的法律制度、市场环境等条件下，运用信托的基本原理进行制度创新，发展信托型 REITs 是合理的选择。

首先，信托型 REITs 在我国面临的法律障碍最小。在国家还没有研究制定 REITs 专项法规的背景条件下，REITs 模式的选择如能立足于现有法律法规体系，无疑更具现实可行性。REITs 产品是一种集合资金投资计划产品，从 REITs 的结构要求考虑，《公司法》难以支持公司型 REITs 的运作，而根据《信托法》和中国银监会《信托公司集合资金信托计划管理办法》的规定，信托计划从结构上确立了受托人和资产管理的职能，在保证 REITs 的投资和收入分配策略顺利实施的同时，能够有效地保护信托委托人和受益人的利益。因此，信托计划具有符合 REITs 产品要求的结构，可以作为我国 REITs 模式的首选。

其次，信托模式赋予了 REITs 财产的独立性。信托型 REITs 所依托的信托制度，其优势在于信托财产的独立性以及相应的破产隔离功能，从而使 REITs

投资者的利益得到有效的保护。如前所述,在我国开展的信贷资产证券化试点工作中,也采用了特殊目的信托(SPT)的模式,在实践中取得了成功,为信托型REITs的发展积累了有益的经验。

再次,信托型REITs的税负成本较低。在REITs的相关税收法规尚未出台的情况下,REITs模式的选择应尽可能地考虑税负成本较低的模式。公司型的REITs在税收上与一般企业同等对待,须缴纳营业税和企业所得税,存在双重课税的问题。而信托型REITs不存在双重征税的问题,有利于收益的提高,增强投资吸引力。同时,我国在信贷资产证券化试点中实施的《关于信贷资产证券化有关税收政策问题的通知》,可以为将来制定信托型REITs的税收法规提供借鉴和参考。

最后,信托REITs拥有良好的实践基础。2002年我国信托业重新登记以来,在中国银监会2002年《信托投资公司管理办法》《信托投资公司资金信托管理暂行办法》以及2007年《信托公司管理办法》《信托公司集合资金信托计划管理办法》等相关法规的指引下,不少信托公司积极参与到繁荣的房地产市场中,推出房地产贷款信托、房地产股权投资信托、房地产收益权转让信托等信托产品,初步具备了REITs的一些基本特征,为下一步发展信托型REITs积累了丰富经验。同时,近几年来,信托型的证券投资基金在我国快速发展,已经建立了较为规范的监管制度,这也为制定信托型REITs运作规则提供的范本。

2. 信托公司的REITs探索之路

(1) 信托公司积累了丰富的房地产金融经验。从2002年6月信托公司在"一法两规"下重新展业到2007年3月信托新政实施的将近5年间,信托公司最主要的金融产品是集合资金信托计划,集合资金信托计划最主要的资金运用方式是发放贷款,而贷款最主要的投向则是房地产领域。因此,从总体上看,相当多的信托公司主要的业务力量投入在房地产金融领域。例如,即使是在2006年受到监管政策更加严格制约的情况下,房地产仍然是信托计划资金投入最多的领域(见图7-4)。

之所以出现这样的情况,是因为,一方面,从资金需求来看,房地产业是资金密集型产业,有效的金融支持是其发展的前提,而通畅的融资渠道又是其发展的关键。目前,我国房地产融资主要以银行信贷为主,其他方式如IPO融

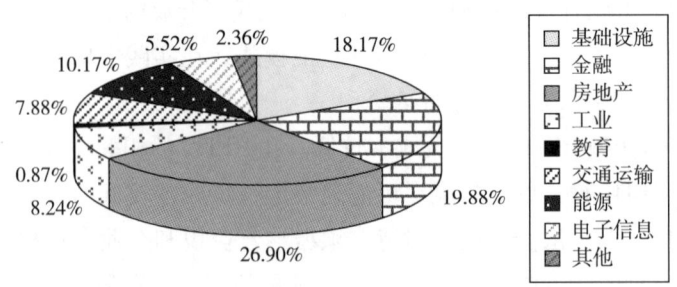

图 7-4 2006 年集合资金信托计划资金投向分布

资、债券融资等占比较小。房地产业的外部融资主要依赖于银行信贷。在房地产市场资金链中，商业银行通过住房按揭贷款、房地产开发贷款、建筑企业流动性贷款和土地储备贷款等各种形式，参与了房地产开发的全过程。但是，近年来，为了抑制房地产投资过热的势头，从人民银行 2003 年 6 月下发《关于进一步加强房地产信贷业务管理的通知》（简称 121 号文）文件开始，国家运用了一系列的宏观调控干预房地产贷款，以控制风险。一大批房地产企业的资金压力不断加大，迫使它们在银行系统之外寻找新的资金来源，很自然地，它们把希望投在了信托公司身上。另一方面，信托公司通过集合资金信托计划以比银行存款利率更高的成本（"预期收益率"）募集到资金后，必须找到能够带来较高收益的运用领域。而房地产企业盈利丰厚、房地产项目周期较短、土地和在建工程能够提供抵押等特点，也吸引信托公司把注意力更多地投入房地产业，信托贷款成为银行信贷的一个有效补充。5 年来的房地产金融实践，使许多信托公司积累了丰富的经验和资源，培养了一批熟悉房地产运作的业务人员，从而为它们探索房地产信托的高级形式——REITs 奠定了坚实的基础。

（2）信托公司沿着 REITs 的方向积极创新和探索。毋庸讳言，从总体上看，以信托贷款为主的房地产信托具有运用方式简单、功能单一、期限较短的缺点，基本不具有组合投资功能和期限转换功能。因此，探索和实践适合中国实际的房地产信托模式，自觉学习、模仿国外的 REITs，以期在房地产金融体系中发挥更大、更主流的作用，成为一批信托公司拓展业务的重要努力方向。例如，被称为准 REITs 产品的由联华国际信托投资有限公司（以下简称联华信托）2005 年开发的"联信·宝利信托计划"和 2007 年推出的"联信精瑞房地产私募股权基金型信托计划"，就是在相关法规出台之前，在迈向 REITs 的大胆创新。

"联信·宝利信托计划"在发行、设计上广泛借鉴了成熟 REITs 的运作模式，首次引进中介机构参与管理、首次实行受益人大会制度，按照公募产品的要求进行充分地信息披露，引入商业银行作为托管银行，负责监督该项基金的使用；引入国际知名的中介机构普华永道会计师事务所负责审计工作、戴德梁行提供项目的可行性咨询。联信·宝利信托计划内容与一般意义上的由特定项目融资需求驱动的房地产信托的区别在于，该产品先发行信托计划募集资金，再把资金投资于房地产项目。与真正的 REITs 相比，联信·宝利信托计划目前最大的差距在于无法进行公募、无法上市流通、无法突破 200 份合同的上限，只能采用私募形式。同时，在募集资金的使用上，虽然信托计划设计了向房地产开发企业提供贷款、投资于房地产开发企业股权、购买商业用途楼房和住宅等组合运用方向，但由于联信·宝利信托计划（1号）募集资金的信托期限只有 18 个月，所以资金基本上只能用于短期贷款和要求对方回购的短期物业投资行为，无法长期或永久性地购入商业物业，进行租赁、经营等商业运营。

联华信托在 2007 年 8 月推出的"联信精瑞房地产私募股权基金型信托计划"，则向 REITs 更靠近了一步[①]。全国工商联房地产商会是信托计划的组织发起人，包括招商局地产、保利地产、华远地产、SOHO 中国等 9 家地产企业成为信托计划的首批发起委托人，联华信托则负责管理运作。联信精瑞信托计划首次募集的金额为 20 亿元人民币，5 年封闭期，合格的投资者最低认购金额不低于 100 万元人民币，发起委托人将认购整个信托计划金额的 2%。信托计划成立之后，募集资金一部分投向房地产项目；一部分投向有上市潜力的地产企业的股权投资，即 Pre – IPO；一部分投向有 REITS 需求的地产企业项目公司的股权投资，即 Pre – REITs。关于 Pre – REITs 业务，联信精瑞信托计划投资综合类房地产项目，并以约定的价格取得商业项目，通过战略合作伙伴的经营运作，为 REITs 进行资产池的储备。联信精瑞信托计划的资金有三条退出渠道：其一为 REITs 上市成功，资金退出；其二为将资产向海外 REITs 专售，从而资金退出，其三为评估项目无法达到 REITs 上市目的，由原开发商溢价回购，从而资金退出。

---

① 《联华信托产品之联信精瑞基金模式详解》，载《第一财经日报》，2008 – 02 – 01。

北京国际信托投资公司（以下简称北国投）也致力于使所发行的房地产投资信托计划在设计上模仿 REITs 的结构。北国投于 2007 年 9 月推出的"大万商厦物业收购集合资金信托计划"，就是一次有益的尝试[①]。该信托计划最大的突破在于第一次在国内尝试了以收购物业的方式，出资 9000 万元人民币收购灯市口五号线地铁附近的大万商厦，将其作为自己资产池中的基础物业。北国投总经济师时宝东指出，利用信托收益权分成的原理，先将物业的优先收益权买下来，同时一部分权益留给开发商。开发商不仅可以先将部分物业变现，归还银行贷款，同时，随着租金每年递增，开发商随时可以考虑赎回或者发行 REITs。大万商厦位于北京东单附近，距长安街 0.6 公里。开发商为北京大万房地产开发有限责任公司，建筑面积约 8000 平方米，业态设计包括商场和经济型酒店。购买时大万商厦已竣工，正在进行开业前的内部装修。2007 年 9 月，北国投从大万房地产开发有限公司手里购买后，以已具备收购租约的大万商厦为投资标的，以 8.2% 的预期年收益率向投资者发行信托计划，共募集资金 9100 万元，信托单位总份数 9100 万份，信托计划于 2007 年 10 月 8 日成立。在信托计划的设计结构中，大万商厦的权益被切成了两部分，一部分归投资人，另一部分归开发商。北国投以相对市场价较低的价格购买物业后，将产权过户到信托计划名下。投资者享有优先受益权，每年拿相对固定的收益，剩余的收益就归次级受益人——开发商所有。这样做的目的是有效调剂物业收益率的波动。如果商业楼投入使用第一年，租金水平不足以分配给优先受益人，开发商还要贴补一部分。将来租金慢慢升高了，剩余的越来越多了，开发商的收益逐步提高。该信托计划被认为是北国投多次尝试中距离 REITs 最近的一次，理由在于：一是在产权上实现了过户，信托计划成为物业的持有人；二是投资者共同享有权益，实现了房地产的证券化；三是信托期限较长，为 8 年。因此，除了不能上市流通，这种做法从目前来看，无论从形式上还是实质上，都与 REITs 颇为接近。

（3）REITs 将成为信托公司业务创新的重要方向。开发 REITs 市场是我国信托公司拓宽核心业务、提高综合竞争力的重要机遇。REITs 是地产业与金融业相结合的产品，结构先进，产品设计与发行要求专业金融机构全程参与。从

---

① 《北京国投实践 REITs 本土化路径》，载《中国房地产报》，2007 - 11 - 13。

国外市场发展经验看,信托公司等金融中介和服务机构在房地产投资基金市场的发展过程中不可或缺。因此,如果我国信托公司通过参与房地产投资基金的研究、设计、定价、发行、承销、交易、资产管理等环节,大幅提升自身的核心竞争力和盈利能力,将有利于提高信托公司资产管理业务的竞争力,是信托公司进一步发展壮大的重要契机。

3. 加快制度创新、发展我国 REITs 的建议

首先,加快 REITs 相关法规的研究制定,大力推动制度创新。纵观 REITs 取得良好发展的国家和地区,均将立法作为发展 REITs 的先决条件,而目前我国发展 REITs 的主要障碍就是缺乏相关法规的支持。为促进 REITs 在我国尽快面世,并且保证 REITs 运行中的相关风险得到有效管理和控制,投资人及相关当事人的合法权益得到有效保护,必须尽快制定出符合国情的 REITs 专项法案,创造有利于 REITs 发展的法律环境。

其次,尽快建立 REITs 财产登记制度。REITs 以收购物业经营获利的模式进行运作,其中物业资产所有权的转让是核心环节。2001 年中国《信托法》第十条规定:"设立信托,对于信托财产,有关法律、行政法规规定应当办理登记手续的,应当依法办理信托登记。未依照前款规定办理信托登记的,应当补办登记手续;不补办的,该信托不产生效力。"但是,由于一直缺乏明确解释和操作指引,有关财产登记部门往往会以没有相关登记规则为由拒绝办理财产信托登记手续。如果不尽快完善相关的财产登记制度,就难以真正保证 REITs 中信托财产的独立性,也难以有效保护 REITs 投资人的利益,不利于 REITs 市场的发展。因此,全国人大常委会应出台对《信托法》第十条的立法解释,明确要求依照法律、行政法规规定有权登记财产的部门增加有关信托财产登记的内容。同时,建议由中国人民银行、中国银监会牵头加强与土地管理部门、房产管理部门等财产登记机关的协调,在不动产的信托登记方面取得突破,为 REITs 试点的顺利开展铺平道路。

最后,制定 REITs 税收优惠政策。为扶持 REITs 的发展,应在明确税收中性原则的基础上,对 REITs 产品予以税收优惠。例如,在物业交易环节,REITs 持有的同一物业可能产生多次交易行为,可对 REITs 资产池中的同一物业买卖行为仅征收一次税。又如,可明确在 REITs 层面不征收所得税。再如,为培育 REITs 的投资者群体,在起步阶段,建议免征个人投资者和机构投资者的

所得税。

　　本章根据国际上金融创新的先进经验，分析指出积极参与资产证券化、REITs 和 PE 信托等重大金融创新活动，可以使信托公司最充分地运用、体现信托制度优势的特有功能，从而为广大投资者的资产管理需求与众多企业的直接融资需求建立新的连结方式，在创新地满足企业融资需求的同时，也创造满足具有不同偏好的机构和个人的资产管理需求的新方式。通过信托制度的创新，信托在推动这些重大金融创新的过程中将发挥不可替代的作用，将有利于信托业获得广袤的经营空间，进一步汇入金融发展的主流。

8. 结论与建议

8.1 主要研究结论

本书经过分析研究，得到的主要结论如下：

1. 坚持信托制度的合理内核、保留信托所具有的财产管理功能，是信托创新发展的基石

信托的基本功能在于财产转移功能和财产管理功能；信托制度的优越性表现在长期规划性、弹性空间和受益人的切实保障等三个方面。信托通过现代发展与制度创新，从消极信托演进到积极信托，从民事信托演进到营业信托，从个人信托演进到法人信托；而在这些演进的过程中，信托所具有的财产管理功能（现代称为资产管理功能）始终得以保留并不断得以强化和提升。发达国家信托发展的历程对我们进行信托创新的启示是：信托制度始终处于创新发展的变化之中，完善的信托法律制度和发达的市场经济是信托创新发展的必要环境，坚持信托制度的合理内核是信托创新发展的基石，信托制度的继受与国情相结合是信托创新发展的前提。创新是信托业持续发展的动力源泉，而信托业的发展将有利于促进我国金融业的发展——有利于促进我国金融体系的优化，进一步改善我国金融资产结构，促进我国货币市场与资本市场的协调发展，促进我国社会信用体系的构筑。

2. "一法两规"颁布实施前的信托长期处于功能错位的状态

由于改革开放后我国信托业恢复时的制度禀赋是经济体制改革和金融体制改革，当时中央政府恢复和发展信托业的主要动因，是为了突破传统的计划金融体制，因此呈现出供给引导型的发展特征。这样，国家对信托业采取了工具

性政策倾向，即把信托业当作改革工具和融资工具；信托业恢复时的初始功能定位是带有强烈银行色彩和具有全能金融特征的非银行金融机构，这种偏离了信托本源业务的功能定位，实际上是功能错位，而功能错位正是造成信托业矛盾累积和清理整顿的制度根源。

3. "一法两规"颁布实施，是一次强制性的制度变迁，它构建了信托制度整体的价值功能，实现了信托功能回归

现代信托业的本源业务——资产管理业务的核心基础是信托制度，是对现有财产权法律规范的制度创新，需要法律确定其地位和内容。信托制度的基础是信托基本关系，《信托法》对这些基本关系进行了规范；利用信托制度进行营业活动的主体是信托公司，《信托投资公司管理办法》对信托公司经营活动进行了规范；资金信托是信托公司的主营业务，《信托投资公司资金信托管理暂行办法》对这项业务进行了规范。因此，"一法两规"颁布实施，是中央政府为了打破信托业的路径依赖所作的强制性制度变迁，对于实现信托业回归本业，明确信托公司作为资产管理机构的性质，引导信托公司开展真正意义上的信托业务，促进信托机构按照需求尾随型金融发展模式走市场化道路，大力进行信托创新，发挥了基础性的、重要的规范和引导作用。

总之，信托功能回归是信托创新的基础和源头活水，信托创新是信托功能在各层面、各领域的创造性地运用。

4. 信托的创新，需要有效的制度供给，也需要坚实的物质基础

一方面，信托制度为创新提供了广袤空间，信托业监管的市场化取向为创新营造了宽松环境，而经历多次整顿仍顽强生存下来的信托公司具有较强的创新能力。另一方面，中国经济的发展和人均收入、财富的增长，必将带来金融资产结构的深刻变化，这种变化将促进资产管理市场的长久发展。随着生活水平的提高，金融市场的成熟，理财的理念将深入人心，资产管理也将成为人们生活和经济发展不可缺少的一部分，以财产管理为主要功能的信托业将迎来巨大的创新空间。

5. 信托创新的内涵和结构

作为金融创新有机组成部分的信托创新，主要是在具体的经济环境和法律法规政策的约束条件下，政府部门为了促进金融体系的演进、信托公司为了最大限度地追求盈利机会，而在信托产品、信托业务、信托组织、信托制度等方

面所作的一切创新。因此,信托创新的构成包括:信托产品创新;信托业务创新;信托组织创新和信托制度创新。

6. 信托创新的主要动因

首先,信托创新是信托公司适应外部经营环境变化的结果,依据外生变量的变化对经营管理内生变量的调整,其目的是为了快速响应市场需求。其次,在响应市场需求、追求潜在盈利机会的时候,一些监管法规政策限制了信托公司的活动范围和活动方式,信托公司的许多创新便是为了在一定程度上规避这些对信托业务的监管。最后,一大批信托创新是为了弥补金融制度和金融市场的不完美、非均衡而出现和存在的。

7. 信托产品的创新响应了市场需求的变化

信托计划是一种创新的金融产品,它具有以下特征:(1)信托计划区别于存款类产品;(2)加入信托计划的资金成为信托财产,取得独立的法律地位,这是其他金融产品所不具备的法律功能;(3)信托计划的资金运用范围极其广泛;(4)信托计划是一种私募性质的金融产品;(5)由于对信托计划的私募性质的定位,对这种金融产品的监管也就相对宽松。信托计划或信托产品,与大多数金融产品一样,可以从诸如收益、期限和流动性、安全性、价格等一系列特征来分析。事实上,正是通过对不同特点和风险进行"分拆",然后将其装配为不同的新组合,信托产品创新得以实现。这样的案例有:基于安全性考虑的信托产品创新、基于收益性考虑的信托产品创新、基于期限考虑的信托产品创新、基于流动性考虑的信托产品创新、基于价格考虑的信托产品创新,以及规避监管的信托产品创新。

8. 信托业务的创新在制度非均衡下开辟了新的金融路径

目前我国金融体制、投融资体制的诸多方面,由于没有与时代环境因素变迁同步改革,造成许多具有多方共赢性质和提高金融市场效率的经济活动因制度缺失或制度障碍而无法顺利开展。信托方式被有效运用于在目前非均衡的金融制度下探寻新的金融路径。比如,为了在分业经营的监管模式下,更有效地分别发挥商业银行募集理财资金的优势与信托公司运用理财资金的优势,银信连结理财产品应运而生,提高了金融市场的效率。又如,民间私募基金机构随着资本市场的发展而发展,但却始终处于半灰色的地带,投资者的资金安全无法得到法律的有效保护,私募基金机构也很难扩大影响,做大做强。通过信托方式加以"阳光化",为私募基金机构这一类民间金融力量纳入正规化的轨道创造了条件,使信托公司特有的信托资产管理方式与私募基金机构擅长的证券投资能力有机地结合起来,丰富了投资者参加资本市场的选择,有利于金融安全的改善和金融市场效率的提高。再如,在地方政府事权与财权不对称的情况下,由于国外流行的市政债券融资的方式没有在国内采纳,许多地方政府面临资金筹集渠道匮乏的困境。通过信托方式,以创造性的方法引入地方政府信用,为各地的基础设施建设提供了资金筹集的新路径,虽然有所争议,但也不失为一种有价值、有意义的创新。

9. 信托组织的创新——信托公司与商业银行的融合,是在现行的分业监管的金融体制下进行混业经营或综合经营的一种探索

不同金融业态之间的界限越来越模糊,一种金融机构的业务领域不断受到其他金融机构的侵蚀。在此情况下,信托机构若只是改善服务方式、提高服务水平,已无法真正从根本上解决所面临的产业退化的危险。信托公司必须自觉地进行"进化"适应性反应,大力进行创新,在原有的职能被侵蚀的情况下,补充新的职能。这样的趋势,从信托公司与商业银行之间建立策略联盟、开展股权合作、合作构建金融控股公司等不同层次的合作,业已清晰地显现出来。

10. 信托制度的创新是未来信托创新的主方向

对照发达国家和地区金融市场中庞大的直接融资规模,我国的直接融资将有非常广阔的发展空间。直接融资领域包括证券市场和实业投资。其中,信托公司能够充分发挥其制度优势和功能优势而大有可为的创新方向,在证券市场上,主要是资产证券化的受托和发行、承销;在实业投资方面,则主要是发起设立并有效管理房地产投资信托基金(REITs)和私募股权投资(PE)信托基金。

资产证券化、REITs 和 PE 信托,使信托公司充分利用信托制度的特有功能,为众多企业的直接融资需求与广大投资者的资产管理需求建立新的连结方式,在创新地满足企业融资需求的同时,也创造了新方法以满足具有不同偏好的机构和个人的资产管理需求。在美国,信托资产的规模之所以超过银行资产,正是得益于资产证券化产品和 REITs 的蓬勃发展。信托公司在这些领域大力创新发展,便有机会真正成长为具有巨量业务规模和重要金融功能支撑的金融支柱产业。

因此，积极参与资产证券化、REITs 和 PE 信托等重大金融创新活动，可以使信托公司最充分地运用信托制度的特有功能，从而为广大投资者的资产管理需求与众多企业的直接融资需求建立新的连结方式，在创新地满足企业融资需求的同时，也创造满足具有不同偏好的机构和个人的资产管理需求的新方式。通过信托制度的创新，在推动这些重大金融创新的过程中发挥不可替代的作用，将有利于信托业获得广袤的经营空间，进一步汇入金融发展的主流。

8.2 主要政策建议

1. 健全和完善信托制度结构，促进信托创新

林毅夫（2000）指出，制度结构是指经济社会中所有制度安排的总和。在制度结构中，不同制度安排具有相互依存性。制度结构的总体均衡，取决于各项制度安排的相互依存。

事实上，在我国目前的信托制度结构中，一些重要的制度安排长期缺失，已经造成了对信托创新的掣肘。例如，由于缺乏信托财产转移和登记制度，我国的信托产品创新集中在资金信托业务中，而财产信托难以设立；由于没有专门的信托税收制度，信托的导管作用难以发挥，信托协调经济关系的许多作用无从显现。

（1）建立信托财产的转移与登记制度。"一法两规"中对于信托财产的转移、登记等无明确的规定，同时，对不同类别的信托财产，其专门管理机关（如工商行政管理部门、公安部门、建设主管部门、国土主管部门、证券监管部门等）也没有作出与信托制度配套的相关规定。这种情况下，信托关系本身的合法性存在问题，发生基于信托财产的权利主张时，信托财产独立性原则难以真正得到体现，受益人的合法权利无法得到全面、有效的保障。

建议监管部门积极进行协调，由国家立法机关对基于信托关系而发生财产转移的法律性质予以明确；各财产管理机关对其所管辖的财产设立信托时的登记程序、文件要求、公示生效等尽快作出相应规定，或者由监管部门或相关部门牵头成立专门的信托财产登记机关。

（2）建立信托税收财务制度。相关部门至今尚未制定专门的信托配套税收制度，目前信托公司适用的仍是国家一般性的税收政策。就信托业务而言，

处于一种无法可依的状况。在信托制度较为发达的国家和地区，普遍将信托作为一种"导管"对待，在信托财产的转移过程实行免于纳税的处理。但这一信托税收的基本立法思想在我国的信托业务实践中还完全没有涉及。同时，信托财务会计制度也不尽完善。一是导致各信托公司和信托业务所在地的税务部门对信托税收的理解与执行各异，使企业无所适从。信托业务普遍隐藏着税收问题的风险（如信托收入待扣税金方面没有明确规定），将可能对信托业的整体信誉造成较大伤害；二是导致信托业务与其他金融业务相比在税收方面的优劣情况不明，甚至在信托公司实际运作中还存在大量重复征税的情况，不利于信托公司业务创新。

建议监管部门与国家税收管理部门在协调沟通的基础上广泛征求意见，尽快制定出台专门的信托税收办法。该办法中特别需要在信托财产转移、信托收益、公益信托优惠政策、税收扣缴等方面作出专门的规定；而信托税收立法可借鉴国内证券投资基金和国外的相应规定。

2. 取消信托公司异地经营的限制

由于目前对信托公司采取按地域属地管理的监管模式，信托公司在异地设立分支机构的相关问题无明确规定，客观上造成信托公司业务开展受到人为的地域限制（尤其是集合资金信托业务），异地经营十分困难，不利于信托创新在更大范围的扩散和运用。同时，业务集中于本地，对沿海等经济较发达、市场化程度较高地区的信托公司影响不大，但却使中西部发展滞后、市场化程度不高地区的信托公司在经营中面临很多困难。另外，对资金信托业务异地经营进行限制，由此所形成的条款分割状态，与市场经济和金融的一体化趋势、社会资源配置及互补等客观要求明显相背离，信托各项功能的发挥受到明显限制。

建议逐步放开资金信托业务的异地经营。对信托公司分支机构审批、设立、监管等事项尽快予以明确。可考虑信托公司按规定报批后在其所在省级范围内经济较发达的地、市、州级中心城市设立分支机构，逐步在全国范围内放开。

3. 加快制度创新，大力推动资产证券化业务

资产证券化对于改善融资结构和增加融资渠道、分散银行系统风险、增加金融产品品种有着十分积极的意义。鉴于信托公司具有开展资产证券化业务的

天然优势，应将特殊目的信托（SPT）的构造广泛运用于信贷资产证券化和企业资产证券化。建议中央银行和证券监管部门进行制度创新，同意并鼓励信托公司利用银行间市场和现有的证券交易所系统，发行和交易信贷资产证券化产品和企业资产证券化产品，以推动资产证券化业务在我国结束试点后广泛开展。

4. 加快制度创新，促进 PE 信托健康发展

一是逐步完善与 PE 信托相配套的规章制度。随着我国多层次资本市场体系建设的稳步推进，为引导信托公司的 PE 业务健康、快速地发展，监管部门应加强 PE 信托在准入条件、法人治理、信息披露、退出机制、监管标准等方面的规定和业务指导。

二是逐步完善 PE 信托的治理结构。PE 信托有别于传统资金信托业务，具有期限长、风险高、收益丰厚、参与主体多、环节复杂的特点，为促进受托人、投资管理人、受益人大会各司其职、相互制衡，信托公司在设计 PE 信托时，应细化各参与主体履行职责的内容和要求，明确参与各方的法律责任。

三是强化信息披露的要求。PE 业务的健康发展，离不开有效的市场监督；而有效的市场监督，则需要完整、正确、及时的信息披露。监管部门应引导信托公司建立高效的信息披露制度，强化信息披露的效率性与公平性，从而为 PE 信托营造良好的市场氛围。

四是建立和完善退出机制。建立和完善私募股权投资信托的退出机制，建立多层次资本市场，有步骤地推出创业板市场，建立和完善场外交易市场，降低未上市股权的交易成本，为非上市公司的股权交易创立良好条件。首先要加快推出创业板市场，完善中小板市场。创业板市场和中小板市场是为运作良好、成长性较强的新兴中小公司提供融资的场所，是私募股权信托基金退出的主要途径。创业板市场主要针对高新技术企业和中小企业，在上市要求和条件、上市审批、股票交易规则等方面与主板市场有较大差别。现阶段我国发展 PE 基金不仅要有步骤地推出创业板市场，而且要不断完善中小板市场。对深圳证券交易所的中小板市场，应适当放宽上市条件，如放宽连续盈利年限、连续经营记录以及公司股本规定。其次，应建立场外交易市场。仅仅依靠创业板市场和中小板市场难以满足 PE 基金的退出需求，需要场外交易市场的健康发展。在场外交易市场有效运行的情况下，由于在各地场外交易市场交易股权的

一般都是本地企业，当地投资者对它们比较容易了解，如果再加上交易价格和买卖费用低等优越性，对于吸引投资者相当有利。

五是加强投资者教育工作。信托公司在发展 PE 信托业务时，其目标投资者应该是具有较高风险偏好和较强风险承担能力的富裕人群。信托公司必须长期地加强投资者教育，要实事求是地揭示 PE 信托产品蕴含的风险，不能误导投资者。信托公司应采用科学的方法对投资者的风险承担能力进行测度，切实纠正那些不成熟的投资者可能抱有的一夜暴富的急功近利的幻想，从而逐渐形成一支能够长期参与 PE 信托运作的理性投资者队伍。

5. 加快制度创新，尽快推广 REITs 试点

一是加快 REITs 相关法规的研究制定，大力推动制度创新。纵观 REITs 取得良好发展的国家和地区，均将立法作为发展 REITs 的先决条件，而目前我国发展 REITs 的主要障碍就是缺乏相关法规的支持。为促进 REITs 在我国尽快面世，并且保证 REITs 运行中的相关风险得到有效管理和控制，投资人及相关当事人的合法权益得到有效保护，必须尽快制定出符合国情的 REITs 专项法案，创造有利于 REITs 发展的法律环境。

二是尽快建立 REITs 财产登记制度。REITs 以收购物业经营获利的模式进行运作，其中物业资产所有权的转让是核心环节。2001 年中国《信托法》第十条规定："设立信托，对于信托财产，有关法律、行政法规规定应当办理登记手续的，应当依法办理信托登记。未依照前款规定办理信托登记的，应当补办登记手续；不补办的，该信托不产生效力。"但是，由于一直缺乏明确解释和操作指引，有关财产登记部门往往会以没有相关登记规则为由拒绝办理财产信托登记手续。如果不尽快完善相关的财产登记制度，就难以真正保证 REITs 中信托财产的独立性，也难以有效保护 REITs 投资人的利益，不利于 REITs 市场的发展。因此，全国人大常委会应出台对《信托法》第十条的立法解释，明确要求依照法律、行政法规规定有权登记财产的部门增加有关信托财产登记的内容。同时建议由中国人民银行、中国银监会牵头加强与土地管理部门、房产管理部门等财产登记机关的协调，在不动产的信托登记方面取得突破，为 REITs 试点的顺利开展铺平道路。

三是着手制定 REITs 税收优惠政策。为扶持鼓励 REITs 的发展，应在明确税收中性原则的基础上，对 REITs 产品予以税收优惠。例如，在物业交易环

节，REITs 持有的同一物业可能产生多次交易行为，可对 REITs 资产池中的同一物业买卖行为仅征收一次税。又如，可明确在 REITs 层面不征收所得税。再如，为培育 REITs 的投资者群体，在起步阶段建议免征个人投资者和机构投资者的所得税。

参考文献

中文著作/译著

[1] 陈赤. 证券营业部 出色经营之道. 成都：西南财经大学出版社，2001.

[2] 陈建华. 金融监管有效性研究. 北京：中国金融出版社，2002.

[3] 陈雪萍. 信托在商事领域发展的制度空间——角色转换和制度创新. 北京：中国法制出版社，2006.

[4] 陈雨露主编. 现代金融理论. 北京：中国金融出版社，2000.

[5] [日] 川崎诚一. 信托. 北京：中国金融出版社，1989.

[6] [美] 道格拉斯·C. 诺斯. 经济史中的结构与变迁. 上海：上海三联书店，1991.

[7] [美] 道格拉斯·C. 诺斯. 制度、制度变迁和经济绩效. 上海：上海人民出版社、上海三联书店，1994.

[8] [英] D. J. 海顿. 信托法. 北京：法律出版社，2004.

[9] [德] 恩格斯. 社会主义从空想到科学的发展. 北京：人民出版社，2005.

[10] [美] 扈企平. 资产证券化理论与实务. 北京：中国人民大学出版社，2007.

[11] [美] 菲利普·莫利纽克斯，尼达尔·沙姆洛克. 金融创新. 北京：中国人民大学出版社，2003.

[12] [台] 方嘉麟. 信托法之理论与实务. 台北：月旦出版社股份有限公司，1994.

[13] [美] 弗雷德里克·米什金，斯坦利·埃金斯. 金融市场与金融机

构（第 4 版）. 北京：北京大学出版社，2006.

[14] 国家统计局编. 中国统计年鉴（2000－2001）. 北京：中国统计出版社.

[15] 盖永光编著. 信托业比较研究——历史演进、定位与发展. 济南：山东人民出版社，2004.

[16] 何宝玉. 英国信托法原理与判例. 北京：法律出版社，2001.

[17] 霍津义，任葆燕主编. 中国信托业理论与实务研究. 天津：天津人民出版社，2003.

[18] 黄少安. 产权经济学导论. 济南：山东人民出版社，1997.

[19] [德] 柯武刚、史漫飞. 制度经济学——社会秩序与公共政策. 北京：商务印书馆，2000.

[20] 林毅夫：关于制度变迁的经济学理论：诱致性变迁与强制变迁. 载 R. 科斯、A. 阿尔钦、D. 诺斯著：财产权利与制度变迁——产权学派与新制度学派译文集. 上海：上海三联书店、上海人民出版社，1994.

[21] 林毅夫. 再论制度、技术与中国农业发展. 北京：北京大学出版社，2000.

[22] [德] 马克思. 资本论. 北京：人民出版社，1975.

[23] [美] 曼昆. 经济学原理. 生活·读书·新知三联书店，北京：北京大学出版社，1999.

[24] 彭兴韵. 金融发展的路径依赖与金融自由化. 上海：上海三联书店、上海人民出版社，2002.

[25] [日] 青木昌彦. 比较制度分析. 上海：上海远东出版社，2001.

[26] 盛洪主编. 现代制度经济学. 北京：北京大学出版社，2003.

[27] [美] 斯蒂文·L. 西瓦兹. 结构金融——资产证券化原理. 北京：清华大学出版社，2003.

[28] 孙飞主笔. 信托治理优化论，北京：中国经济出版社，2005.

[29] 孙金龙、史永生. 现代金融工程——实现金融工具创新的路径. 北京：中国金融出版社，2001.

[30] 吴晓灵等主编. 中国金融年鉴（1986—2001）. 北京：中国金融年鉴社等.

[31] 吴弘、贾希凌、程胜. 信托法论——中国信托市场发育发展的法律调整. 上海：立信会计出版社, 2003.

[32] 夏斌、陈道富. 中国私募基金报告. 上海：上海远东出版社, 2002.

[33] [美] Y. 巴泽尔. 产权的经济分析. 上海：上海三联出版社, 1997.

[34] 余辉. 英国信托法. 起源、发展及影响. 北京：清华大学出版社, 2007.

[35] [台] 杨崇森. 信托与投资. 台北：正中书局, 1977.

[36] 杨辉. 市政债券发行规则与制度研究. 北京：经济科学出版社, 2007.

[37] 杨林枫、罗志华、张群革. 中国信托理论研究与制度构建. 成都：西南财经大学出版社, 2004.

[38] 杨如彦. 中国金融工具创新报告（2006）. 北京：中国人民大学出版社, 2006.

[39] 杨如彦. 中国金融工具创新报告（2005）. 北京：中国人民大学出版社, 2005.

[40] 易宪容、黄少军. 现代金融理论前沿. 北京：中国金融出版社, 2005.

[41] 殷剑峰主编. 中国金融产品与服务报告2006. 北京：社会科学文献出版社, 2006.

[42] 殷剑峰主编. 中国金融产品与服务报告2007. 北京：社会科学文献出版社, 2007.

[43] 张淳. 信托法原论. 南京：南京大学出版社, 1994.

[44] 张杰. 中国金融制度的结构与变迁（1978—1998）. 太原：山西经济出版社, 1998.

[45] 张杰. 经济变迁中的金融中介与国有银行. 北京：中国人民大学出版社, 2003.

[46] 朱淑珍. 金融创新与金融风险——发展中的两难. 上海：复旦大学出版社, 2002.

[47] 朱小川. 营业信托法律制度比较研究. 北京：法律出版社, 2007.

[48] 周小明. 信托制度比较法研究. 北京：法律出版社, 1996.

［49］周小明．财产权的革新——信托法论．贵阳：贵州人民出版社，1995.

［50］周玉华．信托法学．北京：中国政法大学出版社，2001.

［51］［美］詹姆斯·M. 布坎南．自由、市场与国家．上海：上海三联出版社，1989.

［52］中诚信托投资有限责任公司．中国信托业发展与产品创新．北京：中国金融出版社，2007.

［53］中国财政年鉴编纂委员会．中国财政年鉴2005．北京：中国年鉴出版社，2006.

［54］中国年鉴编辑委员会编．中国经济年鉴（1980—1983）．北京：经济管理出版社．

［55］中国人民大学信托与基金研究所．中国信托业发展报告（1979—2003）．北京：中国经济出版社，2004.

［56］中国人民大学信托与基金研究所．中国信托业发展报告（2004）．北京：中国经济出版社，2005.

［57］中国人民大学信托与基金研究所．中国信托业发展报告（2005）．北京：中国经济出版社，2006.

［58］中国人民大学信托与基金研究所．中国信托业发展报告（2006）．北京：中国经济出版社，2007.

［59］中国人民大学信托与基金研究所．中国信托业发展报告（2007）．北京：中国经济出版社，2008.

［60］中国人民大学信托与基金研究所．2004年中国信托公司经营蓝皮书．北京：中国经济出版社，2005.

［61］中国人民大学信托与基金研究所．2005年中国信托公司经营蓝皮书．北京：中国经济出版社，2006.

［62］中国人民大学信托与基金研究所．2006年中国信托公司经营蓝皮书．北京：中国经济出版社，2007.

中文论文

［1］北京大学中国经济研究中心经济发展战略研究组．中国金融体制改

革的回顾和展望，北京大学中国经济研究中心讨论稿系列，2000．

［2］北京大学中国经济研究中心发展战略研究组．地方政府的职能和融资渠道——广信事件案例分析．管理世界，2000（3）．

［3］巴曙松、钟伟、赵晓、高辉清．中国信托业前景分析．财经界，2002（11）．

［4］巴曙松．2007中国理财市场报告．

［5］陈赤．改善信托投资公司风险管理的途径．金融时报，2005 - 10 - 17．

［6］陈赤．信托市场，产品营销路径的选择．载于《中国信托业发展报告（2005）》，中国经济出版社，2006．

［7］陈赤．辨识未来趋势 锻造核心能力——关于信托投资公司战略方向的思考．证券时报，2006 - 02 - 14．

［8］陈赤、刘丽华．信托公司风险缓冲机制的思考．金融时报，2006 - 11 - 21．

［9］陈赤、张建华．信托创新．探索、实践与展望．西南金融，2007（1）．

［10］陈赤等．信托产品．载于《中国信托业发展报告（2006）》，中国经济出版社，2007．

［11］陈赤等．信托产品．载于《中国信托业发展报告（2007）》，中国经济出版社，2008．

［12］陈上龙．中国信托业发展策略研究．经济研究参考，2001（54）．

［13］曹芳．中国信托业制度变迁与业务发展研究．西北农林科技大学博士学位论文，2004．

［14］陈共、李建军．居民金融资产结构变化与国债认购空间分析．中央财经大学学报，2001（12）．

［15］蔡卓思．打造PE品牌信托公司需要四种能力．金融时报，2007 - 08 - 27．

［16］程康、徐庆彪、陈上龙、王剑杰．资金信托——城市基础设施建设投融资的有效金融创新工具．中国城市化，2003（3）．

［17］陈抗．偶然得来的自由．中国经济改革的回顾与展望．中国经济体

制改革研究会公共政策研究网 http：//www.crcpp.org（原文发表于《发展经济学手册》，Handbook of Economic Development，Marcel Dekker，New York，1998）．

[18] 段银弟．中国金融制度变迁的路径分析．华中科技大学博士学位论文，2004．

[19] 戴聚康，论金融制度创新中的信托优势．上海金融，2003（5）．

[20] 胡金焱、王旭．从异化到重构：论我国信托业的制度变迁．山东大学学报哲学社会科学版，2004（2）．

[21] 何玉鸣．略论信托基本精神与理念在我国信托法中主要表现．世界经理人，2003（9）．

[22] 胡文强．国外信托业发展对我国的启示．新疆财经，2003（1）．

[23] 江其务．中国金融制度的改革回顾与创新思考．当代经济科学，2002（1）．

[24] 金碚．1978年以来中国发展的轨迹与启示．中国工业经济，2007（5）．

[25] 江春、许立成．法与金融学的文献综述［J］．经济学动态，2005（4）．

[26] 江平．信托挺起现代金融业的一大支柱．中国证券报，2004-09-08．

[27] 江平．信托制度在中国的应用前景——中国信托业的发展与法律规制．法学，2005（1）．

[28] 计国忠．市政债券在波兰的发展及对我国的启示．中国建设报，2004-11-26．

[29] 谌赞雄．中国金融信托业发展问题研究．银行与企业，1999（11）．

[30] 康锐．基础设施建设融资集合信托运用的可能性思考——以上海港口建设为视角．经济体制改革，2007（3）．

[31] 林波．论中国金融制度变迁中的国家模型与效用函数——以信贷资金管理体制的变迁为例的解释．金融研究，2000（12）．

[32] 林铁钢．中国正成为最活跃的私募股权投资市场．中国金融，2007

（11）．

［33］李宪普．信托．创新自由因子．价值中国网 http：//www.chinavalue.net，2007．

［34］李国丽、刘春玲．我国金融业混业经营问题研究．集团经济研究，2006（11）．

［35］李军．金融脱媒趋势下商业银行面临的机遇与挑战．中国金融，2006（14）．

［36］李茜．银信合作暗度新政"百万"陈仓．上海金融报，2007-08-24．

［37］李建华、张立文．私募股权投资信托与中国私募股权市场的发展．世界经济，2007（5）．

［38］李衡、李劭钊．中日债券市场比较及日本债市发展对中国的借鉴．中国债券信息网 http：//www.chinabond.com.cn．

［39］李伟、牟晖．美国市政债券特点与发行模式．经济导刊，2004（1）．

［40］李正信等．一些国家城市基础设施建设经验和做法．经济日报，2006-11-22．

［41］刘丽华．银行理财蚕食市场份额 信托公司应协力自救．金融时报，2006-04-03．

［42］卢遵华等．银行间债券市场流动性分析．证券市场导报，2004（2）．

［43］吕立新．中国市政债券若干问题的思考．中国经济时报，2006-02-22．

［44］孟辉、曾俊霞．地方政府与地方性信托投资公司的制度变迁分析．改革，2001（6）．

［45］孟辉．信托业的监管博弈．数字财富，2004（2）．

［46］马亚明，发达国家信托业发展及其对我国的借鉴和启示．中国信托网 http：//www.nitic.com.cn．

［47］美林集团和凯捷顾问公司．2007年亚太区财富报告．凯捷中国网站 http：//www.cn.capgemini，2007．

[48] 买建国. 金融脱媒. 商业银行的策略选择. 宏观经济研究, 2006 (9).

[49] 毛志荣. 房地产投资信托基金研究. 深圳证券交易所综合研究所研究报告, http://www.szse.cn, 2003.

[50] 马广奇. 制度变迁理论. 评述与启示. 生产力研究, 2005 (7).

[51] 倪云虎、丘在洙. 金融创新与金融职能的变化. 商业经济与管理, 2003 (1).

[52] 潘席龙. 改革开放以后中国金融结构变化和存在问题. 金融论坛, 1999 (3).

[53] 乔海曙. 我国金融信托业的现实状况与发展战略研究. 中央财经大学学报, 1997 (9).

[54] 邱力生. 从国际经验看中国信托业的重新定位. 世界经济, 2001 (3).

[55] 秦利. 银行理财产品优势尽显 信托公司五建议求公平. 证券时报, 2005-11-02.

[56] 宋立. 我国金融结构的变化趋势及其对银行业的影响. 金融市场, 2001 (3).

[57] 宋光辉. 中国金融资产增长分析. 华南理工学院学报, 2003 (6).

[58] 唐寿宁、赖观荣、林培清. 中国信托投资业的问题与前景. 金融研究, 1999 (1).

[59] 田辉. 走向新时代——2008年信托行业策略报告. 兴业证券公司网站 http://www.google.cn, 2007.

[60] 文杰. 论我国《信托法》的基本原则. 广西政法管理干部学院学报, 2002 (1).

[61] 王连洲. 我国信托制度发展的困境与出路. 法学, 2005 (1).

[62] 王礼平. 世界各发达国家信托制度比较研究. 财经问题研究, 2004 (1).

[63] 王广谦. 中国金融发展中的结构问题分析. 金融研究, 2002 (5).

[64] 王维安. 金融结构. 理论与实证. 浙江大学学报, 2000 (2).

[65] 王力. 中国金融制度的变化与调整. 浙江商学院学报, 1997 (5).

[66] 王霞. 中国私募基金发展前景和当前问题研究. 深圳证券交易所交易研究所研究报告, 2006.

[67] 王珏. 中国私募基金发展问题研究. 金融与经济, 2005 (7).

[68] 王建国. 我国银行间债券市场的发展瓶颈和解决对策. 上海金融, 2006 (8).

[69] 吴汉东. 财产的非物质化革命与革命的非物质化财产法. 中国社会科学, 2003 (4).

[70] 吴晓求. 金融形势研究报告. 中国人民银行网站 http://www.pbc.gov.cn, 2003.

[71] 肖冬连. 1978—1984年中国经济体制改革思路的演进——决策与实施, 当代中国史研究, 2004 (5).

[72] 熊伟. 我国金融制度变迁过程中的信托投资公司. 经济研究, 1998 (8).

[73] 谢平. 中国金融资产结构分析. 经济研究, 1992 (11).

[74] 许美征等. 中国信托投资公司的困境及其出路. 改革, 1999 (1).

[75] 邢成. 银信战略融合. 混业趋势下中国信托业的现实选择. 中国金融, 2006 (17).

[76] 向永泉. 论房地产投资信托的制度特性. 改革与战略, 2007 (1).

[77] 杨思群. 论我国信托投资公司的改革. 金融研究, 1999 (2).

[78] 余辉. 美国信托法的发展及其对我国的启示. 河南科技大学学报, 2003 (3).

[79] 易纲. 中国金融资产结构分析和政策含义. 经济研究, 1996 (12).

[80] 闫璐. 金融脱媒趋势下我国商业银行经营策略研究. 吉林大学硕士学位论文, 2007.

[81] 用益信托工作室. 2006年国内集合信托产品统计图表. http://www.yanglee.com, 2007.

[82] 杨瑞龙. 论我国制度变迁方式与制度选择目标的冲突及其协调. 经济研究, 1994 (5).

[83] 杨凌云. 我国信托业的功能定位及发展思路选择, 财经问题研究,

1996（12）．

[84] 杨瑞龙．我国制度变迁方式转换的三阶段论．经济研究，1998（1）．

[85] 杨思群．论我国信托投资公司的改革．金融研究，1999（2）．

[86] 杨萍．市政债券发行条件已基本具备．中国投资，2005（11）．

[87] 尹龙．金融创新理论发展与金融监管体制演进．金融研究，2005（3）．

[88] 应向阳、陈赤．信托公司风险管理体系研究．特区经济，2005（4）．

[89] 余海丰．我国金融控股集团的发展现状、特点及政策建议．中国金融，2006（24）．

[90] 张卓元．中国经济体制改革的总体回顾与展望．经济研究，1998（3）．

[91] 周小明．中国分业政策下信托业的定位和未来发展．经济导刊，1997（3）．

[92] 周小明．中国信托业的主要问题及对策，国际经济评论，1997（5-6）．

[93] 曾宏坤．我国信托业的发展之路．当代财经，1999（1）．

[94] 中国信托业协会信托产品分析课题组．确立信托产品定位须发挥独特优势．金融时报，2007-04-02．

[95] 瞿立宏．信托产品创新．要素解析与环境分析——基于中国信托业发展历程的研究．西南财经大学博士学位论文，2005．

[96] 曾小普等．刍议信托在融资领域的特点与创新．金融与经济，2003（11）．

[97] 资产证券化网研究部．中国资产证券化2007第一季度报告．2007．

[98] 赵晓、董栋．即将到来的地方债券．新青年·权衡，2006（11）．

[99] 赵颖．中国信托与银行合作发展探析．天津财经大学硕士学位论文，2007．

[100] 褚伟．中小金融机构．市场选择、非正式契约安排与制度变迁．经济评论，2002（2）．

外文著作、论文

[1] Alien, F. and Gale, D. (1991) Arbitrage, short sales and financial innovation, *Econometrica* 59, 1041 – 1068.

[2] Alien, F. and Gale, D. (1994) *Financial innovation and Risk Sharing*, MIT press.

[3] Anderson, R. W. and Harris, C. J. (1986) A model of innovation with application to new financial products. *Oxford Economic Papers* 38, 203 – 218.

[4] Bank of England (1991) The international bond market. *Bank of England Quarterly Bulletin*, November, pp. 521 – 528.

[5] Bank of England (1994) Structured floating rate notes. *Bank of England Quarterly Bulletin*, February, p. 26.

[6] Bhattacharya, U., Reny, P. and Spiegel, M. (1995) Destructive interference in an imperfectly competitive multi – security market, *Journal of Economic Theory* 65.

[7] BIS, Bank of International Settlements (1986) *Recent Innovations in International Banking*, BIS, Basle.

[8] Caranza, C. and Cottarelli, C. (1987) Financial innovation in Italy: a loop sided process. In M. de Cecco (ed.), *Changing Money: Financial innovation in Developed Countries*, Basil Blackwell, Oxford.

[9] Desai, M. and Low (1987) M. Measuring the opportunity for product innovation. In M. de Cecco (ed.), *Changing Money: Financial Innovation in Developed Countries*. Basil Blackwell, Oxford.

[10] Dufey, G. and Giddy, I. (1981) The evolution of instruments and techniques in international financial markets. Series No. 35A, SUERF.

[11] Duffie, D. and Rahi, R. (1995) Financial market innovation and security design: an introduction. *Journal of Economic Theory*.

[12] Finnerty, J. D. (1993) An overview of corporate securities innovation. *Journal of Applied Corporate Finance* 4.

[13] Goldfeld, S. M. (1975) Comment: Speculation on future innovation. In W. Silber (ed.), *Financial Innovation*, D. C. Heath, Lexington, MA.

[14] Greenbaum, S. and Heywood, C. (1973) Secular change in the financial services industry, *Journal of Money, Credit and Banking* 5.

[15] Holland, R. C. (1975) Speculation on future innovation: implications formonetary control. In. W. Silber (ed.), *Financial Innovation*, D. C. Heath, Lexington, MA.

[16] Johnson, L. T. (1987) Theoretical approaches to financial innovation. *Discussion Paper No.* 51, School of Accounting, Banking and Economics, Research Papers In Banking and Finance, University of Wales, Bangor.

[17] Kane, E. J. (1977) Goodintentions and unintended evil. *Journal of Money, Credit and Banking*, February.

[18] Kane, E. J. (1978) Getting along without regulation Q: testing the standard view of deposit – rate competition during the 'Wilde – card experience', *The Journal of Finance* 33.

[19] Kane, E. J. (1980) Accelerating inflation, regulation and banking innovation. *Issues in Bank Regulation*, Summer.

[20] Kane, E. J. (1981) Accelerating inflation, technological innovation, and the decreasing effectiveness of banking regulation. *Journal of Finance* 36.

[21] Kane, E. J. (1984a) Technological and Regulatory Forces in the Developing Fusion of Financial – Services Competition. WPS 84 – 4, Ohio State University, Columbus, OH.

[22] Kane, E. J. (1984b) Microeconomic and macroeconomic origins of financial innovation. Chapter 1 in *Financial Innovations: Their Impact on Monetary Policy and Financial Markets*, The Federal Bank of St. Louis. Kluwer – Nijhoff, Boston.

[23] Kapadia, N. and Purl, M (1995) Financial innovation under uncertainty. Paper presented at the *Conference on Derivatives and intermediation sponsored by The Federal Reserve Bank of Cleveland and Journal of Money, Credit and Banking*. November 1 – 3, Cleveland, OH.

[24] Llewellyn, D. (1992) Financial Innovation: a basic analysis. Chapter 2 in H. Cavanna (ed.), *Financial Innovation*, Routledge, London.

[25] Miller, M. H. (1986) Financial innovation: the last twenty years and the next. *Journal of Financial and Quantitative Analysis* 21.

[26] Ross, S. A. (1989) Institutional markets, financial marketing, and financial innovation. *Journal of Finance* 44.

[27] Niehans, J. (1983) Financial innovation, multinational banking, and monetary policy. *Journal of Banking and Finance*, 7.

[28] Schumpeter, J. A. (1942 [1994]) Capitalism, Socialism, and Democracy. Unwin, London.

[29] Silber, W. (1983) The process of financial innovation. *The American Economic Review*, May.

[30] Suzuki, Y. (1987) Financial innovation in Japan: its origins, diffusion, and impacts. In. M. de Cecco (ed.), *Changing Money: Financial Innovation in Developed Countries*. Basil Blackwell, Oxford.

[31] Tufano, Peter. (2002) Financial Innovation. Harvard Business School, 6.

[32] Van Horne, J, C. (1985) Of financial innovations and excesses. *The Journal of Finance*, 15。

后　记

信托在中国的继受引进和跌宕发展，屈指一算，已过百年光阴；我于1998年离开大学跨入信托业，倏忽之间，也有18年时间了。身为一名老兵，我见证了信托业由乱到治、由小及大、由弱变强的不平凡历程，既深为信托业声誉日隆、影响日广而欣慰和自豪，也常为信托业未来发展方向、产品服务创新而彷徨和忧虑。

今天的信托业，已经站在前所未有的历史高度，拥有空前强大的实力，面临更加广阔的发展前景，同时也需要面对错综复杂的信用风险、市场风险等风险因素和日益激烈的竞争环境。

作为经历过无数风风雨雨的信托业者，我们必须保持信心，保持定力。目前信托面临的问题，有的是在经济新常态下去产能、去库存、去杠杆的过程中产生的，有的是由于资本市场剧烈波动带来的，有的是因为增长速度过快、粗放式管理造成的，但总体来说，都是发展中出现的问题，也只能在发展中才能得以解决。我们不可以忽视问题，但更不可过度悲观，失去迈步前行的信心和动力。

作为筚路蓝缕、披荆斩棘发展而来的信托公司，我们必须塑造新能力，创造新红利。前几年，借助监管政策差异化的政策红利、融资需求旺盛的市场红利，信托业迅速崛起。随着从金融抑制走向金融自由，信托业的竞争力，必将由监管差别化优势转向金融功能优势，并最终转向信托制度优势。对于信托公司而言，一方面应审时度势，明察这一变革的趋势；另一方面必须沉下心来，着眼于长远的未来，打造自己独特的专业能力，在选定的若干细分市场中构建专属于自己的能力圈，使之能够对特定领域、特定行业拥有比其他任何人更深的理解和更准确的判断，提供更高水平的金融服务和产品。

心有梦想不觉寒

作为从曾经的边缘角色汇入金融主流、经济大潮和社会生活的朝阳产业，我们必须顺应业已发生的变化，对接业已出现的未来。信托业应坚定地进行业务转型，进入传统的信贷市场之外的资本市场，大力发展信托中级阶段的新的支柱业务——收费型资产管理类业务，由融资业务转向投资业务，由卖方业务转向买方业务。在这一过程中，信托公司需要在引进和培养熟悉资本市场的高级人才，构建与投资业务相适应的激励与约束机制，建设以忠实义务和谨慎义务为基石的信托文化等方面，持久而扎实地下大功夫。

本书的上篇，是我近年来对坚持信托业市场化改革、加快业务模式的转型升级、增强信托投资功能、创新信托直接融资工具、促进信托与互联网的融合、推动PPP信托业务、化解"刚性兑付"痼疾、推进信托产品流通、强化信托文化培育等热点问题的若干思考；其中关于我国信托发展三个阶段的设想，则是对近期思考的一个初步总结。由于写作这些文章的跨度时间较长，而我的一些具体观点处于不断演进的过程之中，因此不同时期文章的部分表述可能前后有所差异，但为了保持原貌，本次集结成册时未作修改。

本书的下篇，系根据我的博士论文略加修改而成，曾以单行本的形式出版过。本篇的主要内容，是对2002年信托"一法两规"出台后到2007年信托"新两规"实施之间这一段时期的信托创新活动所进行的全面研究和深入分析，其所构建的关于信托产品创新、信托业务创新、信托组织创新以及信托制度创新的分析框架，对今天的相关研究，相信仍有一定的参考价值；而其中一些预言，如今也已成为现实。单行本早已售罄，希望借这次出版机会，让它进入更多业界人士的视野。

业余作文，甘苦自知；情之所钟，终难自已。衷心感谢中国金融出版社社长魏革军先生、责任编辑黄海清先生的热情帮助和超高效率；感谢愉快合作的记者、编辑朋友们的脑力激荡；感谢诸位师友、领导和家人的长期关心和鼓励。

诚挚地期望这本小书能够抛砖引玉，让更多业者深入思考信托的过去、现在和未来，让更多研究者将信托纳入自己的研究领域，从而为促进信托业健康可持续发展提供卓有成效的智力支持。

二〇一六年三月十一日